商务统计学基础

从 不确定性 到 人工智能

王汉生　王菲菲 ◎ 著

北京大学出版社
PEKING UNIVERSITY PRESS

内 容 简 介

在大数据时代背景下,统计学作为数据分析领域的基础,被应用于各行各业,其方法发挥着重要作用。为了更广泛地普及统计学知识,培养更多的统计学人才,本书应运而生。

作为入门级图书,本书内容安排如下。第 1 章从不确定性出发,讲述统计学和不确定性的关系,以及统计学中用于描述不确定性的各种概率模型。第 2 章是参数估计,系统讲述统计学中矩估计和极大似然估计两种常用的参数估计方法,并基于两种方法介绍各种常见概率分布中参数的点估计和区间估计。第 3 章是假设检验,首先从不确定性的角度探讨实际中的各种决策问题,帮助读者理解假设检验的思想和应用场景,然后系统介绍假设检验的方法论及各种常见推广。第 4 章是回归分析,首先介绍回归分析的思想和广泛的应用场景,然后系统地介绍各类常用模型,从线性回归到广义线性回归,最终落脚到两种机器学习算法(决策树、神经网络)。

本书特别强调实际应用,因此各个章节都辅以大量的实际案例,在介绍统计学基础知识的同时培养读者使用统计学方法解决实际问题的能力。

图书在版编目(CIP)数据

商务统计学基础:从不确定性到人工智能 / 王汉生,王菲菲著. — 北京:北京大学出版社,2023.3
 ISBN 978-7-301-33687-8

Ⅰ.①商… Ⅱ.①王…②王… Ⅲ.①商务统计学 Ⅳ.①F712.3

中国国家版本馆CIP数据核字(2023)第008794号

书　　　名	商务统计学基础:从不确定性到人工智能
	SHANGWU TONGJIXUE JICHU: CONG BUQUEDINGXING DAO RENGONGZHINENG
著作责任者	王汉生　王菲菲　著
责 任 编 辑	刘云
标 准 书 号	ISBN 978-7-301-33687-8
出 版 发 行	北京大学出版社
地　　　址	北京市海淀区成府路205号　100871
网　　　址	http://www.pup.cn　　新浪微博:@北京大学出版社
电 子 信 箱	pup7@pup.cn
电　　　话	邮购部 010-62752015　发行部 010-62750672　编辑部 010-62570390
印 刷 者	三河市北燕印装有限公司
经 销 者	新华书店
	787毫米×1092毫米　16开本　21.5印张　403千字
	2023年3月第1版　2023年3月第1次印刷
印　　　数	1–4000册
定　　　价	89.00元

未经许可,不得以任何方式复制或抄袭本书之部分或全部内容。
版权所有,侵权必究
举报电话:010-62752024　电子信箱:fd@pup.pku.edu.cn
图书如有印装质量问题,请与出版部联系,电话:010-62756370

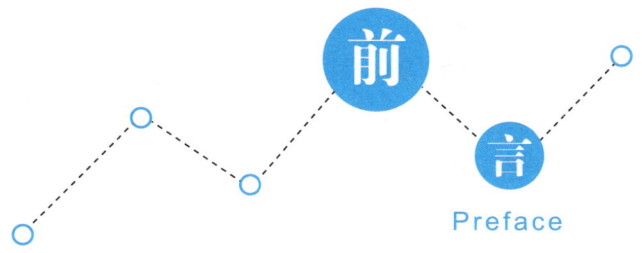
Preface

理发的时候，Tony 老师总是希望跟我聊天，我想这也许是他们工作 KPI（Key Performance Indicator，关键绩效指标）的一部分。但是，作为一个教书匠，我每天的正常工作状态就是：开会、上课；开会、上课；开会、上课。等到下班后，实在是不想再多说一句话。这位 Tony 老师却揪着我不依不饶，总是希望撬开我的嘴跟我说点啥。"哥，您是做啥的？""额，我是教书的。""您教啥？""额，我教统计学"。听到"统计学"三个字，Tony 老师的眼睛一下子亮了起来，说："那您一定特别会统计！""额……"然后现场就有点尴尬了。我知道他说的"统计"是啥，就是一堆表格呗。但是，这是我热爱的"统计学"吗？显然不是呀！如果统计学就是数数，那哪里需要一个学科去支持？但很遗憾的是，这就是社会大众对统计学的一个极大的误解，而这个误解可能也影响了统计学的普及和发展。我们有责任去纠正它，给更广泛的大众普及统计学知识，为国家为社会培养更多的统计学人才，用我们的努力去促进统计学在产业中的应用。而要实现这个雄心壮志，就需要一本面向非统计学专业读者的入门级书籍，而这也是我多年的夙愿，终于在北京大学出版社魏雪萍老师的督促下，还有菲菲老师和多位助教同学的支持下，完成本书并呈现给大家。

首先需要强调一点，作为一个有将近二十年教龄的教书匠，随着岁数的增加，似乎勇气和信心是单调下降的。教书时间越长，就越告诉自己："我教的东西是没有办法保证绝对正确的。"原因很简单，任何一个理论的正确性，都会随着人们认知的增加，不停地被挑战。例如，在遥远的古代，如果人们提出一个理论说"大地是平的"，那么这个理论应该是"正确"的，因为该理论跟人们非常有限的物理活动范围所产生的认知是一致的。但是，后来人们进入了大航海时代，再后来又进入了太空时代，我们发现以前关于"大地是平的"理论无法解释我们感知到的这个世界，因为我们的活动空间变大了太多，所以我们目前的理论说"大地其实是一个球形"。直到今天，该理论是"正确"的，因为该理论与人们当前的物理活动范围所产生的认知是一致的。但是，随着科学技术的进步，会不会有一天未来的人们进入了某种高维空间，回过头来看地球的时候，是另外一个景象？铺垫了这么多，我其实是想诚实地告诉大家：接下来本书所呈现的各种理论和观点，我都没有能力保证它的绝对正确性。我能保证的是：第一，这是我多年深入而诚实的思考；第二，我忠实地想和你分享汇报，也请你审慎思考，批判性接受，真诚地希望你能够多多提出批评意见，虽然我并不一定会被说服，但是我一定会认真聆听。

在给大家打了上面这个关于理论没有绝对正确性的预防针后，我想分享下我对统计学理解的第一个执念，这个执念是统计学到底是研究什么的。我希望给统计学的核心研究内容一个最简单、直白、高度凝练的定义，将来再碰到 Tony 老师的时候，我能用一句话纠正他关于统计学的错误认识。那么，在我的执念中，统计学到底是研究什么的？答：不确定性。在我看来，统计学就是一个关于不确定性的学问，只有这个特点，能够将统计学准确且唯一地与其他学科严格区分开，并彰显它的独特之处。很多学者可能认为统计学是一个关于数据的学科。这显然是一个有道理的观点，但是我并不太认同。因为，关于数据的学科似乎不仅仅包括统计学，在我看来，计算机、数学、运筹优化等领域也都是同数据高度相关的学科。如果标准稍微宽松一点，其实所有的自然学科和社会学科都跟数据相关。毕竟，这是一个大数据时代了！所以，说统计学是一个关于数据的学科，这个说法有道理，但是并不准确，因为它不能准确地表达出统计学区别于其他学科的最独特之处。在我看来，统计学是所有学科中唯一的以不确定性为最核心研究目标的学科。为此，统计学的学习一定是从概率论开始，因为概率论是目前应用最广泛的关于不确定性测量的数学工具。所以，本书就是从这样一个执念开始的，那就是"统计学不研究统计，统计学研究不确定性"。

既然统计学研究不确定性，那么我们学习统计学的精彩旅程，就应该从不确定性开始。为此，本书的开篇不是讲任何数学模型，而是希望帮助大家了悟一个基本事实，那就是：大千世界，小到个人，中到企业机构，大到国家、全世界，不确定性无处不在，而且非常重要，影响巨大。因此，非常有必要通过建制一个完备的学科，全面系统地研究不确定性，而这个学科就是"统计学"。为此，你需要了解不同的数据类型，以及适用于不同数据类型的概率模型。为了能够用不同的概率模型去表达人们所看到的不确定性数据，需要学习以极大似然估计和矩估计为核心的参数估计方法，并在这个基础上学习以置信区间和假设检验为核心的统计学推断方法，并因此获得对不确定性问题做出科学决策的能力。为了进一步理解不确定性的构成，我们需要学习回归分析，不仅仅是从技术层面，还要从思想层面去学习。什么是回归分析？回归分析是统计学中最核心的工具之一，它能帮助我们从不确定性现象中洞察确定性的规律。能帮助我们理解一个看似完全不确定性的现象，其中可能有一部分是具有确定性规律的，因此是可以被把握利用的。通过对不确定性的利用，回归分析能帮助我们为信贷业务提供风控模型，为在线营销提供精准广告和推荐算法，为量化投资提供自动化资产优化建议，以及其他各种非常精彩且重要的实际应用。那么，从纯技术的角度看，什么是回归分析？答：任何研究一个因变量 Y 和解释性变量 X 之间相关关系的模型都是回归分析。为此，人们需要根据 Y 和 X 的特点，对它们之间可能存在的相关关系，做出必要的数学假设。这样的假设可能是相对简单的，这就产生了线性回归模型和广义线性回归模型。当然，也可以是非线性的，这就产生了各种机器学习算法（如决策树、神经网络）。其中尤其值得注意的是，多层神经网络模型构成了深度学习算法的模型基础，它在非结构化数据（如图像、自然语言）的分析中获得了巨大的成功，支撑了大量的人工智能应用。

由此可见，本书的定位是非常独特的统计学入门书籍。第一，它面向的人群广泛，主要服务于非统计学的读者，但是对统计学专业的同学来说，本书也应该是一个不错的参考书；第二，它充满雄心壮志，从不确定性出发，历经经典统计学的内容（如参数估计、假设检验、回归分析），并最终抵达机器学习和人工智能的彼岸，希望为读者未来的进一步学习，提供一个好的起点；第三，它非常强调实际应用，全书从头到尾列举了大量的实际案例。希望本书能一边传授统计学基础知识，还能一边帮助读者了悟这些知识的实际用处。毕竟，编写本书的目的不仅仅是普及统计学知识和培养统计学人才，还包括推动统计学在产业中的应用，因此案例非常重要。

最后，感谢北京大学出版社的魏雪萍老师，没有他的督促，本书难以完成。感谢北京大学出版社的刘云老师，感谢她为本书提供的各种建议。感谢菲菲老师，能够被我拉上"贼船"，成为我最依赖的合作伙伴，一起完成这个辛苦的工作。感谢两位特别给力的助教，他们分别是来自中国人民大学的袁雪琼同学和来自北京交通大学的刘炯晖同学。两位同学为本书的形成付出了非常辛苦的工作，也受了不少委屈，谢谢你们！此外，还要感谢购买本书的读者，感谢你对统计学的好奇心。通过对本书的学习，希望你能掌握一套独特的方法论，能够对不确定性有更好的理解甚至把握，并因此为社会做出杰出的贡献。

王汉生

目录 Contents

01 第一章 不确定性的描述

1.1 从不确定性出发 / 002

1.2 连续型数据 / 012

1.3 正态概率密度 / 023

1.4 t- 分布 / 037

1.5 指数分布 / 048

1.6 0-1 分布 / 059

1.7 泊松分布 / 069

02 第 2 章 参数估计

2.1 矩估计 / 081

2.2 极大似然估计 / 090

2.3 正态分布均值的区间估计 / 101

2.4 正态分布方差的区间估计 / 113

2.5 其他分布参数的区间估计 / 125

- 指数分布 / 125
- 0-1 分布 / 129
- 泊松分布 / 131
- 一般分布的均值 / 133
- 案例演示 / 134
- 两样本问题 / 135

2.6 样本量计算 / 138

- 指数分布 / 145
- 泊松分布 / 147
- 0-1 分布 / 149
- 一般分布 / 151

04 第4章 回归分析

- 4.1 回归分析是什么 / 237
- 4.2 数据类型与回归模型 / 248
  - 第一式：线性回归 / 248
  - 第二式：0-1 回归 / 252
  - 第三式：定序回归 / 254
  - 第四式：计数回归 / 258
  - 第五式：生存回归 / 260
- 4.3 线性回归模型 / 266
  - 案例介绍 / 266
  - 描述分析 / 268
  - 理论模型 / 272
  - 关于随机噪音的讨论 / 274
  - 参数估计 / 275
  - 假设检验 / 279
- 4.4 时间序列模型 / 283
- 4.5 0-1 回归模型 / 297
  - 案例介绍 / 297
  - 描述分析 / 299
  - 模型描述 / 302
  - 参数估计与统计推断 / 306
- 4.6 决策树模型 / 311
- 4.7 神经网络模型 / 322

03 第3章 假设检验

- 3.1 不确定性与决策 / 155
- 3.2 两种不同类型的错误 / 167
- 3.3 为什么推翻原假设 / 180
- 3.4 关于均值的假设检验问题 / 188
- 3.5 假设检验的各种推广 / 200
  - 双样本检验 / 200
  - 方差检验 / 204
  - 双单边检验 / 209
- 3.6 假设检验中的 p 值 / 213
- 3.7 假设检验中的样本量计算 / 222
  - 单边假设检验 / 223
  - 双边假设检验 / 226
  - 双单边假设检验 / 230

Chapter 01
第 1 章

不确定性的描述

生活中充满了不确定性，而统计学就是研究不确定性的学科。本章将首先向大家展示生活中各种带有不确定性的场景，从而说明人生就是一场充满了不确定性的旅程。统计学提供了一套系统、规范、科学的方法论，帮助大家去理解人生中的各种不确定性，从而洞察不确定性中的确定性规律。为此，需要首先掌握描述这些不确定性的方法，即各种概率分布。

1.1 从不确定性出发

人生就是一场关于不确定性的旅程!

人的一生,从小到大,充满了纠结,而纠结的根源是什么?答案是不确定性。假设有一天某个全能的先知告诉我:"老王,明天就是世界末日了。请问你纠结吗?"答:"我不纠结,一点都不纠结,就是很痛苦而已。"请注意,纠结不是痛苦,痛苦不是纠结。如果我确信明天就是世界末日,那么我会立刻好好安排今天剩下的时间。我应该和我最亲最爱的人在一起,把窖藏多年的二锅头喝个精光,把压箱底的82年雪碧一饮而尽。总而言之,该干啥赶紧干啥,虽然对这个美好的世界有万般不舍,非常痛苦,但是不纠结。

什么时候我会纠结呢?如果全能的先知告诉我:"老王,明天有50%的可能性是世界末日,而50%的可能性太阳会照常升起。请问你该怎么办?"如果我把窖藏多年的二锅头喝个精光,把压箱底的82年雪碧一饮而尽,但是明天太阳照常升起,岂不尴尬了?以后就没有窖藏的二锅头喝了,也没有压箱底的雪碧了,岂不郁闷?但是,如果我不喝光窖藏的二锅头和压箱底的雪碧,结果明天真的世界末日了,岂不可惜?哎呀,我到底应该怎样做才好呢?于是纠结的小草开始慢慢爬上我的额头。

也许你会说,上面这个例子是你瞎编的,虽然有趣但是一点也不真实。那我跟你分享两个发生在我身上真实的故事。这

两个故事都太普通了，其实大家身边很常见，只是你没有注意到而已。

✏️ **故事 1：**

我老妈七十多岁了，这几年身体不大好。大概一年多以前，她得了一个奇怪的血液疾病，叫作"特发性血小板减少性紫癜"。你看，光这个名字就好长，我死活记不住。但是，这个病其实也挺普遍的。基本原理是这样的，老人家的免疫系统出了问题，然后横竖看自己身体生产的血小板不顺眼，然后就给消灭了。也就是说，老人家自己的免疫系统消灭了她自己造血系统生产的血小板。一个正常人的血小板水平大概是 150 个单位（10^9 个/升），老人家的血小板水平最低的时候只有 2 个单位。如果一个人的血小板只有 2 个单位，后果是什么？担心身上被划伤出血吗？其实这不算最让人担心的，因为这是外伤，总会有办法止血。最让人担心的是内伤，如果不小心造成了内脏出血，颅内出血，那后果将不堪设想。

因此，我们赶紧去了某市最好的血液科医院，尝试了各种治疗方案，效果都不理想。当所有的药物治疗方案都失败的时候，医生建议：也许可以考虑把脾脏切除掉。原因是：脾脏是血小板的坟场。人体被淘汰下来的血小板是在这里被回收的，因此老人家健康的血小板也最有可能是在这里被破坏掉的。因此，如果切除脾脏，那么血小板就不会被破坏掉了。当然，切除脾脏的后果是，老人家的造血功能会降低，但是也能通过肝脏或者骨髓等其他器官得到一定的补充。如果手术成功，那么还不用吃激素类药物，所以从长期看这也许是一个不错的治疗方案。当一家人正在为这个事情暗下决心的时候，医生又补充了一句：但是，这个治疗方案不能保证一定会成功，有 20% 的病人，切除脾脏后，病情并没有得到改善。

啊！这岂不是让人很纠结。如果切除脾脏就一定会好，那么我们也许可以努力下定决心，毕竟这也不是一个很小的手术。但是，如果做出这一切的努力，结果没有效果，那岂不是让人很郁闷。你可以理解我的纠结吗？为什么纠结？因为这个手术治疗方案对于病情的有效性是具有不确定性的。对，就是这个不确定性，让人非常纠结。

✏️ **故事 2：**

我当年高考的时候，竞争和现在一样激烈。但那时候的规则是，先填志愿，然后高考。也就是说在你还不知道自己高考成绩的情况下，你就要填报志愿。而现在的规则是先高考，知道自己的成绩后再报志愿。显然，后者面临的不确定性就小了很多，而前者的不确定性非常大。因此，在还没有考试的情况下，我和我的同学们必须对自己的高考成绩有一个预估。然后根据预估的情况,决定如何报志愿。对于我而言,应该如何报志愿呢?虽然我所在的中学是县里最好的中学,但是清华、北大也是可望而不可即,每年学校能有一两个去清华或北大就很不错了,而我的成绩似乎达不到年级前两名的水平。如果我没有记错,我当年应该能做到年级前十名,但是做不到前两名。对于我而言,如果报考一个挑战性稍微弱一点点的学校,把握性会非常大,而且这些都是非常好的学校。但是,如果我坚持要考北大,这个不确定性就很大很大。

我应该怎么办?太纠结了,实在太纠结了!后来,年轻的自己,无知无畏,一咬牙,一跺脚,心一横,就报了北大。最后成绩出来,北大当年的录取分数线是634分,而我是638分。这个成绩怎样呢?其实并不怎么样。那一年我的好多同学,最后成绩都比我高,我应该年级前十名都进不了,但是我却报了北大。虽然我的同学们都非常优秀,一点也不比我差,但是命运之神眷顾了我,给了我这个宝贵的学习机会。有时回想起来,心有余悸。如果当年的规则是:先知道高考成绩,再报志愿,我想北大就不会跟我有半点缘分了。

亲爱的同学,这俩是我生活中关于纠结的故事,也是我关于不确定性的故事。你能否想一下,你自己的生活中碰到过哪些纠结的场景?多想几个,你会发现它们常常与不确定性高度相关。事实上,不确定性在我们的生活中处处都在。要不然怎么会说:人生就是一场关于不确定性的旅程。不信?我再给你找几个案例看看。

案例1:恋爱。

恋爱是人生中一件特别美好的事情,有时让你幸福无比,有时让你伤心落泪。年轻人管这个叫作一场轰轰烈烈的恋爱,但是如果你站在一个非常理性旁观的角度,不禁要问:"这么折腾为的是啥?如果一个姑娘觉得对面的男生很不错,而对面的男生也觉得这个姑娘很不错,那就结婚生子开心生活不就可以了吗?要恋爱做什么?"

年轻的姑娘也许会说:"这不行,万一我看走眼了怎么办?对面那个男生看起来是白马王子,万一不靠谱呢?我得通过恋爱这个过程考验考验他。"年轻的小伙子也会说:"这不行,万一我看走眼了怎么办?对面那个姑娘看起来温柔贤惠,如果表里不一怎么办?我得通过恋爱这个过程了解了解她。"无论是考验,还是了解,反正通过这个恋爱过程,双方增进了了解。双方都可以有更多的机会观察对方,他(她)到底是一个什么样的人?他(她)是一个努力学习的人吗?(例如,统计学学得如何?)他(她)是一个勤奋的人吗?他(她)的老师如何评价他(她)?他(她)的同事同学如何评价他(她)?成功的时候,他(她)

是否会得意忘形？失败的时候，他（她）是否会坚持不懈？所有这些信息综合在一起，才能更好地判断对方是不是一个值得付出真心的对象。

因此，我们需要一场轰轰烈烈的恋爱。对，你管这个叫作轰轰烈烈的恋爱，而统计学家会认为这其实就是一个数据采集的过程。通过采集大量的数据，每个人都会在自己的内心深处做出一个回归分析模型（什么是回归分析？请耐心等待，后面章节会详细讨论），判断对方是否值得自己托付终身。所有这些数据采集分析（或者轰轰烈烈恋爱）的过程，就是为了一个目的：减少未来婚姻中发生不幸的不确定性。对，这就是恋爱的统计学本质，降低不确定性。

案例2：求职。

求职也有着巨大的不确定性。我的父母在西藏最艰苦的时候，进行援藏工作二十年。因为这个原因，我自己也有幸在西藏度过了四年难忘的时光。我的父母为祖国的边疆建设付出了青春，付出了和家人团聚的时间，甚至付出了健康。等到有一天，终于可以调回内地了。按照国家政策，可以给他们好好地安排一个工作。请问：什么样的工作单位是好单位呢？请注意，那是在20世纪80年代末期，在一个小县城里，父母经过各种研究、打听、咨询，最后老爸选了一个非常理想的单位——物资局。

亲爱的同学，请问你听说过这个单位吗？这个单位曾经是非常好的单位。第一，是事业编制的国有企业，这意味着不会有失业的风险；第二，资源多，很多重要的物资（如钢筋、水泥、农药、化肥）都得从物资局购买。所以，老爸精挑细选了这个单位，非常开心满意，也算是对自己二十年支援边疆的一个小小犒劳。但是，后面的故事大家可能都知道，国有企业的各种改革，各种市场化，很快物资局就变成了物资公司。当然，物资公司的市场化能力是很弱的，苦苦支撑了好多年后，就破产倒闭了。

请问发生在父辈身上的故事很特殊吗？答：不是的，类似的故事比比皆是。例如，2003年我回北京大学光华管理学院（以下简称北大光华）工作，当时的高校老师都是事业编制的终身制教员。当然，想当一名教授，可能非常难。但是，你不用担心失业。从2003年开始，北大光华执行严格的终身教授制度，而且只有正教授才是终身教职。这意味着，只有教学科研最拔尖的一批学者才能经得起这个严格的淘汰选拔。你看，高校教师也不再是"铁饭碗"了，更不要说企业中的岗位了，统统要直面不确定性。

案例3：求学。

北大光华有着非常优质的商学教育，这体现在各种各样的教学项目上，如本科、博士、MBA、EMBA及各种各样的专业硕士项目。以我负责的商业分析（Business Analytics）专业硕士项目为例，规模不大，但是每年报名的优秀学子非常非常多。按照国家和学校的相关规定，有两个申请通道可以考虑。一是申请跨校保研，也就是说，如果一个本科三年级的同学学业非常优秀，自己所在的学校有保研名额，就可以通过保研的通道申请进入北大光华的商业分析专业硕士项目学习。当然，每年有这样资格的同学很多，因此需要通过一个严格的夏令营面试进行筛选，非常不容易。二是通过全国研究生入学考试申请进入项目学习。但是，很多同学都非常优秀，本身是可以保送本校或者其他学校的。如果要走招考这条路，可能就意味着要放弃保送本校（或者其他学校）研究生的机会。但是，考研又何尝不是一个巨大的挑战呢？给定项目的招生名额实在不多，而对项目给予厚爱的同学们都非常优秀，因此，这个考研要面对很多挑战，有很大的不确定性。如果你是其中一位同学，你要不要为这个不确定性而放弃（假如）保送本校研究生的机会呢？这个问题太难回答了，并不是每个人都有这个勇气的。但是，每年我们的项目里都会碰到这样的同学，以极大的决心和勇气去挑战这个不确定性。我并不确定，对于一个具体的个人而言，这是不是一个最好的决定。但是，有如此决心和勇气直面如此巨大不确定性挑战的同学很是让人佩服。

到此为止，我希望已经跟你达成了一个共识，那就是：人生处处都有不确定性。你也许会讨厌它，因为不确定性的存在，你今天美好平静的生活将注定掀起波澜。但是，我想告诉你的是，不确定性也有它好的一面。无论今天我们面对生活怎样的锤打，面对命运怎样的挑战，这一切都会烟消云散。因此，不确定性的本质是中性的。但是，中性的不确定性，却如此重要。前面的故事和案例都告诉我们，不确定性能从不同的角度影响我们的生活，甚至决定我们命运的轨迹。

面对如此重要的不确定性，如果用一个完善的学科来研究它，那

么，哪个学科能承担这个重要的使命呢？答：统计学。对，这就是我热爱的统计学。请注意，统计学不是研究传统意义上的"统计"，而是全面、系统、规范地研究不确定性。有了统计学的帮助，我们可以更好地理解生活中的各种不确定性中，有多少成分其实是确定的，是可以把握住的。有了统计学的帮助，我们可以更加自信勇敢地面对生活的锤炼，因为我们不再惧怕不确定性，相反我们还具备了与不确定性共舞的能力。不确定性不再是我们前进路上的阻碍，而是我们的得力助手，我们可能会对什么叫作"顺势而为"有更好的理解，并因此在竞争中获得相对优势。

因此，统计学研究的核心问题是什么？答：不确定性。当然，这里必须强调一点，这是我们的一家之言，很多学者可能会持有不同的看法，所以也欢迎大家批评指正。一种可能最常见的说法是，统计学是研究数据的。这种说法乍一听似乎很有道理，但是仔细琢磨一下却似乎并不令人满意，甚至缺乏建设性。如果说统计学是研究数据的，那么是否可以说研究数据的就是统计学呢？这恐怕不可以，因为研究数据的学科太多了。例如，计算机科学研究数据的存储、传输、计算相关的软硬件及各种算法模型，这是不是也算是研究数据的？显然是，而且事实上计算机科学在数据相关的科学发展方面进步巨大。除此以外，经济学、金融学、管理学显然也研究数据。经济学研究经济数据，从中尝试理解经济的宏观和微观规律；金融学研究金融数据，从中尝试解读金融资产的定价规律，以及人们在投资中的各种非理性行为；管理学研究企业管理数据，从中理解企业的战略、营销、决策等方方面面。这些学科显然都与统计学有交集，但是能否说它们就是统计学？显然不能。对于医学、物理、化学、生物、天文学、工程类学科，没有一个学科不研究数据。所以，说统计学就是研究数据的，似乎并不准确，甚至缺乏必要的建设性。为什么？因为从这个看似正确的定义中，看不出统计学真正与众不同的独特之处。一个更有建设性的定义应该能够快速将统计学最核心、最擅长的要素给凸显出来，并与其他学科做一个清晰的区分。我们认为这个最核心的要素就是不确定性。所以，统计学研究的核心就是不确定性。

那么，商务统计学研究的核心是什么呢？答：商业实践中的不确定性。很多与自然科学相关的学科中，有着非常多的、美妙绝伦的确定性规律，或是物理规律，或是化学规律，或是生物学规律，而商业实践中却几乎不存在确定性规律。原因很简单，商业实践常常涉及利益分配和市场竞争，只要有利益、有竞争，就会产生持续对抗、重复博弈，而这就会产生不确定性。若能从这纷繁复杂的不确定性中洞察部分确定性规律，就可以获得相对的竞争优势。为此，我们可以再看几个案例。

案例1：精准广告。

在生活中，我们总是能看到各种各样的广告，但是广告能做到绝对意义上的精准吗？有朋友会说："如果广告推荐的内容是你想要的，那就是精准的。"真是这样吗？如果我想喝可乐，就向我推荐可口可乐，这是我想要的吗？百事可乐难道不香吗？考虑到夏天败火的需求，其实王老吉凉茶没准是一个更好的选择。虽然我很想喝可乐，但是我不会买的，为什么？因为我肥胖，而且我有糖尿病，我的各种健康问题不允许我喝高糖饮料，我需要低糖的替代品。那么，在这种情况下，推荐给我什么产品才是精准的？答：推荐什么都不可能精准，因为我自己都说不清楚我想要买什么。我在进入超市之前，一心想要买可口可乐，出来的时候发现我提的是二锅头。我自己都不知道我想要买什么，那么，你又怎么会知道呢？

看完上面这个案例，你现在能理解了吗？只要有充分竞争的市场，有充足的替代品，没有任何广告能做到绝对意义上的精准。这个跟数据无关，跟算法无关，这是市场竞争带来的自然产物。在媒体中常常会看到关于精准广告令人咋舌的故事，其实这都是非常特殊的事例，实在没有任何代表性，甚至其真实性都让人怀疑。请注意，一个产品之所以需要广告一定是因为市场竞争激烈，而激烈的市场竞争决定了广告不可能精准。广告的本质是营销传播，其效果难以被准确衡量。那么问题来了：为什么商家还如此热衷于打广告呢？原因很简单，给定广告主的成本足够低，能够影响的消费者足够多，打了广告还是比不打广告要好。虽然广告效果具有很大的不确定性，但给定广告效果极度不精准的前提下，有合理数目、模型、算法加持的广告效果，往往能够做到比凭感觉投放的广告精准很多。在此类技术支撑下的"精准"广告，虽然做不到绝对精准，但是只要能够做到比传统广告更加精准，那就非常有意义。例如，传统的手机端中实时竞价开屏广告点击率才0.2%，若能做到0.4%，这可能就代表着收入100%的增加。因此，实际工作者关心广告效果的不确定性，而统计学为理解该不确定性提供规范而系统的方法论。

案例2：信贷风控。

信贷是一个历史悠久的业务，大约有上千年历史，其业务形态非常简单。例如，张三缺钱，找李四借钱，并约定好时间归还。届时，张三除了应该归还李四本金以外，还应该支付约定好的利息。在现实生活中，不排除这种可能性，李四是张三的好朋友，因此不介意张三是否偿还利息，甚至本金。但是，这是个别现象。个别现象支撑不了一个

行业的存在。在绝大多数情况下，李四期待张三偿还的不仅仅是本金，还有一份额外的利息。为什么要收取额外的利息呢？因为这是张三使用李四资金所产生的成本，其中很大一块会被李四用来对冲部分客户不偿还本金而带来的不确定性风险。

在上面的案例中，李四为什么会在信贷业务中向张三收取一笔额外的，甚至是丰厚的利息费用？原因是不确定性。如果所有像张三这样的客户一定会到期准时偿还本金和利息，结果会怎样呢？结果就是：李四这样的金主数目会激增，资金的供给量会猛增。反正借钱给张三这样的客户是没有风险的，还有利息收益，为什么不向张三这样的客户提供资金呢？因此，这会造成资金供给量的极大提升。然后会发生什么呢？接下来发生的就是资金使用成本的降低。对李四而言就是利息收入的减少。为什么？因为这个社会上像李四这样的资金方很多，像张三这样的客户太少。太多李四求着张三使用自己的资金，张三当然要挑选成本最低的资金使用。久而久之，这个行业的收益率会一路下跌，然后与银行的活期存款利率保持基本持平。这样的结果对于全社会而言是一个好事还是坏事，不好判断。但是可以确定的是，这样的结果对于信贷行业而言，不是好事情，这个行业可能会因此消失。所以，信贷能够长期存在、长期繁荣的一个重要原因就是与还款风险相关的不确定性。对于一个资金方（如银行）而言，各种信贷产品中特别重要的一个环节就是风险控制。也就是说，要利用所有可利用的工具手段，以及数据分析方法，提前预判一个贷款申请人未来违约的风险，并将其控制在一个合理的范围之内。而统计学理论会为信贷风控提供数据建模相关的核心方法论。

案例3：电话销售。

相信很多人都接到过各种各样的骚扰电话。在教育方面的"双减"政策之前，像我这个年纪的爸爸妈妈们接到的典型骚扰电话就是与孩子补习相关的，不是推荐补习班，就是推荐兴趣班，现在的孩子的学习压力是真大。我记得自己上中学的时候，成绩在班上也是很不错的，但是没有太大的压力。一个原因是那时候不是每个同学都非常"内卷"。因此，只要自己懂事早一点，努力多一点，成绩优势就会明显一点。但是，现在的孩子们还有家长们都非常"内卷"，父母都想让孩子学习成绩更好一些，各种补习班应运而生，而且非常受欢迎。我们家的小伙子也没能例外，虽然补习班对小伙子成绩的提高是非常有帮助的，但是有一个问题，那就是只要参加了一个补习班，似乎很多其他补习班就知道了我的存在，然后疯狂给我打电话，让人不胜其烦！

当然,这是我作为一个消费者的感受。如果跳出消费者的角度,站在一个中立的位置去思考:为什么市场上会存在大量的骚扰电话?要知道骚扰电话也是有成本的。背后的运营方之所以会如此坚持,原因很简单:一定是有效的!对于很多行业而言,电话销售真的会带来销售业绩,甚至可能是最主要的销售业绩。如果切换一下视角,从消费者的角度转换到电话销售人员的角度,请问他们的工作轻松吗?显然不轻松,而且非常辛苦。很多公司的电话销售团队是每天最早到公司的,多年如一日。一天辛苦下来,打了上百个甚至更多的电话,能成功的有几单?不同行业各不相同,但是一个大概的平均转化率为1%~2%,非常非常低。这说明:从电话销售线索(被打电话骚扰的潜在客户)到转化(实际购买的客户)的过程带有强烈的不确定性。

这种不确定性的一个直接表现就是:电话销售团队的工作苦不堪言,虽然每天打出去非常多电话,但是业绩仍然平平。所有的管理者都相信,这种不确定性中,应该有一定的确定性,应该有一定的规律可循。为什么?因为每个月的销售冠军不是小王就是小李,他俩的业绩是别人的3~4倍。这说明:小王和小李之于电话销售而言,是应该有套路可循的。请问:能否把小王和小李的销售套路抽象出来,并以产品的形态固化下来?如果能,那是什么样的产品形态?答:销售线索打分。根据小王和小李的宝贵经验,抽象出用于描述不同销售线索的数据指标,建立这些指标与最后线索转化之间的相关关系,并因此对不同的销售线索成单概率做出科学规范的评估。一旦有了这样的评估,管理者就能够知道销售线索池中哪些线索是转化概率高的优质线索,哪些是转化概率低的劣质线索。优质线索优先分配给最有经验的销售人员,极大化成单概率;劣质线索也许就不被执行,以节省运营成本。而统计学将会为这个过程提供一套规范的方法论去理解这背后的不确定性。

简单总结一下,人生就是一场充满了不确定性的旅程。有时,不确定性会令人厌恶,给平静的生活添

乱添堵。有时,不确定性会令人开心,带来意外的惊喜和幸福。不确定性之于个人、之于企业、之于行业,甚至之于国家,无处不在。如果能掌握一套系统、规范、科学的方法论,帮助我们去理解不确定性,洞察不确定性中的确定性,岂不是一件非常有趣的事情?那这样的一门学科是什么呢?答:统计学。

① 统计学是一门什么样的学科?它是研究什么问题的?在实际中有哪些应用?为了更好地回答这个问题,也许你可以用数学、物理、化学、经济学、计算机科学等不同学科与统计学做一个对比分析。

② 请结合自己的生活或者工作经历,举一个现实生活中的关于不确定性的案例。请详细解释这里的不确定性究竟是什么?为什么它具有不确定性?产生不确定性的根源是什么?不确定性的产生与某种竞争(如市场竞争)有关系吗?这种不确定性有可能通过大数据分析准确预测吗?

③ 对于题 2 所举的案例,其中的不确定性会造成什么结果?它有可能带来什么收益,或者有可能导致什么损失?这会怎样影响你的决策?在这个不确定性中,有哪些成分其实是可以把握的,而哪些成分是没办法确定的?如果你想要降低这一不确定性,你需要通过收集哪些数据来实现?

1.2 连续型数据

通过上一节的学习我们已经掌握了一个道理，那就是：统计学研究的不是数据统计，统计学研究的是不确定性。那么问题来了：统计学是如何研究不确定性的呢？答：通过数学工具。统计学所涉及的数学工具说多不多，如果想要入门统计学，那么最核心的数学工具无非就是微积分、线性代数和概率论。但是统计学所涉及的数学工具说少也不少，如果希望做更加深入的统计学研究，那么几乎所有的数学工具可能都有用武之地。在所有的数学工具中，显然概率论占据着极其重要的位置。原因很简单，概率论为统计学研究不确定性提供了一套系统而科学的、用于描述不确定性的数学方法。因此，想要入门统计学，必须得先入门概率论，学习概率论的智慧，学习概率论是如何优美地描述了大千世界中千姿百态的不确定性。了解这些精细美妙的数学模型背后，有着怎样的常识经验作为支撑，又带来了哪些意外的发现。

为了帮助大家理解概率论是如何描述不确定性的，下面看一个特别简单直观的案例。我们采集了我国上海证券交易所上海证券综合指数（简称上证综指）从 1991 年 1 月 2 日到 2021 年 7 月 22 日共计 7468 个日度收益率数据，部分如图 1.1 所示。什么是日度收益率？如果把上证综指看作一只股票，昨天收盘价为 100

元，今天为 110 元，那么今天的日度收益率为（110-100）/100=10%。如果昨天投资者入手了上证综指，今天卖出，那么他就赚钱了。而如果昨天收盘价格为 100 元，今天为 90 元，那么今天的日度收益率为（90-100）/100=-10%。如果昨天投资者入手了上证综指，今天卖出，那么他就赔钱了。当然，还有一种可能性，如果资本市场允许卖空，那么昨天卖空上证综指，今天平仓，投资者也能赚钱。你看，如果投资者能准确预测股价的上下起伏，岂不是很赚钱？那你猜一猜，一个普通统计学教授能准确预测股价变动吗？答：大概率不能。股价的变化之于任何一个普通人，都具有不确定性。相信对于读者，也是一样的。如图 1.1 所示，这是把上证综指从 1991 年 1 月 2 日到 2021 年 7 月 22 日的所有日度收益率随机抽取一部分写在一起。请问：从图 1.1 中能看到什么？对绝大多数普通人而言，能看到的是不确定性，因为什么也看不出来。

```
 2.03%   0.45%  -3.32%   2.59%   0.33%  -0.12%  -0.87%   0.46%  -2.63%  -0.10%   0.92%   0.46%  -1.66%  -1.38%  -1.37%   0.57%
-0.82%  -1.61%  -0.70%  -0.18%  -0.51%   0.56%  -0.41%  -1.05%  -3.76%   0.04%  -0.23%   0.19%   0.15%  -2.24%   0.20%  -0.21%
 0.14%  -0.49%   0.83%  -1.89%   0.15%   0.55%   0.54%   3.47%   0.57%   0.99%   0.32%   0.58%  -2.73%  -4.27%  -7.78%  -0.71%
 0.44%  -0.81%   1.03%   2.00%   2.47%  -0.24%  -0.64%  -3.40%   9.89%  -0.04%  -0.39%   0.77%  -0.54%   2.42%  29.90%  -0.45%
 1.21%   0.71%  -0.66%  -0.57%   0.67%   0.10%   0.87%  12.05%  -2.00%   0.02%  -1.52%   0.34%  -0.10%  -0.92%   0.50%  -0.70%
 0.26%   0.03%  -1.01%  -1.92%  -1.02%   1.96%   5.19%  -0.14%   0.30%  -1.08%  -0.25%  -0.57%   0.84%   2.41%   0.54%  -0.29%
 0.67%  -0.20%  -0.93%  -0.09%  -0.75%   1.37%   4.94%   0.18%   0.26%   0.08%   0.20%   0.57%   7.27%   1.05%  -1.23%   0.05%
 0.40%  -0.71%  -4.87%   1.96%  -7.18%  -0.35%  -3.59%   1.84%   0.25%   0.28%   4.49%  -1.99%   3.30%   3.52%   0.86%  -0.15%
 0.82%  -0.98%  -0.95%  -0.86%   1.17%  -3.23%   1.08%  -9.43%   0.30%   0.47%  -3.68%   0.38%   0.21%   6.81%   0.12%  -0.37%
-0.37%  -0.71%  -0.17%  -0.56%   0.59%  -1.43%  -1.38%   0.38%   0.02%   0.54%   0.59%   0.84%  -0.96%  -0.87%   0.75%  -3.47%
-2.08%   0.49%  -0.37%  -0.54%   1.68%  -0.06%  -0.26%  -0.45%   2.15%  -3.11%   1.18%   0.39%  -2.38%  -3.61%  -1.29%  -0.29%
 1.94%  -0.71%   1.25%  -0.23%   0.32%   0.13%   0.41%  -0.66%  -1.96%   0.64%   0.08%  -0.57%  -0.99%  -0.10%   0.69%   2.60%
 6.77%   0.98%  -2.86%  -1.74%  -0.16%  -0.68%   0.17%   1.12%  -1.64%   0.66%   1.50%  -0.74%  -0.34%  -2.77%  -2.81%   0.55%
-0.12%  -0.07%  -0.32%   0.08%   1.81%  -1.08%   1.03%   0.18%  -1.48%   0.57%   0.23%  -0.42%  -5.62%   0.02%   0.72%   0.14%
 1.60%   0.43%  -0.08%  -2.99%   0.41%   0.29%   0.27%   0.17%  -0.34%   0.17%  -7.72%  -4.64%   0.99%   0.22%   0.15%  -0.29%
 0.13%  -0.87%  -0.58%  -0.89%  -0.96% -10.44%  -0.86%   0.63%  -0.22%   1.86%   3.32%  -0.31%   1.00%   0.57%  -0.52%  -0.09%
-1.51%  -0.91%  -0.99%   0.87%   0.34%   0.73%  -1.58%  -1.61%   1.49%  -0.38%  -0.45%   3.29%   1.33%  -0.49%   1.00%   0.22%
-0.42%  -0.78%   0.59%   0.33%   5.80%   0.92%  -1.31%  -1.09%   1.36%   0.78%  -0.48%   0.58%  -0.26%   0.75%  -0.79%   2.84%
-1.00%  -0.82%   0.51%   0.77%   0.30%   0.06%  15.52%   0.83%   2.85%   0.94%   0.23%   1.37%  -2.37%  -1.53%   0.37%  -0.28%
 1.19%   0.25%   0.35%   0.14%  -2.49%  -1.47%  -0.94%   4.75%  -1.96%  -1.04%  -1.93%   0.21%   3.02%  -0.69%   1.01%   0.75%
 0.45%   0.52%   0.43%   0.78%  -1.20%  -0.12%   1.54%   0.09%  -0.81%   2.69%   0.29%  -2.63%  -0.15%  -0.94%  -0.08%   0.83%
 1.16%   1.50%  -2.07%  -4.96%  -0.04%  -1.77%  -5.37%   2.17%   0.10%   0.68%   1.16%  -0.33%  -0.58%  -1.30%  -0.36%   2.18%
 5.95%  -0.41%   0.01%   0.53%  -1.04%   0.57%  -2.52%  -0.17%   0.52%  -0.46%   0.61%   0.65%  -0.29%  -0.18%  -2.48%   0.45%
 0.28%  -1.66% -10.46%   0.51%  -3.01%   2.18%   0.93%   0.40%  -0.03%  -0.92%  -0.50%  -0.16%  -0.16%  -0.10%   0.30%   2.01%
```

图 1.1　上证综指日度收益率（部分）

在 1.1 节提到，统计学研究不确定性的一个具体目标是洞察不确定性中的确定性。请注意：统计学的目标不是消灭不确定性，因为存在不确定性的一个（不是所有）重要根源是竞争的存在。只要竞争存在就有不确定性，尤其在商业实践中，只要存在对有限利益的无限博弈，不确定性就一定存在，不可能因为任何学科（如统计学）而消失。然而，统计学可以帮助我们洞察这混乱的不确定性（如图 1.1）中，有哪些成分其实是确定的，是一般人洞察不了的，是可以为我们所用的。为此，我们需要系统学习一套完整的统计学方法论。本书将从最简单的直方图开始，带领大家认识了解前辈学者们曾经思考过的一系列问题，然后跟随他们的脚步，去理解更加复杂高深的统计学工具是如何被开发出来的。

为此，我们再仔细研究一下图1.1中那些密密麻麻的日度收益率数据。虽然仍然看得一头雾水，但是看得多了，总还是能看出一点点端倪。例如，这个日度收益率正负不定，且正负的大概比例相同，符合我们对于股票市场的预期。如果绝大多数情况下日度收益率为正，那么就可以闭着眼睛买大盘指数，稳赚不赔，这可能吗？答：可能性不大。因为这个操作会很快抬高大盘指数价格，进而拉低日度收益率。同样，如果绝大多数情况下日度收益率为负，在市场允许卖空的情况下，这也是稳赚不赔的机会。而卖空这个行为的大量产生，会降低大盘指数价格，进而拉高大盘日度收益率。因此，对于一个充分有效的资本市场而言，长期出现负收益率的可能性也不是很大。请注意，这里尝试用非常小心谨慎的语言来表达观点：无论是日度收益率大比例为正，还是大比例为负，这个可能性都不是太大，但是不能说完全不存在。不排除在某一个特定的时间点上，在某一个比较短的时期内，大盘日度收益率可能大比例为正（或者为负）。但是，无论是哪一种情况，投资者似乎都对这个收益率的正负非常关心。显然，投资者必须关心日度收益率的正负情况，因为它直接决定了投资的收益结果。因此投资者产生了一个非常简单而且自然的数据分析需求：能否统计一下日度收益率中的正负比例情况？

经过一个简单的统计可以发现，正收益率占比为52.5%。这说明，从1991年1月2日到2021年7月22日，在这30年里，大盘指数的日度收益率是总体为正的。这说明对于能够长期持有的投资者而言，大概率回报是正的。但是，很遗憾（同时也很自然）的是，正收益占比不高，刚刚超出50%（正负比例相同）这个标杆2.5个百分点。这也说明，对于没有足够的耐心且又盲目追逐市场潮流的小散户而言，想要获得超额收益率的可能性是很小的，遭受财务损失的可能性是非常大的。

通过上面的讨论，你能从大盘指数的不确定性中洞察到什么确定性吗？能，通过52.5%这个数字似乎可以洞察确定性。你会发现，在任何一个时期，甚至任何一个地区，只要有成熟的资本市场，这个正收益的占比似乎都非常靠近50%。依赖于该地区的经济

发展程度，以及资本市场的成熟度，这个数字可能会略高于50%，或者略低于50%。还是以我国上证综指为例，从1991年1月2日到2021年7月22日整体的正收益率占比为52.5%，那么请问：每年的情况如何呢？为此再做一个简单的计算，并以柱状图的形态呈现，部分数据如图1.2所示（图中黑线的水

平对应的是 52.5%）。从图 1.2 中可以看到什么？第一，每年的正收益率占比是有所不同的；第二，每年的正收益率占比差别不是特别大，绝大多数情况下在 40%～60%。当然，40% 和 60% 对应的投资收益结果大不相同。但相较于正收益率占比的所有理论可能取值（0～100%），这个区间是非常小的。这说明上证综指日度收益率，看似非常不确定，但是其中也有确定性的规律，而该规律的一个表现就是正收益率的长期占比相对稳定。

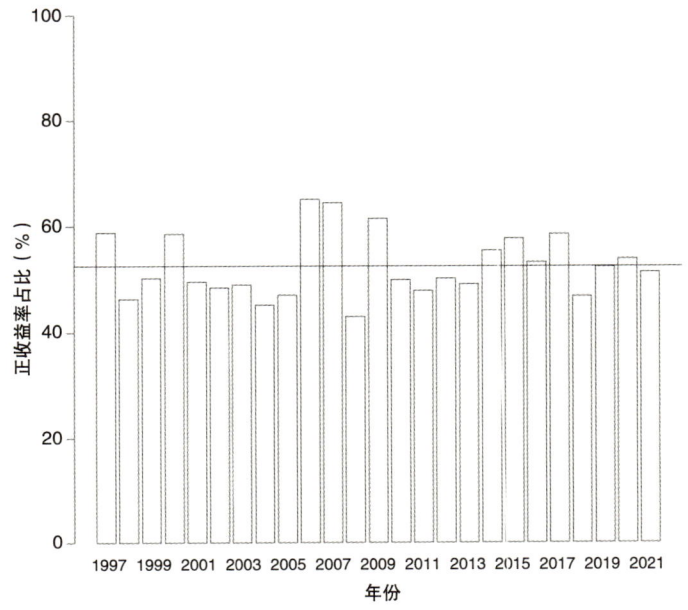

图 1.2　上证综指分年份正收益率占比图

对于同样类似的分布可以尝试以月份计算，并观察一年 12 个月中每个月的正收益率占比的变化是否有规律，结果如图 1.3 所示，看起来稳定性更好了。也就是说，上证综指在过去的 30 年里，不同月份之间的收益率正负比例是非常稳定的。怀着无限的好奇心，再看一下不同日期是否有所不同。每个月大概有 30 天，有的月份（如 2 月）不到 30 天，有的月份（如 12 月）会有 31 天。月初（如某月 1 日）和月末（如某月 31 日），上证综指日度收益率的正负占比有什么变化规律吗？从图 1.4 中可以看到与年份、月份相比，不同日期间正收益率占比具有完全相似的规律。如果要说区别，那么就是稳定性比月份的要差一些，跟年份的相似。月份为什么能表现出更好的稳定性？这是一个有趣的问题，可能会有不同的解释。但是，其中最重要的一个原因恐怕是样本量。本案例总共有 7468 个样本，平均分配到每个月份的样本量大概为 7468/12≈622，按月分配到每个日期的样本量大概为 7468/31≈240，远远小于每个月份的样本量 622。因此，这极大地影响了每个日期正收益率占比的稳定性。这带来一个重要的启发：样本量的大小，似乎会极大地影响统计学分析的稳定性。样本量是如何影响统计分析稳定性的呢？数学上是如何刻画这个美妙规律的呢？这是统计学要研究的核心问题之一，这部分内容将在后面慢慢讨论。

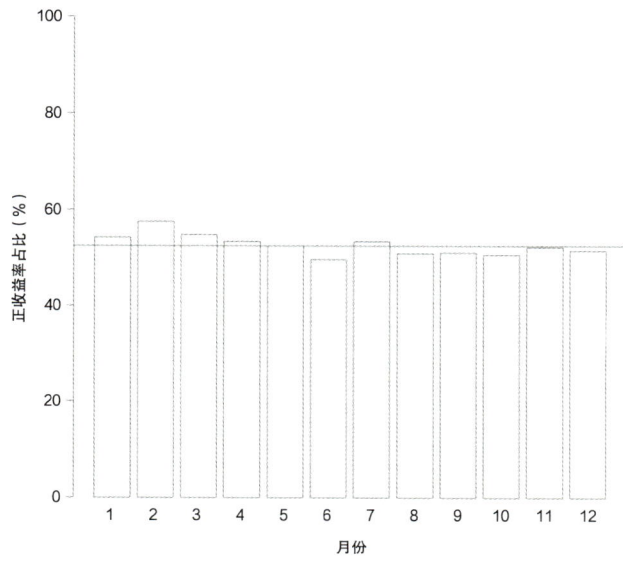

图 1.3　上证综指分月份正收益率占比图

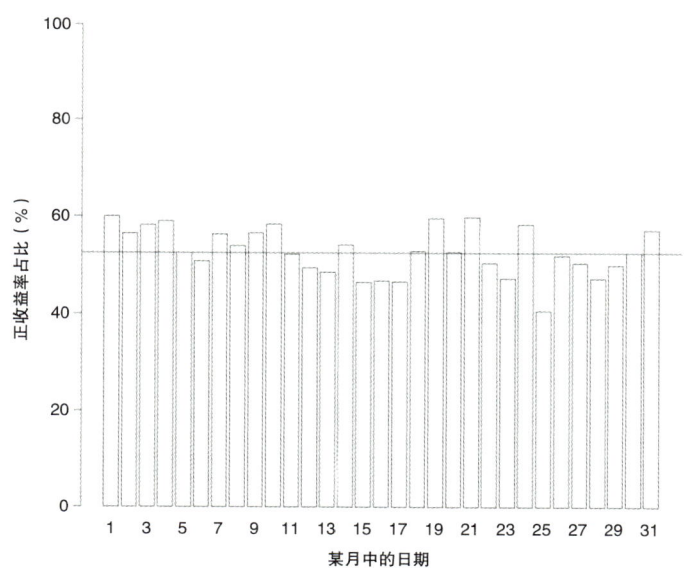

图 1.4　上证综指分日期正收益率占比图

简单总结一下前面的探索发现，通过对上证综指日度收益率的正负划分发现，原本表现不确定的日度收益率，一下子变得确定了很多。这就是统计学把握不确定性的最基础方法论。这个分析说明了对于上证综指日度收益率的不确定性，人们能把握到什么程度。那么，能通过模型绝对准确地预测收益率吗？当然不能，否则不确定性就被消灭了，不确定性都没有了，哪里还会有活跃的资本市场。虽然不可能彻底消灭不确定性，但是这不妨碍人们从不确定性中洞察确定性。对于上证综指这个案例而言，确定性就是长期日度正收益率占比大概维持在 52.5% 的这个水平上。不要小看这个数字，如果你从事股票投资工作（如量化投资或者基本面投资），这个 52.5% 会是你对股票投资预期收益与风险量化判断的基本依据。当然，这样一个依据显然是不够的，不足以支撑更加精细化的投资决策，因此需要在 52.5% 的基础上做出更加细致的分析。

什么样的分析是更加细致的呢？例如，给定两只不同的股票，它们日度收益率为正的可能性都是 52.5%。但是，A 股票收益率大于 5% 的可能性是 30%，而 B 股票只有 20%。假设这两只股票其他方面表现都一样，请问哪只股票更值得投资？显然是 A。虽然 A 和 B 赚钱的可能性大概都是一样的（大概都是 52.5%），但是一旦产生正收益，A 股票有更大的可能性超过 5%，而 B 股票就要差一些。所以会产生一个很自然的需求：为什么不把股票收益率的分组分得更加细致一些？例如，每 5 个百分点为一组，然后看看上证综指在各个收益率区间的占比情况。为此，首先需要做一些数据的清理工作。我国从 1996 年 12 月 16 日开始，执行了 10% 的涨跌幅限制。也就是说，单只股票每日最大涨幅为 10%，而最大跌幅为 –10%。因此，作为一个反映市场大盘的综合指数，上证综指的日度涨跌幅也被限制在了 10% 以内。但是，1996 年 12 月 16 日之前，却没有这个限制。这就造成了数据集合中会有一部分日度收益率超过 ±10% 的数据，而这些数据发生在 1996 年 12 月 16 日之前。这会带来一个副作用，那就是以 1996 年 12 月 16 日为界，前后产生的日度收益率的分布情况不是非常可比。因此，为了增加数据的可比性，接下来的分析都是基于 1997 年 1 月 1 日后的数据，进一步根据日度收益率分成 4 组（–10% ～ –5%，–5% ～ 0%，0% ～ 5%，以及 5% ～ 10%）。对每一组计算频率，并转换为相对占比（总和为 100%），如图 1.5 所示。

从图 1.5 中可以得到哪些新的见解呢？首先，再次核实确认了一个事实，那就是收益率的正负占比似乎非常可比，因为左侧的两个方柱的高度跟右侧的两个方柱非常对应可比。但是，仔细看一下，0% ～ 5% 对应的柱子高度略微高于 –5% ～ 0% 的柱子。这在一定程度上说明，上证综指收益率虽然正负占比非常可比，但是正收益率占比要稍微高一些。其次，从图 1.5 可见，上证综指的日度收益率基本上局限在 –5% ～ 5 %。超过 5%

（或者低于 −5%）的情况不是不可能，但是可能性非常小。这就是另一个从不确定性中洞察得到的确定性规律，是简单的正收益率占比 52.5% 所不能表达的新知识。那么，能否分组分得更细密一些？例如，每 1 个百分点为一组，进一步分析一下 −5% ～ 5% 的收益率是如何分布的？同时，如果收益率确实落在 ±5% 以外，它们的分布规律又如何？以每 1 个百分点为一组的情况如图 1.6 所示。

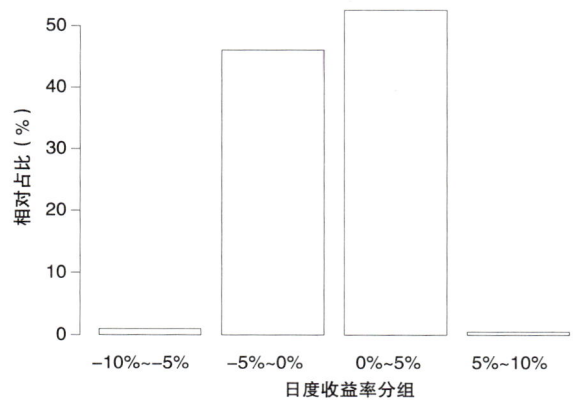

图 1.5　上证综指日度收益率分组占比情况（每 5 个百分点为一组）

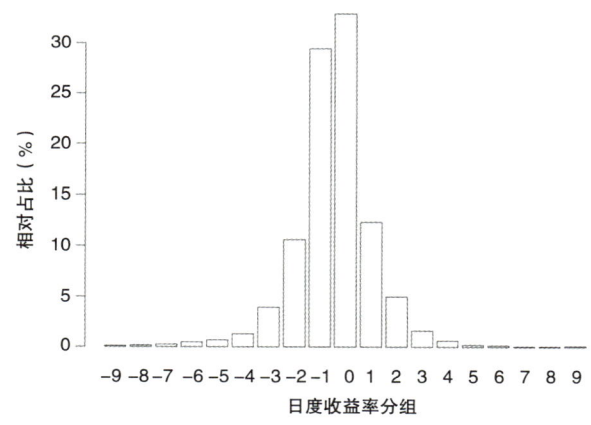

图 1.6　上证综指日度收益率分组占比情况（每 1 个百分点为一组）

图 1.6 把 1997 年 1 月 1 日后的所有上证综指日度收益率数据分成了 19 组，其中标号为 0 的组对应的是 0% ～ 1% 的收益率，标号为 9 的组对应的是 9% ～ 10% 的收益率，标号为 −9 的组对应的是 −9% ～ −8% 的收益率。在本案例数据中，没有出现上证综指收益率低于 −9% 的情况。从图 1.6 中能看到什么？又能获得什么样的新知识？首先，这个

图形以更加精细的分组，再次验证了上证综指的分布规律。它关于0%基本对称，这说明上证综指的涨跌占比基本相当，不确定性很强。其次，仔细对比一下，（例如）标号为0的方柱（对应0%～1%的收益率）及标号为 –1 的方柱（对应 –1%～0%的收益率），显然标号为0的方柱更高一些。同样的规律也出现在标号为1和 –2 的方柱对比中，以及标号为2和 –3 的方柱对比中。这说明什么？这说明：上证综指虽然涨跌占比相当，但是总体而言，涨幅占比要更高一点点。最后，图 1.6 还清晰地描绘了上证综指出现极端收益率（如标号为9和 –9 的两组）的可能性，虽然很小，但是似乎不能忽略。所有这些方柱放在一起，对上证综指的日度收益率的分布情况做了一个基本的描述，一个简单的可视化展示。这虽然不尽完美，因为仅仅这样一堆方柱并不能支撑更加精细的量化投资决策，但是它确实给人们提供了一个非常好的起点。它快速而直观地描述了上证综指的收益情况（如正收益率占比），以及风险情况（如极端收益率占比）。所有的方柱放在一起就构成了一个重要的统计学可视化工具——直方图（Histogram）。图 1.7 为基于 R 语言 hist 命令实现的直方图。

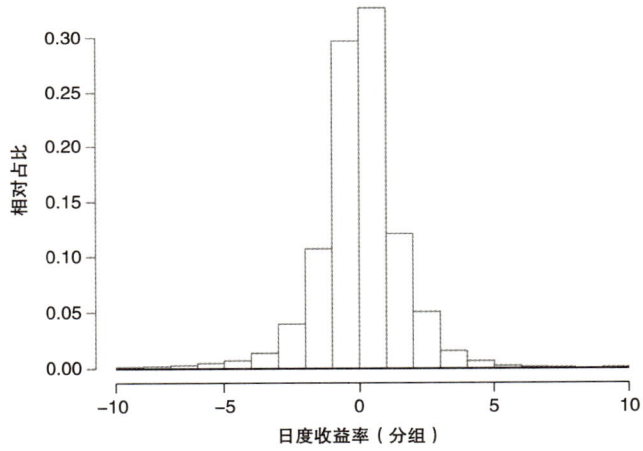

图 1.7　基于 R 语言 hist 命令实现的直方图

对比一下图 1.6 和图 1.7，其实基本相似。相较而言，图 1.7 在可视化方面处理得更加精细，而且编程时也更加容易。为了使编程更加容易，R 语言自动决定了分组规则。在绝大多数情况下这些分组规则都是非常合理的。但是，也不排除有的时候用户会有其他的非标准需求。例如，给定当前的样本量很大，能否做更加细致的分组？如果把所有的数据分为 10 组会怎样？100 组会怎样？1000 组又会怎样？为了满足你的好奇心，图 1.8 绘制了这三种情况。

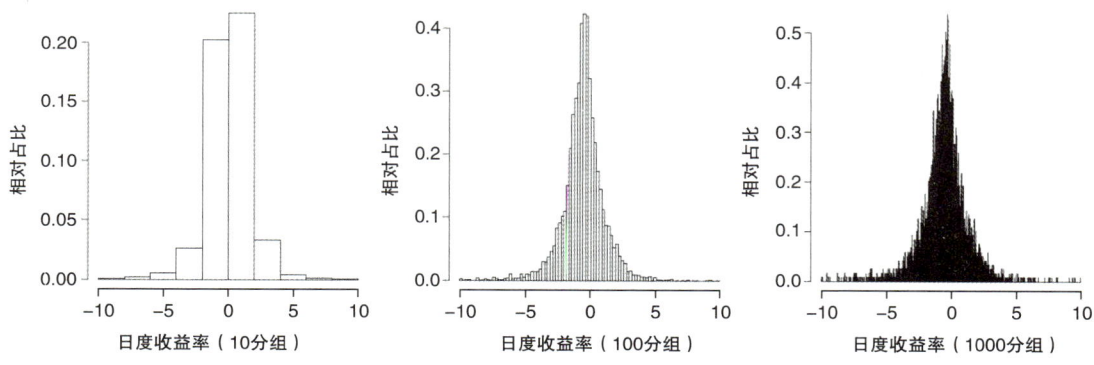

图 1.8　分组数目对直方图结果的影响

从图 1.8 中可以看出什么呢？首先考虑图 1.8 最左侧的 10 分组直方图，它确实展示了上证综指的日度收益率分布情况。但是，看起来非常不连续。所谓不连续是指相邻的两个方柱的高度差异巨大，这可以理解为分组太粗糙了，造成不同组所代表的收益率确实非常不一样，因此对应的频率自然非常不同。随着分组数目的增加（如图 1.8 中间的 100 分组直方图），这种不连续性在降低，而连续性在增加，具体表现在相邻两组方柱的高度差在减小。因为分组非常细密，造成相邻两组所对应的收益率非常可比，因此对应的频率在一定程度上也相似，从而对应的方柱高度在一定程度上也相似，结果是最后整个直方图看起来非常连续。当然，这个案例可以继续推进。当分组数进一步增加到 1000 个的时候（图 1.8 最右侧的 1000 分组直方图），很遗憾这个改进的趋势似乎消失了。从该图中能找到大量的相邻分组，它们对应的频率差别巨大，因此在直方图中对应的方柱高度也差异巨大。

请注意，本案例只用了 1997 年 1 月 1 日之后的数据，样本量为 5951，但是却构造了 1000 个分组，有的分组的样本量会大大高于 6，也有的甚至为 0，但是平均而言每个分组的样本量不到 6 个。因此，相邻两组之间只要有 1 个样本量的差异，就可能意味着巨大的相对频数差异，在直方图上可能就表现为巨大的高度差异。由此可见，图 1.8 的右图中 1000 分组的直方图所表现出来的不连续性应该是样本量不够造成的。仔细看看该图，其实不难发现，如果能够把那些少数的、粗糙不连续的"异常"方柱去掉，其整体趋势是非常连续的。如果能够提供足够的样本量（如 1 万亿个样本），那么有足够的理由相信，图 1.8 中的 1000 分组的直方图会非常连续。甚至可以尝试 1 万个分组，同样也会更加连续。如果能够持续进行下去，直方图中的方柱将从视野中消失，取而代之的是图 1.9 的左图中展示的这根非常连续的曲线。

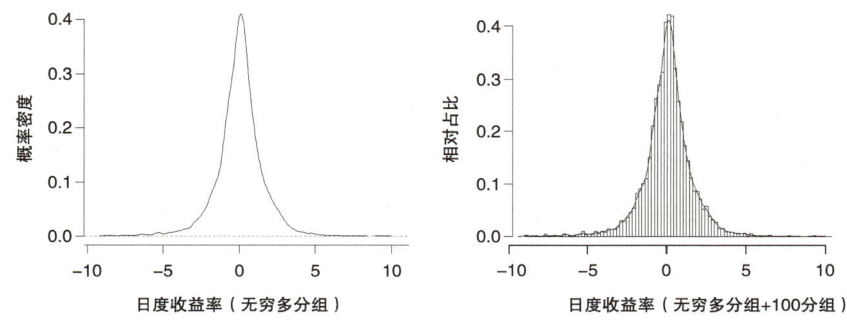

图 1.9 从直方图到概率密度曲线

那么,图 1.9 所示的曲线是什么?答:概率密度曲线(或者函数)。从理论上讲,这根曲线对应了在无穷多样本、无穷多分组的情况下,能够看到的直方图形状。为了更好地理解概率密度曲线和直方图之间的关系,在图 1.9 所示的右图中,将概率密度曲线和 100 分组的直方图画在了一起,它们的形状非常相似。概率密度曲线就是在样本量充分、分组足够细密的情况下,直方图应该有的模样。如果直方图中每个方柱的高度对应该组样本在整个样本中的相对占比,那么所有柱子的高度求和就应该为 100%=1.0,对应到图 1.9 所示的左图中的这条曲线,那就是要求这条曲线下方关于面积的积分不多不少正好为 1。概率密度曲线是一个非常优美的数学工具。如果能够假设不同的日度收益率独立同分布(这个假设显然不成立,但这是一个有用的起点),那么概率密度函数则优美、简洁而且充分地刻画了上证综指日度收益率的不确定性。如果想知道上证综指日度收益率在 0% 到 5% 之间的可能性有多大,只需要计算一下概率密度曲线下方,横坐标介于 0% 到 5% 之间的面积有多大就可以了。如果想计算遭受亏损 5% 的可能性有多大,只需要计算一下曲线下方横坐标小于 –5% 部分的面积有多大就可以了。

现代化的金融投资决策需要科学、系统、丰富的和基于数据分析的决策工具,这些工具包括但不限于均值方差理论、资本资产定价模型、因子模型、GARCH 模型、Value-at-Risk 模型等,这些工具无一例外都是在帮助理解资产收益率中的不确定性。只要涉及不确定性,就会涉及一个根本性问题,那就是:用什么数学工具来描述不确定性?答:概率分布。而概率密度函数,是用于描述连续型数据不确定性的最基本工具。显然,连续型数据不仅仅出现在金融投资中,医学中的身高、体重、血压、血脂都是连续型数据,营销实践中的价格、折扣等也都常常以连续型数据的形式存在。只要用心观察,就能发现连续型数据比比皆是,而且描述了大量的不确定性现象。而概率密度函数就是理解连续型数据背后不确定性的基本工具,可见它很重要。

简单总结一下，本节通过上证综指这个案例带领大家尝试理解，看似不确定性的数据，可能也有确定性的规律，而这些规律就是统计分析的目标所在。为此发展了一个非常有用的可视化统计学工具——直方图。直方图的绘制依赖于实际样本量。样本量越大，直方图就可以支撑更多的分组，并因此展示更加细致的信息。对于实际工作而言，样本量永远是有限的，因此不会超级细致。这个探索过程带来的启发是：如果样本量真的可以无限大，直方图可以无限精细，那会发生什么？这就引出了在理论上极其重要的一个工具——概率密度函数。概率密度函数是理解数据不确定性的一个极其重要的工具。从理论上讲，只要知道了概率密度函数，就知道了关于数据的一切规律。因此，前辈学者们投入了巨大的心血和精力，发现了大量的适合不同类型连续型数据的概率密度函数。它们的特点各不相同，适用场景各不相同，性质也各不相同。这是本书接下来将要学习的重要内容。

① 除了本节中给出的股票收益率数据，你还能想到现实中有什么连续型的数据？请寻找这样的真实数据，并仿照本节的过程对它作直方图，不断增大直方图的组数，观察一下直方图是不是越来越连续了？然后进一步绘制出概率密度曲线，与直方图进行对比。

② 对比你画出的不同组数的直方图，思考一下，在不同的组数下，可视化的效果有哪些优点和缺点？实际操作中应该怎样选择组数才合理？

③ 直方图和柱状图看起来非常相似，都是由一根根的柱子构成。你能对它们进行比较，并说出它们的区别吗？包括但不限于：它们的绘制方法有什么不同？绘制时需要注意的地方有哪些？它们分别用于描绘什么类型的数据？

1.3 正态概率密度

通过上一节的学习，大家应该理解了看似不确定性的数据中可能也有确定性的规律，而这些规律有可能通过直方图展现出来。如果有无穷多的数据，那么就能呈现出超级细致的直方图。所谓超级细致就是直方图中方柱的宽度超级窄，以至于成了一根直线。此外，任何一个柱子的高度，跟它左右邻居方柱的高度几乎完全一样。此时的直方图就变成了一个特别重要的理论工具——**概率密度函数**。

概率密度函数是理解数据不确定性的一个根本性工具。从理论上讲，只要知道了概率密度函数，就知道了关于数据的一切规律（不是知道数据本身）。适合不同类型连续型数据的概率密度函数的特点各不相同，适用的场景各不相同，性质也各不相同。这一节，将从最重要的一个概率密度函数开始，那就是**正态分布（Normal Distribution）**。

正态分布有一个别名叫作高斯分布（Gaussian Distribution），这是为了纪念伟大的数学家高斯。如图 1.10 所示，这是德国以前的马克纸币。上面是高斯的头像。高斯是世界上最伟大的数学家之一，也是最伟大的物理学家之一，有着数不清的重大贡献。但是，德国人民在纪念这位伟大的科学家时，不知为何缘故，独独青睐这个独特的概率分布——高斯分布（或者正态分布）。为此，将高斯分布的概率密度函数也印在了这枚纸币上。

可以不夸张地说，如果没有高斯分布，就没有统计学的极限理论（也称大样本理论）。原因就在于统计学的大样本理论基本上都是建立在中心极限定律的基础上的，而中心极限定律中的"极限"就是高斯分布。从这个角度看，高斯分布不是高斯创造出来的，而是他发现的。用"发现"这个词而不用"创造"，就是想表达一个事实：高斯分布表现的是这个世界的一个基本规律,这个规律从古至今一直存在,等待着人们去发现。那么,高斯是不是第一个发现高斯分布的呢?这个似乎也很难考证,但是人们似乎已经习惯了称其为高斯分布。

图 1.10　德国马克纸币上的高斯头像与高斯分布

高斯分布(或者正态分布)到底有什么用呢?如前所述,其最大的用处在于正态分布是统计学中超级重要的定律"中心极限定律"中的"极限"。那么,什么是中心极限定律,那个极限又是什么,本书将在后面对其进行深入讨论。这里,先探讨另一个关于正态分布的重要应用(也许没有中心极限定律那么重要,但是仍然很重要),那就是对某些连续型数据不确定性的初步描述。这是什么意思呢?还是考虑我国上海证券交易所上证综指数据案例。这里采集了 1997 年 1 月 1 日之后共计 5951 个日度收益率数据,从中可以看到巨大的不确定性,以及由不确定性带来的投资风险。但是,仅仅感受是不够的,需要一些更加细致的测量,最好有一些直观的图像化表达。例如,投资者希望知道如果购买上证综指,持有 1 个交易日后抛出,亏损的可能性有多大?要给这个问题一个快速的答案并不难。假设未来是历史的重复(这显然是一个巨大的假设,这个假设意味着不允许"黑天鹅"事件出现),那么只要看看历史数据中上证综指日度收益率为负数的占比有多大就可以了。这个数字很容易计算,大概是 47.0%。但是,这个数字仍然太粗糙,并不令人满意。投资人希望知道日度收益率低于 −3% 的可能性有多大。这个问题似乎也不难,只要计算一下在几千个历史数据中日度收益率低于 −3% 的样本占比是多少就可以了,这个数字大概是 45.9%。

也许这还不够令人满意。投资人希望知道未来日度收益率介于 –3.1% 到 –3% 之间的可能性有多大。不要小看这一点点的收益率差异，当你面对巨大资金投放决策的时候，一点点的收益率差异，可能都是一个巨大的绝对收益差异。因此，需要计算一下收益率介于 –3.1% 到 –3% 之间的可能性有多少。我们还是从 5951 个历史数据中寻找有多少历史日度收益率会介于 –3.1% 到 –3% 之间，结果发现这个比率是 0。原因很简单，数据一共只有几千个样本，然后要区分 0.1% 的收益率差异，这是非常困难的。具体到这个问题中，在历史数据中并没有发现任何一天的收益率介于 –3.1% 和 –3% 之间。那么，你能说未来收益率介于该区间的可能性是 0 吗？答：显然不可能。因为收益率有可能比 –3.1% 高，也有可能比 –3% 低，理论上讲，日度收益率介于 –3.1% 和 –3% 之间的任何一个细小区间的可能性都是存在的。虽然该可能性也许会很小（因为区间长度很小），但是实在难以相信这个概率就是 0。如果一方面实际业务需要这个概率测量，而且笃定这个测量值不为 0；另一方面简单地基于数据的频率测量方法又不能满足需求。请问怎么办？

为此，我们仔细研究一下上证综指的直方图。由于关注的是大小为 0.1% 的收益率差异，因此自然希望把直方图画得更加细致一些。例如，干脆画 1000 个方柱，结果如图 1.11 所示。从中能看到什么呢？能看到两个趋势。第一个趋势是一个似乎比较连续的趋势。所谓"连续"是指相邻的两个方柱的高度非常相近。此外，还有一个大的规律，那就是整个数据中间位置的方柱比较高，两边比较低。这说明，趋向于中间的收益率发生的可能性要高于两边极端的收益率情况。这似乎非常符合常识预期，然而第二个趋势似乎又不是非常连续。常常发现两个相邻的方柱高度相差很大，跳跃现象明显。这是怎么造成的呢？其实很简单，就是因为方柱太多了，造成收益率的分组太细了，然后每个分组的样本量太小了。这就是为什么前面探究收益率在 –3.1% 到 –3% 之间的可能性的时候，得到了一个 0 值。

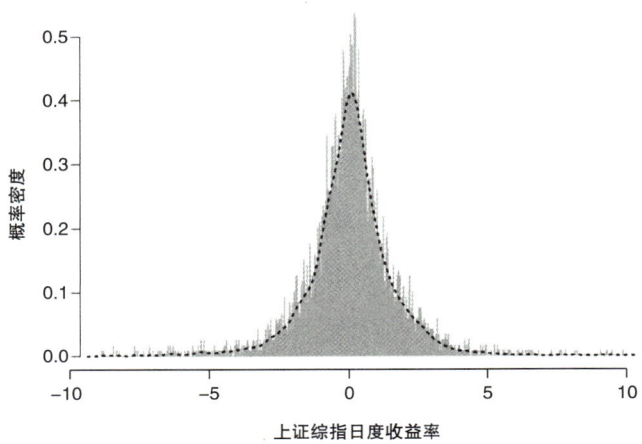

图 1.11　上证综指日度收益率直方图和概率密度曲线

显然,第二个趋势并不是我们想要的,因为这个趋势是完全由于样本量太小造成的,不是要关注的核心稳定的趋势。与此对应的,第一个趋势是最核心的趋势,是要从数据的不确定性中洞察的确定性的规律。第一个趋势对应的就是那个理论上的概率密度函数。如果能够知道这个概率密度函数的情况,那么落在任何区间(如收益率介于 -3.1% 到 -3% 之间)的概率都可以被精确计算出来。不管这个概率有多小,一般都不会是 0,而应该是一个更加合理的数字。所以,从上面的讨论中我们可以发现概率密度函数是一个更加值得追求的目标,而不是直方图。当然,不可否认,直方图作为一种数据可视化的工具超级有用,但是它自己似乎不是一个值得追求的理论目标。原因就是它太不稳定,只要分组一多,就很凌乱(如前面提到的第二个趋势)。因此,透过数据洞察概率密度函数,恐怕是一个更加值得追求的目标。

那么,应该如何追求概率密度函数这个目标呢?这里又会产生很多种不同的技术方案,其中一个最简单的方案就是局部平滑(Local Smoothing)。简单地说,就是对局部相邻的方柱高度求一个加权均值,然后用这个均值作为当前位置概率密度的一个简单估计。这事实上也就是图 1.11 中虚线产生的方式。当然,这依赖于如何定义局部,如何定义权重。采用不同的关于局部和权重的定义,会产生不同的局部平滑方法。但是,整体而言,产生的结果大同小异。这样的方法优缺点如何呢?

首先,优点非常明显,那就是灵活。不管实际数据的分布形状如何,只要样本量足够大,局部平滑都可以产生非常不错的、关于概率密度的估计。这事实上是非参数统计学的一个重要研究问题。其次,缺点也非常明显。既然要灵活,那么需要的参数就比较多,因此需要消耗的样本量就比较大。以上证综指的数据为例,如果想要采纳一个局部平滑的方法估计概率密度函数,是完全没有问题的,而且效果看起来似乎不错,如图 1.11 中的虚线。但是,如果样本量比较小,只有几百个样本,甚至几十个样本,那么效果就可能不理想。也许你会说,都大数据时代了,哪里有这么小的样本?事实上,样本量不是特别大的数据更加常见,更加典型。原因很简单,很多数据的采集是以时间为基本单位的。例如,公司的财务运营数据,再高的频率都超不过 1 个月。因为,再高的频率,财务会计上都可能没有定义了。因此,一个公司一年才 12 个数据,10 年才 120 个数据,数据量怎么可能太大?但是,不能说几十个、几百个数据就不分析了。在实际工作中,如果能对几十个、几百个数据做出非常科学有效的分析,那么对业务的帮助可能是非常大的。因此,必须要面对一个问题,那就是在样本量不是特别大的情况下,要对数据背后的概率密度函数做出合理的估计,甚至统计学推断。这应该怎么做?

在回答这个问题前,再观察一下图 1.11。请问有哪些特征是重要的?哪些也许是可以凑合一下使用假设的?第一,这个数据的中心位置是非常重要的。这个数据的中心位置代表了市场整体的收益率情况。第二,这个数据的波动性是特别重要的。这个数据覆盖的区间是 –10% ~ 10%,还是 –5% ~ 5%,或者更小,直接意味着对应资产(如上证综指)的风险大小。这个数据的分布形状(中间高,两边低,比较对称),也许可以考虑通过一个合理的函数形式来假设。请问:哪个函数形式能满足这个条件呢?其实非常多。任何函数,只要是关于中心点对称、向两个方向单调下降、趋向于 0,大概都能满足需求。既然有这么多不同的选择,请问哪个函数形式最符合呢?最有可能被看作是第一选择呢?答:正态分布。不是因为这个分布对实际数据拟合得最好,而是因为这个分布能为满足这些特征的数据提供一个不错的拟合,再结合各种理论上的原因(如中心极限定律,后面再详细讨论),使得正态分布最受欢迎。

这里要进一步回答一个问题:数学上对正态分布是如何定义的?具体的函数形式到底如何?请看下面这个数学公式:

$$f(x) = \frac{1}{\sigma\sqrt{2\pi}} \exp\left\{-\frac{(x-\mu)^2}{2\sigma^2}\right\}$$

其中,x 为目标随机变量的一个具体取值。以上证综指的数据为例,这代表着上证综指的一个可能的收益率,该收益率在理论上是可能实现的,但是在实际样本数据中不一定有(如 –3.05% 的收益率)。那么,$f(x)$ 就刻画了正态分布在该点的概率密度取值。通过等号右边的具体函数表达式可以发现其依赖于两个不同的参数：一个是中心位置（也是均值）μ，而另一个是波动性的大小（也是方差）σ^2。只要给定这两个参数，那么这个概率密度函数就被唯一确定下来了。为了有一个直观的印象，下面展示几个不同的正态分布的概率密度函数，如图 1.12 所示。

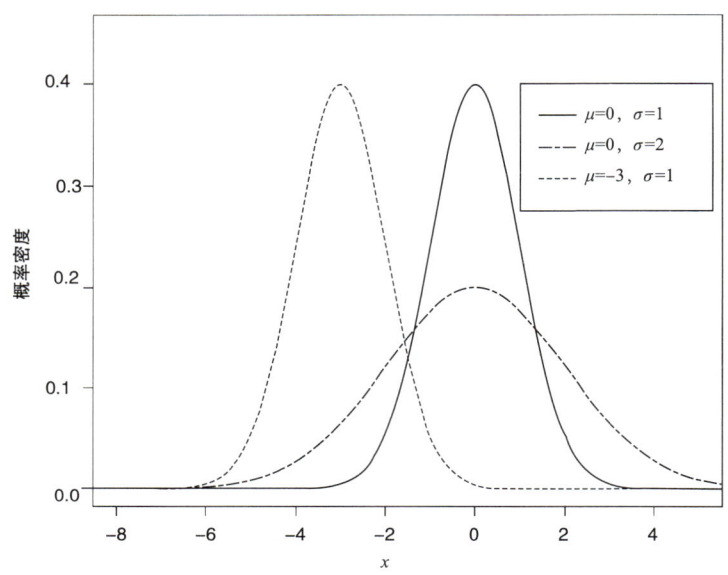

图 1.12　不同正态分布的概率密度曲线

从图 1.12 中可以做一些简单的对比分析。实曲线是均值 μ 为 0、标准差 σ 为 1 的标准正态分布的概率密度曲线，以此为参考系。另外一条虚曲线是均值 μ 为 -3、标准差 σ 为 1 的正态分布的概率密度曲线。该虚线与实线对比，唯一的区别是均值 μ 不同，因此两个曲线的形状完全一样，但是位置不同。在图 1.12 中，还看到一条比较扁平形状的虚曲线，对应的是均值 μ 为 0、标准差 σ 为 2 的正态分布的概率密度曲线。与实曲线相比，它们的均值相同（都是 μ 为 0），因此两条曲线的中心位置完全相同。区别是这条虚曲线更加扁平，这说明它把更多的概率分配给了正负两个极端。因此，扁平形状的虚曲线对应的随机变量出现正负极值的可能性要比实曲线的大，这意味着扁平形状的虚曲线对应的概率分布的变异性更大。

接下来有一个非常自然的问题是：能否用正态分布的概率密度曲线去逼近图 1.11 中的直方图的形状？或者那个基于非参数统计方法估算出来的概率密度曲线（图 1.11 中的虚线）？如果能在理想的精度内达到这个目的，那么这将是一个非常令人满意的结果。

因为确定一个正态分布的概率密度曲线太容易了，比画直方图还简单。只要能够把均值 μ 和方差 σ^2 两个参数估算准确，整个概率密度函数就被完全确定了。那么，用什么样的均值 μ 和方差 σ^2 才能够最好地逼近图 1.11 中的直方图形状呢？

为此我们需要更进一步地学习一些统计学知识。记样本量的大小为 $N=5951$，记 X_i 为来自第 i 天的上证综指的收益率（显然 $1 \leqslant i \leqslant N$）。为了方便起见，常常假设不同的 X_i 是独立同分布的。在现实世界中，这显然是一个假设，是一个不可能严格成立的假设，但是却是非常有用的假设。为什么有用呢？因为任何数据分析方法都需要前提假设。如果不做这个假设，就要做那个假设。不同的假设会产生不同的分析方案，并承担相应的后果。独立同分布假设最大的优点是简单。基于独立同分布假设做出的分析方案虽然常常非常简单，但不失有效性。当然，为此付出的代价是：可能有些实际上存在的相关关系被忽略了。

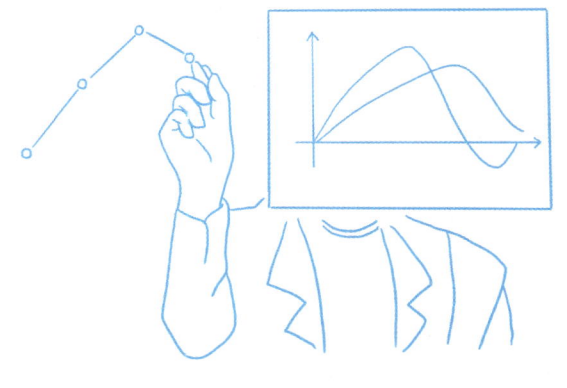

回到本案例，具体而言就是要假设来自不同交易日的上证综指收益率 X_i，虽然它们各不相同，但是产生它们的概率分布却是相同的，而且有一个共享的概率密度函数 $f(x)$。依赖于具体问题，人们常常对 $f(x)$ 的函数形态做出各种假设（如指数型、多项式、正态分布型等）。对于本案例而言，似乎假设 $f(x)$ 是一个正态概率密度函数是一个不错的选择。主要原因如下：第一，从图 1.11 看，上证综指日度收益率数据是关于某一个点对称的，这似乎符合正态分布的特征；第二，从图 1.11 看，上证综指日度收益率的概率密度应该是向水平方向正负轴两个方向快速衰减的，这也比较符合正态分布的特征。当然，我们也很容易找到更多的不符合正态分布特征的证据。例如，由于我国股市的涨跌幅政策，因此上证综指的收益率是不可能超过 $\pm 10\%$ 的，因为这不符合正态分布可以在实数轴上任意取值的要求。但是，这也许不是一个特别大的问题。上证综指作为一个指数，它的波动性相对于单只股票而言是比较小的。因此，收益率靠近 $\pm 10\%$ 的可能性已经非常小了。那么，这种偏差对实际工作产生的影响到底是否可以忽略呢？这需要去问实际工作本身。大多数工作对精度要求没有那么高，也许没有太大问题。但是，对于追求极致精度的量化投资高手而言，也许这样的偏差是不能忽略的。这里先从简单出发，假设这种偏差是可以容忍的。

如果假设 $f(x)$ 是一个正态分布的概率密度函数，那么就有两个不同的参数需要估计：均值 μ 和方差 σ^2。请注意，这里涉及两个特别重要的、非常容易混淆的概念：**参数（Parameter）**和**统计量（Statistics）**。对此，传统统计学教材有大量的定义。一般而言，人们会首先定义什么是**总体（Population）**，什么是**样本（Sample）**。然后再定义所有关于总体的量为参数，而基于样本计算的量为统计量。

在传统的统计学中常常定义所有被关注的个体的总和就是总体。例如，全国普查的对象为所有中国公民。那么，所有中国公民就构成了总体，而这个总体的平均身高（例如）就是参数。如果没有做普查，而是做了一个抽样调查，也就是说只获得了总体中的一个子集，那么这个子集就是样本，而样本中看到的平均身高就是统计量。这就是大多数统计学教科书中关于总体、样本、参数和统计量的定义。本节的案例中，中国股市就这么几千只股票，这就是研究的全体。按照传统的关于总体的定义，这些股票的集合就构成了总体，它们的平均收益率就构成了某种市场综合指数，该指数按照传统统计学定义就应该是一个参数，而经典统计学中的参数是不应该有变异性（Variability）的（除非是贝叶斯学派）。那把大盘指数看作是一个关于某个总体参数的行为合理吗？这显然不合理，任何资本市场的任何综合指数的收益率都是上下起伏的。为什么？因为我们是在沿着时间轴看资本市场，看它的过去，看它的现在，预测它的未来。从这个角度看，任何一个特定时间的所有股票的收益率，都是宇宙无穷历史的一个小小片段（Sample）。在这种情况下，总体又应该如何定义？参数又应该如何定义呢？

不得不说，这是一个非常深刻的理论问题，一门小小的入门课程恐怕没法对此做特别深入的讨论。但是，这里要分享一个非常简单、有效而且合理的方法论。第一，统计学是研究不确定性的；第二，需要用各种概率分布去描述数据的不确定性；第三，把这个概率分布（如正态概率密度函数）看作是总体；第四，任何关于这个概率分布的量被称为参数；第五，任何基于该概率分布生成样本所计算的量为统计量。简单总结一下，本书所定义的总体只跟不确定性有关，是描述不确定性的那个概率分布。按照该定义，可以这样理解上证综指这个案例。第一，上证综指日度收益率有着很大的不确定性；第二，可以用正态分布来描述该不确定性；第三，这个正态概率密度函数，所对应的那个概率分布（正态分布）就是总体；第四，决定该总体的两个量（均值 μ 和方差 σ^2）就是参数，参数有一个特点就是未知；第五，根据模型假设，$N=5951$ 的上证综指日度收益率 X_i 就是该正态分布的一个 N 次独立实现，这构成了样本。分析的目标就是：通过对样本的合理分析，能够对两个参数（均值 μ 和方差 σ^2）做出尽可能准确的估计，而希望得到的所谓尽可能准确的估计就是统计量。

具体而言，应该怎么做呢？应该如何基于样本对总体的参数（均值 μ 和方差 σ^2）做出尽可能准确的测算呢？这非常依赖于目标参数在总体中扮演着什么样的角色。以均值 μ 为例，不难验证它真的是"均值"，它是总体（这个正态概率分布）的均值。数学上会如何表达这个意思呢？会先定义一个新的概念叫作**期望（Expectation）**。什么是期望呢？给定一个总体（即概率分布），从这个总体中抽取无穷多的样本，这些样本的算术平均数，就是关于这个总体的期望。这个期望会多大呢？请注意，样本是从指定的概率分布（即总体）生成的。因此，如果某个取值附近的概率密度大，那么样本中出现这个值或者近似值的可能性就会更大，否则就会更小。因此，最终这个期望应该是对所有可能取值的一个加权平均，而权重的大小就应该完全由概率密度所确定。因此有：

$$E(X) = \int x f(x) dx = \int_{-\infty}^{+\infty} \frac{x}{\sigma\sqrt{2\pi}} \exp\left\{-\frac{(x-\mu)^2}{2\sigma^2}\right\} dx$$

$$= \int_{-\infty}^{+\infty} \frac{\mu}{\sigma\sqrt{2\pi}} \exp\left\{-\frac{(x-\mu)^2}{2\sigma^2}\right\} dx + \int_{-\infty}^{+\infty} \frac{(x-\mu)}{\sigma\sqrt{2\pi}} \exp\left\{-\frac{(x-\mu)^2}{2\sigma^2}\right\} dx$$

$$= \mu \int_{-\infty}^{+\infty} \frac{1}{\sigma\sqrt{2\pi}} \exp\left\{-\frac{(x-\mu)^2}{2\sigma^2}\right\} dx + \int_{-\infty}^{+\infty} \frac{(x-\mu)}{\sigma\sqrt{2\pi}} \exp\left\{-\frac{(x-\mu)^2}{2\sigma^2}\right\} dx = \mu$$

最后一个等式的成立依赖于两个事实。首先，$f(x) = \left(\sigma\sqrt{2\pi}\right)^{-1} \exp\left\{-(x-\mu)^2 / (2\sigma^2)\right\}$ 是一个概率密度函数，因此关于它的积分是 1。其次，$f(x)$ 是一个关于 μ 左右对称的函数，因此 $(x-\mu)f(x)$ 的积分为 0。这说明，目标参数 μ 就是一个算术平均值，但是它是基于无穷大的样本量计算的算术平均值。显然，这里不具备无穷大的样本量，所具备的就是 $N = 5951$ 个样本。因此，一个很自然的想法是，可以用 $N = 5951$ 个样本的算术平均值来近似估计目标参数 μ。具体定义为

$$\hat{\mu} = \bar{X} = \frac{1}{N} \sum_{i=1}^{N} X_i$$

简单地说，定义基于样本的算术平均值（也被称为样本均值）$\hat{\mu} = \bar{X}$，作为对总体均值 μ 的粗糙估计。这个估计有多准呢？这是一个有意思的问题，这是统计学推断要回答的核心问题之一，后面将慢慢讨论。这里不妨先讨论一个朴素的直觉，那就是样本量 N 肯定影响统计量 $\hat{\mu} = \bar{X}$ 的精度。只要数据产生且采集没有问题，样本量越大，精度应该越

高。样本量越小，精度显然越差。统计学本身没法解决样本量问题，因为样本量的增加不是统计学问题，而是资源投入问题。但是，统计学理论会告诉你，样本量和精度之间的数学关系，并进而告诉你样本量多大才叫大。

接下来，再研究方差 σ^2 如何估计。和前面一样，首先需要理解 σ^2 在总体中扮演的角色是什么，起到的作用是什么。关于这个问题，前面已经有所讨论。从图 1.12 可以看到方差 σ^2 不会影响分布的中心位置（如均值 μ），它主要影响的是变异性。请注意，变异性不是一个严格的统计学概念，它更多反映的是人们朴素的直觉。统计学理论要承担的一个任务就是把这个朴素的直觉通过合理的数学公式严格规范起来。为此需要再次审视一下图 1.12，对比分析一下图中的实线和扁平形状虚线这两条不同的概率密度曲线。为什么虚线对应的概率密度的变异性更大，而实线更小？原因很简单，同实线相比，扁平形状虚线的概率密度曲线把更多的概率密度放在了距离中心位置更远的地方。后果就是，虚线总体（即概率密度）跟实线总体相比，更有可能在距离中心更遥远的地方产生样本观测。

因此，如果能够对"距离中心的位置"给出一个合理的度量，并对它求期望，就可以获得一个关于变异性的度量。显然，人们关于"距离中心的位置"可以有不同的度量方法。例如，可以考虑绝对差异 $|X-\mu|$，然后再求期望 $\mathrm{E}(|X-\mu|)$。请问这个度量如何？答：很有道理，优点缺点都很明显。优点是：量纲不变。假设原始数据 X 的单位是"米"（测量某种长度），那么均值 μ 的单位也是"米"，而绝对差异的单位仍然保持是"米"，其期望仍然是"米"。保持量纲不变是一个不错的优点，对于后期数据分析结果的解读能提供一些便利。但是，缺点也很明显，那就是这个绝对值函数不是一个充分光滑、可微可导的函数，会让后期的理论研究略显麻烦。

因此，在实际工作中，人们更常用的一个关于"距离中心的位置"的度量是平方差异 $(X-\mu)^2$，然后再求期望 $\mathrm{E}(X-\mu)^2$。这就是关于变异性使用最广泛的测量——**方差（Variance）**。请注意，方差被最为广泛地使用，一个重要原因是它采用的平方函数是一个充分光滑、可微可导，而且严格为凸的函数。因此，数学性质特别好，后期理论研究更加便捷，而且常常会产生非常优美的理论性质。但是，这绝不是说方差就是最好的关于变异性的测量。它的优点也是它的缺点，特别明显，因为一旦采用平方后，量纲变了。原来的单位是"米"，现在的单位是"米*米"，是什么意思呢？因此，方差的解读常常有点小困难。为了克服这个困难，人们提出一个建议，不如对方差开一个根号，于是就产生了**标准差（Standard Deviation）**，即 $\sqrt{\mathrm{E}(X-\mu)^2}$。

对于不同的概率分布，都可以计算方差（或者标准差），所产生的结果也各不相同。但是，具体到本节正在研究的正态分布，请问方差是多少呢？为了回答这个问题，按照方差的定义做一个严格的数学计算，详细过程如下：

$$\begin{aligned}\mathrm{E}(X-\mu)^2 &= \int (x-\mu)^2 f(x)\mathrm{d}x \\ &= \int_{-\infty}^{+\infty}\frac{(x-\mu)^2}{\sigma\sqrt{2\pi}}\exp\left\{-\frac{(x-\mu)^2}{2\sigma^2}\right\}\mathrm{d}x \\ &= \sigma^2\int_{-\infty}^{+\infty}\left(\frac{z^2}{\sqrt{2\pi}}\right)\exp\left(-\frac{z^2}{2}\right)\mathrm{d}z\end{aligned}$$

其中，$z=(x-\mu)/\sigma$。接下来用分步积分公式做进一步演算，可以有

$$\mathrm{E}(X-\mu)^2 = \sigma^2\int_{-\infty}^{+\infty}\left(\frac{z}{\sqrt{2\pi}}\right)\mathrm{d}\left\{-\exp\left(-\frac{z^2}{2}\right)\right\} = \sigma^2\int_{-\infty}^{+\infty}\left(\frac{1}{\sqrt{2\pi}}\right)\exp\left(-\frac{z^2}{2}\right)\mathrm{d}z = \sigma^2$$

由此可见，正态概率密度函数中的未知参数 σ^2，其实就是该总体（或者概率分布）的方差，而 σ 就是标准差。既然方差是用总体产生的无穷多样本计算出来的，是关于"距离中心的位置"的平方距离的均值，那么基于样本所计算的类似的量，应该可以构成关于该统计量的一个合理估计。于是，就有了下面的样本方差估计量：

$$\hat{\sigma}^2 = \frac{1}{N}\sum_{i=1}^{N}(X_i-\bar{X})^2, \quad \hat{\sigma} = \sqrt{\frac{1}{N}\sum_{i=1}^{N}(X_i-\bar{X})^2}$$

这就是关于总体方差（或者标准差）一个常见的估计量。请注意，在更多的教科书中，更多被介绍的样本方差估计量与上述估计量 $\hat{\sigma}^2$ 有一个小小的区别，那就是分母应该是 N 还是 $N-1$。人们会考虑后者的主要原因是，在样本方差的计算过程中，会涉及另一个未知参数（均值 μ）。为了能够满足实际计算的需要，这个参数被相应的估计量 $\hat{\mu}=\bar{X}$ 给替代了，这造成了一定的信息损失（也称为自由度损失）。因此，更加科学的做法也许是分母为 $N-1$。从统计学理论的角度看，这样带来的好处是严格无偏性。也就是说，这样计算出来的样本方差估计量的期望跟目标参数 σ^2 完全一致，但是上面给出的版本 $\hat{\sigma}^2$ 会产生一点点偏差。本书仍然偏好上述给出的估计量（很多地方称其为矩估计），原因就一个：简单。而且只要样本量稍微大一点，分母是 N，还是 $N-1$，其实没有什么差异。如果 N 和 $N-1$ 都是一个巨大差异了，那么说明样本量太小了，也许小到了怎么分析都不对，所以就不应该盲目分析。因此，在本书后续的一系列理论陈述中，都不再纠结于 N 或者

N–1，而是怎么简单怎么来。

到这里，我们再次回到上证综指案例。简单复习一下通过该案例获得了哪些进展。第一，案例中决定用正态分布去拟合上证综指的日度收益率分布。第二，学习了如何估计该分布的两个重要参数，即均值 μ 和方差 σ^2，然后实际操作一下，看看效果如何。通过简单计算发现 $\hat{\mu} = \bar{X} = 0.035\%$，而 $\hat{\sigma} = 1.567\%$。这就确定了一个正态概率密度函数。那么，它的形态如何？跟直方图的形状相似吗？跟之前那个基于大数据量用复杂方法估算出来的概率密度曲线相似吗？带着这一系列的疑问，将图 1.11 再重新创造一下，为了更好地展示，这次限制直方图中方柱的个数为 100，这样可以更好地看到两种不同的概率密度曲线的形状，如图 1.13 所示。

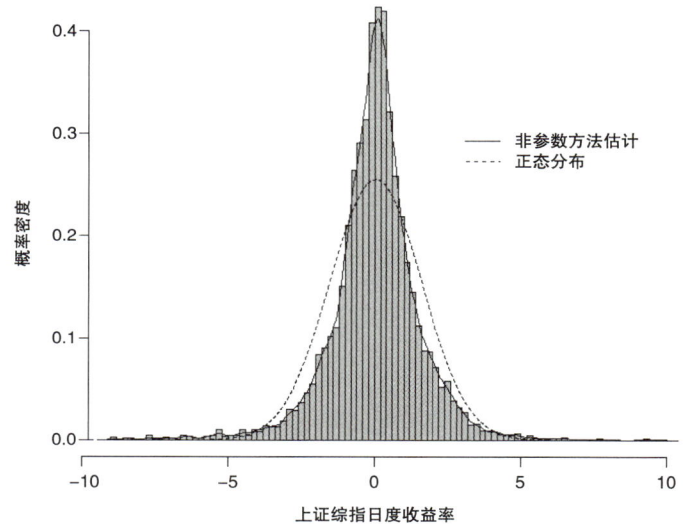

图 1.13　上证综指日度收益率直方图和两种不同的概率密度曲线

第一种概率密度曲线是实线，是用更加复杂的非参数（Nonparametrics）方法产生的。其优点很明显，即能够更好地跟随直方图的形状。缺点是需要比较大的数据量支撑。本案例有接近 6000 的样本，因此数据量不是问题。但是，如果面临的实际问题的样本量比较小，那么这个方法的稳定性会很差。第二种概率密度曲线是虚线，是用正态分布的概率密度拟合的，该正态分布的均值为 $\hat{\mu} = \bar{X} = 0.035\%$，而标准差为 $\hat{\sigma} = 1.567\%$。该方法所产生的概率密度曲线，基本捕捉了直方图的基本形状（中间高，两边低，有很好的对称性），但是拟合度不够好，中心位置的高度不够高。如果仔细观察可以发现，两边极端位置的概率又似乎偏低。这说明正态分布之于上证综指日度收益率而言，可能无法很好地捕捉分布尾部的极端规律，而这可能正好是金融投资特别关注的场景所在。正的极端分布代表的是超额收益，而负的极端分布对应的是严重损失。这也会启发人们去思考，是否有更好的其他形态的连续分布，能够更好地拟合上证综指的日度收益率数据？答案是肯定的，而且这是相关学术研究的重要内容。但受篇幅限制，此处不再展开讨论。

作为本节的结束，可以重新尝试去回答一下最开始提出的问题：上证综指收益率处在 –3.1% 到 –3% 之间的可能性有多大？之前通过计算频数的方法无法回答这个问题。目前看来正态分布的概率密度似乎也不能很好地拟合真实的分布情况。但是，在假定目前没有更好方法的前提下，尝试用正态分布的方法来解决以下这个问题。因此需要计算一下，对于一个均值为 $\hat{\mu} = \bar{X} = 0.035\%$，而标准差为 $\hat{\sigma} = 1.567\%$ 的正态分布，取值介于 –3% 到 –3.1% 之间的概率有多大？为此，需要计算下面这个积分：

$$\int_{-0.031}^{-0.03} \frac{1}{\hat{\sigma}\sqrt{2\pi}} \exp\left\{-\frac{(x-\hat{\mu})^2}{2\hat{\sigma}^2}\right\} \mathrm{d}x = 0.367\%$$

可以看出，这是一个非常小的、不为 0 的概率。这个概率太小了，以至于通过简单计算频数的方法难以估计。但是，这个概率的估算显然也不可能绝对准确。影响其准确性的原因可能很多，其中一个非常重要的是正态概率密度函数对现实的直方图的逼近程度。虽然不尽完美，但也许可以是一个良好的学习起点，希望未来能够做得更好。

① 请寻找适合用正态分布刻画的实际数据，并画出其直方图。基于该实际数据，估计期望和方差这两个参数，并进一步绘制估计出的正态分布的概率密度曲线。将该正态分布的概率密度曲线与直方图进行对比，请问拟合的效果好吗？如果不好，有哪些可以改进的地方？

② 对上一问中的数据，尝试用计算频数的方法去估计数据落在某个范围内的概率，然后再用估计出的正态分布计算这一概率。两种方法得到的概率相差大吗？你认为哪个更符合实际？为什么？

③ 正态分布是一个对称分布。当数据不对称的时候，还能用正态分布去刻画吗？请你找到分布明显不对称的实际数据，绘制直方图，并尝试基于实际数据估计出一个正态分布的概率密度曲线。请问：正态分布对直方图的拟合效果好吗？如果不好，请尝试对数据做一个变换（如对数变换），将它变成比较对称的分布，然后再用正态分布去拟合，看此时的拟合效果有没有提升？

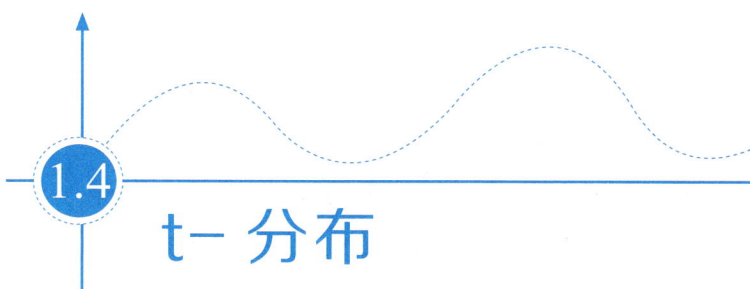

1.4 t-分布

上一节介绍了正态分布及它的概率密度函数。通过学习,可以发现正态分布是一个特别有用的概率分布,它具有很好的对称性,并且出现极值的概率很低。但是,上一节的探讨也留下了一个遗憾,那就是当用正态分布去拟合上证综指实际数据的时候,效果似乎不太好。正态分布低估了上证综指日度收益率出现在对称轴附近的可能性,也低估了出现极端收益率的可能性。这就产生了一个自然的问题:有没有别的分布能够提供更好的拟合?这是本节要探讨的问题。

首先注意一点,这个大千世界如此丰富多彩,涉及的不确定性也一定是多种多样的。当在数学上做了高度的抽象汇总后,我们仍然会发现,不同的不确定性有着不同的确定性规律,而这些关于不确定性的确定性规律就表达在概率密度函数上。图 1.13 中表达出来的就是这个规律。为此需要寻找正态分布以外的分布,希望能够对上证综指的日

度收益率（或者更加广泛的金融资产收益率数据）做出更好的逼近。请问：哪种分布可以呢？如果存在这样的分布，希望该分布仍然具有很好的对称性，而且能够容忍更大的出现极值的可能性。值得一提的是，有的学者认为金融数据的非对称性很重要，如果是这样，那么理想的分布就要容忍不对称性。这里先简单地假设寻找的理想分布是对称的。什么样的分布能满足需求呢？答：t-分布。

什么是t-分布呢？在回答这个问题之前，先小小地卖一个关子，看看t-分布的实际效果如何。图1.14再次呈现了上证综指的直方图，以及用复杂的非参数方法估计的概率密度曲线、基于数据估计的正态分布概率密度曲线，还有一个基于5个自由度的t-分布估计的概率密度曲线。虽然t-分布估计的概率密度曲线对非参数方法估计的概率密度曲线的逼近仍然不尽完美，但是已经有很大的改进，达到了更好的逼近精度，对于很多实际工作已经能够满足需求了。那么问题来了，如此有趣的t-分布是一个什么样的分布呢？

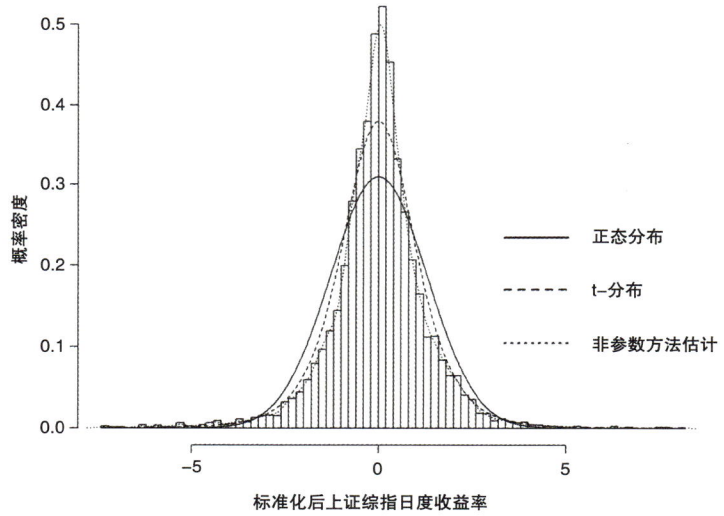

图 1.14　上证综指日度收益率直方图和三种不同的概率密度曲线

t-分布对上证综指日度收益率数据的逼近精度比正态分布更令人满意，这与它的数学性质有关。这说明它的数学定义与正态分布一定是不一样的。那么，t-分布在数学上是如何定义的呢？它的概率密度函数表达如下：

$$f(x) = \frac{\Gamma\left(\frac{n+1}{2}\right)}{\sqrt{n\pi}\,\Gamma\left(\frac{n}{2}\right)} \left(1 + \frac{x^2}{n}\right)^{-\frac{n+1}{2}}$$

上式中 Γ 是一个特殊的函数——伽马函数，其数学定义为：$\Gamma(z) = \int_0^{+\infty} t^{z-1} e^{-t} dt$。虽然 t-分布的概率密度函数非常复杂，但仔细观察后可以发现，它只有唯一的参数 n。上一节介绍了正态分布的参数是 μ 和 σ，也就是说，只要确定了 μ 和 σ，就可以确定一个唯一的正态分布的概率密度函数。同样地，只需要确定 n，就可以确定一个唯一的 t-分布的概率密度函数。把 n 称为自由度，描述一个 t-分布时会说"自由度为 n 的 t-分布"。请注意，从理论上讲，t-分布的自由度不一定是正整数，事实上任何正数都是可以的。

自由度能起到什么作用呢？不妨观察一下不同自由度的 t-分布的概率密度曲线，如图 1.15 所示。不难发现，同标准正态分布一样，t-分布也是关于 $x=0$ 对称的。当 $n=3$ 时，t-分布的概率密度曲线（实线）和标准正态分布（点状虚线）有较大的差距，t-分布的尾部概率比标准正态分布更大，峰值比标准正态分布更低。随着自由度 n 的增大，t-分布的尾部概率变得越来越小，概率密度曲线也越来越接近标准正态分布的曲线。当 $n=30$ 时，t-分布曲线已经十分接近标准正态分布了。事实上，当 n 趋于正无穷时，t-分布趋于标准正态分布。

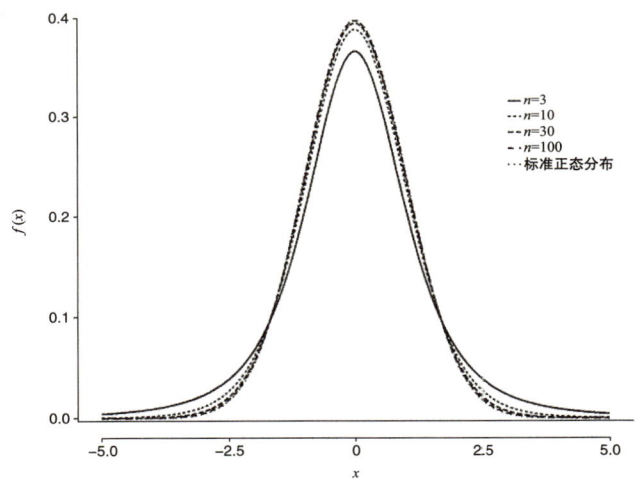

图 1.15　不同自由度的 t-分布概率密度曲线

从图 1.15 可以看到，t-分布的概率密度函数和正态分布是不一样的。这种不一样会带来什么样的后果呢？这种后果如果具体到股票数据分析中，又会产生什么样的影响呢？为此，可以从矩（Moment）的角度做一下对比分析。首先，关注一阶绝对期望 $E|X|$。有兴趣的读者可以验证一下，如果 X 是一个标准正态分布，那么 $E|X| = \sqrt{2/\pi}$。但是对于 t-分布就不好说了，可以验证：

$$\mathrm{E}|X| = \int_{-\infty}^{+\infty} |x| f(x) \mathrm{d}x = 2\int_0^{+\infty} x f(x) \mathrm{d}x = \frac{2\Gamma\{(n+1)/2\}}{\sqrt{n\pi}\Gamma(n/2)} \int_0^{+\infty} x\left(1+x^2/n\right)^{-(n+1)/2} \mathrm{d}x$$

$$= \sqrt{\frac{n}{\pi}} \left[\frac{\Gamma\{(n+1)/2\}}{\Gamma(n/2)}\right] \left(\frac{2}{1-n}\right) \left(1+x^2/n\right)^{-(n+1)/2} \bigg|_0^{+\infty} = \left[\frac{\sqrt{n}\Gamma\{(n+1)/2\}}{\Gamma(1/2)\Gamma(n/2)}\right] \left(\frac{2}{n-1}\right)$$

这里用到一个等式：$\sqrt{\pi} = \Gamma(1/2)$。通过上述计算可以发现，t-分布的一阶绝对矩不一定永远存在。当自由度小于或等于1的时候，t-分布的一阶绝对矩就不存在了。这说明什么？这说明，跟正态分布相比，t-分布（尤其是低自由度的t-分布）更容易产生比较极端的观测，也就是特别大或者特别小的值。这个性质很不错，与真实的上证综指收益率数据的分布特征更加吻合。

在一阶绝对矩存在的情况下，很容易知道$\mathrm{E}(X) = 0$，因为t-分布的概率密度函数是关于$x = 0$对称的。在这个前提条件下再研究一下二阶矩。为此计算如下：

$$\mathrm{E}(X^2) = \frac{2\Gamma\{(n+1)/2\}}{\sqrt{n\pi}\Gamma(n/2)} \int_0^{+\infty} x^2 \left(1+x^2/n\right)^{-(n+1)/2} \mathrm{d}x$$

$$= \frac{n\Gamma\{(n+1)/2\}}{\sqrt{\pi}\Gamma(n/2)} \int_0^{+\infty} y^{1/2}(1+y)^{-(n+1)/2} \mathrm{d}y$$

$$= \frac{n\Gamma\{(n+1)/2\}}{\sqrt{\pi}\Gamma(n/2)} \int_0^1 z^{3/2-1}(1-z)^{(n-2)/2-1} \mathrm{d}z$$

$$= \frac{n\Gamma\{(n+1)/2\}}{\Gamma(1/2)\Gamma(n/2)} B(3/2,(n-2)/2)$$

其中，$y = x^2/n$，$z = y/(1+y)$，$B(3/2,(n-2)/2)$是一个贝塔函数。贝塔函数的定义为$B(p,q) = \int_0^1 z^{p-1}(1-z)^{q-1}\mathrm{d}z$，其收敛需满足$p,q > 0$。可以看到，当$B(3/2,(n-2)/2)$存在时二阶矩才存在。因此，二阶矩的存在性条件比一阶绝对矩更加苛刻，需要$n > 2$。否则，二阶矩不存在。如果二阶矩不存在，t-分布的方差也就不存在。在二阶矩存在的前提下，可以计算方差为：

$$\mathrm{E}(X-\mu)^2 = \mathrm{E}(X^2) = n\left[\frac{\Gamma\{(n+1)/2\}}{\Gamma(1/2)\Gamma(n/2)}\right]\left[\frac{\Gamma(3/2)\Gamma(n-2)/2)}{\Gamma\{(n+1)/2\}}\right]$$

$$= n\left[\frac{\Gamma(1/2+1)}{\Gamma(1/2)}\right]\left[\frac{\Gamma\{(n-2)/2\}}{\Gamma\{(n-2)/2+1\}}\right] = n\left(\frac{1}{2}\right)\left(\frac{2}{n-2}\right) = \frac{n}{n-2}$$

这里用到了贝塔函数和伽马函数的转换关系式 $\mathrm{B}(p,q) = \Gamma(p)\Gamma(q)/\Gamma(p+q)$，还用到了伽马函数的递推关系式 $\Gamma(x+1) = x\Gamma(x)$。

请注意，一阶矩刻画了一个数据分布的中心位置，方差刻画了数据的离散程度，但是似乎还缺一个参数去刻画数据的厚尾程度。这是什么意思呢？假设有两个不同的正态分布，均值不同并且方差不同。这说明它们的中心位置不同并且数据离散程度不同。但是，可以认为它们的厚尾程度是一样的，为什么？因为可以通过线性变化，把两个分布都转化成一个标准正态分布。一般认为线性变化并不会改变分布的厚尾特征，因此任何两个正态分布的厚尾程度都是一样的。但是，t- 分布就不一样了，因为这里有自由度的影响，无法通过线性变化消除。为此需要一个参数来简单刻画一下不同分布的厚尾程度。如何刻画呢？从前面的分析可以看到，自由度越大，概率密度函数的尾部越薄，也就越有可能保证更高阶矩的存在性。已经考虑了一阶矩和二阶矩了，再高阶的矩是什么呢？答：三阶矩（不是三阶绝对矩）。但是，因为 t- 分布的概率密度函数是关于原点左右对称的，所以如果三阶矩存在的话，$\mathrm{E}(X^3) = 0$。因此，三阶矩并不能带来更多的有效信息。人们不得已只能求助于更高的四阶矩，可以计算得到：

$$\mathrm{E}(X^4) = \frac{2\Gamma\{(n+1)/2\}}{\sqrt{n\pi}\Gamma(n/2)} \int_0^{+\infty} x^4 \left(1 + \frac{x^2}{n}\right)^{-(n+1)/2} \mathrm{d}x = \frac{n^2 \Gamma\{(n+1)/2\}}{\sqrt{\pi}\Gamma(n/2)} \int_0^{+\infty} y^{3/2} (1+y)^{-(n+1)/2} \mathrm{d}y$$

$$= \frac{n^2 \Gamma\{(n+1)/2\}}{\sqrt{\pi}\Gamma(n/2)} \int_0^1 z^{5/2-1} (1-z)^{(n-4)/2-1} \mathrm{d}z = \frac{n^2 \Gamma\{(n+1)/2\}}{\sqrt{\pi}\Gamma(n/2)} \mathrm{B}(5/2, (n-4)/2)$$

$$= n^2 \left[\frac{\Gamma(5/2)\Gamma\{(n-4)/2\}}{\Gamma(1/2)\Gamma(n/2)}\right] = \frac{3n^2}{(n-4)(n-2)}$$

其中，$y = x^2/n$，$z = y/(1+y)$。四阶矩的存在性条件更加苛刻，需要 $n > 4$。将这个四阶矩和方差作对比，可以形成一个新的统计量——**峰度（Kurtosis）**。峰度的一般化定义为 $\mathrm{kurt} = \mathrm{E}(X-\mu)^4/\sigma^4$。对于 t- 分布，可以计算其峰度为 $3(n-2)/(n-4)$。可以看到，当 $n > 4$ 时，t- 分布的峰度大于 3。还可以验证一下，如果 X 是正态分布，那么峰度为 3，具体如下：

$$\frac{\mathrm{E}(X-\mu)^4}{\sigma^4} = \mathrm{E}(Y^4) = \int_{-\infty}^{+\infty} y^4 \frac{1}{\sqrt{2\pi}} \mathrm{e}^{-y^2/2} \mathrm{d}y = -\frac{1}{\sqrt{2\pi}} \int_{-\infty}^{+\infty} y^3 \mathrm{d}\mathrm{e}^{-y^2/2}$$

$$= \frac{3}{\sqrt{2\pi}} \int_{-\infty}^{+\infty} y^2 \mathrm{e}^{-y^2/2} \mathrm{d}y = -\frac{3}{\sqrt{2\pi}} \int_{-\infty}^{+\infty} y \mathrm{d}\mathrm{e}^{-\frac{y^2}{2}} = 3$$

其中，$Y=(X-\mu)/\sigma$ 服从标准正态分布。由此可见，3 是一个重要的参照值，比 3 更大的数字（如 t- 分布）代表着更厚尾的分布情况。

再回到股票数据中，可以计算其均值为 0.035（单位：%），方差为 2.455（单位：%²），四阶矩为 48.324（单位：%⁴），因此峰度为 8.015。根据 t- 分布的峰度计算公式，可以知道这是一个由自由度 n 决定的量，因此可以通过解峰度的方程 $3(n-2)/(n-4)=8.015$ 对自由度做一个大概的估计，结果为 5.196。如果是一个标准的对应自由度为 $n=5.196$ 的 t- 分布，那么均值应该为 0，方差应该为 $n/(n-2)=1.626$。因此可以对实际数据做合适的线性变换（以下简称标准化变换），让其样本均值为 $\hat{\mu}=0$，方差为 $\hat{\sigma}^2=1.626$。然后将变换后数据的直方图，对应 t- 分布的概率密度，以及对应均值方差的正态分布概率密度都描绘在图 1.16 中。需要注意的是，基于实际数据估计出的正态分布不是一个标准正态分布，它的方差大于 1，因此概率密度曲线的形状更加扁平。和该正态分布的概率密度曲线相比，使用 t- 分布的方法进行估计，得到的结果更接近数据分布的直方图，因此使用 t- 分布拟合确实有不小的改进，但是显然仍不完美。

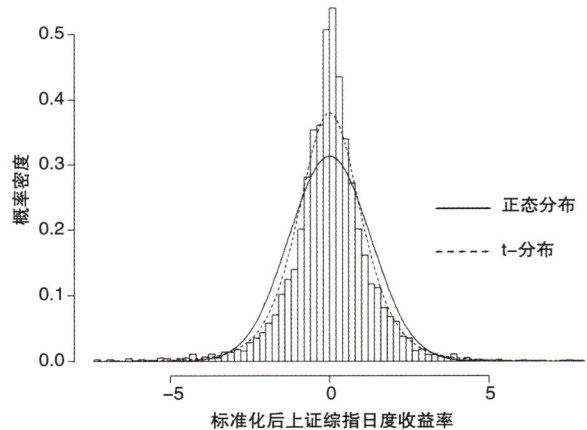

图 1.16 标准化后上证综指日度收益率直方图和两种不同的概率密度曲线

对于投资人来说，他们可能希望知道出现极端亏损（如标准化变换后的日度收益率小于 –5%）的可能性会有多大，怎么办呢？可以计算标准化变换后小于 –5% 的日度收益率的样本占比，为 0.52%。此外，还可以用 t- 分布和正态分布分别估计一次。当用自由度 $n=5.196$ 的 t- 分布估计时，需要计算如下积分：

$$\int_{-\infty}^{-5} \frac{\Gamma\{(n+1)/2\}}{\sqrt{n\pi}\Gamma(n/2)}(1+x^2/n)^{-(n+1)/2} \, dx = 0.184\%$$

再用期望为 $\hat{\mu}=0$、方差为 $\hat{\sigma}^2=1.626$ 的正态分布估计，需要计算如下积分：

$$\int_{-\infty}^{-5}\frac{1}{\hat{\sigma}\sqrt{2\pi}}\exp\left\{-\frac{(x-\hat{\mu})^2}{2\hat{\sigma}^2}\right\}\mathrm{d}x=0.004\%$$

可以发现，t- 分布和正态分布估计出来的出现极端亏损的概率都比样本占比（即 0.52%）要低，都存在不小程度的低估。正态分布估计的出现极端亏损的概率远远比 t- 分布估计出来的概率要小，后者是前者的 46 倍，这是 t- 分布的厚尾性质决定的。这说明，正态分布可能会严重低估极端损失风险。对于投资人来说，如果选用正态分布进行估计，有可能对投资风险严重低估，进而导致决策失误。这样看来，能让投资人变得更加谨慎的 t- 分布也许是更好（但是不完美）的选择。

这里需要强调一下，用峰度估计 t- 分布的自由度是一个非常简单而且有效的方法，但显然不是最好的方法。用峰度估计 t- 分布自由度的缺点是很明显的，因为峰度的定义涉及四阶矩，如果四阶矩不存在，那么峰度本身就是不存在的。因此，用峰度去估算自由度的一个前提是：目标 t- 分布的自由度应该大于 4。但是在现实生活中，当人们真的用峰度去估算自由度的时候，有可能估算出来的自由度小于 4。显然，这样估算出来的自由度是不可信的。一个更好的估算自由度的方法应该是极大似然估计。什么是极大似然估计？后面章节会做深入探讨，这里就不再深究。接下来用一个更大规模的实际案例来深入了解 t- 分布，并展示基于峰度方法估计 t- 分布自由度所呈现的实际效果，从而对该估计方法的优缺点有一个更加直观的认识。下面使用 2019 年和 2020 年上海证券交易所的 1422 只主板 A 股的日度收益率数据进行分析。用每只股票每天的收益率减去对应日期的上证综指收益率，便是该股票在这一天的日度超额收益率。接下来用 t- 分布拟合这些股票的日度超额收益率，进行探索和发现。

首先，可以认为每只股票的日度超额收益率的分布是不一样的；其次，对于单只股票，它在不同年份的收益率分布也是不一样的。因此，对每只股票，可以分别去计算它在 2019 年和 2020 年的日度超额收益率的峰度，然后用峰度去估计 t- 分布的自由度。这个自由度可以反映股票日度超额收益率的厚尾特征，自由度越小，意

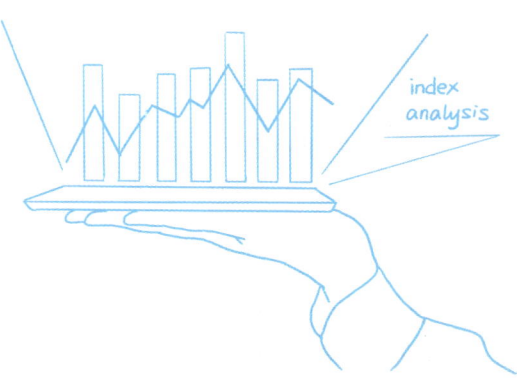

味着峰度越大，也就是尾部越厚。如前所述，用峰度估计 t- 分布自由度的前提条件是真实的自由度必须大于 4。但是对于实际数据而言，并不知道真实的 t- 分布，因此只能估计。无论真实情况如何，如果估计出的自由度小于 4，这样的结果一定是不可靠的。请注意，并不是说对于这样的数据就无法估计其自由度，而是说基于峰度的简单估计方法不奏效了（此时应该考虑极大似然估计）。因此，这部分结果必须舍弃。当然，这并不表示自由度估计值大于 4 就一定意味着真实的自由度大于 4。从理论上来说，不能排除这种可能性：真实的自由度是小于 4 的，但是在各种机缘巧合下，自由度的估计量却是大于 4 的。对这个问题的深入探讨超出了本书的范畴，此处不再详细展开，但是接下来要注意呈现的案例分析中的理论缺陷。

具体而言，对考察的 1422 只股票分别计算峰度，然后根据公式反推每只股票的自由度。结果显示，在 1422 只股票中，有 20 只股票估计出的自由度是小于 4 的（或者在 2019 年，或者在 2020 年），只能舍弃。因此，着重对剩下的 1402 只股票进行描述性统计分析。以 2019 年的数据为例，对这 1402 只股票按估算出的 t- 分布的自由度进行分组，图 1.17 展示了各个组的股票数量占比情况。可以看到，所有股票的自由度变化范围在 4 到 141 之间，这是一个广阔的范围。其中，近 70% 的股票的自由度在 4 到 5 之间，并且随着自由度增大，股票占比递减。也就是说，大部分的股票收益率适合用低自由度的 t- 分布来刻画，具有厚尾特征。这也佐证了前面的观点，即相比于正态分布，具有厚尾性质的 t- 分布对投资人来说是更好的选择。

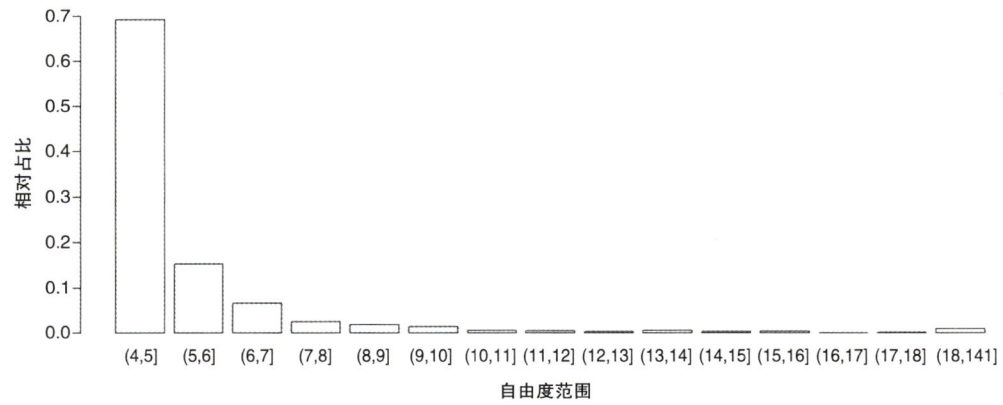

图 1.17 2019 年股票数据拟合 t- 分布自由度的相对占比

人们如此关心厚尾特征，那么它与收益率的水平和风险大小会有什么关系呢？为研究这个问题，可以根据自由度对股票分组，并绘制收益率的分组箱线图。具体做法如下：

首先，根据 2019 年每只股票拟合的 t- 分布的自由度，从小到大将股票等分为 10 组，依次编号为 1, 2, ⋯, 10；其次，计算每只股票在 2019 年的平均日度超额收益率；最后，根据分好的 10 组，绘制每组股票在 2019 年的平均日度超额收益率的箱线图，在同一纵坐标轴上进行对比，如图 1.18 所示。根据该图可以发现，自由度越大的组，离群点越少，也就是出现极端观测的概率越小。但是，自由度越大的组，箱体的厚度却越大，也就是正常观测所呈现出来的波动性越大，伴随而来的是平均收益率（中位数计）更高。这个结果既在意料之中，又在意料之外。意料之中的是，经典金融投资理论讲到，高风险高回报。箱线图中呈现出来的波动性越大（即箱体的厚度越大），风险越大，因此，中位数所表达出来的平均收益率越大。意料之外的是，估算出来的 t- 分布自由度越小（即组编号越小），出现极值的风险越大（即离群点越多），但是正常观测所呈现出来的变异性却更小。这似乎是说，极值风险与以波动性为核心的普通风险有所不同，而且似乎没有明显表达在以中位数测量的平均收益率上。

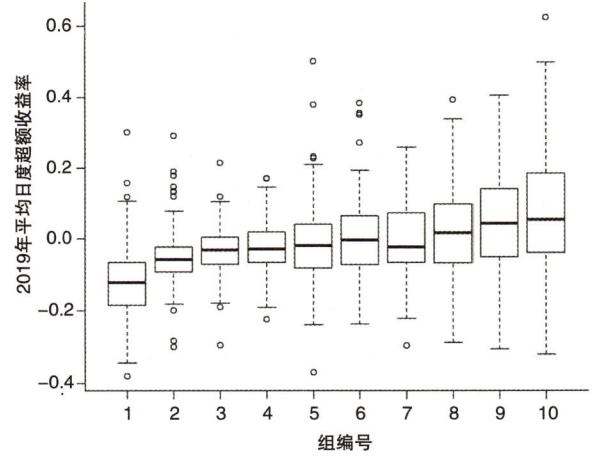

图 1.18　2019 年平均日度超额收益率的分组箱线图

这仅仅是 2019 年的情况。如果还想进一步知道，有没有可能通过 2019 年的收益率去预测 2020 年的收益率呢？股票预测虽然很难，但这似乎是一个永恒的话题。这里做一个简单的、基于收益率分布厚尾特征的尝试。首先可以从厚尾特征的持续性入手：那些在 2019 年收益率呈现厚尾特征的股票，在 2020 年会继续呈现厚尾特征吗？为此可以以每只股票 2019 年数据拟合的 t- 分布的自由度为横轴，2020 年数据拟合的 t- 分布的自由度为纵轴，画出散点图（为了更好地呈现，这里对自由度取对数），如图 1.19 所示。该图给出的答案是：不一定，但从整体趋势上看，二者存在一定正相关性，但是不强。

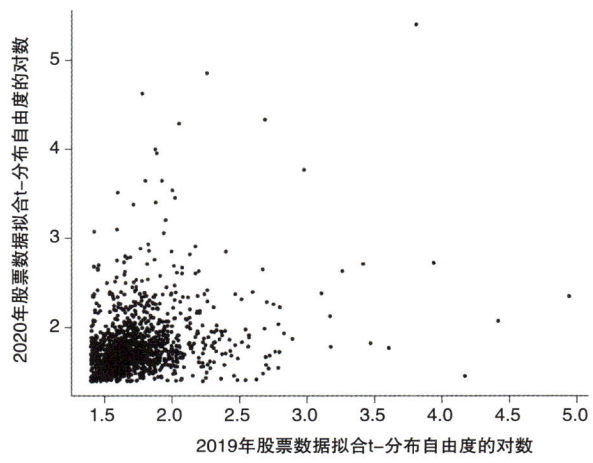

图 1.19　2019 年与 2020 年股票数据拟合 t– 分布自由度对数的散点图

接下来可以进一步考察 2019 年股票的厚尾特征对 2020 年股票的收益率分布会有哪些影响,比如风险大小如何?收益率水平如何?首先,与前文相同,仍然根据 2019 年每只股票拟合的 t– 分布的自由度,从小到大将股票分为 10 组,依次编号为 1, 2, …, 10;其次,计算每只股票在 2020 年的平均日度超额收益率;最后,根据分好的 10 组,绘制每组股票 2020 年的平均日度超额收益率的箱线图,在同一纵坐标轴上进行对比,如图 1.20 所示。遗憾的是,从图中并不能看出什么规律,因此也无法获得任何可靠结论。看来还不能证明可以根据历史数据预测未来的收益情况,这与资本市场的有效性假说保持基本一致。也就是说,基于资本市场公开的数据,可能很难获得超额收益率。当然,必须指出的是,本节这里所呈现的案例,实在是非常初级和粗浅的,只考虑了股票价格的厚

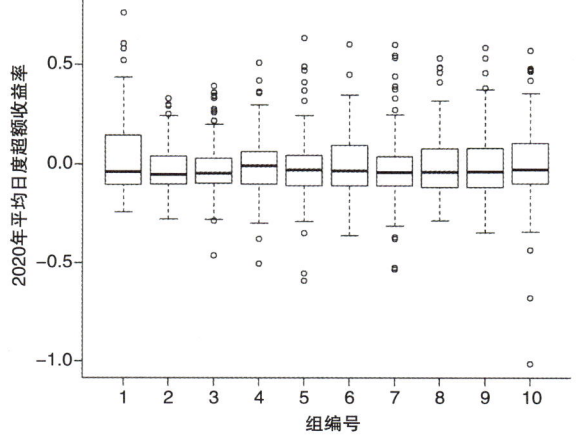

图 1.20　2020 年平均日度超额收益率的分组箱线图

尾特征，而且厚尾特征是以 t- 分布的自由度来刻画的。显然，一个更加严谨的研究应该考虑更多的因素和因子，哪怕是考虑厚尾特征，也不是必须要用 t- 分布的自由度来刻画。因此，读者可以用本案例所提供的数据，做一些更深入的探索性研究，看看股票收益率的极值风险和超额收益率之间到底有没有进一步的关系。

接下来进行总结，本节学习了 t- 分布的定义，推导了 t- 分布各阶矩的主要性质，并利用 t- 分布对大规模实际案例进行了分析。读者能够对 t- 分布有较为深刻的了解，也能对它在实际应用中的功能和效果有所体会。对于已经学习的两种连续分布——正态分布和 t- 分布，它们之间互有区别而又相互联系。区别是，两种分布的概率密度函数不同，自然地，数学性质也不同。其中非常明显的一点是，t- 分布的峰度比正态分布大，尾部比正态分布厚，这称为厚尾性质。它们之间又有着千丝万缕的联系，t- 分布的自由度越大，就越接近正态分布，自由度趋于 +∞ 时，t- 分布趋于正态分布。从两种分布的概率密度图来看，它们还有一个直观而显著的共同点——对称分布。那么，所有分布都对称吗？是否还存在不对称的分布呢？这就引出了下一节的主题：指数分布。指数分布是一个重要的、非对称的连续分布。它的故事是什么？理论性质如何？有什么实际应用场景？请见下一节的精彩内容。

① t- 分布适合刻画具有厚尾特征的数据，除了本节的股票收益率数据外，请问现实生活中还有哪些数据具有厚尾特征？请你尝试寻找具有厚尾特征的数据，并用 t- 分布对它进行拟合。画出该数据的直方图和估计出的 t- 分布概率密度曲线，并进行对比，观察拟合的效果如何。

② 请你尝试用正态分布去拟合问题 1 中找到的实际数据，并画出概率密度曲线。请问正态分布和 t- 分布哪个拟合的效果更好？为什么？你是如何判断相对好坏的？

③ 仍然关注问题 1 中的实际数据，请尝试用计算频数的方法估计数据的某个尾部概率（如大于某个阈值或小于某个阈值的概率），然后再分别用估计出的 t- 分布和正态分布去计算这一概率。三种方法得到的概率相差大吗？你认为哪一种更贴近实际？为什么？

1.5 指数分布

上一节留下了一个问题:是否存在不对称的分布?答案是肯定的。在现实生活中常常会遇到数据不对称的情况。请看以下几个现实生活中的案例。

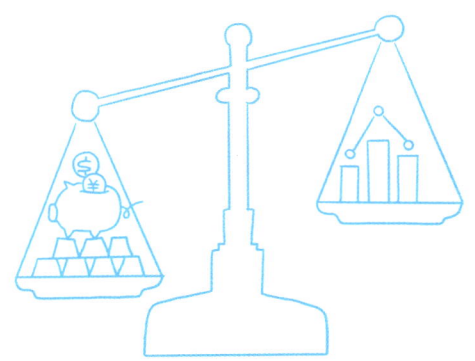

案例1:用户留存。

在当前智能手机普及的时代,大部分人的生活都离不开各种移动APP。比如,用电商类APP购买物品,用资讯类APP浏览新闻,用视频类APP看电视剧,用音乐类APP欣赏歌曲等。然而,当我们每次打开这些APP时,我们的行为其实都会被APP的后台记录下来。互联网公司为了留住用户,可谓费尽苦心。它们每天都会记录千千万万的用户是否登录,并将数据汇总并传输给数据分析部门,分析用户留存与流失情况,辅助用户运营部门做出决策。举个例子,假设你下载了一款学英语的APP,一段时间后你仍在坚持使用该APP,那么你会被判断为是留存用户;如果你只是三分钟热度,某天之后再也没有打开过这个 APP，那么你就会被判断为是流失用户，这时候，APP 可能会采用给你发送短信或推送弹窗消息等手段，吸引你继续使用 APP。从你注册成为用户的那一天，到流失的那一天，就是你的留存时间。每位用户的留存时间是随机的，具有很大的不确定性，与个性、兴趣等很多因素都有关，因此存在一个用户留存时间的分布。这里获得了某运营商的用户留存样本数据，从中选出流失用户并绘制他们留存时间的直方图，如图 1.21 所示。从图中可以看出，这个分布并不是对称的，而且尾部较长，各个区间内的用户数量随着留存时间的递增而递减，大部分用户都是在较短的时间内就流失了。

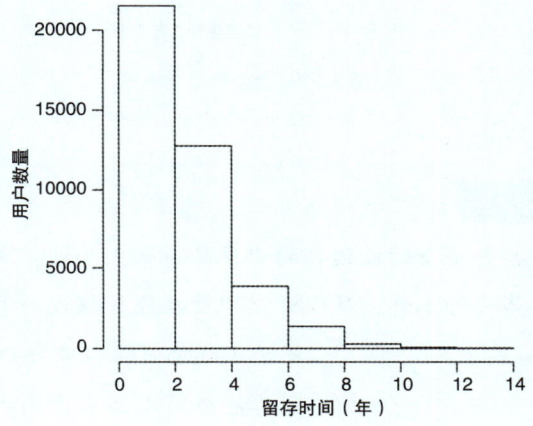

图 1.21　某运营商用户留存时间直方图

案例 2：企业生存。

在"大众创业，万众创新"时代，我国各种中小微企业如雨后春笋般出现。创业的第一步是筹钱。初创企业的资金从哪里来？大部分企业都需要贷款或寻求投资。企业能否生存下去，能生存多久，就成为银行和投资机构非常关心的事情。创业一定能成功吗？答案是不一定。这与企业的经营战略、外部生存环境等因素有关。电影《扬名立万》中的一句台词"十个项目九个凉，商业投资很正常"，就幽默地道出了创业的辛酸现实。创业者刚开始往往都满腔热血，但总有些企业因经营不善或是经济寒冬，导致血本无归。当然，这其中也不乏成功的创业者，从白手起家成长为企业家，不仅实现了个人的财富自由，还提供了就业机会，拉动了国民经济发展。由此可见，不同的企业有不同的存活时间。因此这里也有一个分布——企业生命的分布。有学者通过对我国企业的统计资料进行分析，归纳了企业的生命周期，编制了企业的生命表。图 1.22 即展示了企业生命（单位：年）的直方图。该图显示，企业生命的分布不是对称的，而是严重右偏（Right Skewed）的，大部分的企业生命都集中在10年以内，仅有少部分企业能保持基业长青。

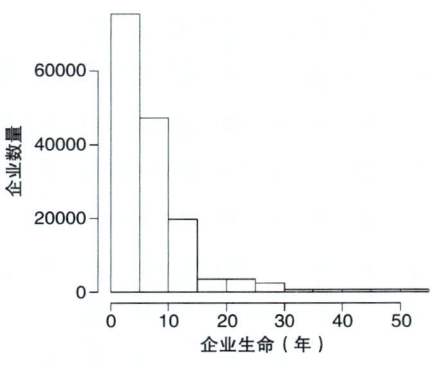

图1.22　企业生命直方图

案例3：员工流失。

每年秋季和春季，各大企业的校园招聘都开展得如火如荼。大量高校毕业生通过秋招或春招找到了他们的第一份工作，从而开启职业生涯。假设一家企业在校园招聘中招募了100名员工。两年以后，有的人已经跳槽到其他公司以谋求更高的薪水，有的人已经转向公务员或事业单位编制，有的人仍然是该企业忠诚的员工。企业的人力资源管理部门会发现：不同员工的在职时长是很随机的，具有很大的不确定性。因此需要研究：什么因素导致了不同员工在职时间的差异？如何改进招聘策略，才能降低员工流失率？为此，某企业采集了约1500位员工的流失数据，并形成直方图，如图1.23所示。很明显，图1.23展示的分布不是对称的，而且是长尾的。

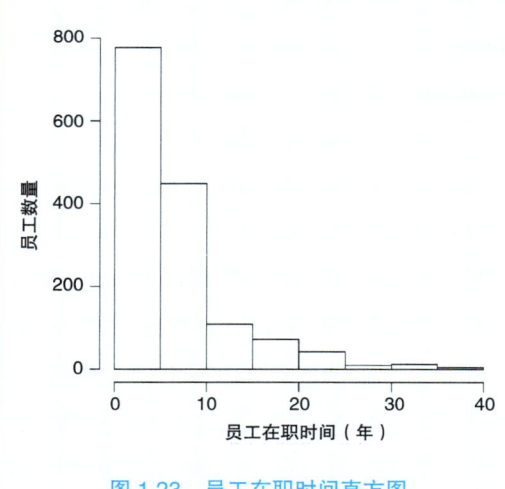

图1.23　员工在职时间直方图

案例4：车险索赔。

当车辆发生保险条款范围内的事故时，车主会联系保险公司进行索赔。保险公司会评估车辆受损情况，厘定赔付。索赔额与事故的严重情况、车主驾驶行为等有关，非常随机，有着很大的不确定性。那么，理论上也许应该存在一个关于索赔额的概率分布。

保险公司会对索赔额的分布进行分析，以便在将来更好地制定保费。索赔额的分布是什么样子呢？一般来说，大部分事故都是较轻微的事故，索赔额不会太大，巨额赔付一般只占少数。这里收集了某保险公司的67856张车险保单数据，每张保单记录了车辆是否出险，以及出险保单的索赔额大小。从中挑选出仅出险一次的4333张保单，绘制它们的索赔额直方图，如图1.24所示。可以看到，图1.24展示的情况与猜想一致，大部分车险的索赔额都集中在5000美元以内，且不同赔付区间内的保单占比随着赔付金额的增大而逐渐递减，这也是一个典型的长尾分布。

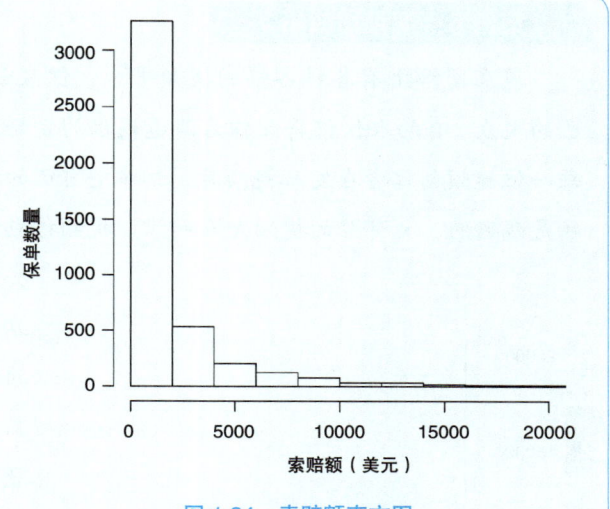

图1.24 索赔额直方图

案例5：空气质量。

随着全球工业化，大气污染已经成为一个重要的民生议题。常见的大气污染物中，除了最受关注的PM2.5以外，二氧化硫也是一项危害极大的污染物。人们在燃烧含硫的煤或石油燃料时，会排放出二氧化硫。当大气中二氧化硫浓度过高时，如果下雨，二氧化硫溶入雨水就会变成酸雨，酸雨不仅会腐蚀建筑物，破坏名胜古迹，还会破坏生态环境的酸碱平衡。即使天气晴朗，没有降水，二氧化硫也会进入人的呼吸道，对人的生命健康造成危害。为了治理二氧化硫，大气质量监测机构每天都会实时监测包括二氧化硫在内的各项大气污染物的浓度。可以猜想，大部分时候二氧化硫的浓度应该是较低的，浓度极高的日期应该占比很小，否则污染情况就会非常严重。为了说明这一点，获取了2014—2017年国控站点的月均二氧化硫浓度数据，并绘制直方图。如图1.25所示，二氧化硫浓度的月均值分布也是一个长尾分布，与预期一致。

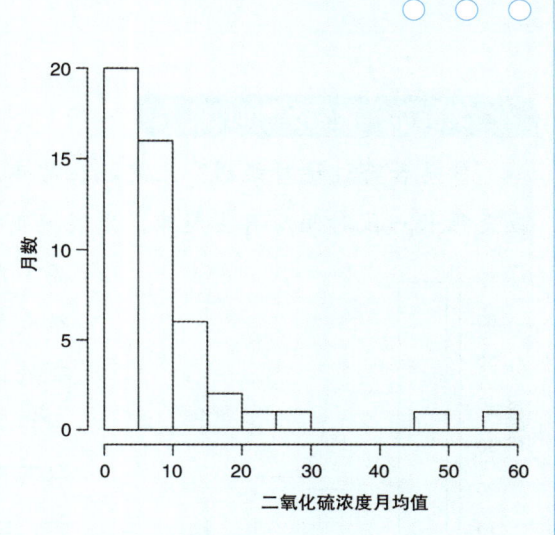

图1.25 二氧化硫浓度月均值直方图

案例 6：视频播放量。

现在网络上有各种各样的视频平台，视频创作者可以自由地在平台上创作，收获自己的观众。有的人仅仅将此作为消遣娱乐的爱好，有的人则将此作为职业。无论哪种情况，每一位视频创作者在发布视频时，都希望自己的视频播放量能达到一定高度。然而现实往往是残酷的，大部分的视频无人问津。视频播放量的分布是什么样的呢？为此获取了网络公开的 2021 年 11 月 15 日哔哩哔哩视频网站影视区所有视频信息的数据，将所有视频的播放量绘制成直方图（见图 1.26），发现其呈现出了极端长尾的分布形状，绝大多数视频的播放量都集中在 50 万以内，大于 100 万播放量的视频占比非常少。由于数量太过悬殊，直方图右边部分的方柱几乎扁得成了一根线。这显然不是一个对称的分布，而是概率密度随取值增大而递减的、极端长尾的分布。

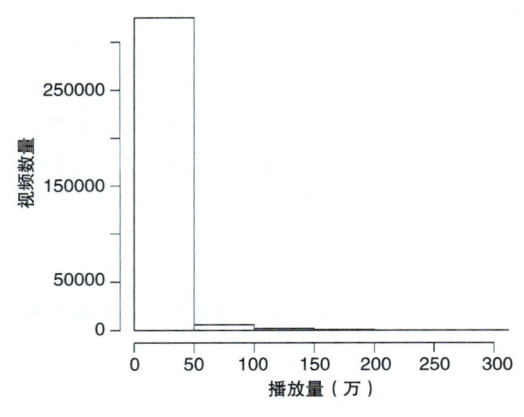

图 1.26　视频播放量直方图

案例 7：商品在架时长。

你是否有过这种经历？上周还在超市看到的产品，这周已经在货架上找不到了；或是很长一段时间后再去超市，发现超市货架上的商品已经完全换了一轮。这说明商品（尤其是新产品）的在架时长非常随机，有着很大的不确定性。为了对此不确定性有一个更直观的认识，收集了从 2010 年 7 月到 2013 年 12 月国内某大型连锁超市所有在售的洗发水数据，选取其中已经下架的商品，然后统计它们的在架时长，绘制直方图，如图 1.27 所示。可以发现，这个分布不对称，大部分商品都不能在架上久留，并且商品的占比随在架时长的增加大致呈递减的趋势。

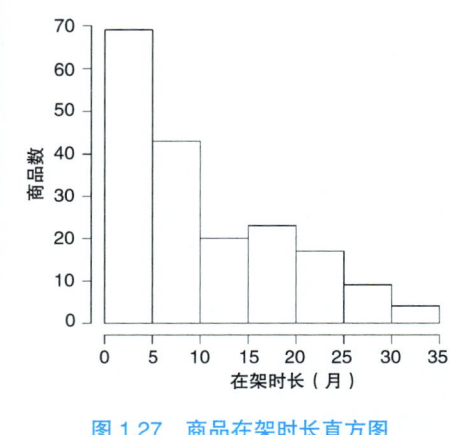

图 1.27　商品在架时长直方图

以上这些案例说明现实中很多数据的分布都是不对称的，且它们有一个共同点：取值范围是正数，呈现右偏的状态，大部分的样本取值较小，只有少部分样本取值很大。为什么这样的现象会频繁出现呢？其实，"二八定律"已经总结了这个规律。"二八定律"是帕累托提出的关于社会财富分配的研究结论：20% 的人占有了 80% 的社会财富。请注意，这里的 20% 和 80% 不是绝对准确的数字，只是表达了一个典型的数据特征：少数样本取值很大，而大多数样本取值很小，非常不均匀。那么，有没有一种分布适合刻画这样的不对称情况呢？这样的分布应该能够保证随机变量是正的、偏态的、长尾的，以及概率密度随着随机变量取值的增大而减小。指数分布就是这样的分布。接下来将详细学习指数分布的数学性质。下面给出指数分布的概率密度函数：

$$f(x) = \lambda^{-1} e^{-x/\lambda}, x \geq 0$$

其中，$\lambda > 0$。根据函数表达式可以发现，指数分布要求随机变量取值大于 0，并且只有一个参数 λ。确定了 λ，便可以确定唯一的指数分布。再考察它的单调性，可以发现，$f(x)$ 随着 x 的增大而减小。分别以 λ 取 0.5、1、2 为例，画出其概率密度曲线，如图 1.28 所示，从而对指数分布有一个更加直观的认识。可以看到，曲线的趋势与前文中很多案例（不是全部）的直方图是非常相似的，$f(x)$ 随着 x 的递增呈指数

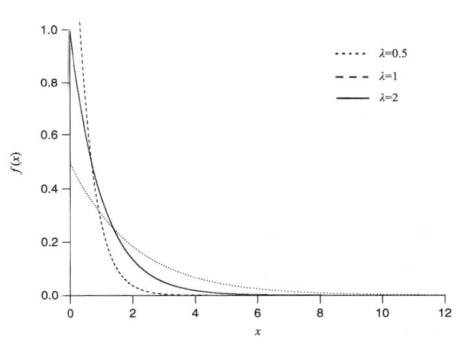

图 1.28　指数分布的概率密度曲线

型递减，且 λ 越小，前期递减的速度越快。如果用指数分布来刻画前面案例中初创企业的生存期，那么生存期 x 越大，概率密度 $f(x)$ 越小，也就是说，越长的生存期有着越小的可能性。对于初创企业，创业者和投资人都非常关心的一点是：这个企业生存超过 5 年、10 年，或某个时间 t 的概率有多大？这只需要对概率密度函数进行积分就可以了，即 $P(X > t) = \int_t^{+\infty} f(x) \mathrm{d}x = \int_t^{+\infty} \lambda^{-1} e^{-x/\lambda} \mathrm{d}x = e^{-t/\lambda}$。发现了吗？积分结果的形式竟然如此简洁明了。因为这个积分经常被计算，是人们非常关心的一个量，所以人们为它定义了一个专有的函数名称——生存函数，通常用符号 $S(t)$ 表示。生存函数的实际含义是生存期大于 t 的概率。

有了生存函数的帮助，可以对初创企业做进一步分析。具体而言，假设有一家已经创立了 s 年的企业，如果想知道它继续生存超过 t 年的概率，可以计算如下条件概率：

$$P(X>s+t\mid X>s)=\frac{P(X>s+t)}{P(X>s)}=\frac{S(s+t)}{S(s)}=\mathrm{e}^{-t/\lambda}$$

结果有些出人意料：这与 $S(t)$ 竟然是相等的。这意味着，企业再多生存几年的概率，与企业现在的"年龄"是无关的。企业以前所经历的过程都被这个概率分布忽略，而对未来没有任何影响。这是指数分布所特有的一个非常奇妙的性质：无记忆性。该特征在实际数据中有时看起来有一定的合理性，更多时候与实际情况相差巨大。但是，这并不太影响指数分布之于实际数据分析的有用性。毕竟，没有任何一个概率模型之于某一个特定的实际数据而言是完美的。

回到企业生存的例子上，除了企业生存超过某年的概率，创业者和投资人也一定非常关心企业的期望生存期有多长。为此可以考察指数分布的一阶矩，也就是期望：

$$\mathrm{E}(X)=\int_0^{+\infty}\lambda^{-1}x\mathrm{e}^{-x/\lambda}\mathrm{d}x=\lambda$$

这个形式非常简单，正好等于指数分布的参数 λ。$\lambda>0$ 时，一阶矩一定是存在的。λ 越大，会有越大的期望。这与前面基于图 1.28 的直观认识是相符的，λ 越大，概率密度曲线在前期下降得越慢，因而有更多的可能性获得比较大的取值，进而期望就越大。除了知道企业的期望生存期，创业者和投资人应该也很关心企业生存期的稳定性如何。那么可以考察指数分布的二阶矩，计算其方差：

$$\mathrm{var}(X)=\mathrm{E}(X^2)-\{\mathrm{E}(X)\}^2=\int_0^{+\infty}\lambda^{-1}x^2\mathrm{e}^{-x/\lambda}\mathrm{d}x-\lambda^2=\lambda^2$$

这个形式也非常简洁，是参数 λ 的平方。$\lambda>0$ 时，指数分布的方差一定存在。参数 λ 越大，方差越大。通过对均值和方差的计算，发现了一个非常有趣的规律：对于指数分布而言，其方差是均值的平方。或者说，它的均值和标准差是相等的。这说明，对于服从指数分布的随机变量而言，其方差会随着均值的增加而增加。

前面提到，指数分布作为一个概率模型，对实际数据而言不可能是完美的，但是可能是非常有用的。请问：有什么用处呢？下面以前面提及的车险索赔的案例为例，来做一个具体展示。这里每一个样本代表一次出险的索赔额（单位：美元），用 X_i 表示。因为 $\mathrm{E}(X)=\lambda$，便可以用样本均值对 λ 进行估计，计算可得该估计量为 $\hat{\lambda}=1946.738$。然后可以形成一个参数为 $\hat{\lambda}$ 的指数分布的概率密度估计，并与原始数据的直方图放在一起形成一个有趣的对比，如图 1.29 所示。

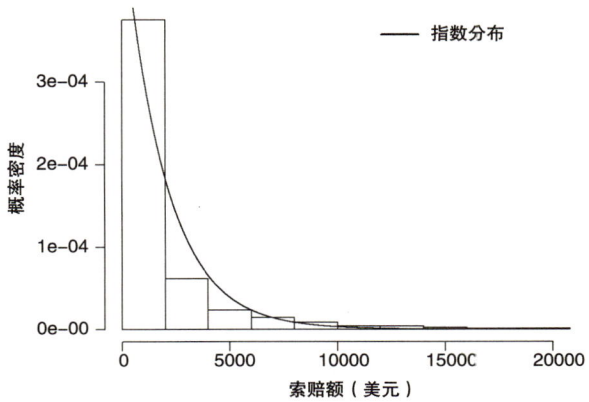

图 1.29　车险索赔额直方图及指数分布

从图 1.29 中可以看到：拟合的指数分布的曲线大致刻画了车险索赔额的分布，但是刻画得不完美。问题出在：随着索赔额的增加，指数分布概率密度的下降速度比实际数据要缓慢，因此还有可以改进的空间。但是，现在假设可以接受这样一个拟合结果，那么可以对索赔额的生存函数做出一个完整的测算，并且和基于数据得到的经验生存曲线进行对比，如图 1.30 所示。在车险索赔的案例中，生存函数的含义是索赔额超过某个值的概率。从中可以看到，用指数分布估算，索赔额超过 2000 美元的概率大概为 0.35，索赔额超过 6000 美元的概率大概为 0.05，索赔额超过 10000 美元的概率大概为 0.006。

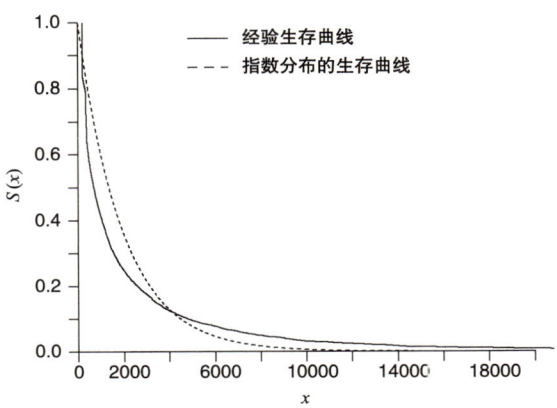

图 1.30　经验生存曲线和指数分布的生存曲线图

前面提到，用指数分布描述索赔额数据，其拟合结果并不令人非常满意。这种不满意是非常可预期的。实际数据的分布情况千奇百怪，而指数分布只有一个尺度参数 λ，因此其分布形状的灵活性很差。有没有什么办法让这个灵活性稍微好一点呢？同时又不想失去一些最重要的基本特征:高度右偏的分布形状。对此,法国数学家费雷歇(Fréchet)于1927年提出了威布尔(Weibull)分布。请注意,威布尔分布虽然以瑞典数学家威布尔的名字命名,但并不是由威布尔提出的。只是因为威布尔于1951年第一次详细地阐释了这种分布,该分布便以他的名字命名为威布尔分布。威布尔分布的基本改进思想如下:从指数分布的生存函数出发,其数学形式为 $P(X>t)=\mathrm{e}^{-t/\lambda}$,而威布尔分布对此作出一个小小的改变,假设 $P(X>t)=\mathrm{e}^{-(t/\lambda)^\gamma}$。与指数分布对比发现,威布尔分布多了一个形状参数 $\gamma>0$,因此可以对实际数据的拟合优度获得一定改善。至于改善程度有多大,这个无法获得一个一般化的结论,因为会随着数据的不同而不同。但是,这不妨碍先对威布尔分布做一些理论研究。例如,通过对生存函数求导数,并求负数,可以获得威布尔分布的密度函数如下:

$$f(x)=-\frac{\mathrm{d}S(x)}{\mathrm{d}x}=\gamma\lambda^{-\gamma}x^{\gamma-1}\mathrm{e}^{-\left(\frac{x}{\lambda}\right)^\gamma},x\geq 0$$

然后可以计算其均值为 $\lambda\Gamma(1+1/\gamma)$,方差为 $\lambda^2\left[\Gamma(1+2/\gamma)-\{\Gamma(1+1/\gamma)\}^2\right]$。当已知均值和方差后,可以反向求解得到 λ 和 γ。这里 λ 和 γ 没有显式解,但可以利用 R 语言等计算机软件求得近似解,这就提供了一个非常简单的参数估计方法。在后面的进一步理论学习中,我们将会知道,这就是一个常见的构造估计量的方法——矩估计。矩估计的优点就是:相对简单。但是缺点也很明显:常常不是最优的。对于这个问题的深入讨论属于高等数理统计学的范畴,这里就不再赘述。

再次回到车险索赔的案例,前面看到简单的指数分布并不能提供非常令人满意的拟合结果,那么威布尔分布呢?为此利用 R 语言求近似解得到威布尔分布的两个参数估计量如下:$\hat{\lambda}=1685.803,\hat{\gamma}=0.674$。请注意,由于这里只能求得近似解,因此将 $\hat{\lambda}$ 和 $\hat{\gamma}$ 代回均值和方差公式得到的计算结果,与样本均值和方差是有一定差距的。接下来,基于估计的 $\hat{\lambda}$ 和 $\hat{\gamma}$ 的取值,形成对威布尔分布概率密度的估计,与实际数据的直方图,以及之前得到的指数分布的概率密度估计放在一起,如图 1.31 所示。从中可以看到,威布尔分布对数据的拟合优度得到了明显的提高(虽然仍然不尽完美)。

基于威布尔分布对车险索赔额的生存函数再次做出估计测算,并与之前基于指数分布的生存函数估计形成对比,结果如图 1.32 所示。威布尔分布中索赔额超过 2000 美元的概率大约为 0.32,比指数分布估计出的概率 0.35 要小;威布尔分布中索赔额超过 6000 美元的概率大约为 0.10,比指数分布估计出的概率 0.05 要大;威布尔分布中索赔额超过

10000 美元的概率大约为 0.04，比指数分布估计出的概率 0.006 要大很多。实际数据中超过 10000 美元的比例为 0.03，与威布尔分布的结果更接近。从图 1.32 可以看到，相比于指数分布，威布尔分布对真实数据的经验生存曲线的逼近效果要更好，尤其在索赔额 X 大于 12000 时，威布尔分布的曲线和经验生存曲线非常贴近。通过图像还可以发现一个规律：在 X 较小时，指数分布的生存函数大于威布尔分布的生存函数，在 X 大于两条曲线的交点后（大概 2500 美元左右），则变成了威布尔分布的生存函数大于指数分布的生存函数。当然，这仅是在本例中拟合出的两个分布呈现的规律，并不是必然。

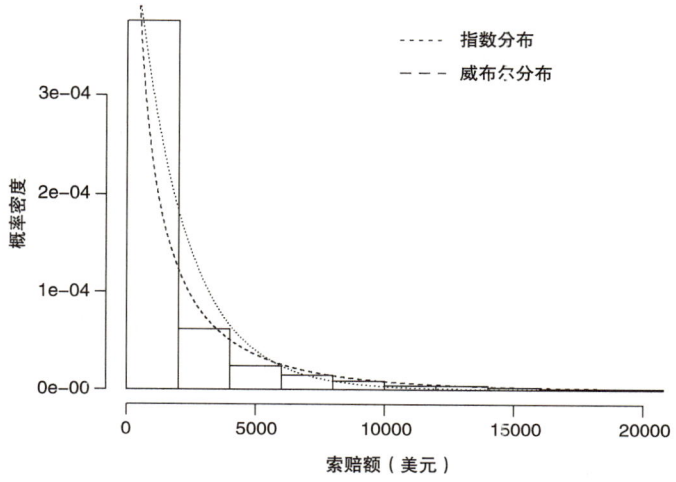

图 1.31　车险索赔额直方图及两种分布

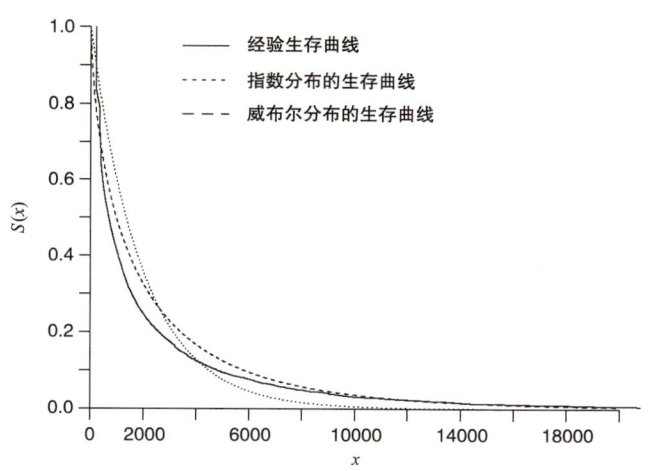

图 1.32　指数分布、威布尔分布和经验生存曲线

通过本节内容，希望能够帮助大家了解现实生活中非对称的数据案例。在对案例进行充分学习的前提下，我们了解了一种非常重要的非对称分布——指数分布。此外，在对车险索赔的案例分析中，本书引入了指数分布的拓展——威布尔分布，并对比了二者在拟合实际数据时的效果。回顾一下前面的内容，我们学习了正态分布和 t- 分布。截至目前章节所学的都是连续分布，那有没有离散的分布呢？当然是有的，现实中充满了离散型数据，自然需要离散分布来刻画它们。下一节就将学习一种十分常见的离散分布——0-1 分布。

① 本节给出了许多符合"二八定律"的数据案例。你还能想到更多的例子吗？请你找到符合"二八定律"的实际数据，画出该数据的直方图和经验生存曲线，并进行对比，看看拟合效果如何。

② 请你用指数分布去拟合问题 1 中找到的实际数据，画出指数分布的概率密度曲线，并与问题 1 中的直方图和经验生存曲线进行对比。

③ 威布尔分布的概率密度曲线一定是类似指数分布的长尾分布吗？请尝试改变威布尔分布的形状参数 γ（如 0.5、1、1.5、2），画出不同参数下威布尔分布的概率密度曲线，并观察它们的变化趋势。

1.6 0-1分布

前面几节研究了上证综指的日度收益率分布情况，探讨了适合描述日度收益率不确定性的各种概率分布。关于日度收益率这个数据，它有一个很大的特点。具体而言，任意给出两个收益率取值（如3%和3.2%），日度收益率这个随机变量在这两个取值之间应该是有非零取值的可能性的，至少理论上如此。这说明上证综指的日度收益率是一个连续型随机变量。

对于这个连续型随机变量人们都关注什么呢？答：通常是涨跌和幅度。显然，涨跌是最重要的关注点。把收益率整体（含涨跌信息和幅度信息）看作是一个连续型随机变量，似乎在一定程度上抹杀了股价涨跌的独特重要性。为此，是否可以考虑先把注意力放在股价涨跌上呢？关于股价涨跌幅度的关注可以考虑放在一个相对次要的位置。如果可以接受这样一个想法，那么就可以把股价的涨跌数据转化为一种典型的离散数据——0-1型数据。具体而言，可以定义一个新的随机变量：如果日度收益率为负或者为0，该随机变量取值为0；如果日度收益率为正，该随机变量取值为1。这样的数据会是什么样呢？图1.33就展示了1991—2021年部分上证综指日度盈亏情况，这就是本节要介绍的0-1型数据。从图1.33中可见，这样的0-1型数据非常随机，有很大的不确定性。

从理论上讲，到底什么是0-1型数据呢？简单地说，如果一个随机变量，有且只有两个可能的取值（如股价涨跌、性别男女、是否购买等），那么这就是一个0-1型数据。所谓0或者1，这仅仅是一个代码而已。以股价涨跌为例，可以用1表示涨，用0表示跌。当然，也可以用0表示涨，用1表示跌，没有任何问题。

```
1111001100111000000010011110001101 10
0010000011101000101111001110110010 0
1001101010001011001111111110001011 0
1010011011101010001101101110100001 1111
1101100011001010001010101 1101011 11
11101011010010111100011101 1100100 0
110011101101010010001110001 1000110
1100101111001001010010101000100110 1
1100100011110010001100110101001001 1
0011001011011001001010101001010001 1
0011001001100001001011011111001001 1
100100110011111100100101111001100111
1000111001110101011110011111001000 1
0100111111001011011111100011011 0
1001010011101101011000101011011001 1
```

图1.33　1991—2021年部分上证综指日度盈亏情况

接下来将从实际应用和概率理论两个方面对0-1型数据进行探讨。首先考虑实际应用，请看下面几个0-1型数据的例子。

案例1：股价涨跌。

如前所述，如果不考虑具体的涨跌幅度，股价涨跌就是一个典型的0-1型随机变量。显然，股价涨跌具有非常强的不确定性，没有人能够完全精准地预测后一个交易日的股价是涨还是跌。然而，这就意味着投资者只能被动接受命运安排吗？也不尽然。如果可以从海量的股价涨跌历史数据中找到一些规律，实现对该0-1型数据在一定精度水平上的预测，那就可以获取超额收益。比如很多人会用经典的"追涨买跌"策略，其中的"追涨"指的是一种顺势的交易手段，当某只股票的价格连续很多天都在上涨时，就增加持仓，追上这一波上涨的势头。"买跌"，顾名思义就是在股票的价格处于下跌趋势的时候，大量买入该股票，期待有一天该股票能够触底反弹。投资者执行这样策略的背后的假设是：单只股票的价格最近历史的涨跌行为在一定程度上可以预测其未来的涨跌（0-1型数据）。当然，该假设是否合理需要实际数据验证。但是，无论该假设是否成立，毋庸置疑的是：股价涨跌这种0-1型数据具有很大的随机性，充满了不确定性。

案例2：网购行为。

现代城市居民的生活可以说已经离不开网购了，从衣服鞋子、日化用品、蔬果生鲜到饮料零食，生活中需要的绝大多数物品都能在网络平台订购并送货到家。当用户每一次打开京东或者淘宝时，其实都在不断做着"买或不买"的决定，这就是一个典型的0-1型数据，非常随机，但是又受到很多因素的综合影响。例如，用户最终买不买某件商品，与商品的品牌、包装、价格、促销策略紧密相关。此外，消费者的自身特征也极大地影响了其买或不买的决策；如收入情况、品牌偏好、教育程度、工作种类、居住环境、所处地区等。消费者买或不买的决定还可能受到过去购买体验的影响，如与过去购买商品的品类、品牌、价格、频率、满意程度等有关。消费者买或不买的决定还受特定场景的巨大影响。一个正在装修的家庭，一个正在孕育宝宝的家庭，一个正在为孩子中考奋力拼搏的家庭，其消费者的购买决策也会各不相同。除此以外，消费者的购买决策还受到来自不同品牌、不同品类的激烈竞争市场中竞品的影响，受到来自不同平台的不同广告（电视、灯箱、手机、互联网、社交媒体等）营销力度的影响，非常随机，充满了不确定性。

案例3：是否出车险。

出车险是保险公司进行车险赔付的第一环。当车辆发生保险条款范围内的事故的时候，保险公司就理应进行出车险，开始评定车辆受损状况并进行理赔。由于是否出车险是一个只有两种可能的随机事件，因此也可以视为0-1型数据。车辆是否出险对应着车辆是否发生事故，而事故发生与否与众多因素相关。首先是车的因素，比如什么品牌的车，哪一款车，轿车还是SUV，车龄如何，是否按时维修保养等。然后是人的因素，比如驾驶员的驾龄如何，驾驶记录如何，还有年龄、性别和婚姻状况等因素。最后，与当时路况也紧密相关。具体而言包括驾乘路线、行驶速度、天气情况等。这就使得是否出车险充满了随机性。谁最关心车辆是否出险呢？驾乘人员非常关心，因为这关系到自己的生命安全。除此之

外，保险公司也非常关心，因为这关系到保险产品的设计与运营。因此，保险公司迫切地希望可以降低是否出车险的不确定性。通过对用户历史数据的分析，找到影响是否出车险的关键因素，形成可预测性模型，并因此设计新的保险产品及运营策略。

案例4：个性化推荐。

个性化推荐是一种基于用户历史使用数据等个人信息，向消费者提供个性化商品推荐的一种营销方式。在互联网时代下，个性化推荐变得非常普遍，例如，网易云音乐就曾推出了"每日推荐"的个性化音乐歌单，抖音等短视频平台的视频推荐页面也可以根据不同用户特点进行精准推荐，等等。以网易云音乐的歌单推荐为例，如果用户对推荐的歌单满意，就会点击该歌单，进而播放歌单中的歌曲；如果用户对推荐的歌单不满意，则不会点击。由于是否点击是一个只有两种可能取值的随机事件，因此也可以视为0-1型数据。在网易云音乐的平台上，用户是否点击的结果受到多种因素影响。例如，在音乐本身的特点方面，该音乐的演唱者是谁，是什么年代的歌曲，什么风格的歌曲，已有多少点击量和播放量，等等。此外，用户本身的因素与是否点击也密切相关，具体而言包括：用户对该类型的歌曲是否有兴趣，用户当前的心情状态，等等。这就使得是否点击充满了随机性。网易云音乐一定非常关心用户的点击行为到底如何，以及这些行为会受到哪些因素的影响。因为通过对用户是否点击的海量数据的建模和分析，可以帮助平台形成良好的个性化推荐机制，从而提高用户黏性，增加日活跃用户数量。

案例5：信贷风控。

信贷是一种历史悠久的金融业务。早期的信贷表现为简单的借钱和还钱的形式，而随着经济不断发展，信贷逐渐演化成包含授信业务、贷款业务和担保业务的重要资产业务，是商业银行的重要收入来源之一。无论是企业信贷还是个人消费信贷，银行最关心的问题都是：用户能否按时偿还本息？这与银行是否能从该信贷业务中获取收益直接相关。

由于是否能按时偿还本息也是一个只有两种可能取值的随机事件，因此也可以视为 0-1 型数据。用户是否能按时偿还本息也受到多种因素影响。例如，用户的年龄、月收入、家庭关系、负债记录、银行流水等。此外，未来一段时间用户的实际收入状况，是否遭遇重大财产损失等，也会在很大程度上影响用户的还款结果。这就使得用户是否能按时偿还本息充满了随机性。银行迫切地希望能够通过对用户个人信息的分析，降低这一随机性，更加准确地预测用户是否能按时偿还本息，从而尽可能避免坏账带来的资产损失，保障银行的信贷收入。

由此可见，0-1 型数据在日常生活中实在是太普遍了。因为实际工作和生活中有太多的"二选其一"的场景了。接下来尝试从概率论的角度来理解 0-1 型数据。如前所述，0-1 型数据是一种只有两个可能取值的随机变量。因为它只有两个可能的取值，所以人们只要知道它等于其中一类的概率，就可以完全推算出另一类的概率，并获得对整个分布的完整认识。例如，如果知道股市明天上涨的概率为 70%，那么下跌的概率就一定是 30%，反之亦然。定义 X 是一个只有 0 和 1 两个取值的随机变量，那么从概率论的角度看，只要能定义 $P(X=1)$ 的值，就能够完全确定 X 的分布情况。同理，只要能定义 $P(X=0)$，也完全能够满足需求。为了方便，一般的教科书或者学术文献中约定俗成的定义为 $P(X=1)=p$。在这个前提下，可以尝试对它的概率学性质做进一步研究。

在概率学性质的层面上，首先关注一下它的期望和方差。在计算期望时，需要对离散数据的所有可能结果按照各个结果发生的概率做一个加权平均，可以得到：

$$E(X) = 1 \times P(X=1) + 0 \times P(X=0) = p$$

相应地，关于方差有以下计算过程：

$$\text{var}(X) = E(X - E(X))^2 = P(X=0) \times p^2 + P(X=1) \times (1-p)^2 = p(1-p)$$

可以代入几个具体的数值来理解一下上面方差公式的特点。当 $p=0$ 或 $p=1$ 时，随机变量 X 的方差为 0。方差衡量的是一个随机变量的变异性。当 $p=0$ 时，$P(X=1)=0$，即无论做多少次抽样，事件的结果永远是 $X=0$。同理，当 $p=1$ 时，事件的结果永远是

$X=1$。一列完全相同的数据的变异性自然是 0，因此它的方差为 0 也就不奇怪了。当 $p=0.5$ 时，$X=1$ 和 $X=0$ 出现的概率均等，按方差函数的特点，此时随机变量的变异性最高。怎么理解这一结果呢？这就好像一个班级里有男生也有女生，当男女比例相等时，整个班级的性别差异最大。当男女任何一方的比例超过 0.5，变得越来越大时，班内学生的性别都更趋于一致，因此整体的性别差异更小。

上面探讨的 0-1 型数据服从的分布叫作 0-1 分布。了解了 0-1 分布后，可以继续往下思考。还是考虑股市的案例，假设每天的股价涨跌用一个 0-1 型的随机变量 X_t 表示。进一步假设不同交易日之间的股价涨跌是互相独立的（显然这个假设不太合理，但这里请大家暂且接受这个假设），由此马上产生了一个问题：如果连续观察 n 天，其中有多少天会涨呢？这个问题的实质是在问，随机变量 $\sum_{t=1}^{n} X_t$ 有怎样的统计学特性。为此定义一个新的随机变量 $Y = \sum_{t=1}^{n} X_t$。可以知道，Y 的取值实际上就是股价在 n 天内上涨的总天数。对这一随机变量的关注是很常见的，为什么呢？简单起见，假设一年有 $n=200$ 个交易日。假设每天对某只关注的股票做 1 个单位资本的投资，等到 200 个交易日结束的时候，盈利的可能性有多大呢？当然，这还涉及股价的涨跌幅度。为了简单起见，假设不考虑这个因素，只考虑涨跌的方向。那么，200 个交易日后，盈利的可能性有多大呢？为此就要计算一下，200 个交易日中涨的天数是多少（或者跌的天数有多少）。如果 199 天都涨，那肯定投资收益会非常丰厚。相反，如果 199 天都跌，那一定赔得一塌糊涂。对于这个问题，显然没有一个绝对确定的答案，因为这也是一个随机变量，也有不确定性。这里关心的是，如何描述这个随机变量的不确定性。这就是下面将要讨论的二项分布。

在给出二项分布的概率分布之前，可以先严格地计算一下 $P(Y=k)$ 的概率是多少。显然，k 必须是非负整数，而且不能大于 n。这就意味着，要从 n 个实验中找到 k 个 1，同时找到 $n-k$ 个 0。这样的排列组合数有多少呢？答：$\binom{n}{k}$。每一种组合发生的概率是多少呢？答：$p^k(1-p)^{n-k}$。因此，二项分布的概率分布列如下：

$$P(Y=k) = \binom{n}{k} p^k (1-p)^{n-k}, k=0,1,\cdots,n$$

在概率分布列的基础上，可以进一步研究二项分布的期望和方差。这里需要先指出二项分布和 0-1 分布的关系：服从二项分布的随机变量 Y，可以视作 n 个独立且服从相同 0-1 分布的随机变量 X_t 的和,也就是 $Y = \sum_{t=1}^{n} X_t$。这一点在常识上也容易理解,假设抛 100 枚硬币,正面朝上的数量是 100 个单次投币向上结果的和。因此,在讨论二项分布的期望和方差的时候,可以利用上面得到的 0-1 分布的期望和方差的结论。具体而言,二项分布的期望可以视作 n 个 0-1 分布随机变量期望的和,因此结果为 np。除此之外,也可以直接根据期望的定义来计算,具体如下:

$$E(Y) = \sum_{k=0}^{n} kP(Y=k) = \sum_{k=0}^{n} k \binom{n}{k} p^k (1-p)^{n-k} = \sum_{k=1}^{n} n \binom{n-1}{k-1} p^k (1-p)^{n-k}$$

$$= np \sum_{k=1}^{n} \binom{n-1}{k-1} p^{k-1} (1-p)^{(n-1)-(k-1)} = np$$

相应地,二项分布的方差也可以直接由 n 个 0-1 分布的随机变量的方差之和计算得到(注意,n 个变量是相互独立的),因此有 $\text{var}(Y) = np(1-p)$。

接下来需要思考,上面给出的二项分布的均值和方差受到哪些因素的影响?答:二项分布的次数 n 和概率 p。当 n 确定时,二项分布均值和方差的特性和 0-1 分布一致:二项分布均值随着 p 增大而单调增加,二项分布的方差在 $p=0.5$ 时最大。当 p 确定时,随着 n 增大,二项分布的期望和方差都将单调增加。换而言之,此时一组服从二项分布数据的中心水平和变异性都不断上升,这是怎样一种情景呢?此时的 $P(Y=k)$ 又会有怎样的变化呢?为此可以先给大家呈现一些数值计算结果。假设 $p=0.25$,图 1.34 绘制了 $n=1,10,100,1000$ 时二项分布的概率密度柱状图。

可以看到,当 n 的取值逐渐增大的时候,二项分布的概率密度柱状图越来越像一个正态分布。但是,由于二项分布的均值和方差都是随着 n 增大而越来越大,上面柱状图中的钟形会不断向横坐标的正方向偏移(可以观察不同柱状图中 x 轴的取值范围)。为了方便比较,可以尝试把 n 取 1000 时的二项分布随机变量 Y,标准化成 $Z = (Y - E(Y))/\sqrt{\text{var}(Y)}$ 的形式,这样 Z 的期望是 0,方差是 1。显然,Z 不是一个标准正态分布,因为它本质上仍然是一个离散分布,且是一个取值非常丰富的离散分布。可以比较一下它的概率密度函数和标准正态分布的概率密度函数,如图 1.35 所示。可以看到,它的概率密度函数非常接近标准正态分布的概率密度函数。事实上,这体现了统计学中十分重要的中心极限定理的思想。对于中心极限定理的详细讨论放在了后面的章节,因此这里先不展开介绍。

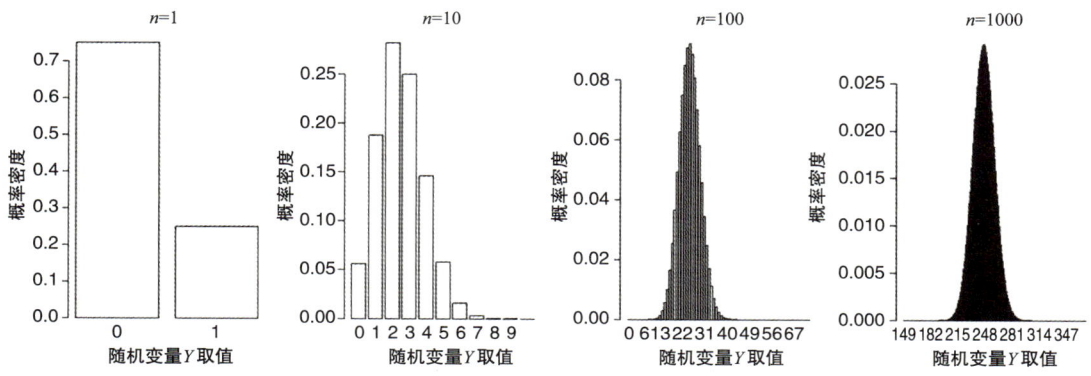

图 1.34　二项分布的概率密度柱状图（n 取不同值）

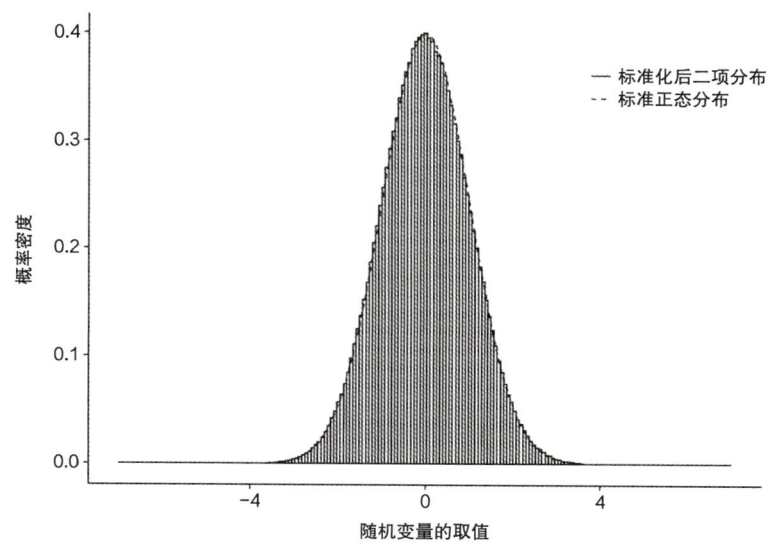

图 1.35　标准化后二项分布和标准正态分布对比

接下来回到本节开头提出的例子：股价涨跌。股价涨跌作为一种 0-1 型数据，其结果会时刻受到广大投资者的密切关注。如前所述，很多投资者会使用"追涨买跌"策略。但是，该策略的实际效果如何呢？对此尝试做一个简单分析。为此，沿用 1.4 节中使用的 2019—2020 年上海证券交易所的 1422 只主板 A 股的日度收益率数据，对股价涨跌情况进行再次分析。具体而言，研究的问题是：历史数据中，具有更多上涨天数的股票，是否会在未来呈现更高的收益率？首先，将 2019 年 1 月 1 日至 2019 年 6 月 30 日之间共 6 个月的股票数据作为历史数据；然后，对每只股票，计算其在历史数据的 6 个月时间里面的上涨天数占比；接下来，将 1422 只股票按照历史上涨天数占比从低到高等分为 10 组，计算每组股票在未来一个月（也就是 2019 年 7 月）各个股票的平均上涨天数比例，结果见图 1.36。

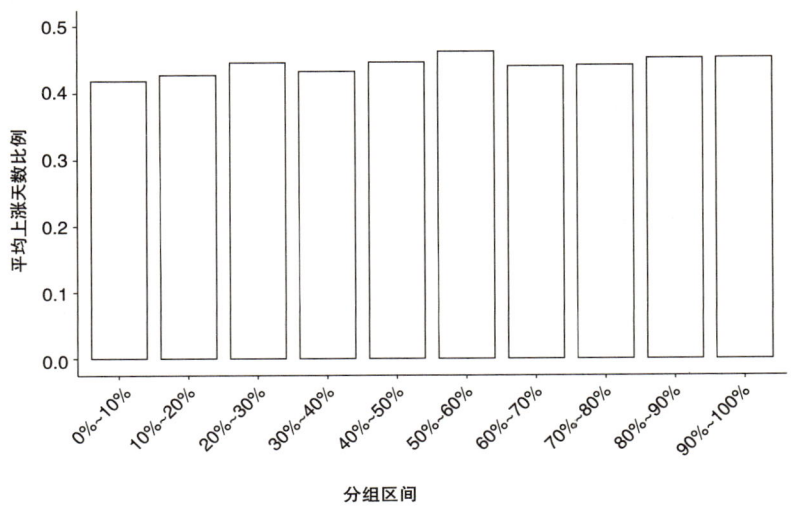

图 1.36　不同区间股票在 2019 年 7 月的平均上涨天数比例柱状图

从图 1.36 中可以看到，2019 年 7 月的整体行情并不乐观。各个分组的平均上涨天数比例均在 0.4 至 0.5 之间。即使是历史上涨天数比例排名 90% 至 100% 区间内的股票，虽然在过去 6 个月中取得了 0.556 ~ 0.615 的上涨比例，但在 7 月份仍然仅获得了 0.454 的平均上涨天数比例。根据 7 月份的惨淡情况，可判断未来行情不太乐观。下面进一步检查一下未来的收益率情况，而检查的方式是绘制各组在未来的月度收益率箱线图，如图 1.37 所示，似乎没有发现任何明显的规律。

简单来说，本节对一种重要的离散型概率分布（即 0-1 分布）做了系统性的介绍，包括：0-1 型数据在生活中的广泛示例，0-1 分布基本的概率表达和理论性质，0-1 分布和二项分布的关系。最后，以股价涨跌为例探究了 0-1 分布在资本市场的简单应用。接下来一个自然的问题是：除了 0-1 分布，还有哪些常见的离散分布？0-1 分布的结果只有两种可能的取值，因此尤其关注其他有多个可能取值的分布。这样的分布存在吗？答案是肯定的。这样的分布不仅存在，而且很多，也很常见。其中尤其值得关注的是泊松分布，它是一种用于描述计数型数据的较常用的概率分布。这也是下一节要学习的重要内容。

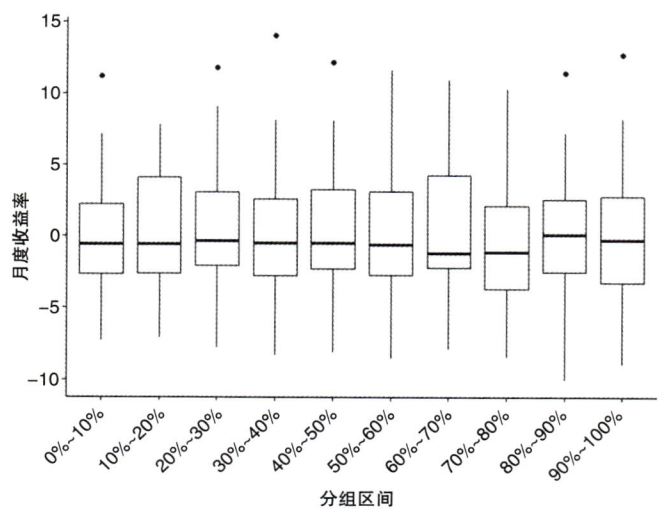

图 1.37　不同区间内股票的平均月度收益率箱线图（2019 年 8 月至 2020 年 12 月）

① 在现实生活中你能想到哪些 0−1 型数据？请找到 0−1 型数据，并指定 0 和 1 分别代表的含义。然后用 0−1 分布去刻画这个数据，计算其样本均值，并将其作为对 $P(X=1)=p$ 的估计值，解释这个估计值在现实情境下的含义。

② 在问题 1 中得到了一个 0−1 分布，假设 $X_1, X_2, \cdots, X_n$ 都是服从该 0−1 分布的随机变量且相互独立，那么 $Y = \sum_{i=1}^{n} X_i$ 服从二项分布。请尝试在现实情境下解释这个二项分布的含义，并进一步计算 Y 的期望和方差，以及 $\bar{X} = Y/n$ 大于 0.5 的概率。

③ 图 1.34 和图 1.35 只展示了 $p = 0.25$ 时的数值计算结果。如果 p 取其他值，还能得到类似的结果吗？请尝试改变 p 的取值（如 0.1、0.5、0.75 等）来验证一下。在某个给定的 p 值后，首先取不同的 n（如 $n = 1, 10, 100, 1000$），然后从参数为 n 和 p 的二项分布中抽取大量（如 1000 个）样本，绘制直方图，看看是否能得到类似图 1.34 的结果？进一步尝试把 $n = 1000$ 时的二项分布随机变量 Y 标准化成 $Z = (Y - E(Y))/\sqrt{\mathrm{var}(Y)}$ 的形式，模拟生成大量的 Z，并画出其直方图，看看是不是很接近标准正态分布？

1.7 泊松分布

本节将继续学习离散型数据分布，前面几个小节的表述其实体现的就是本节即将讨论的"计数型数据"。计数型数据，顾名思义，就是在计数过程中产生的数据。有一首儿歌："门前大桥下，游过一群鸭，快来快来数一数，二四六七八。"这里的"二四六七八"是如何产生的呢？答：数数产生的。当夜深人静失眠的时候，你是否有过数羊的经历？"一只羊、二只羊、三只羊……"，请问你在做什么？答：数数。数数产生了计数型数据。作为一种离散型数据，计数型数据的取值一定是离散的。比如，数鸭子的过程不可能产生1.5只的结果。但是，计数型数据同离散的定性数据（如不同品牌）又有所不同。计数型数据虽然是离散的，但是是有数值意义的。例如，一只鸭子加上两只鸭子等于三只鸭子。由此可见，计数型数据的一个重要特点就是：有数值意义，其具体表现就是可以做基本的加法运算。但是，不同的品牌是无法随意相加的。例如，可口可乐（这个品牌）加上王老吉（这也是一个品牌）等于什么？显然这是毫无意义的。计数型数据在实际生活中随处可见，而且常常会涉及很多重要的场景，描述着这些场景中的不确定性。

案例 1：消费者周购买次数。

现代的线下零售业都朝着智慧零售的方向不断发展，而基于数据的运营管理是智慧零售的核心内容之一。为此，各种各样的消费者数据都被自动化的系统记录了下来。从数据中，管理者可以获知某商品在一定时间内（如一周内）被消费者购买了几次；还可以获知某消费者在一定时间内（如一个月内）光顾超市多少次；也可以获知某消费者在某一次特定的购买行为中，涉及多少不同的品类，同一个品类涉及多少个不同的品牌。你看，这都是什么数据类型？答：都是计数型数据。也就是说，本质上都是在数数。所有这些计数型数据都非常随机，反映了消费者行为的不确定性。有了这样的数据，就可以研究很多重要的超市运营管理问题。例如，具备不同人口统计学特征（如性别、年龄）的消费者，他们的购买行为有何不同？消费者的历史购买记录对于判断他们的未来购买次数会有帮助吗？等等。

案例 2：病人肺部结节个数。

国家癌症中心的相关统计数据显示，2015 年我国新增 78.7 万例肺癌患者，肺癌位居我国恶性肿瘤发病率和病死率首位。然而，仅有不足 20% 的肺癌患者可于早期被发现，而晚期肺癌患者术后的 5 年生存率会从早期的 70% 降低至 16%。因此，提高肺癌生存率最有效的方法是早发现、早诊断和早治疗。

正因如此，胸片甚至胸部 CT 进入了大家的体检套餐。这个体检项目的一个重要任务就是检测肺部是否有值得关注的结节。什么是结节？结节就是在影像学上表现为直径不大于 3 厘米的局灶性、类圆形、密度增高的实性或亚实性肺部阴影，恶性的肺部结节就很可能发展为肺癌。因此，肺部结节的个数是一个重要的临床指标，对于肺癌的早发现具有重要的临床意义。这又是一个什么样的数据类型呢？答：计数型。当医生面对众多病人的时候，会发现肺部结节的数目有着很大的不确定性。绝大多数人是 0 个，有人是 1 个，有人是 2 个，有人是多个。面对不同的病人，肺部结节的个数非常随机，有很大的不确定性，而该不确定性决定了患者的身体健康。对于医学研究而言，这样的数据可以用于研究很多重要的医学问题。例如，结节个数会如何影响后期的癌症发展？如果结节对癌症影响巨大，那么又是什么因素在影响着结节的发展？吸烟影响吗？喝酒影响吗？工作类型影响吗？年龄影响吗？

案例3：孩子个数。

《中国统计年鉴2021》显示，我国人口总数已经从中华人民共和国成立初期的5.4亿增长到2020年末的14.1亿。伴随该增长过程的是我国生育政策的多次重大变化和调整。在中华人民共和国成立初期，我国对生育是没有任何限制性政策的。从1978年开始，我国开始执行计划生育政策，将计划生育写入宪法。2013年我国启动实施"一方是独生子女的父母可生育两个孩子"的政策。2015年10月，我国全面实施一对父母可生育两个孩子的政策。2021年8月，我国通过修改《中华人民共和国人口与计划生育法》，允许一对夫妻生育三个子女。那么育龄夫妇会做出什么样的选择呢？他们会选择做丁克家族（生育0个孩子），还是习惯成自然地保持独生子女传统（生育1个孩子），或是响应国家号召（生育2个孩子或者更多）？这里有很大的不确定性，这种不确定性可以通过一个计数型数据（生育孩子个数）记录下来。有了这样的数据就可以研究很多人口相关的社会科学问题。例如，家庭的经济状况会如何影响生育选择？家庭的教育程度会如何影响生育选择？夫妻的年龄情况会如何影响生育选择？等等。

案例4：微博用户单日发博文数量。

微博是中文世界最大的网络论坛之一，它不仅仅是几亿用户分享心情和生活的平台，也是各大机构实体和民众的沟通平台。微博的一个重要的运营目标就是要保持甚至提高整个平台的活跃程度。用户活跃的一个最基本表现就是博文发表。这是几亿用户在微博这个重要平台上表达个人生活感受的最基本方式之一。对于每个用户而言，每天发了几条博文，这也是一个典型的计数型数据。不同微博用户有着不同的使用习惯，有的人一天可以发十几条博文，有的人一周都不见得发一条博文。因此，对于不同的用户，每天会发表多少条博文，非常随机，具有很大的不确定性。有了博文发表数目这个典型的计数型数据后，就可以研究微博平台的很多运营问题。例如，什么样的因素会影响用户的单日发微博数量？微博界面设计影响吗？用户的粉丝数影响吗？用户是否实名认证影响吗？等等。

案例5：论文发表篇数。

根据中华人民共和国科技部统计，我国每年发表SCI论文数目从2000年的3.1万篇增加到2019年的49.6万篇。这些论文中的绝大部分，都是每一个科研人员辛苦努力的成果结晶。显然，不同的科研工作者，在某一个特定的年度（如2021年），能发表多少篇论文，这是一个典型的计数型数据。这些数据在很大程度上记录了一个学者的成长历程，对个人的职业发展影响很大。但是，这么重要的数据具有很大的不确定性。不同的学科发表数目不同，同一个学科不同学者发表数目不同，同一个学者不同年份各不相同，同一个年份不同杂志的数目也不相同。这有没有系统性的规律可以预测？这就依赖于人们对于论文发表篇数（这个计数型数据）的理解程度了。有了这个数据就可以研究很多科研产出问题。例如，学者在某学科发表的论文数量是否受到政策对学科倾向的影响？实验室规模对论文数量是否有影响？不同学科论文数量对实验室条件的依赖程度是否有所不同？等等。

通过上面的案例希望大家体会到，日常生活中其实隐藏着非常多的计数型数据，这些计数型数据或大或小，在从生活到工作的方方面面都被关注、收集和分析着。这些丰富多彩的计数型数据，描述着这个世界不同的不确定性现象，那么如何从数学上描述它呢？这里希望有一个概率模型，能够很好地描述计数型数据。请问这样的概率模型存在吗？答案是肯定的。前一节介绍了0-1分布，并进而引申出二项分布。其中，二项分布就是一个用于描述计数型数据的概率分布。它所对应的模型就是在随机抛硬币时计算硬币正面朝上的个数。因此，这是一个天然的、面向计数型数据的概率模型。那么是否就可以到此为止了呢？答案是否定的。很遗憾，人们似乎并不是非常喜欢用二项分布来描述前面提到的各种计数型数据。原因很简单，二项分布所产生的随机数取值有一个自然的上界。例如，一个人随机抛硬币5次，那么正面朝上的次数一定不会超过5。如果用这样的概率分布去描述一个家庭中生养孩子的个数，是非常不合适的。因为，虽然绝大多数家庭中孩子的个数不会超过5，但是超过5这种可能性是存在的。从数学上讲，一个家庭中出现孩子的个数超过5的可能性非常小，但并不严格为0。很遗憾的是，二项分布没法以一种非常简单优美的方式解决天然上界问题，因此必须求助其他的，而且是没有天然上界的计数型概率分布。接下来要重点学习的泊松分布就是其中的佼佼者。

泊松分布名称中的"泊松"指的是法国数学家西莫恩·德尼·泊松（Simeon-Denis Poisson，1781—1840）。他于1837年在《关于刑事案件和民事案件审判概率的研究》中第一次引入了这种分布类型，据此对法国法院的错误定罪数量进行了研究。一段时间内法院的错误定罪数量

无疑也是一种计数型数据,对它的研究又有怎样的结论呢?泊松发现,如果要让陪审团做出公正的裁决,那么一定需要多数成员都投赞成票,例如,在 12 人的陪审团中赞成票就至少为 7 票。也许在现代看来,这样的结论确实非常朴实和自然,但想要为之建立坚实的概率基础也是不容易的。下面给出泊松分布的概率分布列表达式:

$$P(X=k)=\frac{\lambda^k}{k!}\mathrm{e}^{-\lambda}, k=0,1,\cdots$$

直观来看,这一表达式似乎并不美观,指数、阶乘和自然常数 e 都混在一个公式中。但是,当面对更加复杂的科学计算问题的时候,常常发现泊松分布的数学性质是非常优美的。例如,它的均值可以通过以下无穷级数计算出来:

$$\mathrm{E}(X)=\sum_{k=0}^{\infty}k\frac{\lambda^k}{k!}\mathrm{e}^{-\lambda}=\lambda\mathrm{e}^{-\lambda}\sum_{k=1}^{\infty}\frac{\lambda^{k-1}}{(k-1)!}=\lambda\mathrm{e}^{-\lambda}\sum_{k=0}^{\infty}\frac{\lambda^k}{k!}=\lambda$$

上面的计算结果表明,泊松分布的均值就是参数 λ,实在是简洁和优美。这使得通过样本数据均值去估计参数 λ 的过程变得非常直接。根据概率的基本性质,$\sum_{k=0}^{\infty}P(X=k)=1$,而 $\sum_{k=0}^{\infty}P(X=k)=\sum_{k=0}^{\infty}\mathrm{e}^{-\lambda}\lambda^k/k!$,因此可以得到 $\sum_{k=0}^{\infty}\lambda^k/k!=\mathrm{e}^{\lambda}$ 的重要结论。上面均值计算公式的最后一步中就需要用到这一结论,同时这也是计算泊松分布方差的核心技巧。计算泊松分布的方差如下:

$$\mathrm{var}(X)=\mathrm{E}(X^2)-(\mathrm{E}(X))^2=-\lambda^2+\sum_{k=0}^{\infty}k^2\frac{\lambda^k}{k!}\mathrm{e}^{-\lambda}=-\lambda^2+\sum_{k=1}^{\infty}k\frac{\lambda^k}{(k-1)!}\mathrm{e}^{-\lambda}$$

$$=-\lambda^2+\sum_{k=1}^{\infty}(k-1)\frac{\lambda^k}{(k-1)!}\mathrm{e}^{-\lambda}+\sum_{k=1}^{\infty}\frac{\lambda^k}{(k-1)!}\mathrm{e}^{-\lambda}=-\lambda^2+\lambda^2+\lambda=\lambda$$

可以惊奇地发现:泊松分布的方差(不是标准差)与均值是完全相同的。这是一个优美的数学性质,但是实际数据却往往不是这样的。这也再次说明,所有的统计模型都是对实际数据的一个近似,不可能是完美的。

此外,泊松分布还有一个非常优美的性质——独立可加性。简单地说,假设有两个独立的泊松随机变量 X 和 Y,它们的均值分别是 λ_1 和 λ_2,那么请问:$X+Y$ 服从什么分布呢?答:还是泊松分布,而且是一个均值为 $\lambda_1+\lambda_2$ 的泊松分布。但是请注意,这样优美的性质只适合两个独立的泊松随机变量的简单相加。任何小小的改变都会破坏这个性质。例如,如果 X 和 Y 是相关的,结果会如何?其实,这要依赖于 X 和 Y 是如何相关的,它们的相关性机制是什么。那么，$2X$是否服从泊松分布呢？答：不服从，因为$2X$只能取偶数，不能取奇数，因此不是泊松分布。如果$2X$不是，那么$2X+Y$也不是，哪怕X和Y是互相独立的。再进一步，$0.3X+0.4Y$更不可能是泊松分布的随机变量，因为这会产生小数，而任何泊松分布都不会产生小数。但是，如果这里的X和Y是独立的正态随机变量，你会发现，它们的任意线性组合都仍然服从正态分布。因此，正态分布的理论性质更加优美。

泊松分布有什么实际应用呢？接下来考虑一个简单的例子，某数据集包含915条观测，每一条观测是一位生物化学专业博士生在博士研究阶段后3年中发表的论文数量，而这是一个典型的计数型数据，其分布直方图如图1.38所示。从图中可以看到，发表论文数为0的人数最多，只有极少数博士生能发表9篇论文以上，并且随着论文数量递增，对应的博士生人数递减。

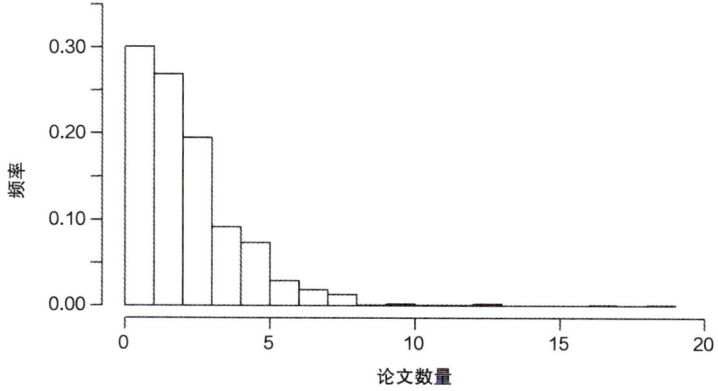

图1.38　生物化学专业博士生在后3年中发表论文数直方图

用X_i表示第i位生物化学专业博士生在后3年中发表的论文数量，假设不同博士生发表的论文数量服从相同的泊松分布，且参数为λ。因为$\mathrm{E}(X)=\lambda$，因此可以考虑用样本均值来估计λ，具体计算过程如下：

$$\hat{\lambda}=\frac{1}{915}\sum_{i=1}^{915}X_i=1.693$$

由此可见，本数据的均值估计为1.693。如果考虑用泊松分布来描述该数据的分布，就可以根据$\hat{\lambda}$把$P(X=k)$的概率估算出来，然后与实际情况做一个对比，形成柱状图，如图1.39所示。这里为了方便展示，去掉了样本中发表数量大于12的少量样本。

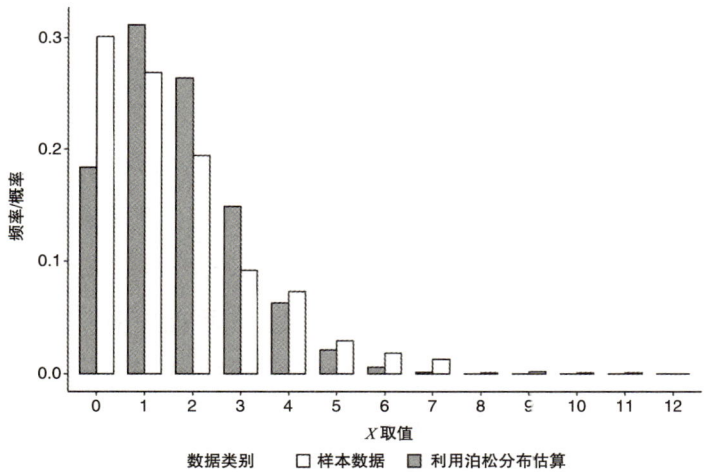

图 1.39　样本数据频率分布和泊松分布概率分布柱状图

从图中可以看到，使用泊松分布估计出的概率和样本数据频率相比有如下特点。第一，整体分布基本吻合。整体趋势大致是，取值小的概率（或者频率）趋向于更高，取值更大的概率（或者频率）趋向于更低。第二，少数取值处不尽如人意。主要的不满意之处在于样本数据出现 0 的比率要明显高于利用泊松分布估算的结果。后面会对这个问题做进一步讨论。假设暂时接受这个结果，在此基础上可以研究一个有趣的实际问题。目前国内各个高校都非常关注学术发表。很多学校在对博士生的毕业要求中，都明确提到必须发表多少篇文章。可以用泊松分布对该要求可能产生的后果做一个预测性评估。以本案例所呈现的数据为例，假设学校对博士生的毕业要求为：需要至少发表两篇论文。那么这些博士生能够成功毕业的概率有多少呢？对于这个问题就可以利用泊松分布的概率密度函数来回答。计算过程如下：

$$P(X \geqslant 2) = 1 - P(X < 2) = 1 - \sum_{k=0}^{1} \frac{1.693^k}{k!} e^{-1.693} = 0.505$$

结果表明，该校生物化学专业博士生能预期毕业的概率为 0.505。相应地，这 915 名博士生中能成功毕业的数量预估为 462 名。同理，假设学校的要求是必须发表一篇论文，那么这些博士能够顺利毕业的概率为 0.816，能成功毕业的数量预估为 747 名。

再次观察图 1.39，可以看到一个潜在的问题，那就是实际数据在 $X = 0$ 点的分布比例情况与泊松分布预测的情况差距巨大。具体而言，实际数据表明发表文章篇数为 0 的博士生比率为 30.1%，而模型预测为 18.4%。这说明一个标准的泊松分布难以充分表达

这个特征,请问如何改进?在正式回答这个问题前,先考虑一个类似的虚构案例。假设,这里的 X 不是博士生发表的论文数据,而是有一只可爱的小猫,一早出门钓鱼,晚上回家向老猫提交钓鱼作业。此时老猫会数一下:你努力一天钓到几条鱼?可能是 $X=0$ 条,也可能是 $X=1$ 条,也可能更多,这是一个典型的计数型数据。老猫每天记录了小猫的钓鱼数目,并尝试通过泊松分布来拟合。结果老猫发现一个异常:小猫出现 $X=0$ 的概率远远超出预期。老猫开始思考:这是为什么呢?老猫认为,小猫钓不到鱼有两个可能。一个可能是小猫认真努力钓鱼了,但是运气不好,因此没有钓到鱼,所以 $X=0$。还有一个可能性是,小猫抓蝴蝶去了,压根没有钓鱼,因此造成了 $X=0$ 的比率过高。其实博士生发表论文的数目也是服从类似规律的。一个博士生发表的论文数目为 0,有两个可能的原因。第一个原因:投出去很多文章,但是运气不好,都被学术期刊拒绝,这是一个很常见的随机现象。第二个原因:研究不顺利,根本就没有文章可以投出去,那当然不可能有任何发表。因此, $X=0$ 的比率过高,有可能是这个原因造成的,或者这至少应该是一个重要原因。

回到老猫的故事,如果老猫的猜测是有道理的,那么这个过程可以通过一个改进后的泊松概率模型来描述。具体而言,老猫假设小猫有一定的概率 p 认真钓鱼,以剩下的概率 $1-p$ 去抓蝴蝶。如果小猫去抓蝴蝶,那么只可能 $X=0$。除此以外,如果小猫认真钓鱼,那么产生 X 的规律服从泊松分布。具体而言,数学上可以表达为:

$$P(X=k) = \begin{cases} (1-p) + p\,\mathrm{e}^{-\lambda}, & k=0 \\ p\left(\lambda^k / k!\right)\mathrm{e}^{-\lambda}, & k \geq 1 \end{cases}$$

这个改进后的模型让 $X=0$ 的概率得到了一定的放大(或者膨胀)。因此,这个模型也被称为带有零膨胀的泊松分布(Zero-Inflated Poisson Distribution),简称 ZIP 分布或者 ZIP 模型。在该模型下,可以简单验证一下: $P(X=0) = (1-p) + p\,\mathrm{e}^{-\lambda} > \mathrm{e}^{-\lambda}$,因此这个概率值要比一般的泊松回归模型的测算结果要大。在此模型的支持下,可以计算得到:

$$\mathrm{E}(X) = 0\left(1 - p + p\,\mathrm{e}^{-\lambda}\right) + \sum_{k=1}^{\infty} kp \frac{\lambda^k}{k!} \mathrm{e}^{-\lambda} = p\lambda$$

$$\mathrm{var}(X) = \mathrm{E}(X^2) - \mathrm{E}^2(X) = -p^2\lambda^2 + \sum_{k=1}^{\infty} k^2 p \frac{\lambda^k}{k!} \mathrm{e}^{-\lambda} = -p^2\lambda^2 + p\sum_{k=1}^{\infty} k \frac{\lambda^k}{(k-1)!} \mathrm{e}^{-\lambda}$$

$$= -p^2\lambda^2 + p(\lambda^2 + \lambda)$$

可以看到，相较于普通的泊松分布而言，ZIP 分布的均值和方差比较复杂，同时也包含两个未知的参数 p 和 λ。对于这两个未知的参数 p 和 λ 如何进行估计呢？这里使用极大似然估计的方法。极大似然估计的具体过程将在第 2 章介绍。通过极大似然估计，可以得到 ZIP 分布的两个参数的估计值为 $\hat{p} = 0.79$ 和 $\hat{\lambda} = 2.13$。由此可以再次对比样本数据分布和 ZIP 分布，绘制柱状图，如图 1.40 所示。

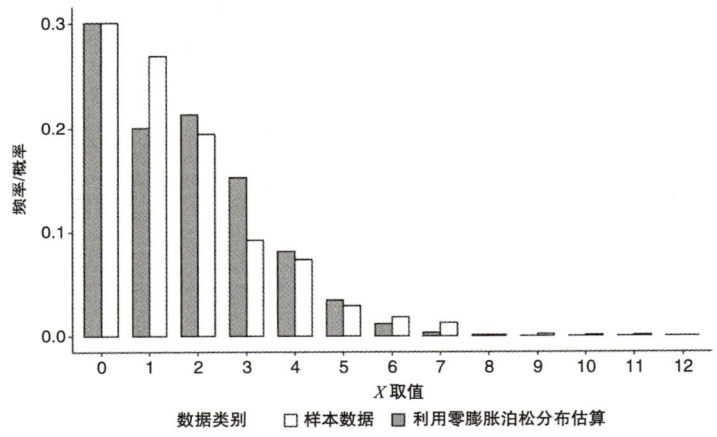

图 1.40　样本数据频率分布和零膨胀泊松分布概率分布柱状图

从图中可以看出，样本数据表现和零膨胀泊松分布估计的结果较为吻合，特别是在 $X = 0$ 处，二者的差距极小。相对于普通的泊松分布而言，ZIP 分布更好地考虑了样本数据在 0 处频率过大的特点，因此在 $X = 0$ 处可以获得更好的拟合效果。但遗憾的是，在 X 的其他取值上，零膨胀泊松分布的拟合效果也有好有坏，不尽完美。

泊松分布作为一个离散分布，与另外一个连续分布有着密切的联系。这个连续分布就是前面学到的指数分布。它们之间的联系非常密切，而且数学上非常优美。要理解它们之间的美妙关系，可以考虑一个重要的应用场景——排队问题。日常生活中人们经常会遇到排队情况，用餐高峰期去餐厅吃饭需要排队等位，去银行取钱需要排队等待。在浏览网页的时候，对方服务器也在根据所有请求到来的顺序进行排序，进而逐个处理。在运营高峰期的时候，也会出现网页加载等待时间过长的情况，这时候其实用户也在排一个无形的队，等待服务器接受请求。以餐厅排队为例，从餐厅的角度考虑，他们非常关注单位时间内客户的到达数目，这是一个典型的计数数据。这是该问题的一种表达方式。另外一种完全等价的表达方式是：相邻两个客户的时间间隔有多大？这是一个典型的连续型数据。如果时间间隔（连续型数据）越小，那么单位时间内的客户数目（计数型数据）就越多，反之亦然。由此可见，连续型数据的时间间隔和计数型数据的客户数目是同一个硬币的两面。如果能够对客户时间间隔所服从的概率分布做出一个合理假设，应该可以推导出单位时间内到达客户数目所服从的概率分布。那么核心问题是：时间间隔这个连续型数据的概率分布应该如何假设呢？面对实际数据，人们可能有很多种不同的选择，其中一个可能的选择便是指数分布。选择指数分布的现实原因可能如下：很多实证研究表明，没有什么分布能够对实际数据做出完美的拟合，但是指数分布似乎是一个不错的起点。如果再假设不同客户的不同间隔时间是互相独立的，那么就可以通过一系列的数学推导，计算单位时间内到达的客户数所服从的概率分布。巧了，正好是泊松分布！这是一个非常优美的数学结论，但其详细的数学推导超出了本书的范畴，有兴趣的读者可以通过学习随机过程或者排队论相关的教材了解这部分经典内容。

我们再强调一下，泊松分布不是唯一的用于描述计数型数据的概率分布。即使再附加一个条件，要求该概率分布没有自然的上界（如传统的二项分布就有自然上界），这样的概率分布也不唯一。例如，超几何分布和负二项分布就是两个可能的选择。事实上，也有很多研究表明，对于很多实际数据而言，这两个概率分布有着它们各自独特的优势。为了知识的完整性，下面对此负二项分布做一个简要的介绍。

为此，需要一个简单有趣的概率模型。假设某工厂的质量监督员，需要对一条流水线上生产的源源不断（数学上假设无穷）的产品进行质量检验。检查的结果为一个 0-1 型数据，即"合格"或者"不合格"。显然，没有任何生产线是不生产次品的，无非是次品率高或者低。假设这个生产线的次品率是 p，那么请问：该质检员要辛苦检查多少件产品，才能够刚好检查出 r 件次品？这里的"刚好"指的是，最后一次检查的产品正好就是第 r 件次品。假设刚好检查出 r 件次品时，已经检查了 k 个产品，那么，最后检查的一个产品（第 k 个产品）一定是次品。而剩下的 $r-1$ 件次品，就发生在前面的 $k-1$ 个检测中。用 X 表示刚好检查到 r 件次品时检查的产品总数。那么可以计算发生该现象的概率为：

$$P(X=k) = \binom{k-1}{r-1} p^r (1-p)^{k-r}, k = r, r+1, \cdots$$

显然 k 必须大于等于 r。如果重新定义一个变量 $Y = X - r$。那么这个新定义的随机变量 Y 就可以用于描述计数型数据,其最小值为 0,没有自然上界。理论上可以验证:

$$E(Y) = \frac{r(1-p)}{p}, \text{var}(Y) = \frac{r(1-p)}{p^2}$$

对于一个实际数据而言,到底是用泊松分布好,还是用负二项分布好,或者其他某种分布更好?这里没有一个简单统一的答案。但是,可以确定的是,没有任何分布能够对实际情况做出完美的拟合。人们能够做到的是:在所有可能的概率模型中,在自己的能力范围内,寻找效果最好的。这样的解决方案看似有点无奈,但是它比没有概率模型时人们靠主观经验所做出的决策判断要好很多。

最后总结一下,本节介绍了一种常见的数据类型——计数型数据,然后探讨了适合描述计数型数据的概率分布,并对二项分布、泊松分布、零膨胀泊松分布、负二项分布做了讨论,其中的重点是泊松分布与负二项分布。到此为止,本书就对几个常见的,也可能是最重要的概率分布(连续型和离散型)做了系统介绍。下一章将进入一个更加有趣的新领域——参数估计。

① 除了本节中给出的案例,你还能想到什么计数型数据?请你尝试找到一个现实中的计数型数据,然后用泊松分布对它进行拟合,再模仿图 1.39 画出样本数据的频率分布图和泊松分布的概率分布柱状图,观察拟合的效果如何。

② 请尝试用零膨胀泊松分布和负二项分布去拟合题 1 找到的实际数据,同样画出样本数据的频率分布图和拟合分布的概率分布柱状图,并对比哪一种分布对你的实际数据拟合效果最好?

③ 泊松分布的期望和方差是相等的,但实际数据一定满足这一条件吗?请计算一下你收集到的实际数据的均值和方差,看看两者是否相等?如果不相等,谁比谁大?

Chapter 02

第 2 章

参数估计

　　本书在第 1 章中介绍了各种常见的概率分布,每种概率分布都有自己的参数。例如,正态分布的参数有两个,分别是 μ 和 σ^2;指数分布(或者泊松分布)的参数只有 1 个,即 λ;0-1 分布(或者二项分布)的参数也只有 1 个,即 p。因此,只要确定了这些参数的取值,就可以唯一地确定这个概率分布,从而了解这个分布所有的统计学性质。在实际生活中,对于某个感兴趣的研究问题,并不知道其真实分布的参数是多少,这时候就需要进行参数估计(Parameter Estimation)。本章将系统地学习各种常用的参数估计方法,主要包括矩估计和极大似然估计。

2.1 矩估计

矩估计（Moment Estimator）是统计学中一种重要的估计方法。本节将以正态分布为例介绍矩估计方法。正态分布中有两个参数，分别是 μ 和 σ^2。只要确定了这两个参数的取值，就可以唯一地确定这个正态分布。那如何对这两个参数进行估计呢？事实上，第 1 章对此已经有了不少涉及，但是没有一个系统规范的介绍。本节将详细介绍正态分布的矩估计方法，在介绍之前，请看如下案例。

案例 1：股票收益率。

假设投资者投资了一只股票，想对该股票未来的收益和风险做一个基本评估。为此，需要对股票收益率的不确定性做出良好的评估，进而需要一个概率分布。如果能够接受正态分布（当然也可以是 t- 分布）作为一个粗糙的近似，那么该分布的均值 μ 就描述了人们对该股票长期收益率的预期（期望），而方差 σ^2 就描述了不确定性的大小，也就是风险。显然这样的收益风险分析是非常粗糙的。例如，在一个不允许卖空的市场上，股价上涨也许是没有风险的，因此相应的不确定性其实不是风险，而是带有不确定性的好消息。所以，也许投资者需要对该股票在未来一定时间内发生损失超过某临界值的概率大小有一个评估。在正态分布均值和方差参数的帮助下，可以画出如图 2.1 所示的概率密度曲线。显然，

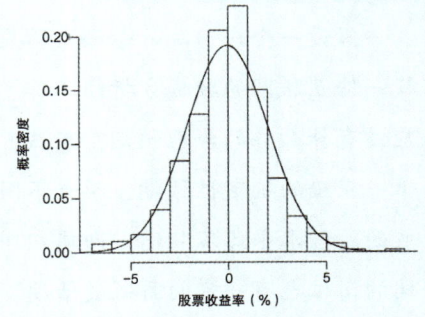

图 2.1　股票收益率直方图和正态分布的概率密度曲线

这是一个更有深度的分析结果，虽然不尽完美。

案例2：二手房价格。

每个人都对幸福生活有着自己的追求，其中安居乐业是非常重要的一部分，尤其是安居。因此，买房是很多家庭的重要目标之一。买房时，有可能买新房，也有可能买二手房。以二手房为例，给定一个家庭的支付能力，面对众多可能的选择，到底哪一个才是最佳选项？对这个问题的回答牵涉到很多重要因素，而价格可能是其中最重要的因素之一。无论是买方还是卖方，都希望知道：在当前特定的时间点，一个特定房产在市场上的公允价格。显然，不可能存在一个绝对正确的最优价格，更可能存在的是一个合理的价格区间。如果能够对这个区间有所描述，那么买卖双方都会对房产的市场价格有一个更合理的认识，并因而促进交易。请问：这样的区间应该如何构造？假设面对大量的完全同质（或者非常相似）的房产，知道它们的销售价格。那么也许可以对其对数价格做一个正态性假设（见图2.2）。如果能够接受这个假设，那么房价的分布情况就完全由均值 μ 和方差 σ^2 所确定了。进而可以构造一个合理的价格区间，告诉买卖双方，类似房产的价格上界是多少，下界是多少，在这个区间内大家可以做出更加合理的买卖决定。

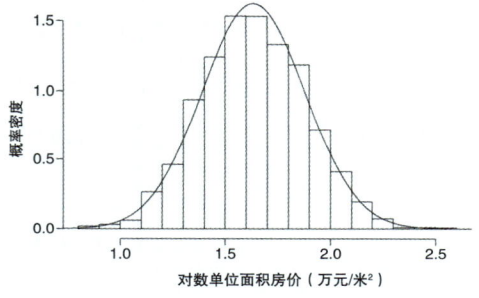

图2.2　对数二手房价格直方图和正态分布的概率密度曲线

案例3：岗位薪资。

假设一个应用统计学硕士的应届毕业生，想找一份互联网的数据分析师工作。请问：对薪酬应该有什么样的合理预期？显然，不可能有一个唯一正确的确定性预期，毕竟不同行业、不同企业的薪酬水平各不相同。即使在同一个企业，相同的岗位也有一定的薪酬灵活度。如果可以采集相关岗位的薪酬数据，也许可以对其先做一个对数变换，然后画一个直方图，并尝试用正态分布去做一个近似（见图2.3）。如果这个近似是可

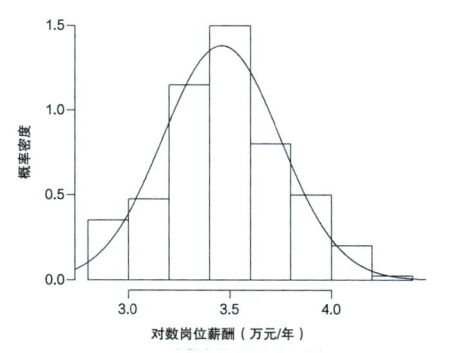

图2.3　对数岗位薪酬直方图和正态分布的概率密度曲线

以接受的，那么该岗位的薪酬不确定性就可以完全由该正态分布的均值和方差所确定。技术上，根据这个正态分布的情况，可以构造一个合理的区间，覆盖95%的岗位。这样的区间对于求职者了解市场行情并形成自己的薪酬谈判策略会有一定帮助。

案例4：超市销售额。

假设一家超市的主管，希望了解超市中各种商品的销售情况，例如，哪一款商品更热销，哪一款商品无人问津，进而为下次进货做出决策。商品热销不热销，可以通过观察它的销售额在所有商品的销售额中所排的位置来衡量，为此就需要知道大部分产品的销售额在什么样的范围内。如何做呢？可以从季度账单中统计出每种产品的销售额，先做一个对数变换，然后画出直方图，并尝试用正态分布做一个近似（见图2.4）。如果这个近似是可以接受的，那么商品销售额的不确定性就可以完全由该正态分布的均值 μ 和方差 σ^2 来确定。根据这一正态分布，可以计算商品销售额超过某个特定取值的可能性有多大，从而帮助超市的主管判断每种商品销售额的高低，进而辅助进货决策。

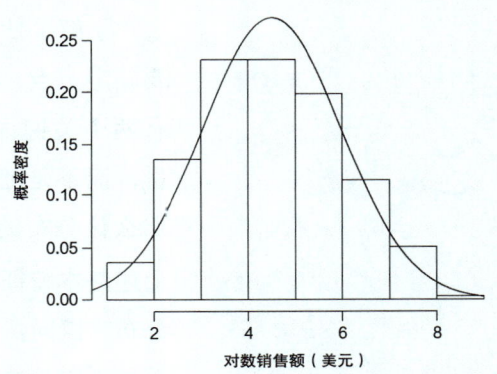

图2.4 对数销售额直方图和正态分布的概率密度曲线

基于上面几个案例可以得到几个重要结论。第一，对很多实际问题而言，正态分布可能是一个方便有效的工具，可以对实际数据的分布情况进行近似。当然，在绝大多数情况下，这样的近似并不完美，但却常常不失其简单有效性。第二，一旦接受了正态分布，那么正态分布的两个参数（均值 μ 和方差 σ^2）的估计就变得非常重要。如何对其进行估计呢？常见的方法有矩估计、极大似然估计等，本节将重点介绍矩估计。

在介绍具体估计方法之前，首先要理解几个重要的概念。它们分别是总体、样本、参数和统计量。什么是总体？请注意，总体不是所有样本的总和，这是一个错误的定义。前面的章节中提到过，数理统计学中所讲的总体是指产生样本的那个抽象的概率分布，它跟现实世界中的"总体"没有必然联系。因此，总体在现实世界中是不存在的，它仅仅是一个假想的模型。例如，在前面讨论的股票案例中，作为投资者，会看到每天的收益率上下起伏，那么，对于各种不确定性如何研究？一个常用的规范方法是：假设这些不确定性之所以会产生，是因为背后有一个概率分布（或者模型）在生产这个数据。这个概率分布（或者模型）就是总体。一旦理解了总体，什么是样本就很清楚了。只要是总体（这个概率分布）生产出来的具体数据，就都是样本。这与样本量大小无关，与是否所有样本都被采集无关。下面再举一个例子，假设全国人口构成了全样本（注意不是总体），每个人的收入构成了一个具体数据，这是样本。为了在理论上研究这些样本数据的分布规律，会从理论上假设：有一个生产它的概率分布（如正态分布），而这个概率分布才是所研究的总体。由此可见，很多有关大数据的读物上所宣传的"有了大数据，就知道了总体，不需要样本"的观点是荒唐的。它们对总体这个概念的理解是错误的。

了解了什么是总体，就可以介绍什么是参数了。首先要确定一点，参数是一个由总体决定的确定性的量。这里有两个关键词：总体决定，而不是样本决定；确定性的量，而不是随机变量。例如，假设总体是一个正态分布，那么该分布的均值 μ 和方差 σ^2 就是参数，因为它们符合上述基本特征，即由总体决定的确定性量。同样对于正态分布，请问：μ^3 是不是参数呢？答：是的。因为这也是由总体决定的确定性量。再假设总体是泊松分布。由于泊松分布只有一个参数 λ，只要知道这个参数，那么整个分布就都知道了。对于泊松分布而言，显然 λ 是一个参数。但是，λ^2 是参数吗？答：是的。因为这也是由总体决定的确定性量。与参数形成鲜明对比的就是统计量。什么是统计量呢？统计量是由样本决定的随机变量。这里有两个关键词：样本决定，而不是总体决定；随机变量，而不是一个确定性的量，因为当样本不同了，它的取值也会不同。还是假设总体是一个正态分布，那么该分布的均值和方差就是参数。但是，样本均值和样本方差就是统计量了。

那么，人们更加关心参数还是统计量呢？从前面的案例讨论可以看到，显然更加关心参数。因为只要知道了关键参数，整个总体的随机分布规律就知道了。但是，很遗憾的是，在绝大多数情况下，参数是未知的。如果比较巧合，参数是已知的，那也就没有必要做参数估计了。例如，即使假设股票收益率服从正态分布，人们对其不确定性的理解仍然非常有限。因为，不知道它的均值是多少，方差是多少。请问：怎么办？一个自然的想法是：用样本均值去估计总体均值，用样本方差去估计总体方差。这就是之前常说的参数估计（Parameter Estimation），这是本节和下节将重点讨论的核心内容。简单地说，参数估计其实是一个退而求其次的结果。但凡能知道真实的参数是多少，人们就不会用统计量（一个基于样本的随机变量）去估计参数（一个基于总体的确定性量）。既然在无奈之下不得不接受参数估计的基本方法，那么有几个重要的理论问题就需要得到合理的解决。第一，给定一个总体（如正态分布），请问如何估计参数？有规范的方法论吗？第二，对于一个给定的总体，给定的参数，常常有不同的统计量都可以用来估计该参数。请问：哪一个更好？其中有最优解吗？对于第二个问题，作为一本入门级图书，本书无法涉猎，这是高等统计学的核心内容之一，有兴趣的读者可以自行了解。下面将对第一个问题做一些探讨。

本节将重点介绍一种常见的估计方法——矩估计。为此，需要首先对矩（Moment）有一个初步的介绍。矩是关于分布的一个函数，能够度量分布的形态特点。矩可以分为两种：原点矩和中心矩。它们都有不同的阶数，通常用 k 表示。例如，k 阶原点矩（用 m_k 表示）是随机变量的 k 次方的数学期望，k 阶中心矩（用 cm_k 表示）是中心化（也就是减去总体均值）后的随机变量的 k 次方的数学期望。它们具体的数学定义为：

$$m_k = \mathrm{E}(X^k), \quad cm_k = \mathrm{E}\left\{(X-\mu)^k\right\}$$

以正态分布为例，它的前 4 阶原点矩的计算结果如下：

$$m_1 = \mathrm{E}(X) = \int x f(x) \mathrm{d}x = \int_{-\infty}^{+\infty} \frac{x}{\sigma\sqrt{2\pi}} \exp\left\{-\frac{(x-\mu)^2}{2\sigma^2}\right\} \mathrm{d}x = \mu$$

$$m_2 = \mathrm{E}(X^2) = \int x^2 f(x) \mathrm{d}x = \int_{-\infty}^{+\infty} \frac{x^2}{\sigma\sqrt{2\pi}} \exp\left\{-\frac{(x-\mu)^2}{2\sigma^2}\right\} \mathrm{d}x = \mu^2 + \sigma^2$$

$$m_3 = \mathrm{E}(X^3) = \int x^3 f(x) \mathrm{d}x = \int_{-\infty}^{+\infty} \frac{x^3}{\sigma\sqrt{2\pi}} \exp\left\{-\frac{(x-\mu)^2}{2\sigma^2}\right\} \mathrm{d}x = \mu^3 + 3\mu\sigma^2$$

$$m_4 = \mathrm{E}(X^4) = \int x^4 f(x) \mathrm{d}x = \int_{-\infty}^{+\infty} \frac{x^4}{\sigma\sqrt{2\pi}} \exp\left\{-\frac{(x-\mu)^2}{2\sigma^2}\right\} \mathrm{d}x = \mu^4 + 6\mu^2\sigma^2 + 3\sigma^4$$

从中可以看到一个基本规律，那就是：它们都是由均值 μ 和方差 σ^2 决定的。例如，考虑前两阶矩，可以反解出：

$$\mu = m_1, \quad \sigma^2 = m_2 - m_1^2$$

这带来一个巨大的启发，其实这里关心的核心参数和矩之间有着美妙的数学关系。从理论上讲，只要知道了前两阶矩，就可以知道均值和方差。但是，很遗憾，矩也是一个参数，因为它也是一个由总体决定的确定性量，是未知的。怎么办呢？一个简单的想法是，或许可以用收集到的样本数据来计算样本矩，用样本矩去"代替"总体矩，也就是用样本矩作为总体矩的估计量，这就是矩估计。人们常常喜欢矩估计，原因就是：矩很好估计，矩本身就是一个特别容易估计的参数。样本矩天然就是对总体矩的一个很好的估计。因此，用样本矩代替总体矩，并进而代入其他参数与总体矩的关系式，便可以估计出其他参数了。当然，需要说明的是，使用矩估计的前提是相应的总体矩存在。样本矩的数学表达式为：

$$\hat{m}_k = \frac{\sum_{i=1}^{n} X_i^k}{n}, \quad \widehat{cm}_k = \frac{\sum_{i=1}^{n} (X_i - \bar{X})^k}{n}$$

其中，$\hat{m}_k$ 是样本 k 阶原点矩，同时是对总体 k 阶原点矩的矩估计；$\widehat{cm}_k$ 是样本 k 阶中心矩，同时是对总体 k 阶中心矩的矩估计。如果要用矩估计方法来估计正态分布的均值 μ 和方差 σ^2，那么只需要用 $\hat{m}_1$ 和 $\hat{m}_2$ 去代替前面式子中 $\mu = m_1, \sigma^2 = m_2 - m_1^2$ 中的 m_1 和 m_2，就可以得到均值 μ 和方差 σ^2 的矩估计：

$$\hat{\mu} = \hat{m}_1 = \sum_{i=1}^{n} X_i / n = \bar{X}$$

$$\hat{\sigma}^2 = \hat{m}_2 - \hat{m}_1^2 = \sum_{i=1}^{n} X_i^2 / n - \left(\sum_{i=1}^{n} X_i / n\right)^2 = \sum_{i=1}^{n} (X_i - \bar{X})^2 / n$$

对于方差 σ^2 的估计，其实还有一个更简单的方法。因为 σ^2 其实是二阶中心矩，即 $\sigma^2 = cm_2 = \mathrm{E}\{(X-\mu)^2\}$，所以可以用样本的二阶中心距来估计，即 $\hat{\sigma}^2 = \widehat{cm}_2 = \sum_{i=1}^{n}(X_i - \bar{X})^2 / n$，这与用样本原点矩所计算得到的结果是一致的。事实上，上述计算过程，并没有要求总体是正态分布，对于存在一阶矩和二阶矩的任意分布都是适用的。可以看到，矩估计方法非常简单、直观，不需要对分布形式做出假设，这也是矩估计的优势所在。而且，根据大数定律，当样本量足够大且必要的正则性条件得到满足时，矩估计依概率收敛于参数的真值，这被称为矩估计的相合性。但矩估计也有其劣势，比如受样本极端值的影响较大，因此不够稳健，尤其在小样本场合下，极端值会对估计结果产生很大的影响。

已经学习了矩估计的原理和步骤，现在回到开头的几个案例，用矩估计对它们各自总体的均值和方差进行估计。

对案例 1 的股票收益率，收集了某股票在 2019 年和 2020 年的日度收益率数据。经过计算，收益率的样本均值为 $\hat{\mu} = -0.06$（单位：%），样本方差为 $\hat{\sigma}^2 = 4.32$（单位：$\%^2$）。假设股票收益率服从正态分布，那么样本均值和样本方差便是这个正态分布中均值参数和方差参数的矩估计，根据该参数估计值就可以确定这一正态分布，并画出正态分布的概率密度曲线（见图 2.1），然后对股票收益率分布做一个粗糙的近似。确定了收益率背后的总体分布，也就可以计算该股票发生损失超过某个临界值的概率大小了。例如，如果想知道收益率小于 –5% 的概率有多大，只需要计算积分：

$$\int_{-\infty}^{-5} \frac{1}{\hat{\sigma}\sqrt{2\pi}} \exp\left\{-\frac{(x-\hat{\mu})^2}{2\hat{\sigma}^2}\right\} dx = 0.873\%$$

因此，在正态假设下，用矩估计方法对该股票收益率小于 –5% 的概率进行估计的值为 0.873%。矩估计的适用范围显然不局限于正态分布。例如，在 1.4 节中关于 t– 分布自由度的估计量，本质上也是一个矩估计。

对于案例 2 的二手房价格问题，假设想要在北京市朝阳区购房，为此获得了目前市场上在售的朝阳区二手房的价格数据 2864 条。假设价格数据进行对数变换后近似服从正态分布，根据对数变化后的 2864 条价格数据，可以计算得到对数价格的样本均值为 1.63，样本方差为 0.06，它们正是总体均值和总体方差的矩估计。那么就可以用均值为 1.63、方差为 0.06 的正态分布来近似刻画二手房的对数价格的分布，并画出概率密度曲线（见图 2.2）。假设希望构造一个价格区间，能够覆盖市场上 90% 的二手房的房价水平，那么可以采用如下方法构造：如果对数二手房价格 X 服从均值为 $\hat{\mu} = 1.63$、方差为 $\hat{\sigma}^2 = 0.06$ 的正态分布，那么 $Z = (X - \hat{\mu})/\hat{\sigma}$ 服从标准正态分布，通过常用的统计软件（如 R 语言）计算或者查阅标准正态分布分位数表可以知道标准正态分布的 5% 分位数为 –1.64，95% 分位数为 1.64，也就是说，标准正态随机变量 Z 有 90% 的概率落在 $[-1.64, 1.64]$ 内，即 $P(-1.64 \leq Z \leq 1.64) = 0.9$。据此可以解出 X 所在区间的上下界：

$$P\{-1.64 \leq (X-\hat{\mu})/\hat{\sigma} \leq 1.64\} = 0.9$$

$$P(\hat{\mu} - 1.64\hat{\sigma} \leq X \leq \hat{\mu} + 1.64\hat{\sigma}) = 0.9$$

再代入 $\hat{\mu} = 1.63$，$\hat{\sigma} = \sqrt{0.06}$，可以得到 $P(1.23 \leq X \leq 2.03) = 0.9$。这意味着，取对数后的朝阳区二手房价格有 90% 的概率在 1.23 和 2.03 之间，再做指数运算将其还原成房价，

即 $\exp(1.23)=3.42$ 和 $\exp(2.03)=7.61$，因此可以知道，90%的朝阳区二手房价格水平在 3.42 万元/米² 至 7.61 万元/米² 之间。

对于案例 3 中的岗位薪资问题，收集了某招聘网站上某城市的数据分析相关岗位的薪资信息共 200 条。计算得到对数薪酬的样本均值为 3.46，样本方差为 0.08，将它们作为总体分布中均值和方差的矩估计。假设进行对数运算后的薪资数据服从正态分布，便可以用均值为 3.46、方差为 0.08 的正态分布来近似刻画对数薪酬的分布，画出概率密度曲线（见图 2.3），并根据分布计算出合理的薪酬区间。假设希望构造一个薪酬区间，能够覆盖 95%的薪酬水平，这个区间同样可以通过标准正态分布的分位数情况来确定。具体来说，已知标准正态分布的 2.5%分位数为 −1.96，97.5%分位数为 1.96，说明标准正态随机变量 Z 有 95%的概率落在 [−1.96,1.96] 内，即 $P(-1.96 \leq Z \leq 1.96)=0.95$。因此可以求解薪酬 X 对应的区间：

$$P\{-1.96 \leq (X-\hat{\mu})/\hat{\sigma} \leq 1.96\}=0.95$$

$$P(\hat{\mu}-1.96\hat{\sigma} \leq X \leq \hat{\mu}+1.96\hat{\sigma})=0.95$$

代入 $\hat{\mu}=3.46$，$\hat{\sigma}=\sqrt{0.08}$，得到 $P(2.90 \leq X \leq 4.01)=0.95$，即取对数后的岗位薪资有 95%的概率在 2.90 和 4.01 之间，再做指数运算将其还原成原始薪资，可知 95%的数据分析岗位年薪水平在 18.17 万元至 55.15 万元之间。

对于案例 4 中的超市销售额问题，收集了某超市在 2011 年 1 月所有商品的销售额数据。计算得到对数销售额的样本均值为 4.51，样本方差为 2.16，因此对总体均值的矩估计为 $\hat{\mu}=4.51$，总体方差的矩估计为 $\hat{\sigma}^2=2.16$，并用这两个参数所确定的正态分布去刻画对数销售额，可以画出概率密度曲线（见图 2.4）。假设希望知道，商品的销售额有多大的可能性超过 100 美元，这等价于对数销售额有多大的可能性超过 $\ln 100$。为此只需计算：

$$\int_{\ln 100}^{+\infty} \frac{1}{\hat{\sigma}\sqrt{2\pi}} \exp\left\{-\frac{(x-\hat{\mu})^2}{2\hat{\sigma}^2}\right\} dx = 47.42\%$$

计算结果表明，商品的月销售额有 47.42%的概率超过 100 美元。

本节介绍了矩估计的思想、理论和步骤，并结合实际案例介绍了它的应用场景。虽然本节使用的例子都是假设数据服从正态分布，但其实矩估计不要求对总体的分布形式做出假设。那么有没有什么其他的估计方法，需要对总体的分布形式做出假设呢？下一节将要介绍的极大似然估计，就是这样一种方法。

① 请你寻找适合用正态分布刻画的实际数据，并用矩估计的方法计算其样本均值和样本方差。得到估计值后，绘制该数据的直方图，并进一步绘制估计出的正态分布的概率密度曲线，观察正态分布对数据的拟合效果如何。

② 利用问题 1 中估计出的正态分布，计算数据落在某个给定区间内的概率，并进一步计算数据有 90% 的概率会落在怎样的一个区间内。

③ 请你通过随机模拟来更好地了解矩估计的性质。具体而言，你可以设定不同的样本量 n（如 10，100，1000，10000），从某个正态分布中多次重复抽取 n 个样本并计算样本均值。重复抽取多次完成后，将得到的所有样本均值绘制直方图，观察一下直方图的形状随着样本量 n 的增大会如何变化。最后计算一下通过多次重复抽样得到的所有样本均值的方差，观察方差随着样本量 n 的增大会如何变化。

2.2 极大似然估计

上一节介绍了一种估计分布中未知参数的方法——矩估计。本节将讨论统计学理论中另一个极其重要的参数估计方法——极大似然估计（Maximum Likelihood Estimation，MLE）。在正式学习这个概念前，我们需要先了解一个事实，那就是，对于同一个参数，可能存在很多甚至无穷多个不同的估计量。还是以正态分布为例，假设有 n 个独立同分布的随机变量 X_i，请问应该如何估计均值 μ 呢？根据上一节的讨论，可以用样本均值 $\bar{X}$ 来估计 μ，这是一个典型的矩估计。但是，聪明的你也许可以再考虑一下，同样是样本均值，为什么非要用这么多样本呢？如果只用 n 个样本中的前两个样本，也可以获得一个简化版的样本均值，记作 $\bar{X}^*$。请问：哪一个估计量更好？你一定会脱口而出：显然基于 n 个样本计算得到的样本均值 $\bar{X}$ 更好。为什么？因为 $\bar{X}$ 用到了 n 个样本，而 $\bar{X}^*$ 只用到了前两个样本。但是，如果再追问：样本量多就好吗？好在哪里？你也许会说：更多的样本会让估计量更加精确。很好，你提到了一个关键词：精确。也就是说，大家通常会认为更加精确的估计量是一个更好的估计量。但是，面对带有随机性的估计量，如何评价它的估计精度是首先要讨论的问题。

为了方便讨论，假设 $\hat{\mu}$ 是一个关于 μ 的估计量。正如前面讨论的那样，它可以是基于全部样本的样本均值，也可

以是基于两个样本的样本均值。请问：如何从理论上评价$\hat{\mu}$的估计"精度"？一个很自然的想法是：观察$\hat{\mu}$和μ之间的差距。例如，可以查看它们之间的均方距离$(\hat{\mu}-\mu)^2$，也称为均方误差。这个想法虽然有道理，但是无法实施，因为要面临两个挑战。第一，对于实际的数据分析而言，关于总体的参数μ是未知的。如果都知道μ了，哪里还需要做参数估计？第二，即使μ是已知的，$(\hat{\mu}-\mu)^2$也是一个带有不确定性的随机变量。有时候，这个差异很大，说明估计误差很大，这是否就说明$\hat{\mu}$是一个很差的估计量？如果可以，那又如何解释有时候$(\hat{\mu}-\mu)^2$也可能很小呢？毕竟$(\hat{\mu}-\mu)^2$是一个随机变量，各种各样的可能性都是存在的。因此，不能用$(\hat{\mu}-\mu)^2$这样一个随机变量来评价一个估计量的好坏。但是，如果对这个随机估计的误差求期望，你会发现性质突然变了，这就变成了一个确定性的量。假设$\hat{\mu}$是一个基于m个样本的样本均值，这m个样本相互独立且具有相同的分布（即独立同分布），可以发现$E(\hat{\mu}-\mu)^2 = \text{var}(X_i)/m$。其中，$\text{var}(X_i)$取决于$X_i$服从的分布，在实际中可以视为一个定值。例如，当$X_i$服从正态分布时，$E(\hat{\mu}-\mu)^2$即为$\sigma^2/m$。这个公式非常有意思，它说明：如果用样本均值来估计总体均值，那么可以用均方误差的期望来评价估计精度。从这个角度看：样本量确实影响了估计精度。随着样本量的增加，估计精度以$1/m$的速度收敛到0。回到前面讨论到的一个朴素直觉：大样本具有高精度。这个均方误差公式就是对这个朴素直觉的一个理论支撑。

简单总结一下，到此为止可以发现两件事情。第一，对于同一个参数，很可能有不同的估计量（如样本均值、样本中位数等）。第二，不同的估计量可以用均方误差的期望来评价其相对优劣程度。那么又产生了一个新的问题：对于一个给定的总体（如正态分布）和一个给定的参数（如总体均值），是否存在一个"最优"的估计量使它的均方误差的期望是最小的（或者从某种意义上是最小的）？如果这是存在的，那么该估计量应该具有极其重要的现实意义，因为这意味着不再需要盲目地生产创造各种估计量了，只要找到这个最优解，那么参数估计的问题就解决了。相反，只要这个最优解还没有找到，那么科研工作者就还需要继续努力，直到找到这个最优解并能够最终求解出来。幸运的是，这个最优解是存在的，它就是极大似然估计。为什么极大似然估计是最优估计？有兴趣的读者可以通过学习高等数理统计学来了解背后的原因。需要注意，这不是一个绝对正确的结论，因为总有特例不成立。在绝大多数情况下，极大似然估计几乎是最优的。

具体到正态分布的极大似然估计，它是如何定义的呢？这并不是非常好理解，尤其是对于初学者而言。因此先不讨论正态分布，而是讨论一个非常简单的故事，希望能从这个简单的故事中洞察极大似然估计的本质。这个故事是这样的。

假设有一个大盒子，里面装着100个球。有两种可能性。可能性一：有99个黑球和1个白球。可能性二：有99个白球和1个黑球。但是具体是哪种可能是不知道的。假设把手伸进这个大盒子随机挑选了一个球，拿出来一看发现是白球。请问：应该对这个大盒子的实际状态做如何猜测呢？应该猜是可能性一还是可能性二呢？请注意，无论是哪一种可能性，都有可能产生"随机获得一个白球"这个结果。因此，两种可能性都是存在的。但是哪一种可能性更大呢？这个问题不好回答，而另一个类似的问题要好回答得多，那就是在哪一种可能性下，出现"随机获得一个白球"这个结果的可能性最大呢？答：可能性二。为什么？因为如果是可能性一，随机获得一个白球的可能性是1%。相反，如果是可能性二，那么该现象发生的可能性会是99%。这说明：可能性二是最有可能合理解释"随机获得一个白球"这个现象的假设。如果遵循"最大解释合理性"这样一个原则，那么就应该认为可能性二是更合理的一个猜测。这个猜测就是一个关于可能性一或可能性二的极大似然估计。所谓"似然"，就是发生"随机获得一个白球"这个随机现象的可能性。所谓"极大"，就是要极大化这个可能性。因此产生的估计量就是极大似然估计。

总结一下，也许可以套用一句话去描述极大似然估计的核心，即存在的就是合理的。所谓存在的，就是已经看到的这个"随机获得一个白球"的现象。所谓合理的，就是要找到一个关于总体的参数设定，让发生这个"存在"现象的可能性最大化。因此，可以再换一种说法，即极大似然估计的本质是极大化存在的合理性。再回到正在研究的正态分布。面对两个不同参数 μ 和 σ^2，应该如何估计呢？答：存在就是合理的，这是基本原则。所谓存在，就是已经观测到的 n 个独立同分布的随机变量。所谓合理，就是要极大化产生这 n 个随机观测的可能性，而如何度量该可能性就成了关键。考虑一个具体的例子。假设从某校抽取了100名学生，测量他们各自的身高，以此来对全校学生总体的身高均值进行估计。身高显然不可能是负数。假设先忽略这个事实，并做一个假设，即假设全校所有同学的身高服从的是正态分布 $N(\mu, \sigma^2)$，那么均值 μ 应该是多少，方差 σ^2 应该是多少？设100名学生中第 i 名同学的身高为 $X_i =$

1.75，单位为米。先不考虑其他同学的数据，也不考虑方差 σ^2，仅仅考虑均值 μ。请问：μ 取什么值的时候，产生 X_i =1.75 的可能性最大？μ =100 合适吗？显然不合适，因为 100 米的身高不符合实际。那么 μ =–100 合适吗？显然也不合适，因为身高不可能是负的。如果一定要猜一个均值，哪个均值最合适呢？似乎只能是 1.75。为什么呢？因为当 μ =1.75 时，发生 X_i =1.75 的可能性最大。为什么说此时的可能性最大？因为此时概率密度函数的取值最大。请注意，正态分布的密度函数形式为：

$$f(x;\mu,\sigma) = \frac{1}{\sigma\sqrt{2\pi}} \exp\left\{-\frac{(x-\mu)^2}{2\sigma^2}\right\}$$

对于任意给定的方差 σ^2 和样本取值 $X = X_i$ = 1.75，当 μ =1.75 时，上述概率密度取值最大。这是一种比较有道理的做法，该做法的核心过程就是要极大化发生 X_i =1.75 这个现象的概率密度，秉承"存在的就是合理的"的基本原则。

如果已经明白上面关于一个样本现象 X_i =1.75 的讨论，那么同样的道理可以用到多个样本上。这里采集了 n =100 个独立同分布的样本，也就是说采集了 100 个同学的身高。有的个子很高，有的很矮，更多的是中等水平。这些都来自一个共同的总体，即一个均值为 μ、方差为 σ^2 的正态分布。请问：什么样的 μ，什么样的 σ^2，才能极大化看到这 n 个数据现象的可能性呢？为此需要构造一个关于所有样本数据 $X_1, X_2, \cdots, X_{100}$ 的概率密度函数。这不是一件容易的事情。但幸运的是，经常可以假设不同个体的身高是相互独立的。这意味着它们的联合概率密度可以通过简单乘法实现。因此就有了以下的联合概率密度函数：

$$\mathcal{L}(\mu,\sigma^2) = p(X_1, X_2, \cdots, X_n; \mu, \sigma^2) = \left(\sqrt{2\pi}\sigma\right)^{-n} \exp\left\{-\sum_{i=1}^{n}\frac{(X_i-\mu)^2}{2\sigma^2}\right\}$$

这就是似然函数（Likelihood Function）。该函数从数学上描述了在一定概率分布假设（如某正态分布）下，产生某样本现象（$X_1, X_2, \cdots, X_{100}$）的可能性的大小。一个合理的参数估计（如关于 μ 和 σ^2 的估计），应该极大化该函数。通过极大化该函数而获得的数值解就是极大似然估计。

在实际计算过程中，人们发现似然函数的数值性质非常不好。原因是大量的连乘会使计算结果以非常快的速度收敛到 0，而计算机的精度是有限的。后果就是，大量的连乘计算会让似然函数迅速失去比较不同参数设定下函数值大小的可能性。因此需要采用一个数值计算上更加稳定的替代品，那就是对数似然函数（Log Likelihood Function）。对于正态分布而言，其数学形式为

$$\ln \mathcal{L}(\mu, \sigma^2) = -\frac{n}{2}\ln \sigma^2 - \frac{n}{2}\ln(2\pi) - \sum_{i=1}^{n}\frac{(X_i-\mu)^2}{2\sigma^2}$$

接着考虑如何将该函数值极大化，也就是求该函数取最大值时对应的 μ 和 σ^2 的取值。为此，可以考虑对两个未知参数 μ 和 σ^2 分别求一阶偏导数，并令其等于 0，即

$$\frac{\partial \ln \mathcal{L}(\mu, \sigma^2)}{\partial \mu} = \sum_{i=1}^{n}\frac{(X_i-\mu)}{\sigma^2} = 0$$

$$\frac{\partial \ln \mathcal{L}(\mu, \sigma^2)}{\partial \sigma^2} = -\frac{n}{2\sigma^2} + \sum_{i=1}^{n}\frac{(X_i-\mu)^2}{2\sigma^4} = 0$$

联立求解上述两个方程，就得到了正态分布均值和方差的极大似然估计表达式：

$$\hat{\mu} = \frac{1}{n}\sum_{i=1}^{n}X_i = \bar{X}, \quad \hat{\sigma}^2 = \frac{1}{n}\sum_{i=1}^{n}(X_i-\bar{X})^2$$

这个结果意味着，总体均值估计为 $\bar{X}$，方差估计为 $\hat{\sigma}^2$ 时，抽取到当前样本的可能性最大。与上一节中矩估计的结果相比，可以发现，对正态分布的均值和方差来说，极大似然估计的结果与矩估计的结果是一样的。请注意，矩估计恰好就是极大似然估计，这个现象在统计学参数估计理论中并不少见，但这不是必然现象。在更多的情况下，极大似然估计与各种矩估计完全不同。

由于估计量 $\bar{X}$ 和 $\hat{\sigma}^2$ 都是由样本构成的，因此也是具有不确定性的随机变量。自然而然地就会好奇这两个随机变量是怎样变化的。在之前的介绍中，刻画随机变量特征的常用工具就是各阶矩，尤其是均值和方差。因此下面就来研究估计量 $\bar{X}$ 和 $\hat{\sigma}^2$ 的均值和方差。估计量 $\bar{X}$ 的均值和方差有如下的计算过程：

$$\mathrm{E}(\bar{X}) = \frac{1}{n}\sum_{i=1}^{n}\mathrm{E}(X_i) = \mu$$

$$\mathrm{var}(\bar{X}) = \frac{1}{n^2}\mathrm{var}\left(\sum_{i=1}^{n}X_i\right) = \frac{1}{n^2}\sum_{i=1}^{n}\mathrm{var}(X_i) = \frac{\sigma^2}{n}$$

由上述过程可知，μ 的极大似然估计量 $\bar{X}$ 的均值正好就是 μ。这意味着使用 $\bar{X}$ 对同一个正态分布均值 μ 进行很多次估计之后，估计结果的"中心位置"正好就是 μ。这种特

性也被称为无偏性，因此估计量 $\bar{X}$ 是正态分布均值的无偏估计。显然，无偏估计不是任意一个统计量都具有的特性，比如估计量 $\hat{\sigma}^2$ 的均值不等于 σ^2。这一结论的证明过程如下：

$$\mathrm{E}(\hat{\sigma}^2) = \frac{1}{n}\mathrm{E}\left\{\sum_{i=1}^n (X_i - \bar{X})^2\right\} = \frac{1}{n}\mathrm{E}\left\{\sum_{i=1}^n (X_i^2 - 2X_i\bar{X} + \bar{X}^2)\right\} = \frac{1}{n}\mathrm{E}\left\{\sum_{i=1}^n (X_i^2) - \bar{X}^2\right\}$$

$$= -\mathrm{E}(\bar{X}^2) + \frac{1}{n}\sum_{i=1}^n \mathrm{E}(X_i^2) = -\mathrm{var}(\bar{X}) - \{\mathrm{E}(\bar{X})\}^2 + \frac{1}{n}\sum_{i=1}^n \{\mathrm{var}(X_i) + \{\mathrm{E}(X_i)\}^2\}$$

$$= -\frac{\sigma^2}{n} - \mu^2 + \sigma^2 + \mu^2 = \left(\frac{n-1}{n}\right)\sigma^2$$

因此估计量 $\hat{\sigma}^2$ 的均值并不是 σ^2，而是 $(n-1)\sigma^2/n$，显然这个估计量是有偏（Biased）的，因为它的期望不严格等于目标参数 σ^2。但是 $(n-1)\sigma^2/n$ 和 σ^2 之间的偏差还是很小的，并且当 n 逐渐增大时，$(n-1)/n$ 将会趋于 1，即估计量 $\hat{\sigma}^2$ 的期望（某种中心位置），会随着样本量 n 的增加，收敛到目标参数 σ^2。这是一个很不错的性质。既然估计量 $\hat{\sigma}^2$ 距离无偏性很近，那么能不能对 $\hat{\sigma}^2$ 适当进行改进，从而给出一个无偏的正态分布方差估计量呢？当然可以，而且过程非常简单，只需要将估计量 $\hat{\sigma}^2$ 乘上常数 $n/(n-1)$ 即可。由此构造出无偏的正态分布方差估计量 $\tilde{\sigma}^2$ 如下：

$$\tilde{\sigma}^2 = \frac{1}{n-1}\sum_{i=1}^n (X_i - \bar{X})^2$$

接下来一个自然的问题是：估计量 $\tilde{\sigma}^2$ 和 $\hat{\sigma}^2$ 孰优孰劣？有偏估计一定比无偏估计好吗？这并没有一个简单的定论。事实上，一个估计量如果可以通过牺牲一定的偏差换回方差的巨大下降，这也不是不可以的。毕竟，从实际工作的角度看，估计误差就是估计误差，无论是由偏差造成的，还是由方差造成的，实际后果都一样。因此，需要一个方法论或者指标，去评价不同估计量的优劣，该指标应该能够综合来自方差和偏差的信息。其实，在本节的开头就提到过，可以用 $\mathrm{E}(\hat{\mu} - \mu)^2$ 来衡量使用 $\hat{\mu}$ 估计 μ 的误差，即估计精度。同样地，对于一般的估计量 $\hat{\theta}$（用于估计参数 θ）的估计精度，也可以用均方误差 $\mathrm{E}(\hat{\theta} - \theta)^2$ 来衡量。在均方误差的具体计算中，通常先做以下化简：

$$\mathrm{E}(\hat{\theta} - \theta)^2 = \mathrm{E}\left\{\left(\hat{\theta} - \mathrm{E}(\hat{\theta})\right) + \left(\mathrm{E}(\hat{\theta}) - \theta\right)\right\}^2$$

$$= \mathrm{E}\left(\hat{\theta}-\mathrm{E}\left(\hat{\theta}\right)\right)^2 + \left(\mathrm{E}\left(\hat{\theta}\right)-\theta\right)^2 + 2\mathrm{E}\left\{\left(\hat{\theta}-\mathrm{E}\left(\hat{\theta}\right)\right)\left(\mathrm{E}\left(\hat{\theta}\right)-\theta\right)\right\} = \mathrm{var}\left(\hat{\theta}\right) + \left(\mathrm{E}\left(\hat{\theta}\right)-\theta\right)^2$$

上述结果表明，只需要知道某估计量的均值和方差，即可通过上式计算其对应的均方误差。前面已经计算了估计量 $\hat{\sigma}^2$ 的均值，接下来还需要计算 $\hat{\sigma}^2$ 的方差，过程如下：

$$\mathrm{var}\left(\hat{\sigma}^2\right) = \mathrm{E}\left(\hat{\sigma}^4\right) - \mathrm{E}\left(\hat{\sigma}^2\right)^2 = -\left(\frac{n-1}{n}\right)^2 \sigma^4 + \frac{1}{n^2}\mathrm{E}\left(-n\bar{X}^2 + \sum_{i=1}^{n} X_i^2\right)^2$$

$$= -\left(\frac{n-1}{n}\right)^2 \sigma^4 + \frac{1}{n^2}\mathrm{E}\left\{n^2\bar{X}^4 + \left(\sum_{i=1}^{n} X_i^2\right)^2 - 2n\bar{X}^2 \sum_{i=1}^{n} X_i^2\right\}$$

$$= -\left(\frac{n-1}{n}\right)^2 \sigma^4 + \mathrm{E}\left(\bar{X}^4\right) + \frac{1}{n^2}\left\{\sum_{i=1}^{n} \mathrm{E}\left(X_i^4\right) + 2 \sum_{1 \leq i < j \leq n} \mathrm{E}\left(X_i^2 X_j^2\right)\right\} - \frac{2}{n^3} \sum_{i=1}^{n} \mathrm{E}\left(X_i^4\right) +$$

$$\frac{2}{n^3}\left\{4 \sum_{1 \leq i \neq j \leq n} \mathrm{E}\left(X_i^3 X_j\right) + 2 \sum_{1 \leq i < j \leq n} \mathrm{E}\left(X_i^2 X_j^2\right) + \sum_{i=1}^{n}\sum_{j \neq i, k \neq i}^{n} \mathrm{E}\left(X_i^2 X_j X_k\right)\right\}$$

$$= \frac{2\sigma^4(n-1)}{n^2}$$

上述计算过程中最后一步的代入化简过程比较烦琐，如果没有兴趣可以考虑略去。这里的核心结论是：$\mathrm{var}\left(\hat{\sigma}^2\right) = 2\sigma^4(n-1)/n^2$。同理可以验证 $\mathrm{var}\left(\tilde{\sigma}^2\right) = 2\sigma^4/(n-1)$。可以注意到，虽然 $\hat{\sigma}^2$ 是有偏估计，但是相对于无偏估计 $\tilde{\sigma}^2$ 而言，$\hat{\sigma}^2$ 的方差更低一些。将 $\hat{\sigma}^2$ 和 $\tilde{\sigma}^2$ 这两个方差估计量的均值和方差代入均方误差的计算公式中，可以得到如下表达式：

$$\mathrm{E}(\hat{\sigma}^2 - \sigma^2)^2 = \frac{2\sigma^4(n-1)}{n^2} + \frac{1}{n^2}\sigma^4 = \frac{\sigma^4(2n-1)}{n^2}$$

$$\mathrm{E}(\tilde{\sigma}^2 - \sigma^2)^2 = \frac{2\sigma^4}{n-1}$$

$$\mathrm{E}(\hat{\sigma}^2 - \sigma^2)^2 - \mathrm{E}(\tilde{\sigma}^2 - \sigma^2)^2 = \frac{(1-3n)\sigma^4}{n^2(n-1)} \approx 0$$

请注意，上面的约等号在样本量 n 足够大的时候才成立。除此之外，由于上式中 $1-3n$ 在 $n \geq 1$ 时小于 0，因此极大似然估计 $\hat{\sigma}^2$ 的均方误差小于无偏估计 $\tilde{\sigma}^2$ 的均方误差。当然，这个差异非常小，可能没有太大的实际意义。但是，这样的讨论至少可以说明，是否无偏并不是判断估计量好坏的唯一标准。事实上，大量的有偏估计能达到比无偏估计更好的估计精度，这在高维统计学中尤其常见。

为了更好地说明这个问题，下面做一个随机模拟实验。所谓随机模拟，就是利用计算机，根据理论生成相应的随机数，并因此计算相关统计量，进而评价其实际表现的一种常见方法。具体而言，假设正态分布中 $\mu=0$，$\sigma^2=1$（标准正态分布），然后考察不同的样本量 $n=10,50,200,500$。对于每一个样本量取值 n，随机生成 n 个独立同分布于标准正态分布的随机变量，记作 $X_1,X_2,\cdots,X_n$。接着根据前面给出的公式计算它们的 $\hat{\sigma}^2$ 和 $\tilde{\sigma}^2$，然后再分别计算它们的平方误差为 $(\hat{\sigma}^2-1)^2$ 和 $(\tilde{\sigma}^2-1)^2$。请注意，这是两个非常不稳定的随机数，其相对大小非常不稳定，因此需要多次重复这个实验（如 M 次）。在下面的试验中，取 $M=10000$，这样就产生了 10000 个平方误差的取值。对这 10000 个平方误差取均值，就获得了一个均方误差。随着样本量的增加，均方误差会依概率收敛到 0。此时，从图形上就很难看到不同估计量的差异了。为此对均方误差又取了一个对数变换，形成了对数均方误差，并以分组柱状图的形式呈现出来（见图 2.5）。需要注意的是，由于模拟得到的均方误差都小于 1，因此取对数后取值就变为负值，图中越短的柱形实际意味着越大的均方误差。从图 2.5 中可以看出两个特点。第一，在各个样本量取值上，灰色方柱和白色方柱基本一致，说明极大似然估计 $\hat{\sigma}^2$（灰色）和无偏估计 $\tilde{\sigma}^2$（白色）在均方误差上的差异很小。如果非常仔细地看，极大似然估计的对数均方误差（灰色）似乎要比无偏估计（白色）的小一点点。这与前面的理论推导保持一致。第二，随着样本量的增加，方柱的高度逐渐上升，说明增加样本量能够明显降低估计误差。例如，当样本量从 50 增加至 500 时，极大似然估计量的均方误差下降了 90%。

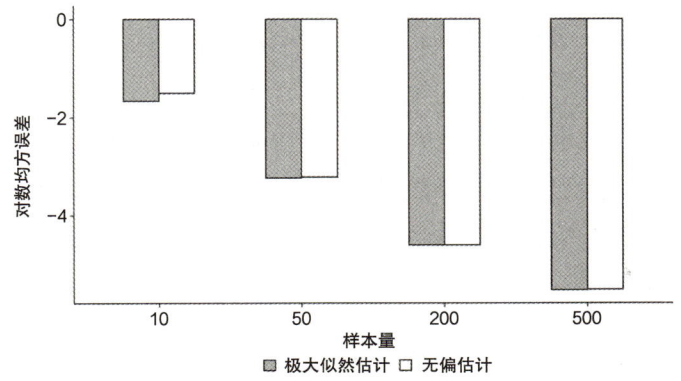

图 2.5　极大似然估计和无偏估计的对数均方误差的分组柱状图

接下来讨论一个实际数据分析。该数据集来源于美国劳工统计局进行的一项队列研究，其中包含了 7006 名公民的身高（见图 2.6）、受教育时间、性别等信息。假设这 7006 名公民的身高服从的是正态分布 $N(\mu, \sigma^2)$，可以计算得到：身高均值 μ 的极大似然估计为 $\hat{\mu}=67.1$ 英寸（约 1.70 米），身高方差的极大似然估计值为 $\hat{\sigma}^2=16.664$，相应的无偏估计值为 $\tilde{\sigma}^2=16.667$。这一结果也同样体现了总体方差的极大似然估计量和无偏估计量的差异很小。

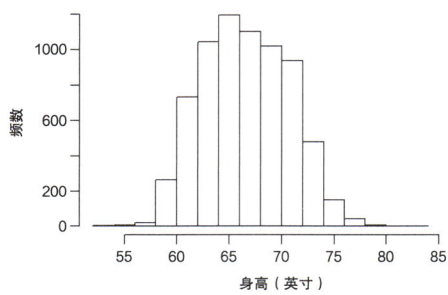

图 2.6　7006 名美国公民身高的频率直方图

除了身高之外，该数据集中还包含受教育时间和性别。那么不同受教育时间和性别的人群，身高的均值和方差是否呈现明显差异或者规律呢？为了回答这个问题，首先对受教育时间进行分组处理。原始数据中受教育时间从 1 年至 20 年不等。剔除该变量上的 10 个缺失值后，将受教育时间分成三个等级：低教育水平（<12 年）、中等教育水平（12～13 年）、高教育水平（14～20 年）。它们在数据中的频数分别为 1058、3195 和 2743。按照受教育时间和性别进行分组，对每组内的身高数据计算均值和方差的极大似然估计值，将结果绘制于分组柱状图 2.7 中。从图中得到三个结论：第一，男性的平均身高大于女性，这点也是显而易见的；第二，不论男女，随着受教育水平的提高，人们的平均身高没有明显变化；第三，不论男女，随着受教育水平的提高，人们的身高标准差呈现下降趋势。这可能说明高教育水平的人群身高差异更小，更"统一"。不过这样的结论不一定正确，因为也很有可能是随机误差带来的偶然现象。但至少可以说明，均值和方差的估计能够帮助在数据中找到一些有趣的结论，发现数据背后的价值。

为了体现均值和方差估计的价值，还可以继续研究股票案例。假设摆在投资者面前的是某单只普通股票及上证综指。无论是普通股票还是上证综指，其收益率都具有很强的不确定性。但上证综指作为多只成分股的综合，直观上感觉似乎比普通股票更加稳定。那么事实真的是这样吗？为此获取了 2020 年全年上证综指（股票代码 000001）和西宁特钢（股票代码 600117）两只股票每个交易日内的收盘价，并将其计算为日度收益率，

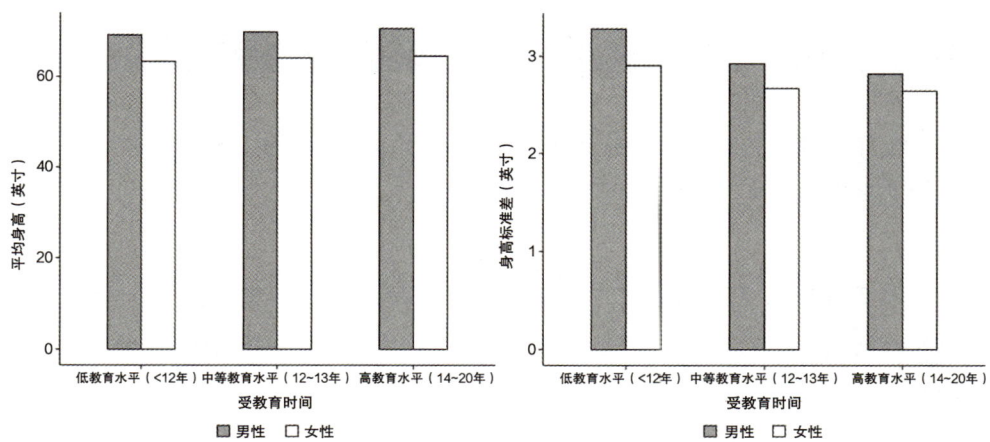

图 2.7　美国公民身高按照受教育时间和性别分组的均值和标准差柱状图

绘制于下面的箱线图（见图 2.8）中。首先比较上证综指和西宁特钢这两只股票日度收益率均值的估计量，分别为 6.2×10^{-4} 和 6.5×10^{-4}，二者差异不大。但是从方差角度来看，上证综指和西宁特钢日收益率方差的极大似然估计量为 1.7×10^{-4} 和 8.1×10^{-4}，对应的标准差分别为 1.3×10^{-2} 和 2.8×10^{-2}。显然，西宁特钢日度收益率的均值（平均收益率）比上证综指的大一点，但是波动性（风险）要大很多。

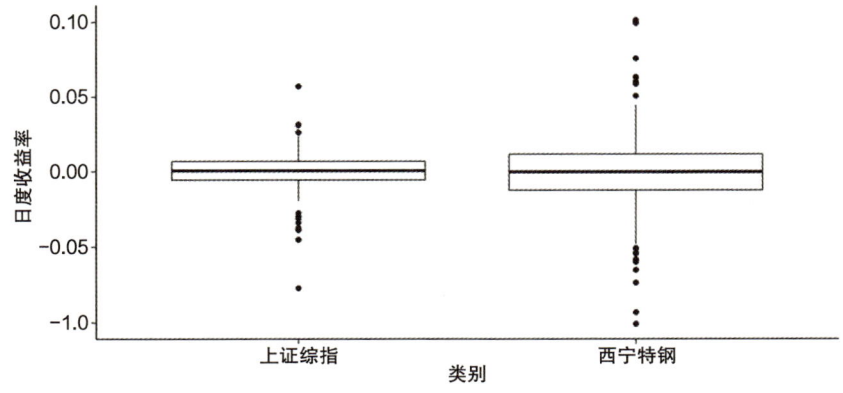

图 2.8　上证综指和西宁特钢在 2020 年内日度收益率箱线图

本节以正态分布为研究对象，介绍了极大似然估计的思想、理论和计算过程。在学习过程中，还讨论了如何比较不同估计量的优劣性。为此产生了两个不同的指标——偏差和方差，并整合成为一个评价标准——均方误差。最后，以均方误差为标准，对不同的方差估计量做了对比分析。后面将学习统计学推断，下一节将从均值的置信区间开始。

课后思考

① 请你用自己的语言说说极大似然估计是什么?它的核心思想是什么?估计的步骤流程有哪些?

② 本节推导出了正态分布中参数的极大似然估计量,请你选择一个其他分布(如指数分布、0-1 分布、泊松分布等),推导出该分布中参数的极大似然估计量的表达式。

③ 请你将矩估计和极大似然估计进行对比,包括但不限于它们的估计方法、估计时需要的假设、估计量的性质、优缺点等。

2.3 正态分布均值的区间估计

本章前面两节学习了矩估计和极大似然估计,它们有一个共同特点,就是得到的都是点估计量(Point Estimate)。所谓点估计就是该估计量是一个数字,而不是一个区间(或者区域)。例如,使用样本均值$\bar{X}$对总体均值μ进行估计,得到的是一个具体的数值,这就是点估计的意思。点估计的优点很明显,那就是简单易懂。以股票收益率为例,某股票的长期平均收益率是μ,但是很遗憾μ是未知参数。因此需要用样本均值$\bar{X}$去估计它。为此,计算过去200个交易日的收益率均值,发现$\bar{X}=1\%$。请问:如果你现在投资该股票,$\bar{X}=1\%$是你对未来长期收益率的预期吗?答:不是的。为什么?因为对该股票未来收益率的长期预期应该是μ。在目前的模型假设下,μ是一个固定的参数,跟样本无关。但是,$\bar{X}=1\%$是一个统计量,会受到所用数据的影响。比如,使用199个交易日或者201个交易日所得到的$\bar{X}$会有所不同。所以这里的$\bar{X}=1\%$仅仅是对μ的一个估计。前面提到,只要是估计就会有误差。只要有误差,就意味着真实的μ大概率不是$\bar{X}=1\%$。因此,如果只关注点估计$\bar{X}=1\%$,那么该估计量的估计误差就被彻底忽略了。另外,$\bar{X}=1\%$作为一个合理估计(如矩估计),它距离真值μ不应该"太远",应保持一个虽然随机但是合理的距离。那么,什么样的距离才是合理的距离呢?能否根据这个距离,构造一个以$\bar{X}=1\%$为中心,大小合适的区间呢?希望该区间能够以很

大的可能性覆盖真值 μ，这个区间就是要构造的区间估计（Interval Estimate），区间估计中一种最重要的方法就是置信区间（Confidence Interval）。

请大家注意区分两个不同的概念：预测区间（Prediction Interval）和置信区间。前者的目的是构造一个区间能够以很大概率覆盖住随机变量 X 自身，而后者是构造一个区间能够以很大概率覆盖住某一个参数（如 X 的期望 μ）。无论样本量多大，前者的区间长度都是不可能很小的，这是因为它要捕捉的目标就是一个随机变量。但是，后者要捕捉的目标是一个非随机的稳定的参数，因此，只要样本量足够大，区间长度就会任意小。为了很好地区分这两种区间，下面先讨论几个重要的案例。其中多个案例已经在前面的章节中有过讨论，因此可以前后对比着学习，效果更好。

案例1：孩子身高。

身高是衡量青少年发育状况的重要指标，父母也常常会测量孩子的身高，以监测孩子的发育是否正常。但要想判断孩子是否正常，仅仅知道自己孩子的身高是不够的，还需要了解同年龄段其他孩子的身高，以作比较。如果已经计算出周围100个同龄孩子的身高均值，接着怎么办呢？比较同龄孩子们的身高均值和自家孩子身高的大小关系？然而身高异常高和异常低都是不正常的，所以就需要构造出一个区间，使得这个区间能以很大概率覆盖住某个正常孩子的身高 X。请注意，这里正常孩子的身高 X 是个随机变量，此时构造的区间就叫作预测区间。当自家孩子的身高不处于构造的预测区间中时，就有理由担心自家孩子的发育程度。那么什么时候构造的是置信区间呢？假设同龄孩子的身高总体近似服从正态分布，但对应正态分布的均值 μ 和方差 σ^2 待定。为了估计均值 μ 的大致范围，同样收集了周围100个同龄孩子的身高，以此构造了一个区间，使得这个区间能以很大概率覆盖住同龄孩子身高的平均水平（即均值 μ，而不是具体某个孩子的身高）。此时构造的区间即为置信区间。随着样本量的持续增加（如从100个同龄孩子变成1000个），那么关于总体均值 μ 的判断可以越来越准确。只要样本量足够大，精度就可以任意高，因此置信区间长度可以任意小。但是，无论多大的样本量，一个正常孩子的身高（即随机变量 X）一定是在一定范围内的，不可能小于某个值（如10厘米），也不可能超过某个值（如3米）。这个范围刻画的是一个正常孩子的身高范围，是一个预测区间，具有很大的不确定性，随着样本量的增加，这个预测区间的长度是越来越稳定的，但不会趋向于0，因为这是一个预测区间。

案例2：股票收益率。

假设投资了一只股票，想对该股票未来的收益和风险做一个基本评估。由于股票收益率具有很大的不确定性，因此可以用一个随机变量X来刻画它。假设该随机变量近似服从正态分布，那么该分布的均值μ就描述了对该股票长期收益率的预期（期望），而方差σ^2就描述了该股票收益率不确定性的大小。为什么要关心股票的长期收益率呢？难道不应该更加关心具体的收益率X吗？作为一个普通的投资者，肯定更关心具体收益率X。比如，如果知道明天的X是正数，那就可以买多；如果知道明天的X是负数，那就可以买空。因此，非常需要一个关于X的预测区间，而且最好这个区间完全为正（看涨），或者完全为负（看跌）。其实我们可以自己尝试一下，在绝大多数情况下，可以获得的预测区间的范围都是有正有负的，而且几乎是一半为正，一半为负。这说明：对于该股票的短期走势，是非常难以判断的。因此，很多投资者（不是全部）更关注目标股票的长期收益率。什么是长期收益率？这个问题可能有不同的描述方式，其中一种可能的方式就是用短期收益率X的期望μ来表达。此时你会发现，虽然μ非常靠近0，但是其置信区间却有可能完全为正，或者完全为负。这是因为：只要样本量足够大，置信区间的长度就可以足够小。

案例3：二手房价格。

很多时候，买房的目的不仅仅是居住，房产作为家庭资产的重要组成部分，也具有保值增值的功能。因此对于手中持有的房产，很多人都会关心其当前价值，会与购买时相比，房产是否保值甚至增值，增值的话又增值了多少。房产的当前价值又可以通过其在二手房交易市场中的价格来反映。假设一个二手房业主最近想卖房，非常希望能通过市场中同类二手房的交易价格来对自己这套房产可能的成交价格做一个预测。更具体地说，就是要预测自己的房产成交价格X的区间。如果要求此区间以一定概率覆盖自己的房产成交价格X的话，此时需要构造的就是预测区间。显然，关于这套二手房的具体交易价格是不可能预测得绝对准确的。哪怕是同一个小区，两个完全相同的房产，最终交易价格也会有所不同。这与买卖双方的博弈相关，也就决定了无论样本量多大，预测区间的长度都不会太小。

案例4：产品质检。

在工业生产中，对产品的质量检查非常重要。例如，经常会看到某个商品的包装上写着，该产品净重多少克。产品的重量是否达标是衡量产品质量是否合格的重要标准。为了保证产品质量，工厂通常会对生产线上的产品进行随机抽检，然后通过抽检到的产品重量来对该生产线生产产品的情况进行估计。假设工厂规定，产品的目标重量是20克，允许±1克的误差。进一步假设该生产线上所生产的产品重量近似服从正态分布，那么该正态分布的均值就描述了该生产线所生产产品的平均重量，而方差（或标准差）就描述了该生产线的稳定性。一个工作良好的生产线，应该是均值非常接近20，而标准差应该远远小于1，在这种情况下，该生产线生产的产品会以很大的概率满足设计要求。请问这样一个业务问题应如何表达为预测区间或者置信区间的问题呢？可能有两种思路。第一种思路是通过预测区间来控制。毕竟，人们真正关心的既不是均值μ也不是标准差σ，而是真正的产品重量X。一个好的生产线，应该保证整个预测区间稳稳落在20克±1克以内，否则就容易出次品。所以，这是一个预测区间的角度。进一步分析，其实可以发现，最能够决定预测区间大小的两个核心因素是：产品重量X的均值μ和标准差σ。因此，第二种思路是构造关于均值μ和标准差σ的置信区间。只要关于μ的区间估计能够完全涵盖这20克，而且σ的区间估计又足够小，那么这个生产线就是安全可靠的。

通过上面几个例子的学习，希望能帮助你更好地区分预测区间和置信区间。事实上，在前面的章节中，预测区间已经多次在案例中展现了。当时的展示其实都有点瑕疵。那就是，把通过样本计算得到的参数估计直接当成真实参数了。在样本量很大的情况下，这样做似乎也没有太大的问题。但是，如果样本量较小，估计误差很大，那么参数估计与真实参数可能相差甚远，此时产生的预测区间就会非常不准确。如何对这个问题进行修正？这是一个很好的理论问题，有兴趣的同学可以通过进一步学习高等统计学来解决该问题。本节将集中精力探讨置信区间。为此，需要认真学习一下统计学中非常重要的一个定理——中心极限定理。该定理在前面的章节中有所涉猎，但是没有深究。这里将对其做一个更加深入的讨论。首先，考虑一个有趣的问题。假设有n个独立同分布的随机变量$X_1,\cdots,X_n$，它们的均值为μ，方差为σ^2（因此二阶矩是存在的）。然后，假设关注的目标参数是μ，并考虑用样本均值$\bar{X}$来估计μ。前面内容的学习说明，样本均值$\bar{X}$是一个关于μ的无偏估计，而且方差为σ^2/n，随着样本量n的增加趋向于零。这是什么意思呢？为了获得更好和更直观的理解，下面做一个有趣的随机实验。首先，产生1万个服从标准正态分布的随机变量，并将其直方图画在图 2.9 上作为背景。然后，随机模拟 1000 个 $\bar{X}$，每个 $\bar{X}$ 都是基于 $n=100$ 个标准正态分布随机变量计算得到的，因此事实上生成了 10 万个服从标准正态分布的随机变量。再把这 1000 个 $\bar{X}$ 的直方图画在同一个图上，你将会看到什么？是不是关于 $\bar{X}$ 的直方图几乎成了一根细细的方柱。为什么？因为 $\bar{X}$ 的方差 (σ^2/n) 太小了，是随着 n 的增加趋向于 0 的，导致 $\bar{X}$ 的变异性非常小，所以没法作图，研究人员也就没办法直接观察它的分布形态。

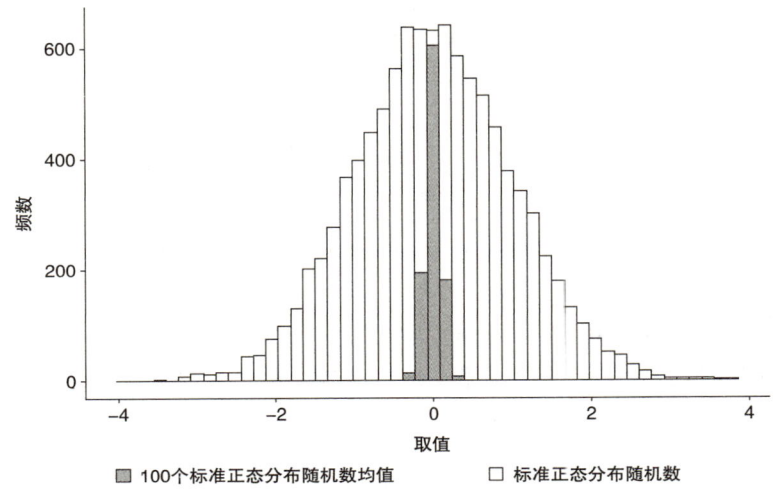

图 2.9　100 个标准正态分布随机数均值和标准正态分布随机数的直方图

为了解决这个问题，可以考虑对 $\bar{X}$ 做一个标准化的变换。为此，重新定义一个新的随机变量：$Z=\sqrt{n}(\bar{X}-\mu)/\sigma$。可以很快验证一下，$Z$ 是一个均值为 0、方差为 1 的随机变量。如果原始的 X_i 是正态分布，那么 $\bar{X}$ 也是正态分布的，因此 Z 还是正态分布。再根据 Z 的均值为 0 和方差为 1，可以知道，Z 是一个服从标准正态分布的随机变量。如果此时再随机生成 1000 个 Z，把它的直方图画出来，然后与标准正态分布的概率密度函数做对比（见图 2.10），可以发现它们之间是非常吻合的。请注意：线性变换并不会改变一个变量的分布形态。因此，Z 的分布形态和 $\bar{X}$ 是完全一样的。它们的核心区别有两个：一是有由于 μ 产生的位移变换；二是有由于 $\sigma/\sqrt{n}$ 产生的尺度变换。

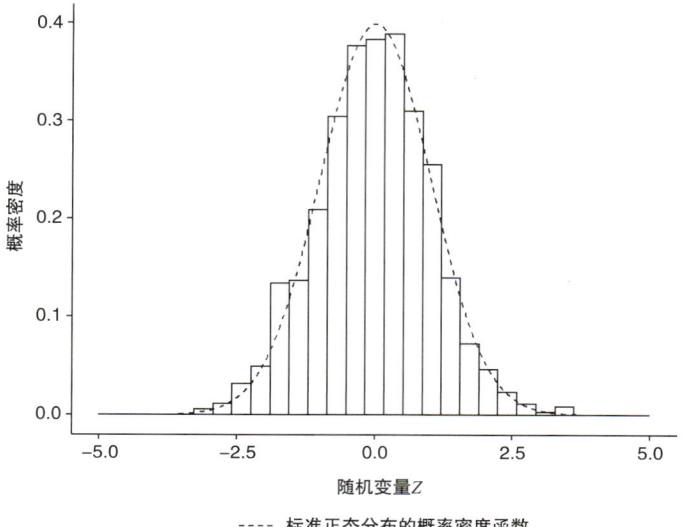

图 2.10 随机变量 Z 的频率直方图和标准正态分布的概率密度函数

请问，图 2.10 呈现的结果会让人感到惊讶吗？答：不会。因为原始的 X 本来就是正态分布的随机变量，做了标准化（某种线性变换）后，仍然是正态分布，这一点都不奇怪。请注意，正态分布有一个非常好的性质。那就是，独立正态随机变量的任意线性组合仍然服从正态分布，当然均值方差有可能会有所改变。其他任何概率分布都没有如此优良的性质。下面再进行一个实验。尝试把 X_i 的分布从标准正态分布改为指数分布（$\lambda=1$），然后将 $\bar{X}$ 进行标准化得到 Z，并观察在不同样本量 n（$n=1,10,100$）下 Z 的分布直方图（见图 2.11）。请问从图中能够看到什么？n 取 1 时随机变量 Z 的分布还呈现指数分布的形状，然而随着 n 增大，随机变量 Z 的分布越来越接近标准正态分布。

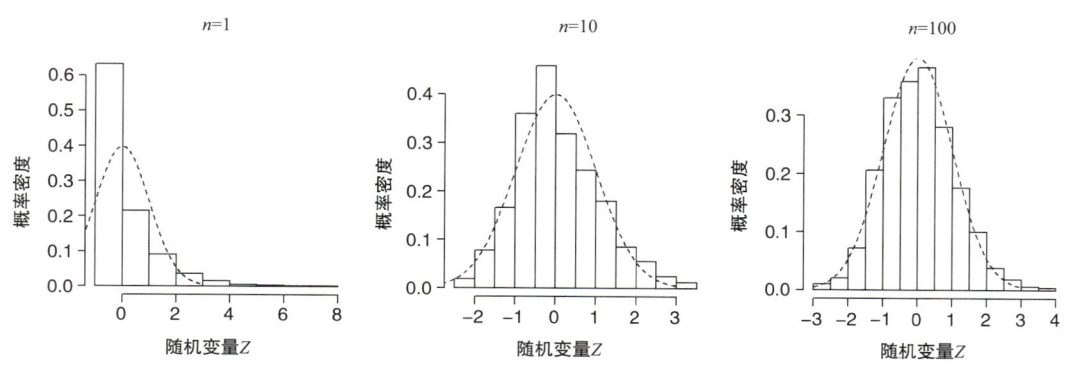

图 2.11 不同样本量 n 下指数分布均值标准化后的频率直方图

图 2.11 呈现的结果也许会让你有一点小惊讶,毕竟随机变量 X 的分布不是正态分布。不过,这可能仍然不是最令人惊讶的地方。因为指数分布也是连续分布。那么再进行一个实验。这次把 X_i 的分布从标准正态分布替换成一个超级不连续的分布,如 0–1 分布,对应的结果见图 2.12。从图中可以看到,虽然 X_i 的分布已经替换为了 0–1 分布,但随着 n 增大,随机变量 Z 的分布依然越来越接近标准正态分布。

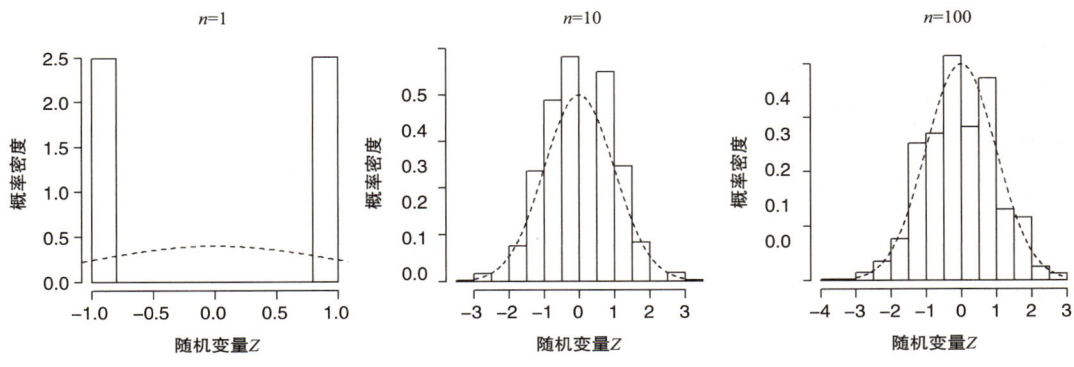

图 2.12　不同样本量 n 下 0–1 分布均值标准化后的频率直方图

从上面的实验中可以发现:无论 X_i 服从正态分布、指数分布还是离散的 0–1 分布,经过标准化变换 $Z = \sqrt{n}(\bar{X} - \mu)/\sigma$ 后,随机变量 Z 都会随着样本量 n 增大而渐近地服从标准正态分布。这让人不禁猜想,当 X_i 服从任意的分布都有这样的结论吗?答:是的。这就是中心极限定理。中心极限定理所描述的现象极其广泛地存在于非独立同分布的情形中,有兴趣进一步了解的读者,请给自己埋下一颗好学的种子,在未来进一步学习。

有了中心极限定理这个强大的工具之后,回到本节最开始提出的问题:如何基于 $\bar{X}$ 构造一个关于 μ 的置信区间,使得这个区间很大概率地覆盖住 μ 呢?假设置信区间覆盖住参数 μ 的概率至少为 $1-\alpha$,这个值也被称为置信水平。寻找置信区间即在于找到两个统计量 μ_t 和 μ_b,使得 $P(\mu_b \leq \mu \leq \mu_t) = 1-\alpha$。根据中心极限定理的结论,有 $Z = \sqrt{n}(\bar{X} - \mu)/\sigma$,随机变量 Z 渐近服从标准正态分布。简单来说就是,无论 X 的分布如何,在极广泛的条件下,只要样本量足够大,都有 $Z = \sqrt{n}(\bar{X} - \mu)/\sigma$ 近似服从标准正态分布。但是样本量多大才是足够大呢?这个问题不好回答,因为这依赖于对近似精度的需求。本书对此的看法是,样本量多大都不重要,因为无论多大都是近似,而近似的分析结果是为决策者提供参考依据的。精度特别高与一般高差别不大,但是不要毫无规范或严重犯错就好。为了简单起见,这里先假设分布的标准差 σ 已知。

那么请问，当样本取值给定时，对于统计量 $\bar{X}$ 而言其随机性来源于什么地方呢？答：仅来源于渐近正态分布随机变量 Z。当把握住 Z 的变化范围后，经过变换就能得到参数 μ 的变化范围。由于样本量 n 较大时，随机变量 Z 可以被当作标准正态分布随机变量进行处理，因此 Z 虽然随机，但也可以找到一个区间，使得 Z 取值在区间内的概率为 $1-\alpha$。请问：这样的区间如何表示？表示起来是不是不太方便？在此之前面临的需求都是解答随机变量在一个区间内的概率，而现在需要反过来思考：已知某区间内随机变量的概率，求该区间。为了应对这样的需求，下面给出一个关键的概念——标准正态分布的分位数。设标准正态分布的分位数为 z_α，那么 z_α 指的是对标准正态分布概率密度函数从负无穷处开始积分，积分值为 α 时的积分上限，也可以表示成 $P(Z \leq z_\alpha) = \alpha$。为了方便解释分位数的含义，图 2.13 展示了标准正态分布的概率密度函数图，其中 α 表示阴影区域面积，也即标准正态分布随机变量 Z 位于负无穷到 z_α 区间内的概率。z_α 也称为标准正态分布的 α 分位数。

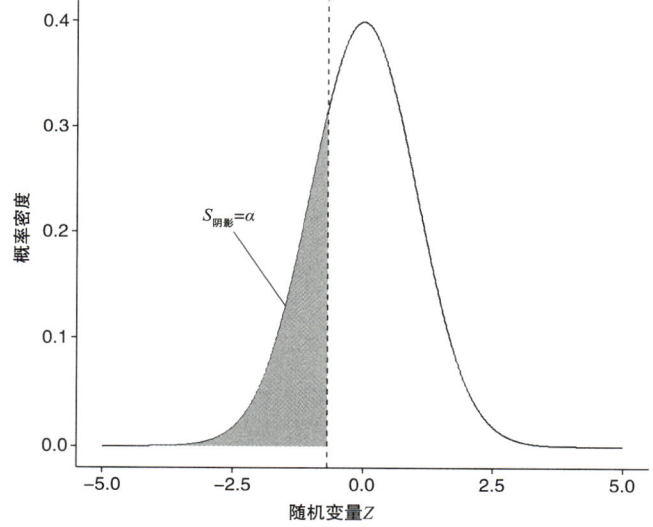

图 2.13　标准正态分布概率密度函数图及 α 分位数

另外，由于标准正态分布概率密度函数关于 $Z=0$ 对称，因此有 $z_\alpha = -z_{1-\alpha}$，这一关系式十分常用。α 分位数 z_α 中 α 的取值可以任意选取，但是在实际应用中存在几个典型的标准正态分布分位数，例如，$z_{0.005} = -2.575$，$z_{0.025} = -1.96$ 和 $z_{0.05} = -1.645$。有了分位数这种表示方式后，就可以选取标准正态分布的 $\alpha/2$ 分位点 $z_{\alpha/2}$ 和 $1-(\alpha/2)$ 分位点 $z_{1-(\alpha/2)}$ 来构成区间，使得随机变量 Z 取值在区间内的概率为 $1-\alpha$，即 $P\left(z_{\alpha/2} \leq Z \leq z_{1-(\alpha/2)}\right) = 1-\alpha$。

进一步根据 Z 和 μ 的关系式进行变换可以得到下面的式子：

$$P\left(\bar{X}-\frac{\sigma z_{1-(\alpha/2)}}{\sqrt{n}} \leqslant \mu \leqslant \bar{X}-\frac{\sigma z_{\alpha/2}}{\sqrt{n}}\right)=1-\alpha$$

上式说明，在置信水平 $1-\alpha$ 下，均值 μ 的置信区间为 $[\mu_b, \mu_t]$，其中 μ_b 和 μ_t 分别为 $\bar{X}-\sigma z_{1-(\alpha/2)}/\sqrt{n}$ 和 $\bar{X}-\sigma z_{\alpha/2}/\sqrt{n}$，这里的 $z_{1-(\alpha/2)}$ 和 $z_{\alpha/2}$ 刚好互为相反数。要注意的是，在上面的过程中假定了两个额外条件：第一，样本量 n 需要比较大；第二，分布标准差 σ 需要已知。然而在实际问题中，常常难以提前预知样本分布的方差或是标准差。此时又如何构造置信区间呢？一种可行的办法是通过样本数据将该参数估计出来，估计方法可以使用前几节中介绍的矩估计或极大似然估计的方法。例如，当 X_i 服从正态分布时，正态分布参数 σ^2 可以用矩估计 $\hat{\sigma}^2 = \sum_{i=1}^{n}(X_i - \bar{X})^2/n$ 来替代，由此构造的置信区间变为

$$\left[\bar{X}-\frac{z_{1-(\alpha/2)}}{n}\sqrt{\sum_{i=1}^{n}(X_i-\bar{X})^2}, \bar{X}-\frac{z_{\alpha/2}}{n}\sqrt{\sum_{i=1}^{n}(X_i-\bar{X})^2}\right]$$

同样在 X_i 服从正态分布的假设下，其实也可以使用 t- 分布来构造置信区间，但并不提倡，原因有三方面：（1）真实数据从不服从严格的正态分布，因此 t- 分布所需要的分布假设并不满足；（2）只要样本量足够大，t- 分布也变成了正态分布，因此两个方法的结果基本一致；（3）有一种看法认为，样本量太小，中心极限定理不成立的时候，可以考虑用 t- 分布。但是，在样本量小的时候，这种情况也许就不该做分析，没准凭感觉更靠谱。

在介绍了如何构造均值参数 μ 的置信区间之后，可以接着对本节开头介绍的两个案例进行实例分析。在分析过程中帮助大家进一步厘清预测区间和置信区间的区别，更实际地理解置信区间的应用价值。首先分析二手房价格的案例。为此，收集了广州市在售的 41108 套二手房的相关信息，包括每套二手房的单位价格、面积、朝向、楼层等。由于单位价格本身为右偏分布，因此可以对单位价格进行对数变换，使得对数变换后的单位价格近似服从正态分布。假设现在某房东有一套二手房等待出售，房东想知道这套房子能卖多少钱。粗略地来看，只需要得到一个价格区间，使得这个价格区间以很大的概率覆盖这套房子的最终售价，这样得到的预测区间便能帮助房东大致把握这套房子的最终售价。不妨假设房东手中这套房子的单位价格为 X，那么 $(X-\mu)/\sigma$ 将近似服从标准正态分布。其中参数 μ 和 σ 可以通过矩估计近似得到，结果为 $\hat{\mu}=10.39, \hat{\sigma}=0.44$。假设预测区间覆盖最终售价的概率要达到 90%，那么可以得到下面的式子：

$$P\left(z_{0.05} \leq \frac{X - \hat{\mu}}{\hat{\sigma}} \leq z_{0.95}\right) = 0.9$$

其中，$z_{0.05}$ 和 $z_{0.95}$ 分别表示标准正态分布的 0.05 和 0.95 分位数。化简上面的式子可以得到预测区间的表达式：$[\hat{\mu} - \hat{\sigma} z_{0.95}, \hat{\mu} + \hat{\sigma} z_{0.95}]$。计算得到预测区间下界为 $10.39 - 0.44 \times 1.645 \approx 9.67$，预测区间上界为 $10.39 + 0.44 \times 1.645 \approx 11.11$。请注意，这一区间是对数单位价格的预测区间，还需要通过指数运算还原成原始的单位价格。最终可以计算得到这套房子的预期单位价格将在 1.58 万元/米^2（即 $\exp(9.67) \approx 15835$）至 6.68 万元/米^2（即 $\exp(11.11) \approx 66836$）的区间内，这就是一个典型的预测区间，它的长度不会很短。

在上面的计算过程中获得的是对某一套二手房单位价格的随机变量 X 的预测区间。假设现在不满足于只得到一个比较宽泛的范围，还想进一步了解某个更具体的二手房类别（如高楼层和位于市中心等）中房子的平均价格（不是具体价格）。假设这些房子的单位价格服从正态分布，如果想知道这个正态分布均值 μ 的估计范围，此时就需要用到本节给出的均值 μ 的置信区间表达式。下面考虑一个具体的例子，比如关注某市内不同区域二手房的单位价格均值。某市一共有 A 区、B 区等 12 个区域目前有在售的二手房房源，其中 A 区共有 6450 套二手房在售，对应单位价格的均值和标准差分别为 54140.88 和 17950.08。假设置信水平为 0.95，根据本节给出的均值置信区间表达式：$[\bar{X} - \hat{\sigma} z_{0.975}/\sqrt{n}, \bar{X} + \hat{\sigma} z_{0.975}/\sqrt{n}]$，将单位价格的均值和标准差代入，可以得到置信区间的下界为 $54140.88 - 17950.08 \times 1.96/\sqrt{6450} \approx 53702.81$，置信区间的上界为 $54140.88 + 17950.08 \times 1.96/\sqrt{6450} \approx 54578.95$。因此，某市 A 区二手房的单位价格均值在 0.95 置信水平下的置信区间为 $[5.37, 5.46]$ 万元/米^2，这就是一个典型的置信区间，长度很短。类似地也可以计算出其他区域单位价格均值的置信区间。这一结果对于该市各区域业主评估房产价值而言也许具有一定的参考意义。

预测区间以很大概率覆盖随机变量，置信区间以很大概率覆盖分布中的参数。这是二者在目的上的不同，而从区间长度来看，预测区间的长度往往长于置信区间，这一点可以从二者的表达式中看出。比如，预测区间下界的表达式为 $\hat{\mu} - \hat{\sigma} z_{1-(\alpha/2)}$，而置信区间下界的表达式为 $\bar{X} - \hat{\sigma} z_{1-(\alpha/2)}/\sqrt{n}$。当使用样本均值 $\bar{X}$ 估计参数 μ 时，上述两个式子的第二项正好相差 $\sqrt{n}$ 倍，这导致了置信区间往往窄于预测区间。为了更充分地说明这一点，下面通过股票收益率的实际案例进行分析。数据方面沿用之前多次使用的 2019—2020 年上海证券交易所的 1422 只主板 A 股的日度收益率数据,对每只股票分别计算其日度收益率的预测区间和均值的置信区间,对应的置信水平和预测区间覆盖概率均为 0.9。以"东风汽车"这只股票为例,2019—2020 年日度收益率的预测区间为 $[-4.58\%, 5.06\%]$,均值的置信区间为 $[0.023\%, 0.46\%]$。显然,置信区间比预测区间更窄,并且随着样本数据的积累,置信区间会变得越来越窄。对比置信区间和预测区间还可以发现,预测区间包含 0,而置信区间则完全大于 0。这一结果和本节开头案例 2 中介绍的大多数情况一致。这说明,对该股票而言,其短期走势难以预测,可能是正收益,也可能是负收益,但是从中长期来看也许更可能获得正收益。

为了进一步对比分析预测区间和置信区间的差别,随机抽取了 100 只股票,然后对每只股票分别计算其预测区间和置信区间,并展示在下面的图 2.14 中,其中左图是预测区间,而右图是置信区间。请注意,左右两图中纵轴的尺度差别是很大的。从左图中可以看出,所有的预测区间全都包含了 0,这意味着,短期来看这 100 只股票全都具有收益率为负的风险,看不出其中任何股票具有投资价值。与之相对应地,右图中虽然大部分置信区间还是包含了 0,但其中仍然有 11 只股票的置信区间整体大于 0,这意味着从中长期来看这 11 只股票具有一定盈利能力,也许有更好的投资价值。

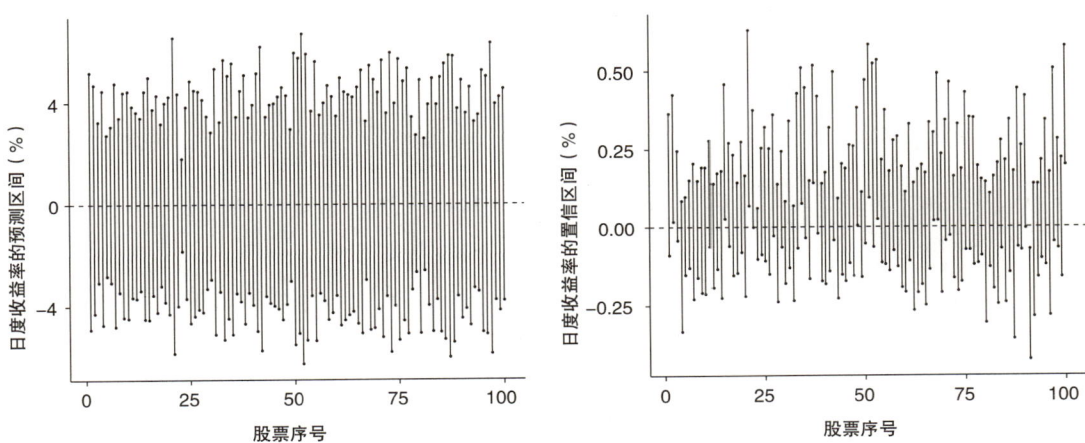

图 2.14 2019—2020 年上海证券交易所 100 只股票的预测区间和置信区间

接下来总结一下,本节首先介绍了区间估计的理论和含义,然后在中心极限定理的理论铺垫下,给出了均值的区间估计公式,并讨论了方差已知和未知时均值区间估计的不同。最后结合二手房价格和股票收益率两个实际案例对比分析了预测区间和置信区间的区别。均值只是分布的其中一个特征,对于另一个常见的特征方差,也可以使用区间估计的方法计算它的大致范围,这部分内容将在下一节中进行介绍。

课后思考

① 请你举一个实际例子,说明预测区间和置信区间的区别。进一步收集相应的实际数据,在 95% 的置信水平下估计置信区间和预测区间,并对比两个区间的长度。

② 对于问题 1 中的实际数据,请尝试在不同的置信水平(如 90%,95%,99%)下估计置信区间,然后对比各个置信区间的长度。请问:随着置信水平的增大,置信区间的长度会如何变化?

③ 请尝试收集不同地区的房价数据,然后对每个地区的房价计算置信度为 95% 的置信区间和预测区间。对比各个地区的估计结果,你会有什么发现?

2.4 正态分布方差的区间估计

上一节讨论了正态分布总体均值 μ 的区间估计。除了总体均值（简称均值）之外，总体方差 σ^2（简称方差）也是一个非常重要的参数。在 2.1 节和 2.2 节中探讨了总体方差 σ^2 的矩估计和极大似然估计的结果，使用这两种估计方法获得的都是 σ^2 的点估计量，那么如何构造它的区间估计呢？本节就将重点研究方差 σ^2 的置信区间的估计形式。在此之前，首先通过几个案例来说明方差估计的重要性。

案例 1：金融风险。

只要是投资就会有风险，没有风险的投资（如银行定期存款），就不可能有超额的收益率。因此，一个聪明谨慎的投资人并不会盲目规避风险，而是会对风险做出准确评估，并因此赚取合理的收益。以股票投资为例，如何测量股票投资的风险，是金融计量中一个永恒的研究主题。对此，不同学者提出过各种不同的方法。在所有方法中，诺贝尔经济学奖得主马科维茨的均值方差理论应该是最重要的方法之一。该理论认为，在构建投资组合时，需要解决两个核心问题——期望收益率（均值）和风险（方差）。投资者需要在这二者之间达到平衡。在固定的期望收益率下，可以调整投资组合的比例以最小化风险。该理论中，期望收益率是用均值来度量的，而风险则是用方差来度量的。为了能够获得一个更加直观的感受，考虑两个投资标的物，一个是沪深 300 指数，另一个是贵州茅台股票。然后将它们在 2021 年 242 个交易日的日度收益率计算出来，并形成对比箱线图（见图 2.15）。从图中可以看到，沪深 300 指数的波动性要比贵州茅台的波动性小很多。

通过进一步计算可以知道，它们对应的方差分别为1.366（单位：%²）和5.542（单位：%²），这与对比箱线图上获得的感受完全一致。

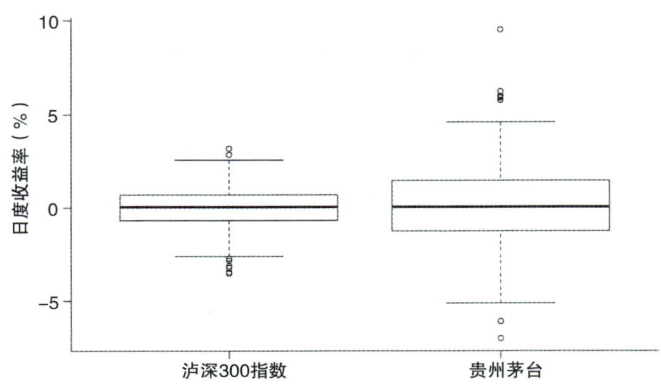

图 2.15　沪深 300 指数和贵州茅台日度收益率箱线图

案例 2：质量控制。

在工业生产中，对产品的质量控制非常重要。考虑某生产线生产某种产品，该产品的标准重量应该是 20 克。但是，实际生产过程中不可能毫无误差。事实上，一定的误差是完全可以接受的，对于该产品而言，假设客户能够接受的误差是 20 克 ±1 克这样一个范围。我们再考察一条生产线，该生产线上生产的产品重量服从均值为 20 的正态分布，假设方差可以取不同的值（如 $\sigma^2 = 1, 0.5^2, 0.25^2$）。然后分别按照时间顺序，连续抽取 100 个产品样本，并记录它们的重量，绘制时间序列图（见图 2.16）。在图 2.16 中，三张子图中的曲线分别表示三种生产状况（方差取不同值）。第一种状况如左图所示，此时生产线的稳定性很差，次品频出，无法让人接受。第二种情况如中图所示，此时生产线的稳定性良好，很少出次品，但是偶尔也有次品产生。第三种情况如右图所示，此时生产线的稳定性极好，几乎不可能出次品。你会偏好哪种情况呢？显然是第三种。那么，第三种情况与另外两种情况的核心区别是什么？答：稳定性不同，或者说方差不同。对于本案例而言，方差就是对生产线稳定性的测量，是对产品质量的保证。对于能够容忍的估计误差（1 克）而言，如果生产线的标准差能够远远小于该数字，那么该生产线的稳定性将极其出色。

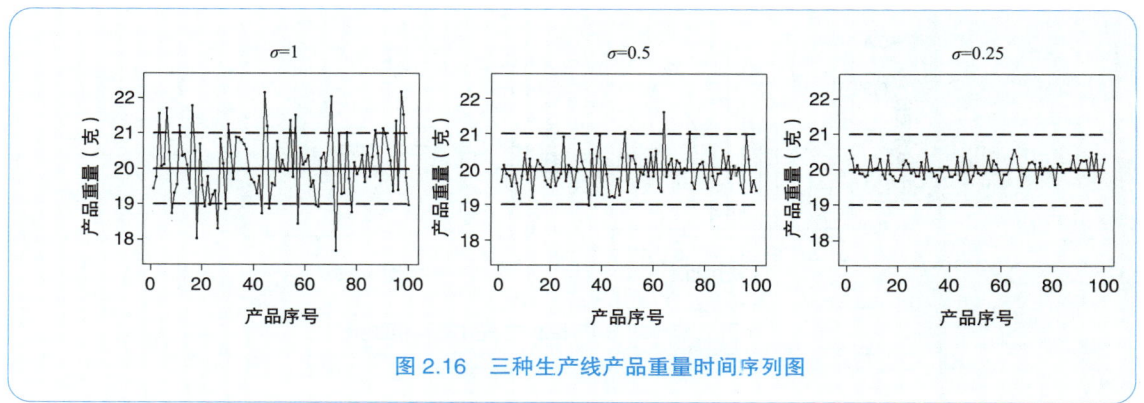

图 2.16　三种生产线产品重量时间序列图

案例 3：异常值检验。

大气污染关乎人类的健康安全。在我国以 PM2.5 为主要指标的大气污染监控网络已经颇具规模。相关部门也制定了严格的管理措施，对全国各地的 PM2.5 的水平做全方位监控并治理。科学监控和有效治理的前提是数据质量要过硬。目前我国的 PM2.5 数据主要通过国控站点监控获得，整体数据质量很好。但是，作为一个超大规模的数据采集网络，偶发的数据质量问题也难以完全避免。极少数的被污染的数据可能会极大地影响后续的统计分析，因为较大的统计量（如样本均值）对异常值是非常敏感的。因此，在质量监控过程中，如何快速发现并甄别这样的异常数据，就变得非常重要。在实际工作中，异常数据的产生有多种可能性。第一种可能性就是设备失效，毕竟任何设备都有失效的时候。如果是这样，那么就需要及时维修。第二种可能性是人为的破坏，如果是这样就需要及时加强管理。无论是哪种情况，都需要数据科学工作者具备自动发现异常值的能力，而要具备这种能力就需要能够对"异常值"有一个科学合理（但是可能不完美）的定义。一个常见的关于异常值的定义就依赖"正常数据"的均值和方差。假设某市有一批经过充分校对的、高质量的 PM2.5 数据，那么可以对其做直方图（图 2.17 中的左图）或者箱线图（图 2.17 中的右图）。由于 PM2.5 数据呈右偏分布，这里对其做了对数处理。从中可以看到，正常的对数取值有一个范围，大概以其均值 3.028 为中心，不超过 4 倍标准差（$\sigma=1.029$）。如果超出这个范围，在实际工作中也许就可以定义为异常值。当然，这里的"异常值"仅仅是标识异常，是数据真的被污染还是实际情况就是这样，需要人工分析。这里数据分析的主要贡献是自动发现这些需要进一步研究的异常数据情况。由此可见，能够准确估计方差是异常值发现和数据质量管理的重要保障。

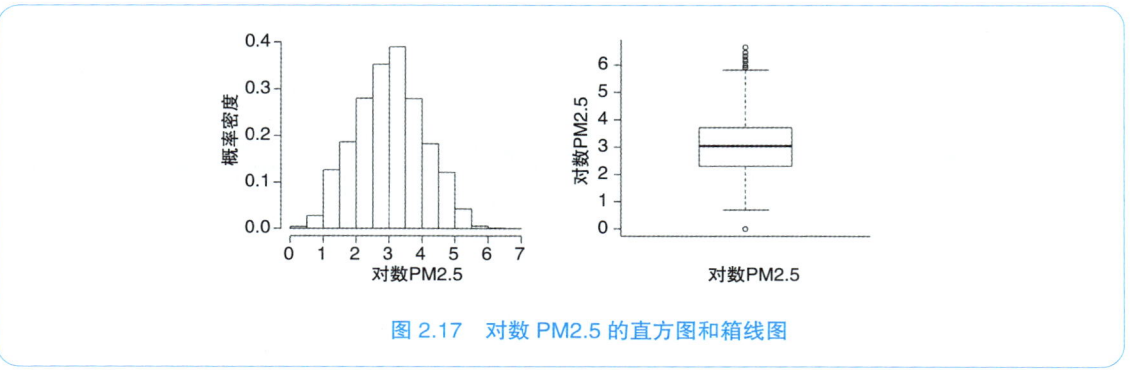

图 2.17 对数 PM2.5 的直方图和箱线图

案例 4：离散程度。

方差可以用于衡量一组数据的离散程度，从而反映一个群体在某个特征上取值水平的变异程度是大还是小。以某商学院的教学评估为例，同样一门课，同样一个老师讲授，甚至教学内容也基本相同，但是不同班级不同同学给出的教学评估成绩会各不相同。这到底是为什么？通过初步的描述性数据分析发现，原来不同的学生群体，对于教学质量的诉求各不相同。对于同样的教学质量，不同学生群体所评价的尺度也各不相同。这就造成了他们的评估结果各不相同。为了更好地说明这个问题，将国内某商学院 340 门课程的教学评估成绩，按照授课对象的不同分成三组（MBA 学生、本科生、研究生），然后做对比箱线图，如图 2.18 所示。从图 2.18 中可以看到几个非常有趣的现象：第一，从平均水平（以中位数计）角度看，研究生对老师的评价比 MBA 学生及本科生对老师的评价更好。第二，对比 MBA 学生和本科生，他们对老师评价的平均水平（以中位数计）是相似的，差别很小。本科生评估成绩的变异性小很多。这说明，本科生对老师的评价比较趋中，不容易特别高，也不容易特别低。MBA 学生的评价差异性更大，满意的课程可能评价非常高，而不满意的课程可能评价非常低。这种离散度上的差异，就可以通过方差来刻画。根据三个群体评估成绩的原始数据，分别计算每个群体的样本方差，可以发现：MBA 学生的方差为 0.293，本科生的方差为 0.158，研究生的方差为 0.157，这反映了三个群体在成绩评估方面的离散度。

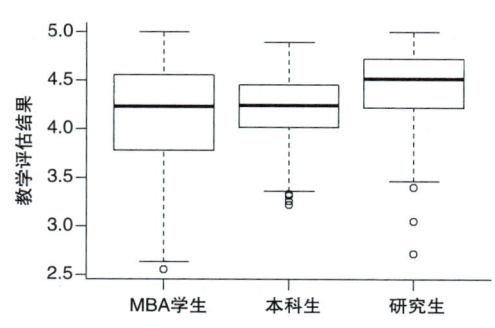

图 2.18 MBA 学生、本科生和研究生教学评估结果的对比箱线图

从上面几个案例可以看到,大量重要实际问题的研究都依赖于对数据分布中方差的估计,因此需要对这个问题做一个更加深入细致的讨论。请问:如何对方差进行估计呢?通过 2.1 节和 2.2 节的学习可以知道,假设总体是正态分布,那么总体方差 σ^2 的一个点估计量为 $\hat{\sigma}^2 = \sum_{i=1}^{n}(X_i - \bar{X})^2 / n$,如果进一步考虑 σ^2 的无偏估计量,则形式为 $\tilde{\sigma}^2 = \sum_{i=1}^{n}(X_i - \bar{X})^2 / (n-1)$。其实这两个估计量也可以从矩估计的角度去理解。因此,即使在非正态分布假设的情况下,它们仍然是简单而有效的方差估计。此外,之前的章节还讨论过,这两个估计量在样本量很大的时候是非常相似的。下面进一步讨论一下这两个估计量的方差。在不同的分布假设下,获得的数学公式可能是不一样的,相对简单的情况是正态分布假设。在该假设下,可以计算得到这两个估计量的方差,分别为 $\text{var}(\hat{\sigma}^2) = 2\sigma^4(n-1)/n^2$ 和 $\text{var}(\tilde{\sigma}^2) = 2\sigma^4/(n-1)$。由此可见,这两个估计量的方差也是随着样本量增大而趋于 0 的。请注意,这里计算的是"样本方差"的"方差"。从上面的计算可以再次核实确认,两个方差估计都是很好的估计量,它们的精确程度都会随着样本量 n 的增加,可以无限收缩到 0。但是遗憾的是,它们都是点估计。理论上不排除这样的可能性,有两个数据集,产生的样本方差的估计结果都是 1.0,请问它们的精度是一样的吗?答:不一定。例如,第一个估计量所使用的样本量是 100,而另一个估计量所使用的样本量是 10000,请问哪个更加精确?显然大样本量下得到的估计量更加精确,这也跟样本方差的理论方差计算结果一致。但是,这么美好朴素的直觉是无法通过一个简单的点估计表达出来的。因此,需要进一步考虑区间估计。以 $\hat{\sigma}^2$ 为例,如何通过它来构造 σ^2 的区间估计呢?尤其是应该如何构造置信区间呢?为此,需要了解 $\hat{\sigma}^2$ 所服从的分布,从而判断 $\hat{\sigma}^2$ 和总体方差 σ^2 之间的距离。

接下来需要探讨的一个核心问题是:如何评价样本方差 $\hat{\sigma}^2$ 和总体方差 σ^2 之间的距离(估计误差)。同样的问题,其实在样本均值 $\bar{X}$ 和总体均值 μ 之间也出现过。当时对估计误差的评价标准为 $\bar{X} - \mu$,是求差的方式。那么,是否可以考虑同样的方法呢?比如,用 $\hat{\sigma}^2 - \sigma^2$ 来表达估计误差的大小,这是不是一个可行的办法呢?答:可以的,但是数学上不是非常优美。为什么?举一个例子,假设样本方差 $\hat{\sigma}^2 = 1$,经过测算,估计误差 $|\hat{\sigma}^2 - \sigma^2|$ 大概为 2。那么,总体方差 σ^2 会是多少呢?一种可能性是 $\sigma^2 = \hat{\sigma}^2 + 2 = 3$,这似乎是一个可能的总体方差。但是,前面讨论过,样本方差 $\hat{\sigma}^2$ 是一个关于总体方差 σ^2 几乎无偏的估计。这说明,总体方差既可能比样本方差大,也可能比样本方差小。在后面这种情况下,总体方差的大小似乎应该是 $\sigma^2 = \hat{\sigma}^2 - 2 = -1$,结果居然是一个负数,这可能吗?答:显然不可能,因为总体方差只能是一个正数,不可能是负数,连 0 都不可能。因此,

直接考虑总体方差和样本方差之间差值的方式，不是最好的选择。那应该怎么办呢？

请注意，这里的核心问题是，总体方差是一个正数，不可能是负数。最好有一种关于方差的变换，能够使它的取值范围从 0 到正无穷，变换到正负无穷之间。请问：这样的变换是什么？答：对数变换。因此，与其考察样本方差和总体方差之间的算术差，不如考虑对数变换后的样本方差和总体方差之间的算术差，即 $\log(\hat{\sigma}^2) - \log(\sigma^2)$。请注意，在对数变换中，方差可以取正数范围内的任意取值，因此不再有取值不合理的担心，这是一个好的起点。同时要注意，对数方差的算术差完全等同于 $\log(\hat{\sigma}^2/\sigma^2)$，即对数变换后的样本方差和总体方差的比值。由此可见，对数变换的奇妙之处是将原始的绝对差异（$\hat{\sigma}^2 - \sigma^2$）直接改变成了相对差异（$\hat{\sigma}^2/\sigma^2$）。如果估计误差非常小，那么样本方差应该与总体方差取值相近，因此这个比值应该靠近 1，否则就会远远大于 1 或者远远小于 1。如果能够对该比值（将 $\hat{\sigma}^2/\sigma^2$ 看作一个随机变量）的随机规律做出科学的判断，那么就可以构造一个关于 σ^2 的置信区间。因此，需要研究一下 $\hat{\sigma}^2/\sigma^2$ 的概率分布规律。

接下来的问题是，$\hat{\sigma}^2/\sigma^2$ 服从什么分布？首先假设总体服从均值为 μ、方差为 σ^2 的正态分布，$X_1, X_2, \cdots, X_n$ 是从总体中抽出的样本。接下来可以通过数学推导，求出 $\hat{\sigma}^2/\sigma^2 = \sum_{i=1}^{n}(X_i - \bar{X})^2/(n\sigma^2)$ 的分布。经过某个合理变换，可以将 $n\hat{\sigma}^2/\sigma^2$ 转换为 $n-1$ 个相互独立的标准正态随机变量的平方和，这里用 $Z = \sum_{i=1}^{n-1} Y_i^2$ 表示，其中 Y_i 就表示一个标准正态随机变量，而 Y_i^2 这个统计量是服从自由度为 1 的卡方分布，不同 Y_i 之间相互独立。由于卡方分布的自由度具有可加性，所以 Z 是服从自由度为 $n-1$ 的卡方分布的。也许你会注意到一个事情：原始样本量是 n，在表达成卡方分布的时候自由度变成 $n-1$。为什么不是 n 呢？这是一个很好的问题。事实上，如果总体均值 μ 是已知的，那么构造一个类似的估计量 $Q = \sum_{i=1}^{n}(X_i - \mu)^2/\sigma^2$，可以验证 Q 服从自由度为 n 的卡方分布。但是很遗憾，这不是实际中可以采用的统计量，实际中总体均值 μ 是未知的。因此，需要用样本均值 $\bar{X}$ 对总体均值 μ 做一个替换，而这个替换操作会损失一个自由度。类似的现象在统计分析中会经常碰到，这并不是一个意外，其详细的数学推导需要更加丰富的线性代数知识，超出了本书的范畴。接下来，可以利用正态分布的联合概率密度，写出 Z 的分布函数：

$$F(z) = P(Z<z) = P\left(\sum_{i=1}^{n-1} Y_i^2 < z\right) = \int \cdots \int_{\left\{(y_1,\ldots,y_{n-1})\mid \sum_{i=1}^{n-1} y_i^2 < z\right\}} f(y_1,\ldots,y_{n-1}) \mathrm{d}y_1 \ldots \mathrm{d}y_{n-1}$$

$$= (2\pi)^{-\frac{n-1}{2}} \int \cdots \int_{\left\{(y_1,\ldots,y_{n-1})\mid \sum_{i=1}^{n-1} y_i^2 < z\right\}} \exp\left\{-\frac{\sum_{i=1}^{n-1} y_i^2}{2}\right\} \mathrm{d}y_1 \ldots \mathrm{d}y_{n-1}$$

其中，$f(y_1,\ldots,y_{n-1})$ 是 $n-1$ 个独立同分布标准正态随机变量的联合概率密度函数。利用此公式，经过一番数学推导，可以得到卡方分布的概率密度函数。这里用到的主要是微积分中球面坐标变换的技巧。下面直接展示卡方分布概率密度函数的最终结果：

$$f_{n-1}(z) = \frac{z^{(n-1)/2-1} \mathrm{e}^{-z/2}}{2^{(n-1)/2} \Gamma\{(n-1)/2\}}, z \geqslant 0$$

这个函数的形式相当复杂。仔细观察，发现该分布只有一个参数 n。确定了 n，便可以确定唯一的卡方分布。你可能已经发现，$f(z)$ 中出现了几个 "$n-1$"，这是因为 $f(z)$ 所表示的其实是自由度为 $n-1$ 的卡方分布的概率密度函数。前面提到，Z 是 $n-1$ 个独立的标准正态随机变量的平方和，$n-1$ 又正好是 Z 所服从的卡方分布的自由度。那么，如果是 n 个独立的标准正态随机变量的平方和呢？它服从自由度为 n 的卡方分布，概率密度函数如下：

$$f_n(z) = \frac{z^{n/2-1} \mathrm{e}^{-z/2}}{2^{n/2} \Gamma(n/2)}, z \geqslant 0$$

下面可以计算自由度为 n 的卡方分布的均值和方差。这里将充分利用卡方分布的一个特点，那就是：一个服从自由度为 n 的卡方分布的随机变量，可以表达成 n 个相互独立的服从自由度为 1 的卡方分布的随机变量的求和。具体细节如下：

$$\mathrm{E}(X) = \mathrm{E}\left(\sum_{i=1}^n Y_i^2\right) = \sum_{i=1}^n \mathrm{E}(Y_i^2) = n\mathrm{E}(Y_i^2) = n$$

$$\mathrm{var}(X) = \mathrm{var}\left(\sum_{i=1}^n Y_i^2\right) = \sum_{i=1}^n \mathrm{var}(Y_i^2) = n\mathrm{var}(Y_i^2) = 2n$$

对于服从标准正态分布的随机变量 Y_i，这里用到了两个结论：（1）$\mathrm{E}(Y_i^2) = 1$；（2）$\mathrm{var}(Y_i^2) = 2$。

计算结果表明，自由度为 n 的卡方分布的均值是 n，方差是 $2n$。均值正好等于自由度，方差正好等于自由度的 2 倍。因此，卡方分布的自由度越大，均值和方差便越来越大。下面可以通过不同自由度的卡方分布的概率密度曲线来获得一个直观理解，如图 2.19 所示。

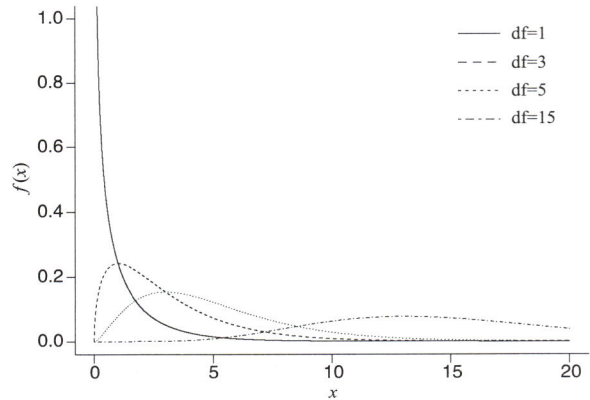

图 2.19　不同自由度（df）的卡方分布概率密度曲线

回到如何构造方差 σ^2 的置信区间的问题上，已经知道了 $n\hat{\sigma}^2/\sigma^2$ 服从自由度为 $n-1$ 的卡方分布，便可以利用该分布构造置信区间了，具体如下：

$$P\left(\chi^2_{\alpha/2}(n-1) \leqslant \frac{n\hat{\sigma}^2}{\sigma^2} \leqslant \chi^2_{1-\alpha/2}(n-1)\right) = 1-\alpha$$

$$P\left(\frac{n\hat{\sigma}^2}{\chi^2_{1-\alpha/2}(n-1)} \leqslant \sigma^2 \leqslant \frac{n\hat{\sigma}^2}{\chi^2_{\alpha/2}(n-1)}\right) = 1-\alpha$$

这里 $\chi^2_{\alpha/2}(n-1)$ 和 $\chi^2_{1-\alpha/2}(n-1)$ 分别表示自由度为 $n-1$ 的卡方分布的 $\alpha/2$ 分位数和 $1-\alpha/2$ 分位数。得到 σ^2 的置信水平为 $1-\alpha$ 的置信区间为 $\left[n\hat{\sigma}^2/\chi^2_{1-\alpha/2}(n-1), n\hat{\sigma}^2/\chi^2_{\alpha/2}(n-1)\right]$。现在来考察一下置信区间的长度问题。在上一节关于均值的区间估计中可以知道，只要样本量足够大，均值的置信区间长度可以任意小。那么方差的置信区间长度是否也符合这个规律呢？计算后知置信区间的长度为 $\hat{\sigma}^2\left\{n/\chi^2_{\alpha/2}(n-1) - n/\chi^2_{1-\alpha/2}(n-1)\right\}$。如果样本方差 $\hat{\sigma}^2$ 的实现值固定，那么置信区间长度就是一个只与 n 有关的量。但似乎无法直接判断随着 n 的增大，这个长度会怎么变化。为此下面进行一些数值计算。具体而言，以自由度 n 为横轴，以分位数与自由度的比值 $\chi^2_{\alpha/2}(n)/n$ 或 $\chi^2_{1-\alpha/2}(n)/n$ 为纵轴，α 取 0.01、0.05、0.10 这 3 个不同的值，分别画出曲线，如图 2.20 所示。其中，实线下方的曲线是

$\chi^2_{\alpha/2}(n)/n$,实线上方的曲线是 $\chi^2_{1-\alpha/2}(n)/n$。根据图 2.20 可以发现,无论 α 是多少,随着 n 的增大,所有分位数与自由度的比值($\chi^2_{\alpha/2}(n)/n$ 与 $\chi^2_{1-\alpha/2}(n)/n$)都向 1 收敛。所以,当 n 足够大的时候,$n/\chi^2_{\alpha/2}(n-1)$ 和 $n/\chi^2_{1-\alpha/2}(n-1)$ 也都会趋于 1,因此方差的置信区间长度可以任意小,这也符合基本预期。

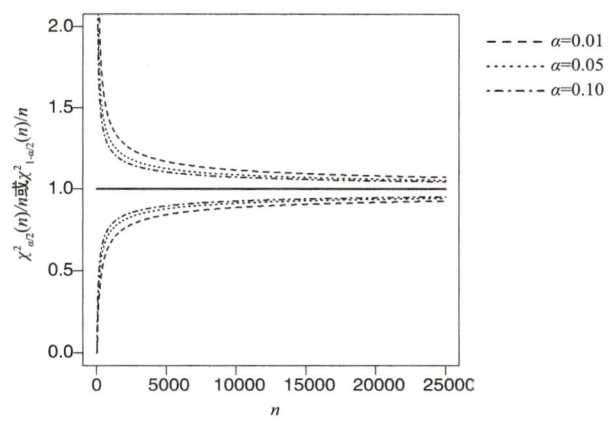

图 2.20 不同 α 下的 $\chi^2_{\alpha/2}(n)/n$ 和 $\chi^2_{1-\alpha/2}(n)/n$

接下来探讨一下卡方分布与正态分布之间的密切联系。再次强调一下,卡方分布有一个非常独特的性质,那就是:相互独立的卡方分布之和仍然是卡方分布。如果随机变量 $X_1, X_2, \cdots, X_n$ 分别服从自由度为 $k_1, k_2, \cdots, k_n$ 的卡方分布且它们相互独立,那么 $\sum_{i=1}^{n} X_i$ 服从自由度为 $\sum_{i=1}^{n} k_i$ 的卡方分布。自由度为 n 的卡方分布可以看作是 n 个相互独立的自由度为 1 的卡方分布之和。如果用 $\chi^2(n)$ 表示一个服从自由度为 n 的卡方分布的随机变量,则它相当于 n 个服从 $\chi^2(1)$ 的随机变量之和,所以 $\chi^2(n)/n$ 服从的分布就相当于 $\chi^2(1)$ 的样本均值的分布。你看,这不就是独立同分布随机变量的样本均值吗?模仿前面的计算可得 $\chi^2(n)/n$ 的期望为 1,方差为 $2/n$。也就是说,$\chi^2(n)/n$ 会以方差为 $2/n$ 的速度收敛到 1,$\chi^2(n)/n$ 的分位数也会随着 n 的增加越来越靠近 1,如图 2.20 所示。接下来,对 $\chi^2(n)$ 做一个标准化,得到标准化后的随机变量 $Z = \{\chi^2(n) - n\}/\sqrt{2n}$,根据中心极限定理可知,$Z$ 应该是随着 n 的增大趋于标准正态分布的。为了验证该规律,可以对不同的 n 分别模拟生成 1000 条数据,绘制出直方图,并画出标准正态分布的概率密度曲线进行对比,如图 2.21 所示。从图中可以明显看到,随着 n 的增大,$Z = \{\chi^2(n) - n\}/\sqrt{2n}$ 越来越接近标准正态分布。

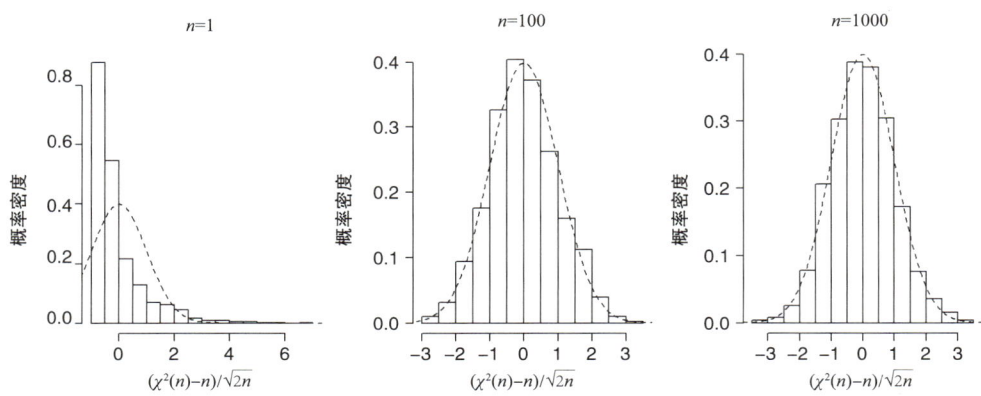

图 2.21　不同 n 下的 $\{\chi^2(n)-n\}/\sqrt{2n}$ 的频率直方图和标准正态分布概率密度曲线

这个发现非常有趣，它给了人们一个重要的启发。那就是，随着自由度的增加，卡方分布越来越像正态分布（不是标准正态分布），因此对应的卡方分布的分位数，应该与正态分布的分位数有着千丝万缕的联系。考虑分位数 $\chi^2_\alpha(n)$，也就是基于自由度为 n 的卡方分布所得到的 α 分位数，同时标准正态分布的分位数记为 z_α，因此可以得到：

$$\alpha = P\left(\chi^2(n) < \chi^2_\alpha(n)\right) = P\left(\frac{\chi^2(n)-n}{\sqrt{2n}} < \frac{\chi^2_\alpha(n)-n}{\sqrt{2n}}\right) \approx P(Z < z_\alpha)$$

请注意，$\chi^2(n)$ 是一个随机变量，而 $\chi^2_\alpha(n)$ 是一个非随机的数字，另外 Z 表示的是一个标准正态分布的随机变量。因此，应有 $(\chi^2_\alpha(n)-n)/\sqrt{2n} \approx z_\alpha$。该近似变换的精确度会随着自由度的增加而增加。为了验证这一点，定义 $\alpha=0.95$，然后考察不同的自由度下 $q_\alpha = (\chi^2(n)-n)/\sqrt{2n}$ 的取值情况，并绘制图 2.22。当 $\alpha=0.95$ 时，标准正态分布的分位数为 $z_\alpha = 1.65$。可以看到，随着自由度 n 的增加，q_α 与 z_α 的差异越来越小。由此而见，所谓的卡方分布，只要自由度足够大，其实到最后也是正态分布。这个现象也并不少见。统计学中的大量分布都有这个特征，只要某一个量（如自由度）足够大，最后这个分布就"皈依"为正态分布，这就是中心极限定理的独特魅力。

前文得到了 σ^2 的置信水平为 $1-\alpha$ 的置信区间为 $\left[n\hat{\sigma}^2/\chi^2_{1-\alpha/2}(n-1), n\hat{\sigma}^2/\chi^2_{\alpha/2}(n-1)\right]$。由于 $(\chi^2_\alpha(n)-n)/\sqrt{2n} \approx z_\alpha$，因此有 $\chi^2_\alpha(n) \approx \sqrt{2n}z_\alpha + n$。利用卡方分布分位数和正态分布分位数的近似关系，基于正态分布也可以得到一个置信区间：

$$\left[\frac{n\hat{\sigma}^2}{\sqrt{2(n-1)}z_{1-\alpha/2}+n-1}, \frac{n\hat{\sigma}^2}{\sqrt{2(n-1)}z_{\alpha/2}+n-1}\right]$$

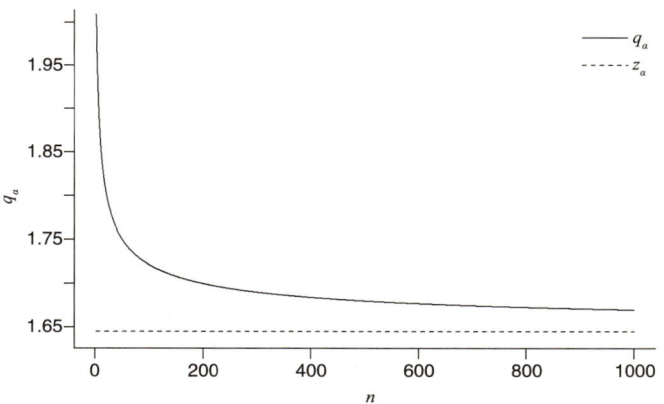

图 2.22　不同自由度下 q_α 的取值变化

这两种置信区间的区别有多大呢？不妨通过一个实际例子来计算对比一下。使用上证综指从 1997 年 1 月到 2021 年 7 月总共 5951 天的日度收益率数据，分别基于卡方分布分位数和正态分布分位数，求出方差的 95% 置信区间。计算可得样本方差 $\hat{\sigma}^2 = 2.455$。样本量 $n=5951$，通过查表可以得到相应的卡方分布分位数 $\chi^2_{1-\alpha/2}(n-1) = 6165.695$ 和 $\chi^2_{\alpha/2}(n-1) = 5738.094$，以及变换后的正态分布分位数 $\sqrt{2(n-1)}z_{1-\alpha/2} + n-1 = 6163.807$，$\sqrt{2(n-1)}z_{\alpha/2} + n-1 = 5736.193$。代入计算，得到基于卡方分布分位数的置信区间为 $[2.3696, 2.5461]$，基于正态分布分位数的置信区间为 $[2.3703, 2.5470]$，二者的差距并不大，原因是本案例所涉及的样本量足够大。

最后再以股票收益率为例，展示方差置信区间估计的应用，仍然使用前面章节中多次使用的 2019—2020 年上海证券交易所的 1422 只主板 A 股的日度收益率数据。对于每只股票，日度收益率的方差度量了它的风险，可以对每只股票求出方差的 95% 置信区间，并按照股票日度收益率的均值从小到大进行排序，以排序为横轴，日度收益率方差的置信区间为纵轴画出图 2.23。观察图 2.23 可以获得几个有趣的发现。第一，整体而言，上方的线段长度更长，也就是样本方差越大的线段置信区间越大，这可以得到合理的解释，当样本量 n 和置信水平 α 都确定时，置信区间长度 $\hat{\sigma}^2 \{n/\chi^2_{\alpha/2}(n-1) - n/\chi^2_{1-\alpha/2}(n-1)\}$ 是与 $\hat{\sigma}^2$ 成正比的。第二，股票日度收益率的方差置信区间取值和均值大小有微弱的正相关，这似乎验证了高风险高回报的预期。第三，注意到少数股票的方差极大，整个置信区间都远离于平均水平，如 *ST 环球，其置信区间为 $[18.311, 23.571]$，如此高的方差区间估计说明该股票的投资风险很大。第四，注意到少数股票的方差极小，整个置信区间都远小于平均水平，如某银行的置信区间为 $[0.787, 1.013]$，这说明该股票的投资风险较小。

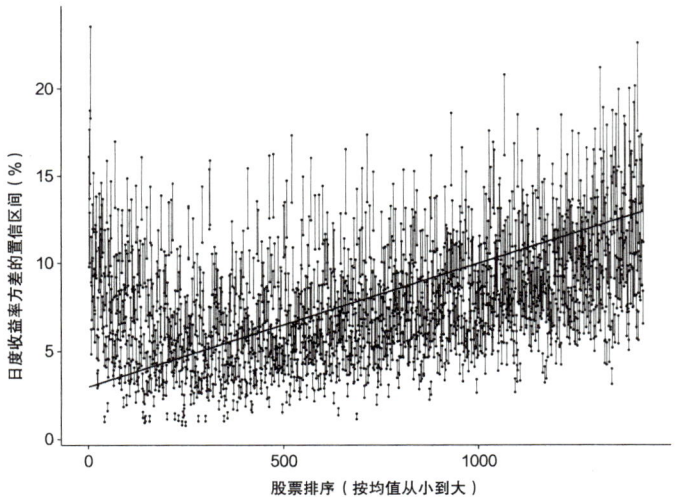

图 2.23　2019—2020 年上海证券交易所的 1422 只主板 A 股的日度收益率方差的置信区间

本节首先介绍了方差区间估计所需要用到的卡方分布，展示了其概率密度函数和性质，接着基于卡方分布给出了方差区间估计的形式；然后探讨了卡方分布与正态分布的关系，并给出了基于正态分布的方差近似区间估计；最后结合具体案例，展示了方差区间估计的应用。目前所学习的对均值和方差的区间估计，都是基于正态分布假定的。那么当数据服从其他分布（如 0-1 分布、泊松分布、指数分布）时，如何对参数进行区间估计呢？这就是下一节将要学习的内容。

① 除了本文开头提到的四个案例，你还能想到哪些方差在实际中的应用？

② 请寻找你感兴趣的实际数据，用基于卡方分布分位数的方法求出置信水平为 95% 的方差的置信区间，并对结果进行解读。然后再用基于正态分布分位数的方法求出置信水平为 95% 的方差的置信区间。对比两种方法得到的置信区间结果，它们的差异大吗？

③ 请试着收集一些不同的股票日度收益率数据，然后分别对各个行业股票日度收益率的方差进行区间估计，对比各个行业的估计结果，会有什么发现？

2.5 其他分布参数的区间估计

前面几个章节以正态分布为例,讲述了如何对正态分布的均值和方差进行区间估计,从中可以看到对不同参数进行区间估计的重要性。与点估计相比,区间估计最大的特点就是能够在一定程度上反映估计量的精确程度(或者不确定性)。在给定置信度的前提下,估计精度越高,不确定性越小,置信区间的长度就越小,反之亦然。因此,区间估计是一个非常有用的统计学工具,需要熟练掌握。但是,在实际工作中,除了正态分布以外,还常常会碰到很多其他的重要分布(如指数分布、0-1分布、泊松分布),它们也常被用于描述不同事件的不确定性。同理,对这些分布中的参数进行估计同样十分重要。本节就将重点讨论如何对常见分布的参数进行区间估计。

指数分布

首先以指数分布为例,探讨如何进行参数估计。假设有一组独立同分布的随机变量 $X_1,\cdots,X_n$,其中任意一个变量 X_i 都服从参数为 λ 的指数分布,因此该分布的期望为 λ,方差为 λ^2。如何对参数 λ 进行估计呢?在之前的章节中我们学习了两种经典的参数估计方法——矩估计和极大似然估计,因此下面首先使用这两种方法估计 λ。我们先研究矩估计,由于指数分布的期望为 λ,因此可以考虑一阶矩,为此只需要用样本均值 $\bar{X}$ 估计总体均值 λ 即可,所以 λ 的一个矩估计是 $\hat{\lambda}_{mm} = \bar{X}$。接下来再研究一下极大似然估计,首先需要写出对数似然函数 $\ln \mathcal{L}(\lambda) = -\sum_{i=1}^{n} X_i / \lambda - n\ln \lambda$,然后计算对数似然函数对 λ 的导数,并求解导数等于 0 的方程,即可求得 λ 的极大似然估计,具体过程如下:

$$\frac{\partial \ln \mathcal{L}(\lambda)}{\partial \lambda} = \frac{\sum_{i=1}^{n} X_i}{\lambda^2} - \frac{n}{\lambda} = 0 \Rightarrow \hat{\lambda}_{\text{MLE}} = \frac{1}{n}\sum_{i=1}^{n} X_i = \bar{X}$$

由此可见，参数 λ 基于一阶矩的矩估计和极大似然估计是相同的，都是样本均值 $\bar{X}$，统一记为 $\hat{\lambda}$。显然 $\hat{\lambda}$ 具有不确定性，因而一定会产生估计误差。

那么这个估计误差有多大呢？是不是随着样本量的增大而减小呢？为了直观说明，设定真实值 $\lambda=1$，然后在不同样本量（$n=10,100,1000$）下，生成1000组数据，分别计算 $|\hat{\lambda}-\lambda|$ 并绘制对比箱线图，如图2.24所示。可以看到，当样本量更大时，$\hat{\lambda}$ 和 λ 之间的距离平均水平（以中位数计）更接近0，而且波动性更小。

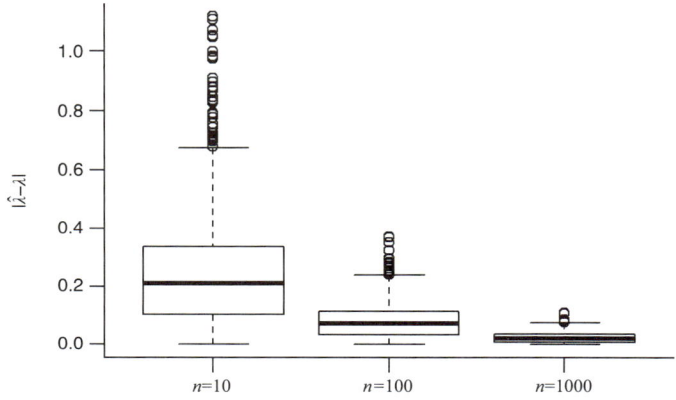

图2.24　指数分布中不同样本量下的 $|\hat{\lambda}-\lambda|$ 的对比箱线图

接下来研究 $\hat{\lambda}$ 和 λ 之间的差异服从什么分布。考虑三个不同的样本量（$n=10,100,1000$），分别进行1000次实验，在每次实验中用得到的样本计算 $\hat{\lambda}-\lambda$，然后将所有得到的1000个 $\hat{\lambda}-\lambda$ 绘制成直方图，如图2.25所示。从图中可以看到，随着样本量的增大，$\hat{\lambda}-\lambda$ 的形状越来越近似于正态分布。这个结果并不意外，因为在2.3节中已经学习过中心极限定理：如果独立随机变量 X_i 服从均值为 μ、方差为 σ^2 的分布，无论该分布是哪一种分布，标准化随机变量 $Z=\sqrt{n}(\bar{X}-\mu)/\sigma$ 都会随着样本量 n 增大而渐近地服从标准正态分布，其中，$\mu=\mathrm{E}(X)$，$\sigma^2=\mathrm{var}(X)$。对指数分布而言，有 $\mu=\mathrm{E}(X)=\lambda$ 且 $\sigma^2=\mathrm{var}(X)=\lambda^2$。因此，标准化随机变量 $Z=\sqrt{n}(\hat{\lambda}-\lambda)/\lambda$ 应近似服从一个标准正态分布，而且样本量越大，近似效果越好。由此可以知道，$\hat{\lambda}-\lambda$ 也随样本量 n 增大而渐近地服从正态分布。计算一下可以知道其均值为0，方差为 λ^2/n，相应的正态分布曲线也在图2.25中用虚线画了出来。

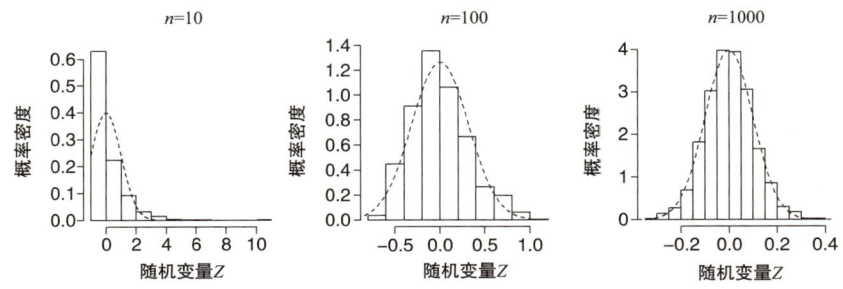

图 2.25 指数分布中不同样本量下 $\hat{\lambda}-\lambda$ 的直方图

由中心极限定理知道，标准化随机变量 $Z=\sqrt{n}(\bar{X}-\mu)/\sigma=\sqrt{n}(\hat{\lambda}-\lambda)/\lambda$ 渐近服从标准正态分布。因此，可以求解出 λ 在 $1-\alpha$ 置信水平下的近似置信区间，细节如下：

$$P\left(z_{\alpha/2} \leq \frac{\sqrt{n}(\hat{\lambda}-\lambda)}{\lambda} \leq z_{1-\alpha/2}\right) \approx 1-\alpha \Rightarrow P\left(\sqrt{n}-z_{1-\alpha/2} \leq \frac{\sqrt{n}\hat{\lambda}}{\lambda} \leq \sqrt{n}+z_{1-\alpha/2}\right) \approx 1-\alpha$$

$$\mathcal{L}P\left(\frac{1}{\sqrt{n}+z_{1-\alpha/2}} \leq \frac{\lambda}{\sqrt{n}\hat{\lambda}} \leq \frac{1}{\sqrt{n}-z_{1-\alpha/2}}\right) \approx 1-\alpha \Rightarrow P\left(\frac{\sqrt{n}\hat{\lambda}}{\sqrt{n}+z_{1-\alpha/2}} \leq \lambda \leq \frac{\sqrt{n}\hat{\lambda}}{\sqrt{n}-z_{1-\alpha/2}}\right) \approx 1-\alpha$$

请注意，这里用到了 $z_{\alpha/2}=-z_{1-\alpha/2}$，于是得到 λ 的一个 $1-\alpha$ 近似置信区间为：

$$\left[\frac{\sqrt{n}\hat{\lambda}}{\sqrt{n}+z_{1-\alpha/2}}, \frac{\sqrt{n}\hat{\lambda}}{\sqrt{n}-z_{1-\alpha/2}}\right]$$

使用这个置信区间要求 $\sqrt{n}-z_{1-\alpha/2}>0$，也就是 $n>z_{1-\alpha/2}^2$。在上面的求解过程中，转换不等式 $\left|\sqrt{n}(\hat{\lambda}-\lambda)/\lambda\right| \leq z_{\alpha/2}$ 这个操作似乎稍微有些麻烦。造成麻烦的原因是 $Z=\sqrt{n}(\hat{\lambda}-\lambda)/\lambda$ 的分母中也含有参数 λ。有没有什么更简易的构造置信区间的方法呢？可以考虑用 $\hat{\lambda}$ 去代替 Z 的计算式分母中的 λ。这就相当于用 $\hat{\sigma}=\hat{\lambda}$ 代替了 $Z=\sqrt{n}(\bar{X}-\mu)/\sigma$ 中的 σ。这个新的标准化变量 $\hat{Z}=\sqrt{n}(\hat{\lambda}-\lambda)/\hat{\lambda}$ 仍然是渐近服从标准正态分布的，因此可得：

$$P\left(z_{\alpha/2} \leq \frac{\sqrt{n}(\hat{\lambda}-\lambda)}{\hat{\lambda}} \leq z_{1-\alpha/2}\right) \approx 1-\alpha \Rightarrow P\left(\hat{\lambda}-\frac{z_{1-\alpha/2}\hat{\lambda}}{\sqrt{n}} \leq \lambda \leq \hat{\lambda}+\frac{z_{1-\alpha/2}\hat{\lambda}}{\sqrt{n}}\right) \approx 1-\alpha$$

由此可以获得 λ 的另一种 $1-\alpha$ 近似置信区间，即

$$\left[\hat{\lambda} - \frac{z_{1-\alpha/2}\hat{\lambda}}{\sqrt{n}}, \hat{\lambda} + \frac{z_{1-\alpha/2}\hat{\lambda}}{\sqrt{n}}\right]$$

同一个参数的置信区间，竟然有两种不同的构造方法。这个现象意外吗？不意外。就像对同一个参数，可能有不同的点估计方法（矩估计与极大似然估计），因此也很有可能有不同的区间估计方法。这便产生了一个问题：不同的置信区间，哪一个更好？这是一个很好的问题，更深入的研究可以从两个方面展开。一方面是用极限理论去对比分析它们的理论性质。在控制置信度相同的前提下，从理论上对比两种置信区间的长度。另一方面是可以做随机模拟对比估计效果，在保证置信度相同的前提下，从数值模拟的角度对比置信区间的长度。类似的问题在其他分布中也大量存在，为简单呈现，在接下来的讨论中，只讨论最简便的置信区间构造方式。

请注意上面构造的置信区间是基于中心极限定理构造的近似的置信区间，所谓近似是指其真实的置信水平不是 $1-\alpha$，而是近似 $1-\alpha$。样本量越大，近似效果越好。如何理解这个渐近的置信水平呢？为此，可以先设置一个参数 $\lambda = 1$，并设定置信水平为 $1-\alpha = 95\%$，然后尝试不同的样本量 n。对于一个给定的样本量 n，用上文介绍的第二种构造方式构造一个置信区间，然后判断该区间是否覆盖真实参数。重复该实验 1000 次，并计算置信区间覆盖真实参数的比率，呈现在图 2.26 中。可见随着样本量的增大，置信区间的实际覆盖率（方柱的高度）逐渐接近理论水平 95%（图 2.26 中的虚线）。这便是渐近置信水平中"渐近"的含义，随着样本量增大，置信区间覆盖真实参数的概率渐近于 $1-\alpha$。

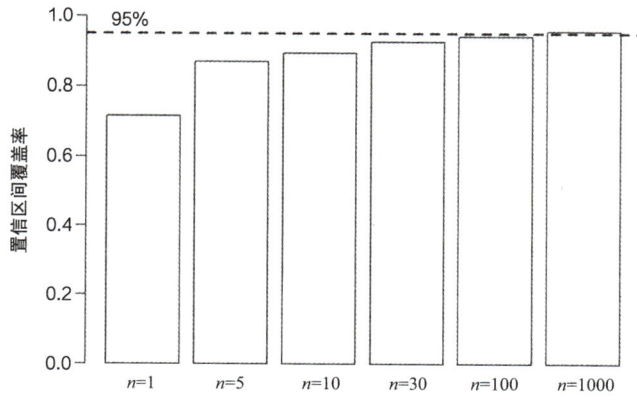

图 2.26　指数分布中不同样本量下 λ 的 95% 近似置信区间的覆盖率

0-1 分布

首先讨论 0-1 分布的参数估计。假设有一组独立同分布的随机变量 $X_1,\cdots,X_n$，其中任意一个变量 X_i 只有 0 和 1 两个取值，并且定义 $p=P(X_i=1)$，因此 $P(X_i=0)=1-p$。通过进一步计算可以知道，此时 0-1 分布的期望为 p，方差为 $p(1-p)$。如何对参数 p 进行估计呢？仍然可以使用矩估计和极大似然估计两种方法。矩估计中，选择一阶矩，只需要用样本均值 $\bar{X}$ 估计总体均值 p 即可。所以 p 的一个矩估计是 $\hat{p}_{mm}=\bar{X}$。接下来进行极大似然估计，首先需要写出对数似然函数 $\ln \mathcal{L}(p)=\left(\sum_{i=1}^{n} X_i\right)\ln p+\left(\sum_{i=1}^{n} X_i\right)\ln(1-p)$，求该函数对 p 的导数，然后令导数为 0 可得 p 的极大似然估计如下：

$$\frac{\partial \ln \mathcal{L}(p)}{\partial p}=\frac{\sum_{i=1}^{n} X_i}{p}-\frac{n-\sum_{i=1}^{n} X_i}{1-p}=0 \Rightarrow \hat{p}_{\text{MLE}}=\frac{1}{n}\sum_{i=1}^{n} X_i=\bar{X}$$

再次发现，在 0-1 分布中矩估计和极大似然估计是相同的，都是样本均值 $\bar{X}$，记为 $\hat{p}$。接下来考察估计量 $\hat{p}$ 的估计误差随着样本量的增大会如何变化。设定 $p=0.5$，然后在不同样本量（$n=10,100,1000$）下生成 1000 组数据，分别计算 $|\hat{p}-p|$ 并绘制对比箱线图，如图 2.27 所示。可以看到，当样本量增加时，$\hat{p}$ 和 p 之间的距离更接近 0，波动性更小。

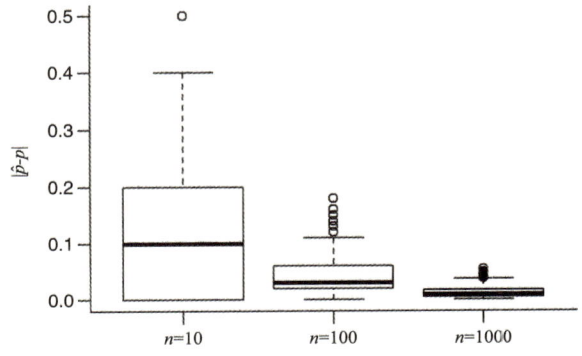

图 2.27　0-1 分布中不同样本量下的 $|\hat{p}-p|$ 的对比箱线图

接下来我们再研究下 $\hat{p}-p$ 服从什么分布，会不会和前面指数分布中的 $\hat{\lambda}-\lambda$ 一样，渐近服从正态分布呢？考虑不同的样本量（$n=1,10,100$），分别进行 1000 次实验，在每次实验中用得到的样本计算 $\hat{p}-p$，然后将所有得到的 1000 个 $\hat{p}-p$ 绘制成直方图，再画出对应的正态分布概率密度曲线，如图 2.28 所示。可以看到，随着样本量 n 的增大，

$\hat{p}-p$ 越来越近似正态分布。这个发现非常有趣，但并不令人惊讶。因为这是一个完全可以由中心极限定理解释的现象，详细情况如下。对于 0–1 分布，有 $\mu = \mathrm{E}(X) = p$ 且 $\sigma^2 = \mathrm{var}(X) = p(1-p)$，标准化随机变量为 $Z = \sqrt{n}(\bar{X}-\mu)/\sigma = \sqrt{n}(\hat{p}-p)/\sqrt{p(1-p)}$。由中心极限定理可知，该随机变量应渐近服从标准正态分布，因此 $\hat{p}-p$ 也随样本量 n 增大而渐近地服从正态分布，而且样本量越大近似效果越好。

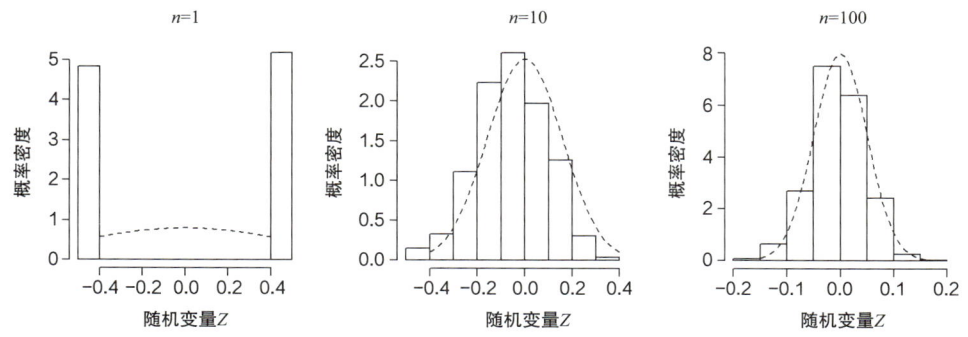

图 2.28　0–1 分布中不同样本量下 $\hat{p}-p$ 的直方图

下面可以利用中心极限定理，构造 p 的置信水平为 $1-\alpha$ 的近似置信区间。为使构造更加简便，用 $\hat{p}$ 代替 $Z = \sqrt{n}(\hat{p}-p)/\sqrt{p(1-p)}$ 分母中的 p，得到的 $\hat{Z} = \sqrt{n}(\hat{p}-p)/\sqrt{\hat{p}(1-\hat{p})}$ 仍然是随着 n 的增大渐近服从标准正态分布的，所以有：

$$P\left(z_{\alpha/2} \leqslant \frac{\sqrt{n}(\hat{p}-p)}{\sqrt{\hat{p}(1-\hat{p})}} \leqslant z_{1-\alpha/2}\right) \approx 1-\alpha$$

$$\Rightarrow P\left(\hat{p} - z_{1-\alpha/2}\sqrt{\frac{\hat{p}(1-\hat{p})}{n}} \leqslant p \leqslant \hat{p} + z_{1-\alpha/2}\sqrt{\frac{\hat{p}(1-\hat{p})}{n}}\right) \approx 1-\alpha$$

于是得到 p 的一个 $1-\alpha$ 近似置信区间为：

$$\left[\hat{p} - z_{1-\alpha/2}\sqrt{\frac{\hat{p}(1-\hat{p})}{n}},\ \hat{p} + z_{1-\alpha/2}\sqrt{\frac{\hat{p}(1-\hat{p})}{n}}\right]$$

前面提到，$1-\alpha$ 是一个随着样本量 n 增大而渐近的置信水平。也就是说，置信区间覆盖参数真值的概率并不精确等于 $1-\alpha$，而是随着样本量的增大而逐渐趋于 $1-\alpha$。0–1 分布的近似置信区间是否仍然符合这个规律呢？可以进行随机模拟来验证。先设置 0–1 分布的参数 $p=0.5$，并设定置信水平为 $1-\alpha=95\%$，然后尝试不同的样本量 n。对于一个

给定的样本量 n，构造一个置信区间，然后判断该区间是否覆盖真实参数。重复该实验 1000 次，并计算置信区间覆盖真实参数的比率（方柱的高度），如图 2.29 所示。由图可知，其仍然符合渐近的规律，随着样本量的增大，置信区间的真实覆盖率逐渐接近理论水平 95%（图 2.29 中的虚线）。

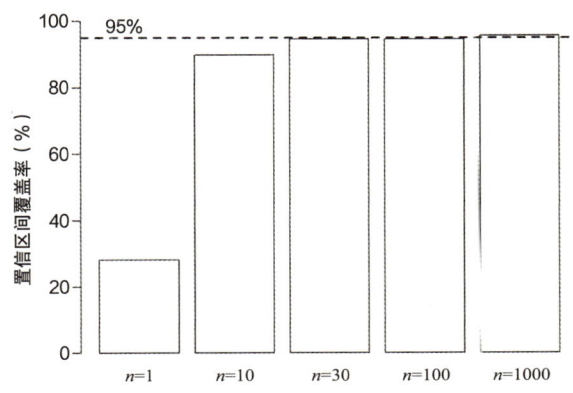

图 2.29　0–1 分布中不同样本量下 p 的 95% 近似置信区间的覆盖率

泊松分布

下面讨论泊松分布参数的区间估计。泊松分布只有一个参数 λ，仍然可以使用矩估计和极大似然估计两种方法对其进行估计。假设有一组独立同分布的随机变量 $X_1,\cdots,X_n$，其中任意一个变量 X_i 都服从参数为 λ 的泊松分布，于是有 $\mathrm{E}(X_i)=\lambda$，$\mathrm{var}(X_i)=\lambda$。进行矩估计时，仍然考虑一阶矩，则 $\hat{\lambda}_{mm}=\bar{X}$。接下来计算 λ 的极大似然估计，写出对数似然函数 $\ln\mathcal{L}(\lambda)=-n\lambda+\left(\sum_{i=1}^{n}X_i\right)\ln\lambda-\sum_{i=1}^{n}\ln(X_i!)$，并通过求导可得：

$$\frac{\partial \ln\mathcal{L}(\lambda)}{\partial \lambda}=-n+\frac{\sum_{i=1}^{n}X_i}{\lambda}=0 \Rightarrow \hat{\lambda}_{\mathrm{MLE}}=\frac{1}{n}\sum_{i=1}^{n}X_i=\bar{X}$$

可以发现，关于泊松分布的参数 λ 的矩估计和极大似然估计也是一样的，都是样本均值 $\bar{X}$，记为 $\hat{\lambda}$。接下来同样考察 $\hat{\lambda}$ 与 λ 的距离随样本量的变化。设定参数 $\lambda=3$，在不同的样本量（$n=10,100,1000$）下分别进行 1000 次随机模拟，绘制 $|\hat{\lambda}-\lambda|$ 的对比箱线图如图 2.30 所示，可见当样本量更大时，$\hat{\lambda}$ 和 λ 之间的距离平均水平（以中位数计）更接近

于 0，波动性更小。

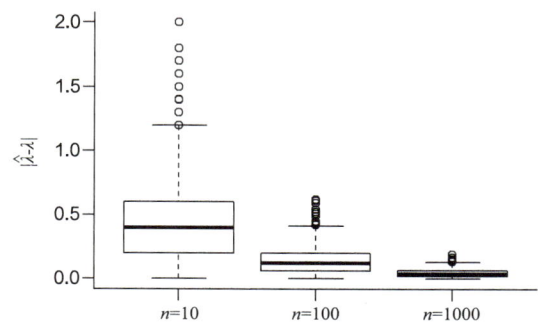

图 2.30　泊松分布中不同样本量下的 $|\hat{\lambda}-\lambda|$ 的对比箱线图

再通过随机模拟验证一下 $\hat{\lambda}-\lambda$ 的渐近分布。同样设置 $\lambda=3$，考虑三个不同的样本量（$n=1,10,100$），分别进行 1000 次实验，在每次实验中计算 $\hat{\lambda}-\lambda$，然后将所有得到的 1000 个 $\hat{\lambda}-\lambda$ 绘制成直方图，如图 2.31 所示。可见随着样本量的增大，$\hat{\lambda}-\lambda$ 的形状也越来越近似于正态分布。

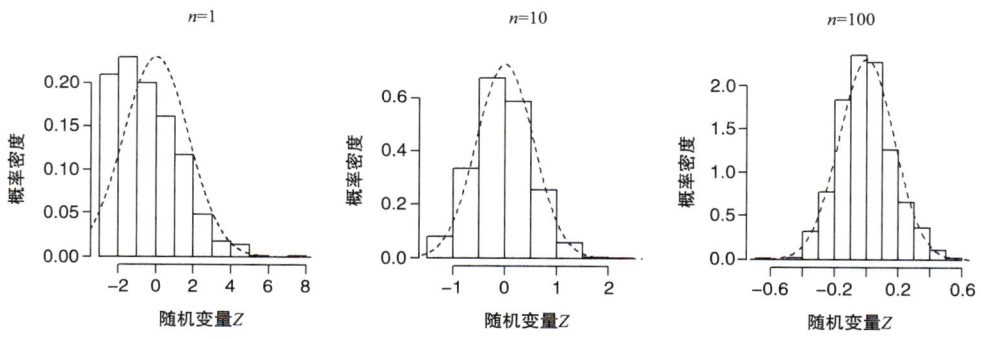

图 2.31　泊松分布中不同样本量下 $\hat{\lambda}-\lambda$ 的直方图

接下来使用与前面两个分布相同的步骤，构造 λ 的置信区间。根据中心极限定理，标准化的随机变量 $\hat{Z}=\sqrt{n}(\hat{\lambda}-\lambda)/\sqrt{\hat{\lambda}}$ 随样本量 n 的增大渐近服从标准正态分布，所以当样本量 n 足够大时，可以有

$$P\left(z_{\alpha/2} \leqslant \frac{\sqrt{n}(\hat{\lambda}-\lambda)}{\sqrt{\hat{\lambda}}} \leqslant z_{1-\alpha/2}\right) \approx 1-\alpha$$

$$\Rightarrow P\left(\hat{\lambda}-z_{1-\alpha/2}\sqrt{\hat{\lambda}/n} \leqslant \lambda \leqslant \hat{\lambda}+z_{1-\alpha/2}\sqrt{\hat{\lambda}/n}\right) \approx 1-\alpha$$

因此，泊松分布中参数 λ 的一个近似 $1-\alpha$ 置信区间为：

$$\left[\hat{\lambda} - z_{1-\alpha/2}\sqrt{\hat{\lambda}/n}, \hat{\lambda} + z_{1-\alpha/2}\sqrt{\hat{\lambda}/n}\right]$$

同样可以通过进行随机模拟来验证置信区间对真值 λ 的覆盖率是否接近 $1-\alpha$。设置参数 $\lambda=3$，并设定置信水平为 $1-\alpha=95\%$，然后尝试不同的样本量 n。对于一个给定的样本量 n，构造一个置信区间，然后判断该区间是否覆盖真实参数。重复该实验 1000 次，并计算置信区间覆盖真实参数的比率（方柱的高度），呈现在图 2.32 中。可以看到，仍然符合置信区间覆盖率随着样本量 n 的增大渐近于 $1-\alpha=95\%$（虚线）的规律。

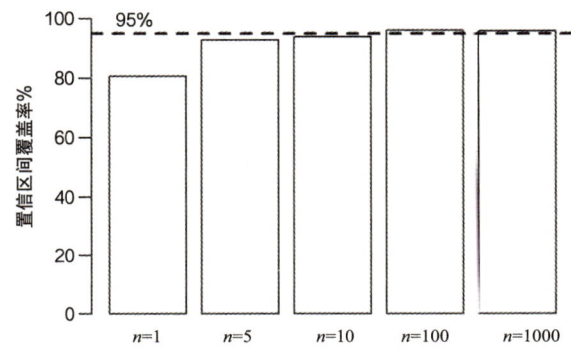

图 2.32　泊松分布中不同样本量下 λ 的 95% 近似置信区间的覆盖率

一般分布的均值

以上已经讨论了指数分布、0-1 分布和泊松分布这三种分布中参数的区间估计，这些都是对已知形式的特定分布进行参数估计的方法，其中构造置信区间的细节是因分布的不同而不同的。为讨论方便，将这一大类依赖于特定分布的置信区间构造方法称为特定分布方法。区别于特定分布方法的一般分布方法，可以对任意分布的均值的置信区间进行估计。假设有一组独立同分布的随机变量 $X_1,\cdots,X_n$，只知道 X_i 服从均值为 μ、方差为 σ^2 的分布，但并不知道分布的具体形式。这时如果希望对均值 μ 进行区间估计，该怎么做呢？仍然可以使用中心极限定理，只要确保均值和方差存在就可以。具体而言，根据中心极限定理，知道 $Z=\sqrt{n}(\bar{X}-\mu)/\sigma$ 随样本量 n 的增大渐近服从标准正态分布。由于 σ 是未知的，只好用估计值代替它，例如，σ 的一个估计量是 $\hat{\sigma}=\sqrt{\sum_{i=1}^{n}(X_i-\bar{X})^2/n}$。此时得到的 $\hat{Z}=\sqrt{n}(\bar{X}-\mu)/\hat{\sigma}$ 仍然具有渐近正态性。确定置信水平 α 后，当样本量 n 足够大时，可以有：

$$P\left(z_{\alpha/2} \leqslant \frac{\sqrt{n}(\bar{X} - \mu)}{\hat{\sigma}} \leqslant z_{1-\alpha/2}\right) \approx 1 - \alpha$$

$$\Rightarrow P\left(\bar{X} - \frac{\hat{\sigma} z_{1-\alpha/2}}{\sqrt{n}} \leqslant \mu \leqslant \bar{X} + \frac{\hat{\sigma} z_{1-\alpha/2}}{\sqrt{n}}\right) \approx 1 - \alpha$$

因此，可得关于一般分布均值的一个 $1-\alpha$ 近似区间为：

$$\left[\bar{X} - \frac{\hat{\sigma} z_{1-\alpha/2}}{\sqrt{n}}, \bar{X} + \frac{\hat{\sigma} z_{1-\alpha/2}}{\sqrt{n}}\right]$$

这与方差未知时正态分布中均值的区间估计结果是相同的。

请问：这个适用于大量一般分布的方法能不能用来为指数分布、0–1分布和泊松分布等特定分布的参数提供区间估计呢？当然可以。但结果可能会与前面所介绍的特定分布方法略有不同。哪一个区间估计更好呢？这是一个好问题。一般而言，因为特定分布方法充分利用特定分布的分布信息，特定分布方法构造的置信区间会比一般分布方法构造的置信区间更短，所以更精确。例如，如果知道某计数型数据服从泊松分布，那么就能够知道该分布的均值等于方差，因此方差就没必要单独估计，而是集中所有数据信息把均值这个参数估计出来。这是一个非常宝贵的先验知识，对一般分布而言是没有的。

当然，凡事有利必有弊。至少存在两种情况，特定分布方法并不优于一般分布方法。第一种情况，恰好两种方法构造的置信区间一样。例如，对于正态分布而言，两种方法构造的置信区间完全一样。第二种情况，真实分布其实并不是用户指定的那个特定分布。例如，面对一个计数型数据，用户觉得它应服从泊松分布，因此隐含了一个假设：均值等于方差。但是数据的真实分布的均值明显小于方差，此时根据基于泊松分布构造的置信区间是完全错误的，会产生严重偏差。由于一般分布方法的有效性不依赖于特定的分布假设，因此一般分布方法构造的置信区间仍然是渐近有效的。从这个角度看，一般分布方法更加稳健。

案例演示

下面对三个实际案例分别用特定分布方法和一般分布方法进行分析，展示区间估计的应用，并对比特定分布方法和一般分布方法的不同。

案例1为直播间滞留时长，采用某直播间某次直播中的500个用户数据。假设用户在直播间的滞留时长服从指数分布，然后用不同方法分别估计用户滞留时长均值的 $1-\alpha = 95\%$

近似置信区间。首先用特定分布方法估计，置信区间为 $\left[\hat{\lambda}-z_{1-\alpha/2}\hat{\lambda}/\sqrt{n},\hat{\lambda}+z_{1-\alpha/2}\hat{\lambda}/\sqrt{n}\right]$。这里需要计算指数分布参数 λ 的估计量。根据 1.5 节对指数分布的学习可知，指数分布的总体均值等于参数 λ，因此可得参数 λ 的估计量 $\hat{\lambda}=\bar{X}=0.9522$。另外查表得 $z_{0.975}=1.96$，代入公式得置信区间为 $[0.8687,1.0357]$。然后尝试采用一般分布方法，其置信区间表达式为 $\left[\bar{X}-\hat{\sigma}z_{1-\alpha/2}/\sqrt{n},\bar{X}+\hat{\sigma}z_{1-\alpha/2}/\sqrt{n}\right]$，计算得到样本标准差为 $\hat{\sigma}=\sqrt{\sum_{i=1}^{n}\left(X_i-\bar{X}\right)^2/n}=0.8939$，所以得到滞留时长的 95% 近似置信区间为 $[0.8738,1.0305]$。可以看到两种方法得到的置信区间很接近。

案例 2 为股价涨跌情况，使用上证综指自 2021 年 1 月 5 日至 2021 年 12 月 31 日共 242 个交易日的涨跌数据。对每个交易日定义一个 0–1 型变量 X_i，如果上涨则 $X_i=1$，如果下跌则 $X_i=0$。使用两种不同的方法来构造该 0–1 分布中参数 p 的置信区间。首先使用特定分布方法，置信区间表达式为 $\left[\hat{p}-z_{1-\alpha/2}\sqrt{\hat{p}(1-\hat{p})/n},\hat{p}+z_{1-\alpha/2}\sqrt{\hat{p}(1-\hat{p})/n}\right]$。这里需要计算 0–1 分布中参数 p 的估计量。根据 1.6 节对 0–1 分布的学习可知，0–1 分布的总体均值等于参数 p，因此可得参数 p 的估计量为：$\hat{p}=\bar{X}=0.5207$，代入置信区间的表达式，得到上涨概率 p 的一个 95% 近似置信区间为 $[0.4577,0.5836]$。然后尝试用一般分布方法计算样本标准差，根据极大似然估计可得 $\hat{\sigma}=\sqrt{\sum_{i=1}^{n}\left(X_i-\bar{X}\right)^2/n}=0.4996$，代入 $\left[\bar{X}-\hat{\sigma}z_{1-\alpha/2}/\sqrt{n},\bar{X}+\hat{\sigma}z_{1-\alpha/2}/\sqrt{n}\right]$，得到另一个 95% 近似置信区间为 $[0.4577,0.5836]$。发现这个结果与特定分布方法得到的结果完全一样。其根本原因在于，对于 0–1 分布，可以简单验证 $\hat{\sigma}^2=\hat{p}(1-\hat{p})$。

案例 3 使用某超市在某年获得的 87 位消费者的购买次数的公开数据。假设消费者的购买次数服从泊松分布，仍然选定置信水平为 $1-\alpha=95\%$。首先使用特定分布方法，区间估计表达式为 $\left[\hat{\lambda}-z_{1-\alpha/2}\sqrt{\hat{\lambda}/n},\hat{\lambda}+z_{1-\alpha/2}\sqrt{\hat{\lambda}/n}\right]$。根据数据计算可得 $\hat{\lambda}=\bar{X}=1.9770$，代入表达式得到 λ 的 95% 近似置信区间为 $[1.6816,2.2725]$。然后使用一般分布方法进行估计，计算标准差估计值 $\hat{\sigma}=\sqrt{\sum_{i=1}^{n}\left(X_i-\bar{X}\right)^2/n}=1.4854$，代入区间估计表达式 $\left[\bar{X}-\hat{\sigma}z_{1-\alpha/2}/\sqrt{n},\bar{X}+\hat{\sigma}z_{1-\alpha/2}/\sqrt{n}\right]$，得到基于一般分布方法的 95% 近似置信区间为 $[1.6649,2.2891]$。两种方法得到的结果仍然差距不大。

两样本问题

目前讨论的都是对单个总体的区间估计。在某些情况下，人们关心的总体不止一个。

例如，人们可能希望对两个总体的均值进行对比分析。为此首先需要从两个总体中各收集一些样本，这就构成了两个独立样本。然后在两个独立样本的帮助下对两个总体的均值差异做区间估计。记第一个独立样本的随机变量为 $X_1,\cdots,X_{n_X}$，并假设服从均值为 μ_X、方差为 σ_X^2 的未知分布；记另一个独立样本的随机变量为 $Y_1,\cdots,Y_{n_Y}$，并假设服从均值为 μ_Y、方差为 σ_Y^2 的未知分布。请注意，这里并没有要求这两个分布是正态分布。这里关心的参数是两个总体的均值差异 $\mu_X-\mu_Y$，而一个自然的矩估计是 $\bar{X}-\bar{Y}$。那么计算一下可以知道 $\bar{X}-\bar{Y}$ 的均值为 $\mu_X-\mu_Y$，方差为 $\sigma_X^2/n_X+\sigma_Y^2/n_Y$。因此，可以对 $\bar{X}-\bar{Y}$ 做一个标准化，得到 $Z=\{(\bar{X}-\bar{Y})-(\mu_X-\mu_Y)\}/\sqrt{\sigma_X^2/n_X+\sigma_Y^2/n_Y}$。由于方差 σ_X^2 和 σ_Y^2 未知，可以用 $\hat{\sigma}_X^2$ 和 $\hat{\sigma}_Y^2$ 代替。根据中心极限定理，$\hat{Z}=\{(\bar{X}-\bar{Y})-(\mu_X-\mu_Y)\}/\sqrt{\hat{\sigma}_X^2/n_X+\hat{\sigma}_Y^2/n_Y}$ 随着样本量 n_X 和 n_Y 的增大而渐近服从标准正态分布。利用这个性质便可以求解出 $\mu_X-\mu_Y$ 的 $1-\alpha$ 近似置信区间如下：

$$P\left(z_{\alpha/2}\leq\frac{\{(\bar{X}-\bar{Y})-(\mu_X-\mu_Y)\}}{\sqrt{\hat{\sigma}_X^2/n_X+\hat{\sigma}_Y^2/n_Y}}\leq z_{1-\alpha/2}\right)\approx 1-\alpha$$

$$\Rightarrow P\left(\bar{X}-\bar{Y}-z_{1-\alpha/2}\sqrt{\hat{\sigma}_X^2/n_X+\hat{\sigma}_Y^2/n_Y}\leq\mu_1-\mu_2\leq\bar{X}-\bar{Y}+z_{1-\alpha/2}\sqrt{\hat{\sigma}_X^2/n_X+\hat{\sigma}_Y^2/n_Y}\right)\approx 1-\alpha$$

因此，关于两样本总体均值差异 $\mu_X-\mu_Y$ 的一个 $1-\alpha$ 近似置信区间为：

$$\left[\bar{X}-\bar{Y}-z_{1-\alpha/2}\sqrt{\frac{\hat{\sigma}_X^2}{n_X}+\frac{\hat{\sigma}_Y^2}{n_Y}},\bar{X}-\bar{Y}+z_{1-\alpha/2}\sqrt{\frac{\hat{\sigma}_X^2}{n_X}+\frac{\hat{\sigma}_Y^2}{n_Y}}\right]$$

接下来通过随机模拟对上面的理论进行展示。简单起见，考虑两个总体都服从相同类型的分布且样本量相同。设置置信水平为 $1-\alpha=95\%$，尝试两个总体都服从正态分布、指数分布、0-1 分布和泊松分布四种情况，并尝试不同的样本量 $n_X=n_Y=n$。对于一个给定的样本量 n，构造一个 $\mu_X-\mu_Y$ 的置信区间，然后判断该区间是否覆盖真实的 $\mu_X-\mu_Y$。重复该实验 1000 次，并计算置信区间覆盖真实参数的比率（方柱的高度），呈现在图 2.33 中。可以看到，无论总体是哪一种分布，都符合置信区间覆盖率随着样本量 n 的增大渐近于 $1-\alpha=95\%$（虚线）的规律。

本节首先介绍了指数分布、0-1 分布和泊松分布的区间估计方法，然后给出了适用于任意分布的一般分布方法，并展示了这些方法在实际案例数据中的应用。此外，还介绍了两样本问题的区间估计方法。整体而言，样本量越大，置信区间越短。在很多情况下，人们对置信区间的长度是有预期的，是不能超过某个给定长度的。在这种情况下需要多大的样本量，才能让置信区间长度满足该预期呢？我们将会在下一节进行学习。

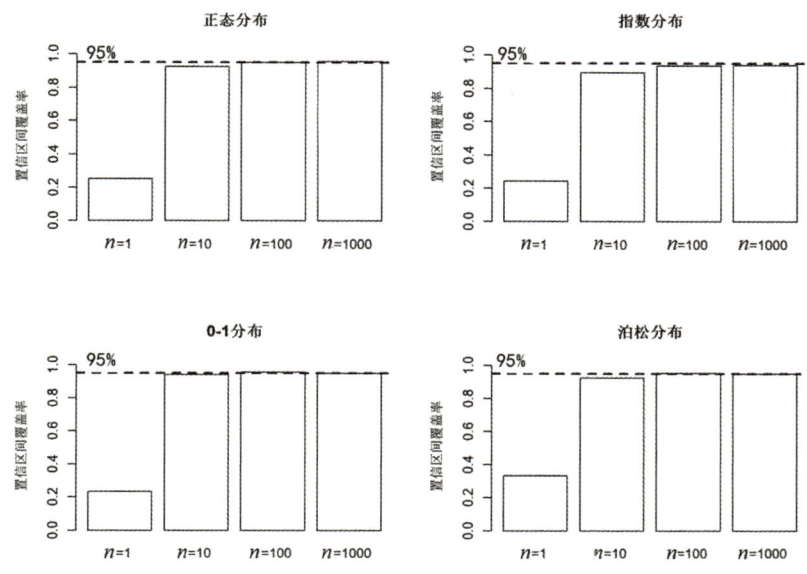

图 2.33　不同分布、不同样本量下 $\mu_X - \mu_Y$ 的 95% 近似置信区间的覆盖率

① 本节对指数分布的讨论中给出了两种近似置信区间，请你尝试设计随机模拟实验，在相同置信度的前提下，对比两种置信区间的长度。

② 请寻找适合用指数分布或泊松分布描述的数据，分别用本节所介绍的基于特定分布的方法和基于一般分布的方法，对均值进行区间估计，然后对两种方法得到的置信区间进行对比。请问两个置信区间的差异大吗？如果差异大，请分析这是为什么。

③ 你在生活中是否碰到过对两总体均值进行假设检验的问题？请收集相应数据，然后构造两总体均值之差的置信区间。

2.6 样本量计算

前面几节的讨论都是在固定样本量的情形下研究如何进行参数估计和区间估计，获得的一个结论是：样本量越大，估计量就越准确，这会表现在置信区间的长度上。具体而言，在一定的置信水平下，置信区间的长度会随着样本量的增加而减小。这说明，样本量影响着参数估计的准确性。从准确估计的角度出发，当然是样本量越大越好。但是，样本量的增大也意味着成本的提升。

从开始学习到现在，你有没有发现一个神奇的 $\sqrt{n}$ 规律？也就是说，绝大多数（不是所有）合理定义的估计量，它的方差都是以 $1/n$ 的速度收敛到 0。这说明，它的标准误差（Standard Error）是以 $1/\sqrt{n}$ 的速度收敛到 0。在很多情况下，标准误差决定了置信区间的长度，也就是用户事实上能够感受到的精度。请问：从节省预算的角度看，$\sqrt{n}$ 规律是一个好消息还是一个坏消息？答：是一个很糟糕的坏消息。为什么？给定一个样本量 n，会产生一个估计量的标准误差。现在，如果要把精度提高一个量级，将标准误差变为原来的十分之一。请问：样本量应该增加到多少？答：不是 10 倍，而是原来的 100 倍。这意味着，至少财务成本大概也要变成原来的 100 倍，这不是一个小数字。

以上的讨论说明：统计量的估计精度是一个不折不扣的奢侈品，越到后面，越奢侈。因此，虽然精度是一个好东西，但是在资源有限的情况下，不能无限奢求。相反，只能设定一个合理的精度诉求（如 1% 的估计误差），然后努力寻找能够满足该诉求的最小样本量。这就是本节要讨论的重要内容。为此，先看几个案例。

案例1：临床试验中的样本量计算。

以临床试验为例，每获得一个样本所需要付出的代价非常昂贵，其中所涉及的成本包括但不限于医院空间（如床位）成本、医护专业人员（如医生、护士）成本、医疗器械耗材（如心脏支架）成本，还有病人和家人付出的各种成本，非常昂贵。在不考虑固定成本的情况下，总成本与样本量的关系基本呈线性关系。需要多大的样本量，就要承担多大的财务压力。但是，随着样本量的增加，统计量的估计精度却不会随样本量线性提升，而是以$\sqrt{n}$的速度提升。比如，想把估计精度提升为原来的10倍，那么样本量要提升为原来的100倍，相应的成本大概要提升100倍；如果想把估计精度提升100倍，那么样本量就要变成原来的10000倍，成本大概也会增加10000倍。由此可见，越到后期，估计精度的提升需要付出的成本就越高昂。为了保证一定的估计精度，就必须付出相对应的样本量。但是过高的样本量意味着沉重的时间与财务成本，是企业和社会都难以承受的。因此，两方面妥协的结果是：在保证估计精度的前提下，样本量越小越好。因此，什么样的估计误差是最大可被接受的误差就成了关键。以高血压为例，临床上认为一片降压药应该能使收缩压下降10～20毫米汞柱[①]，舒张压下降5～10毫米汞柱，这样才可能具有医学意义。面对这样的实际需求，多大的估计误差是可以接受的呢？10毫米汞柱的估计误差能接受吗？显然不能，这与目标疗效都接近了，误差太大了。那么0.1毫米汞柱的估计误差能接受吗？显然可以，这非常小，但可能太奢侈了，实在没有必要。综合分析下，也许1毫米汞柱的估计误差是一个可被接受的误差，这是一个主观与客观相结合的判断。

案例2：产品市场占有率调研。

产品的市场占有率通常指企业中某一产品的销售量（或销售额）在市场同类产品中所占的比重。产品的市场占有率反映了企业在市场上的地位，通常市场占有率越高，目标企业对市场的影响力越强。一般情况下，企业会对自己产品的市场占有率有大概的了解和判断，但并不完全准确，因为市场瞬息万变，市场占有率也在不停变化。如果想知道更准确的市场占有率，怎么办？这就需要进行市场调研。首先找到产品的目标客户，然后调查目标客户对自家产品的使用情况，从而测算出自己产品的市场占有率。显然，被调研的目标客户越多，估计误差就越小。但是过高而不必要的大样本会产生可观的时间和财务成本。因此，企业将面临一个两难的问题。一方面想要更好的精度，希望样本量越大

---

① 1毫米汞柱≈0.133千帕。

越好。另一方面，想节省时间和费用，希望样本量越小越好。两方面妥协的结果是：在保证估计误差可接受的前提下，样本量越少越好。因此，什么是最大可被接受的估计误差就成了关键。假设一个企业的市场占有率大概为20%，但是不知道准确数字。此时如果一个估计量的估计误差为10%，能接受吗？显然不能，太大了，一个单位的估计误差能让市场占有率产生10%/20%=50%的相对变化。那么如果估计误差为0.1%可以接受吗？当然可以，但是太浪费了，不知要耗费多少时间与资源，实在没必要。毕竟对一个市场占有率大概为20%的企业而言，0.1%的市场占有率变化是没有太大实际意义的。因此，综合考虑后，一个可接受的估计误差可能为1%左右，这也是一个主观与客观相结合的结果。

案例3：肿瘤图片标注。

随着科技的进步，互联网和数字化已在众多行业带来颠覆性变革，医疗健康领域也不例外。以肺部肿瘤筛查为例，早期肺癌多以肺小结节的形式出现，医生主要通过CT图像去检查是否存在肺结节，而每次检查都会有多达数百张断层扫描图像，医生仅用肉眼进行判断，费时费力，而且阅读精度会因医生的不同而不同。为了缓解医生的诊断压力，提高诊断精度，智能CT辅助筛查系统发展得越来越成熟。这些智能筛查系统可以大大地提升肺结节筛查的效率。但是要训练一个智能诊断系统，前期需要大量的标注数据。由于医学的特殊性，CT图像的标注通常只能由经过专业培训的医生完成。在标注的过程中，通常需要医生手动确定疾病类型，筛查病变区域并勾画病灶区域等，这一过程需要投入医生大量的时间和精力，因此每一个样本的标注成本都非常昂贵。以相关研究中某个公开的肺部结节CT扫描数据集为例，该数据由美国国家癌症研究所（National Cancer Institute，NCI）发起，美国食品药品监督管理局（Food and Drug Administration，FDA）等多个机构协作，从7家学术机构的影像归档和通信系统中获取并进一步标注而来。其中共包含1000多位患者的CT扫描的图片数据，而每份CT照片数据包含200~400张分辨率为512×512的灰度图片。在所有样本中，98.1%的样本被至少一个医生认为存在肺部结节，每一个样本中结节的位置和直径都被标注了出来。为了保证结节标注正确，每一个病人的CT数据都邀请了四位放射科医生读图，标注成本巨大。但样本中只有1000多位病人的数据。从医学研究的角度看，当然希望样本量越大越好。样本量越大，参数估计越准确，预测精度也越高。但是从前面的讨论可知，过大的样本量意味着过大的时间和财力投入，是不现实的。因此，两方面妥协的结果是：在保证误差可接受的前提下，样本量越小越好。然而，什么样的误差是能被医学实践所接受的最大误差就成了关键。

通过上面几个案例可以看到，计算合适的样本量在很多实际研究问题中非常重要，因为只要进行数据收集，就一定需要考虑两个问题：（1）参数估计（或预测）要达到的精度（或可被接受的最大误差）；（2）数据获取的时间和财务成本。而现在的目的是，在保证估计误差可被接受的前提下最小化数据获取的成本，即样本量。为了研究这个问题，需要明确参数的估计精度和样本量之间的关系。

首先以正态分布的均值估计为例进行阐述。通过前面几节的学习，知道正态分布的均值参数 μ 在 $1-\alpha$ 置信水平下的区间估计为 $\left[\bar{X}-\hat{\sigma}z_{1-\alpha/2}/\sqrt{n}, \bar{X}+\hat{\sigma}z_{1-\alpha/2}/\sqrt{n}\right]$。这是一个以点估计量 $\bar{X}$ 为中心的对称区间，它的长度为 $2\hat{\sigma}z_{1-\alpha/2}/\sqrt{n} \approx 2\sigma z_{1-\alpha/2}/\sqrt{n}$。这个置信区间越宽，对真实参数 μ 的估计误差越大。相反，置信区间越窄，对真实参数 μ 的估计误差越小。置信区间的长度和什么有关系呢？第一，置信水平 $1-\alpha$。当 α 越小，置信水平越高，对应的 $z_{1-\alpha/2}$ 的取值就会越大，所以置信区间的长度就会越大，当然覆盖真实参数 μ 的概率也就更大。第二，正态分布的标准差 σ。标准差 σ 越大，置信区间的长度就会越大。这说明，如果数据的离散程度很大，波动性很大，那么对参数进行推断的可靠性就会变小，进而造成置信区间的长度变大。第三，样本量 n。显然，n 越大，置信区间的长度就会越小。这说明，样本量越多，对真实参数估计的误差就越小。

由此可见，一个置信区间的长度受三个因素影响，它们分别是置信水平 $1-\alpha$、总体方差 σ^2，以及样本量 n。请问：其中哪些是用户可以更改的？第一，置信水平 $1-\alpha$ 不容易随意更改，它往往有约定俗成的规范（如 $1-\alpha=95\%$）。在医学研究中，甚至相关监管机构对此都有严格的规定，因此 $1-\alpha$ 不可随意更改。第二，总体方差 σ^2 不能随意更改，这是由数据自身的不确定性决定的，用户无法更改。因此，用户能够更改的只有样本量 n。

为了简单起见，人们常用置信区间的半区间长度 $E=\sigma z_{1-\alpha/2}/\sqrt{n}$ 来反映置信区间估计误差的大小，简称 E 为边际误差。之所以这样考虑，是因为 E 决定了置信区间的长度。样本量计算的目标就是找到最小的样本量，使得边际误差 $E=\sigma z_{1-\alpha/2}/\sqrt{n}$ 小于一个提前设定的最大可被接受误差 $\varDelta_{\max}$。简单计算如下：

$$E \leq \varDelta_{\max} \Rightarrow n \geq \left(\frac{\sigma z_{1-\alpha/2}}{\varDelta_{\max}}\right)^2 \qquad (2.1)$$

从中可以看到，最小样本量受三个因素影响。第一，置信水平 $1-\alpha$，前面提到该水平受约定俗成或法律法规影响，不能随意更改。第二，受数据方差 σ^2 影响，这是由数据固有的不确定性决定的，也不能随意更改。第三，最大可被接受误差 $\varDelta_{\max}$。显然，最

大可被接受误差 $\Delta_{\max}$ 越大，所需要的样本量就越小，反之亦然。为了对此有一个更直观的感受，下面在假设 $\sigma^2=1$ 的前提下，绘制了反映最大可被接受误差 $\Delta_{\max}$ 和最小样本量之间关系的折线图（置信水平为95%），如图2.34所示。从图中可以看出，随着最大可被接受误差 $\Delta_{\max}$ 的降低，所需样本量以非常快的速度增加。根据理论公式（2.1）可知，$\Delta_{\max}$ 如果降低一个量级（变为原来的十分之一），所需要的样本量将提高两个量级（变为原来的一百倍）。一些典型的样本量计算结果如表2.1所示。

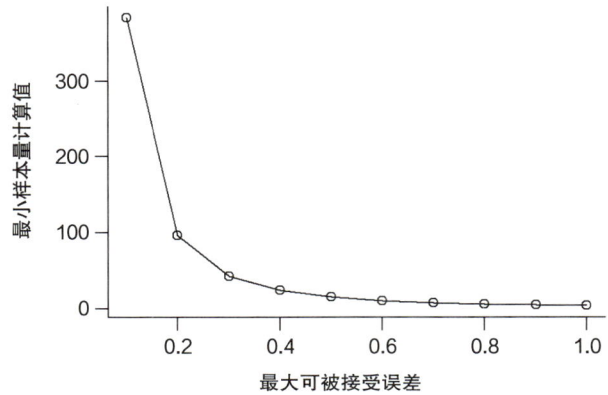

图 2.34　最大可被接受误差 $\Delta_{\max}$ 和最小样本量关系折线图

表 2.1　正态分布典型样本量计算结果

α	$\sigma/\Delta_{\max}$					
	2	5	10	25	50	100
0.1	11	68	271	1691	6764	27056
0.05	16	96	385	2401	9604	38415
0.01	27	166	664	4147	16588	66349

值得一提的是，样本量计算公式（2.1）中牵扯到一个尴尬的鸡生蛋还是蛋生鸡的问题。什么意思呢？请注意公式（2.1）中的 σ^2 是一个关于总体的未知参数，需要估计。但是在计算样本量的时候，科研工作者还没有大规模采集数据，那如何应对这个问题呢？这分为以下几种情况。第一种情况，人们对于该科学实验真的一无所知，那么对于 σ^2 也一定一无所知。此时无法做任何形式的样本量计算。因此，能决定样本量大小的因素只能由资源的丰富程度及科研工作者的决心来主观确定。第二种情况，有一定的先验知识，如文献中其他学者做过的类似研究。那么可以根据先验知识做一个主观判断，

这显然不太精确，但是聊胜于无。第三种情况，可以执行一个小规模的先驱研究（Pilot Study）。例如在抽样调查中，可以先开展一个小规模的预调查作为先驱研究；在多期临床试验中，可以将Ⅰ期与Ⅱ期的试验结果作为Ⅲ期临床的先驱研究。用先驱研究的数据对 σ^2 做一个估计 $\hat{\sigma}^2$，然后将 $\hat{\sigma}^2$ 代入理论公式（2.1）中，就可以得到最小样本量的估计结果，即 $\hat{n} = \left\lceil \hat{\sigma}^2 z_{1-\alpha/2}^2 / \Delta_{\max}^2 \right\rceil$，其中对一个任意正实数 t 而言，$\lceil t \rceil$ 表示不小于 t 的最小整数。显然，这时得到的样本量也是有不确定性的，也是有误差的，因为来自先驱研究的估计量 $\hat{\sigma}^2$ 本身就是一个带有不确定性与估计误差的统计量。一般情况下，先驱研究样本量不可能太大，通常会小于正式实验的样本量。因此，在实际工作中有时会以 $\hat{\sigma}^2$ 为中心，做一个关于 σ^2 的置信区间，从而大概了解一下真实 σ^2 最有可能的取值范围，进而知道所需样本量的范围。

再换一个角度看，和正式实验相同，先驱研究同样面临一个实际的问题：如何确定样本量？正式实验中可以使用前面给出的最小样本量的估计公式，使得边际误差小于最大可被接受误差。但先驱研究应该怎么办呢？是不是也得使用同样的估计公式？如果是这样，那就又出现了上面提到的估计总体方差 σ^2 未知的问题。为了解决该问题，难道还要设置先驱研究的先驱研究？如此反复，并不是一个可取的解决方案。因此在实际工作中，先驱研究的样本量更多地只能主观确定。但是，这绝不意味着先驱研究样本量对最后正式样本量的估算没有影响。事实上，先驱研究样本量的大小影响着正式样本量估算的精度，并最终反映在置信区间的长度上。可以预见，先驱研究样本量越大，对总体方差 σ^2 的估计就越准确，计算得到的最小样本量估计值 $\hat{n}$ 也就越准确，但具体产生什么影响并不是非常清晰。因此，下面通过一个随机模拟实验来探究一下。首先假设总体的真实分布为标准正态分布，即方差 $\sigma^2 = 1$。本次实验的目标是得到总体均值 μ 的置信区间。对于最终置信区间的要求是：置信水平 $1-\alpha$ 为 95%，而最大可被接受误差 $\Delta_{\max}$ 为 0.2。此时根据公式（2.1）计算可得需要的最小正式样本量为 $n^* = \left\lceil 1.96^2 / 0.2^2 \right\rceil = 97$。然后设置一个先驱研究样本量为 m，并尝试 6 个不同的取值：10, 20, 40, 80, 160, 320。对于每一个先驱研究样本量 m，随机生成 m 个标准正态分布样本，然后根据公式 $\hat{n} = \left\lceil \hat{\sigma}^2 z_{1-\alpha/2}^2 / \Delta_{\max}^2 \right\rceil$ 计算得到最小样本量估计值 $\hat{n}$。再取 $\hat{n}$ 个随机生成的标准正态分布样本计算总体均值的置信区间，并计算边际误差 E，最后计算 $E / \Delta_{\max}$。对于每一个先驱研究样本量 m，将上述过程重复 1000 次，由此形成 1000 个 $\hat{n} / n^*$ 和 $E / \Delta_{\max}$ 计算值。将随机模拟实验的数据结果绘制于图 2.35 中。

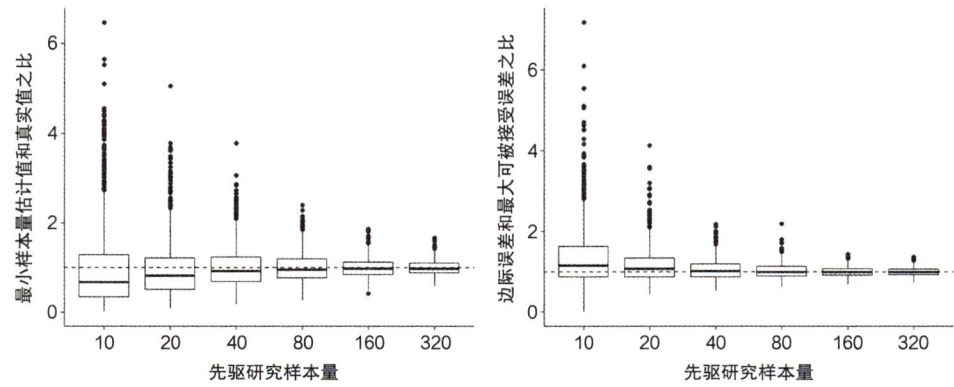

图 2.35　正态分布先驱研究样本量 m 和 $\hat{n}/n^*$（左图）及 $E/\Delta_{\max}$（右图）的箱线图

在图 2.35 中，左图绘制的是先驱研究样本量 m 和 $\hat{n}/n^*$ 的对比箱线图，而右图绘制的是先驱研究样本量 m 和 $E/\Delta_{\max}$ 的对比箱线图。图中虚线分别代表的是 $\hat{n}/n^* = 1$ 和 $E/\Delta_{\max} = 1$。$\hat{n}/n^*$ 高于该虚线表示 $\hat{n}$ 大于 n^*，即高估了所需的最小样本量；而 $E/\Delta_{\max}$ 高于该虚线表示 E 大于 $\Delta_{\max}$，这意味着此次模拟的边际误差超过了最大可被接受误差。图 2.35 中的结果表明：随着先驱研究样本量 m 的增加，$\hat{n}/n^*$ 和 $E/\Delta_{\max}$ 的中位数都越来越接近于 1，并且多次模拟结果的集中程度越来越高。这意味着先驱研究样本量越高，正式实验样本量的估算结果会越来越准确。

下面再考虑一个实际数据案例。该数据是一个关于某抑郁症治疗的临床试验。数据集共包含 1500 位患者的性别、住院时长、分组等信息，其中 982 条数据被归为了试验组，下面的分析均使用这部分试验组的结果。本研究关心的核心指标是患者的住院时长（单位：天），因为患者住院时长的信息可以从一个侧面反映出其接受的治疗效果如何。基于这 982 个患者的住院时长数据，采用极大似然估计方法，可以计算得到总体方差的估计值为：$\hat{\sigma}^2 \approx 0.46$。假设 $1-\alpha = 95\%$，则标准正态分布的分位数 $z_{1-\alpha/2} = 1.96$，假设最大可被接受误差 $\Delta_{\max} = 0.05$，可得所需的最小样本量为 $\hat{n} = \lceil 0.46 \times 1.96^2 / 0.05^2 \rceil = 707$。因为 $\hat{n}$ 的计算用到的样本量（$n = 982$）很大，因此可以将 $\hat{n} = 707$ 看作是理论正确的样本量，并用符号 n^* 表示。现假设先驱研究样本量 m 远远小于 $n^* = 707$，请问最终估计结果会怎样？为此可以尝试不同的 m。对于一个给定的 m，从 982 个全样本中无放回地随机抽取 m 个样本，这就构成了先驱研究样本。基于先驱研究样本可以重新计算样本量 $\hat{n}$，并与 n^* 形成对比得到 $\hat{n}/n^*$。根据新估计的样本量 $\hat{n}$ 进一步生成住院时长均值的置信区间，计算估计误差 E，并与 $\Delta_{\max}$ 对比形成 $E/\Delta_{\max}$。重复实验 1000 次，并将结果以箱线图的形式绘制于图 2.36 中。

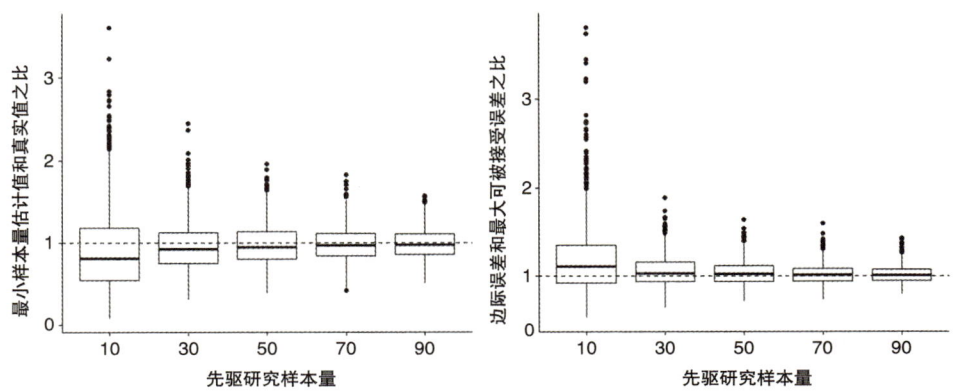

图 2.36 抑郁症案例先驱研究样本量 m 和 $\hat{n}/n^*$（左图）及 $E/\varDelta_{\max}$（右图）的箱线图

在图 2.36 中，左图绘制的是先驱研究样本量 m 和 $\hat{n}/n^*$ 的对比箱线图，而右图绘制的是先驱研究样本量 m 和 $E/\varDelta_{\max}$ 的对比箱线图。图中虚线分别代表的是 $\hat{n}/n^* = 1$ 和 $E/\varDelta_{\max} = 1$。$\hat{n}/n^*$ 高于该虚线表示 $\hat{n}$ 大于 n^*，即高估了所需的最小样本量；$E/\varDelta_{\max}$ 高于该虚线表示 E 大于 $\varDelta_{\max}$，这意味着此次模拟的边际误差超过了最大可被接受误差。图 2.36 中的结果和前面模拟数据的结果一致，随着先驱研究样本量 m 的增加，$\hat{n}/n^*$ 的中位数都越来越接近于 1，并且越来越集中。说明"先驱研究样本量越大，正式实验中样本量的估算结果会越来越准确"的结论在该案例数据中仍然成立。

前面详细探讨了在正态分布的情形下，满足一定最大可被接受误差时最小样本量的估计公式 $\hat{n} = \left[\hat{\sigma}^2 z_{1-\alpha/2}^2 / \varDelta_{\max}^2\right]$，并且理解了其中的原理。对于其他数据分布的情形也可以做类似处理。下面对指数分布、泊松分布、0–1 分布和一般分布的情形进行简要介绍。

指数分布

根据前面的讨论可知，对于参数为 λ 的指数分布，一种关于 λ 的近似置信区间为 $\left[\bar{X} - \hat{\lambda} z_{1-\alpha/2}/\sqrt{n}, \bar{X} + \hat{\lambda} z_{1-\alpha/2}/\sqrt{n}\right]$。边际误差为 $E = \hat{\lambda} z_{1-\alpha/2}/\sqrt{n}$，可以近似为 $\lambda z_{1-\alpha/2}/\sqrt{n}$。给定最大可被接受误差 $\varDelta_{\max}$，进而求解不等式 $E \leqslant \varDelta_{\max}$ 可得：

$$n \geqslant \left(\frac{\lambda z_{1-\alpha/2}}{\varDelta_{\max}}\right)^2 \approx \left(\frac{\hat{\lambda} z_{1-\alpha/2}}{\varDelta_{\max}}\right)^2 = \hat{n}$$

其中，$\hat{\lambda}$ 是来自先驱研究的估计量。指数分布中一些典型的样本量计算结果如表 2.2 所示。

表 2.2　指数分布典型样本量计算结果

α	λ/Δ_{max}					
	2	5	10	25	50	100
0.1	11	68	271	1691	6764	27056
0.05	16	96	385	2401	9604	38415
0.01	27	166	664	4147	16588	66349

先驱研究样本量会如何影响计算结果呢？这里考虑一个实际数据案例。该数据是关于 932 位皮肤癌患者的诊断情况，数据维度包含病人的性别、癌症分型和存活时间等信息。下面关注病人的存活时间数据，其直方图展示如图 2.37 所示。

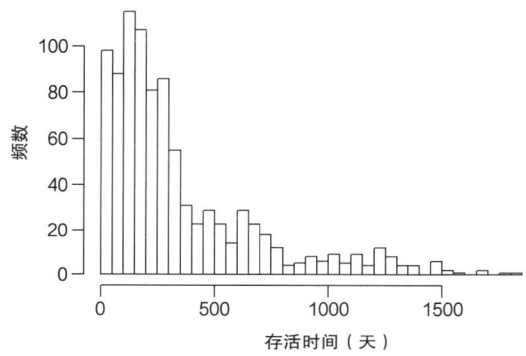

图 2.37　皮肤癌病人存活时间的频数直方图

从图 2.37 中可以看出，随着皮肤癌患者存活时间的递增，对应频数近似呈现递减趋势，因此可认为皮肤癌患者的存活时间近似服从指数分布（显然并不完美）。基于该指数分布数据的 932 份样本，可以计算样本均值为 $\hat{\lambda} \approx 345.64$，假设 $1-\alpha = 95\%$，而最大可被接受误差 $\Delta_{max} = 30$，根据样本量计算公式 $\hat{n} = \left[\hat{\lambda}^2 z^2_{1-\alpha/2}/\Delta^2_{max}\right]$，可计算得到 $\hat{n} = \left[345.64^2 \times 1.96^2/30^2\right] = 510$。这里将 $\hat{n} = 510$ 看作是理论上的正确样本量，并用符号 n^* 表示。假设先驱研究样本量 m 远远小于 $n^* = 510$，可以尝试对不同的 m 观察其对结果的影响。对于一个给定的 m，从 932 个全样本中无放回地随机抽取 m 个样本，构成先驱研究样本。基于先驱研究样本，重新计算标准差的估计值 $\hat{\lambda}$，并得到新的样本量估计值 $\hat{n}$，将其与 n^* 对比形成 $\hat{n}/n^*$。根据新估计的样本量 $\hat{n}$，进一步计算生成皮肤癌病人存活时间均值的置信区间，计算估计误差 E，并与 Δ_{max} 对比形成 E/Δ_{max}。同样重复实验 1000 次，将结果以箱线图的形式绘制于图 2.38 中。其中，左图绘制的是先驱研究样本量 m 和

$\hat{n}/n^*$ 的对比箱线图，而右图绘制的是先驱研究样本量 m 和 $E/\Delta_{\max}$ 的对比箱线图。图 2.38 中的结果同样表明，先驱研究中的样本量越大，正式实验样本量的估算结果会越来越准确，这与之前的实验结果保持一致。

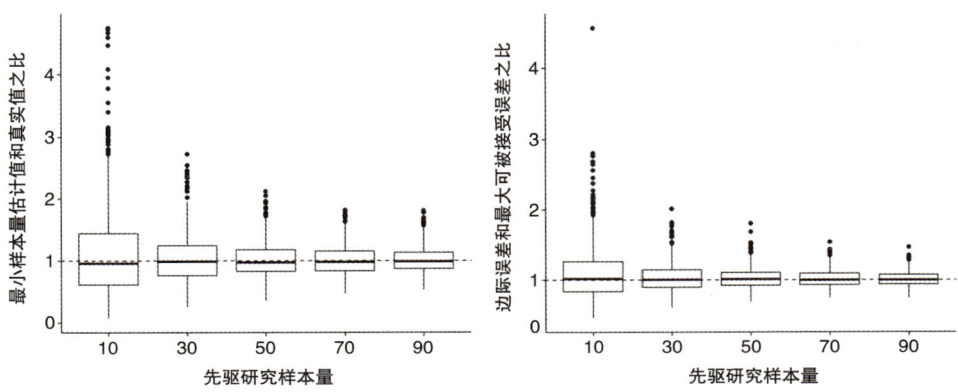

图 2.38　皮肤癌案例先驱研究样本量 m 和 $\hat{n}/n^*$（左图）及 $E/\Delta_{\max}$（右图）的箱线图

泊松分布

根据前一节的讨论，对于参数为 λ 的泊松分布，一种关于 λ 的近似置信区间为 $\left[\bar{X}-z_{1-\alpha/2}\sqrt{\hat{\lambda}/n}, \bar{X}+z_{1-\alpha/2}\sqrt{\hat{\lambda}/n}\right]$。边际误差为 $E=z_{1-\alpha/2}\sqrt{\hat{\lambda}/n}$，可以近似为 $z_{1-\alpha/2}\sqrt{\lambda/n}$。给定最大可被接受误差 $\Delta_{\max}$，进而求解不等式 $E \leqslant \Delta_{\max}$ 可得：

$$n \geqslant \lambda\left(\frac{z_{1-\alpha/2}}{\Delta_{\max}}\right)^2 \approx \hat{\lambda}\left(\frac{z_{1-\alpha/2}}{\Delta_{\max}}\right)^2 = \hat{n}$$

其中，$\hat{\lambda}$ 是根据先驱研究得到的参数估计量。基于上述公式，泊松分布中一些典型的样本量计算结果如表 2.3 所示。

表 2.3　泊松分布典型样本量计算结果

α	$\sqrt{\lambda}/\Delta_{\max}$					
	2	5	10	25	50	100
0.1	11	68	271	1691	6764	27056
0.05	16	96	385	2401	9604	38415
0.01	27	166	664	4147	16588	66349

先驱研究样本量会如何影响泊松分布中的计算结果呢？考虑一个实际数据案例如下。对于国家卫生部门而言，一种评估国民总体肺部健康状况的方式可能是估计国民总体的肺部结节数量均值。假设目前希望从国民总体中抽取样本，进而构造出国民总体的肺部结节数量均值。为此，使用 LIDC/IDRI 数据集，这是一个由 1018 个样本构成的肺部结节 CT 扫描数据集，每份 CT 扫描数据都标注了对应的结节数量。这些样本的肺部结节数量的频数直方图如图 2.39 所示。

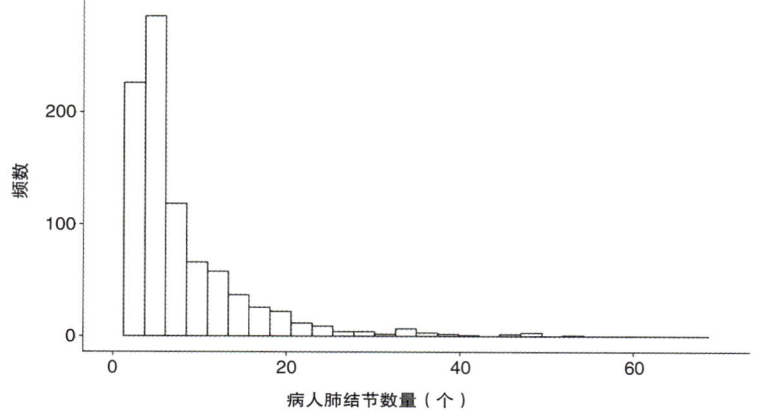

图 2.39　病人肺部结节数量的频数直方图

从图中可看出，肺结节数量的分布近似服从泊松分布（显然并不完美），因此可以使用泊松分布的样本量估计公式来计算。计算上述 1018 个样本的均值可以得到 $\hat{\lambda} \approx 7.24$，假设 $1-\alpha = 95\%$，而最大可被接受误差 $\Delta_{\max} = 0.2$，根据泊松分布中的样本量估计公式，可以计算得 $\hat{n} = \left[7.24 \times 1.96^2 / 0.2^2 \right] = 696$。和前面的讨论相似，同样将 $\hat{n} = 696$ 看作是理论上的正确样本量，并用符号 n^* 来替代表示。假设先驱样本量 m 远远小于 $n^* = 696$，可以尝试使用不同的 m，观察其对结果的影响。对于一个给定的 m，从 1018 个全样本中无放回地随机抽取 m 个样本，构成先驱研究样本。基于先驱研究样本重新计算得到样本量 $\hat{n}$，并与 n^* 对比形成 $\hat{n}/n^*$。根据这一样本量 $\hat{n}$ 进一步生成病人肺部结节数量均值的置信区间，计算估计误差 E，并与 $\Delta_{\max}$ 对比形成 $E/\Delta_{\max}$。同样重复实验 1000 次，将结果以箱线图的形式进行绘制，如图 2.40 所示。其中，左图绘制的是先驱研究样本量 m 和 $\hat{n}/n^*$ 的对比箱线图，而右图绘制的是先驱研究样本量 m 和 $E/\Delta_{\max}$ 的对比箱线图。图中结果同样表明先驱研究样本量越大，正式实验样本量的估算结果会越来越准确，这与之前的实验结果保持了一致。

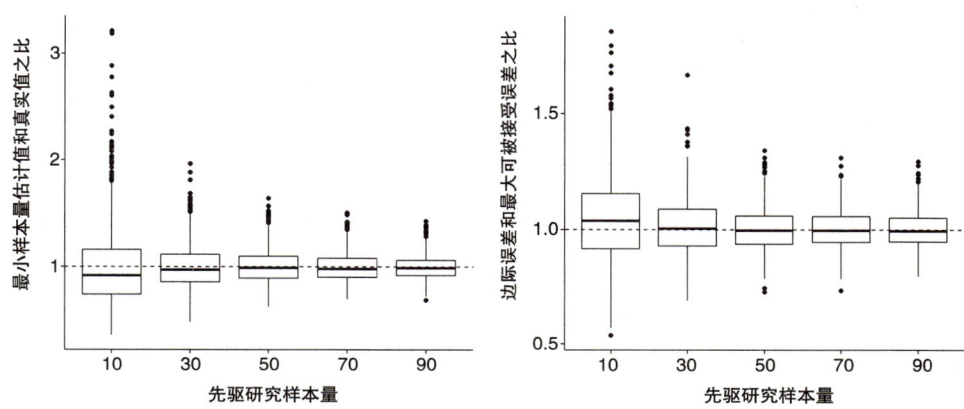

图 2.40　肺结节案例先驱研究样本量 m 和 $\hat{n}/n^*$（左图）及 $E/\Delta_{\max}$（右图）的箱线图

0-1 分布

根据上一节的讨论知道，对于参数为 p 的 0-1 分布，其参数 p 在 $1-\alpha$ 置信水平下的一种近似置信区间为 $\left[\bar{X}-z_{1-\alpha/2}\sqrt{\hat{p}(1-\hat{p})/n},\bar{X}+z_{1-\alpha/2}\sqrt{\hat{p}(1-\hat{p})/n}\right]$。边际误差为 $E=z_{1-\alpha/2}\sqrt{\hat{p}(1-\hat{p})/n}$，可以近似为 $z_{1-\alpha/2}\sqrt{p(1-p)/n}$。给定最大可被接受误差 $\Delta_{\max}$，进而求解不等式 $E\leqslant\Delta_{\max}$，可得：

$$n\geqslant p(1-p)\left(\frac{z_{1-\alpha/2}}{\Delta_{\max}}\right)^2\approx\hat{p}(1-\hat{p})\left(\frac{z_{1-\alpha/2}}{\Delta_{\max}}\right)^2=\hat{n}$$

其中，$\hat{p}$ 是根据先驱研究得到的参数估计量。0-1 分布中一些典型的样本量计算结果如表 2.4 所示。

表 2.4　0-1 分布典型样本量计算结果

α	$\sqrt{p(1-p)}/\Delta_{\max}$					
	2	5	10	25	50	100
0.1	11	68	271	1691	6764	27056
0.05	16	96	385	2401	9604	38415
0.01	27	166	664	4147	16588	66349

0-1 分布中的先驱研究样本量会如何影响计算结果呢？考虑一个实际数据案例。该

数据是在某机场进行的一次顾客满意度调查,共包含3536份调查问卷。数据维度包含顾客对机场的食物、标识和购物等方面的评级,这里主要关注顾客对机场的食物评级数据。原始数据中食物评级包括从0到6共7个评价级别,这里为了简化,将评价级别4~6压缩为一个等级"好评",评价级别0~3压缩为一个等级"差评"。于是顾客对机场评级的数据就变成了0-1型数据,服从0-1分布,其中1代表好评,0代表差评。对机场而言,顾客评价是机场服务水平的风向标,对机场优化服务设施和流程有着关键的作用。因此,就需要从顾客总体中进行抽样,构造0-1分布中参数p值的置信区间,从而估计顾客的好评率。对于0-1型数据,可以使用对应的样本量估计公式$\hat{n}=\left[\hat{p}(1-\hat{p})z_{1-\alpha/2}^2/\Delta_{\max}^2\right]$。基于这3536份样本,采用极大似然估计方法,可以计算得到0-1分布中总体参数p的估计值为:$\hat{p} \approx 0.62$。假设$1-\alpha=95\%$,则标准正态分布的分位数$z_{1-\alpha/2}=1.96$。进一步假设最大可被接受误差$\Delta_{\max}=0.02$,因此可以计算得$\hat{n}=\left[0.62\times(1-0.62)\times1.96^2/0.02^2\right]=2263$。和前面的讨论相似,可以将$\hat{n}=2263$看作是理论上的正确样本量,并用符号$n^*$代替表示。假设先驱研究样本量$m$远远小于$n^*=2263$,对于一个给定的$m$,从3536个全样本中无放回地随机抽取$m$个样本,构成先驱研究样本。基于先驱研究样本重新计算一个样本量$\hat{n}$,并与n^*对比形成$\hat{n}/n^*$。根据这一样本量$\hat{n}$进一步生成顾客好评概率的置信区间,计算估计误差E,并与$\Delta_{\max}$对比形成$E/\Delta_{\max}$。同样重复实验1000次,将结果以箱线图的形式进行绘制,如图2.41所示。其中,左图绘制的是先驱研究样本量m和$\hat{n}/n^*$的对比箱线图,而右图绘制的是先驱研究样本量m和$E/\Delta_{\max}$的对比箱线图。图2.41中的结果同样表明,先驱研究样本量越大,正式实验样本量的估算结果会越准确,这与之前的实验结果保持了一致。

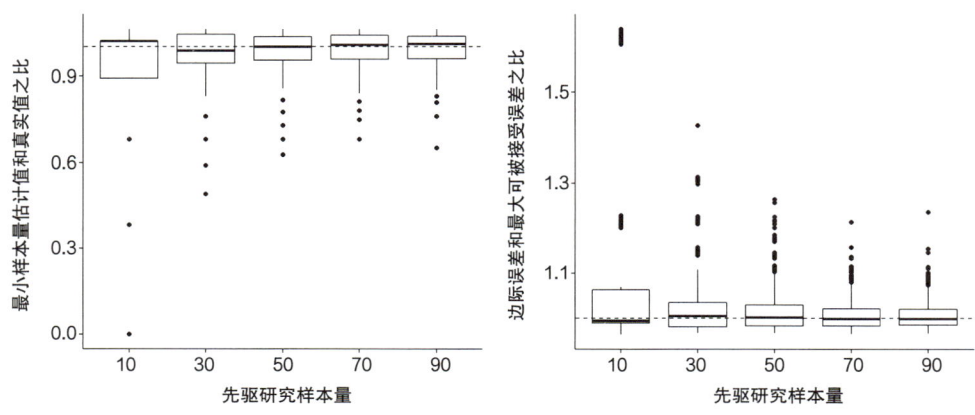

图2.41 0-1分布先驱研究样本量m和$\hat{n}/n^*$(左图)及$E/\Delta_{\max}$(右图)的箱线图

一般分布

根据前面的讨论可知,对于一般分布,其均值的一种近似置信区间为 $[\bar{X} - \hat{\sigma} z_{1-\alpha/2}/\sqrt{n},$ $\bar{X} + \hat{\sigma} z_{1-\alpha/2}/\sqrt{n}]$。边际误差为 $E = \hat{\sigma} z_{1-\alpha/2}/\sqrt{n}$,可以近似为 $\sigma z_{1-\alpha/2}/\sqrt{n}$。给定最大可被接受误差 $\varDelta_{\max}$,进而求解不等式 $E \leq \varDelta_{\max}$,可得:

$$n \geq \left(\frac{\sigma z_{1-\alpha/2}}{\varDelta_{\max}}\right)^2 \approx \left(\frac{\hat{\sigma} z_{1-\alpha/2}}{\varDelta_{\max}}\right)^2 = \hat{n}$$

其中,$\hat{\sigma}$ 是来自先驱研究的标准差估计量。一些典型的样本量计算结果与表 2.1 相同。这里同样关心先驱研究样本量对于一般分布中样本量计算结果的影响。为此可以考虑前面分析过的指数分布、泊松分布和 0-1 分布的案例。对于这些实际数据案例,都能够使用一般分布的样本量估计公式 $\hat{n} = \lceil \hat{\sigma}^2 z_{1-\alpha/2}^2 / \varDelta_{\max}^2 \rceil$。

以指数分布的实际数据案例为例,基于 932 份皮肤癌患者存活时间数据样本可以计算方差为 $\hat{\sigma}^2 \approx 113614.35$,假设 $1-\alpha=95\%$,而最大可被接受误差 $\varDelta_{\max}=30$,可计算得 $\hat{n} = \lceil 113614.35 \times 1.96^2 / 30^2 \rceil = 485$。可以发现,此时得到的 $\hat{n}=485$ 和前面计算得到的样本量 510 略有不同,这是由于前面计算公式中对于标准差的估计 $\hat{\sigma}$ 用的实际上是指数分布中的均值估计量 $\hat{\lambda}$。与前面的讨论相似,将计算得到的 $\hat{n}=485$ 看成理论上的正确样本量,并用符号 n^* 代替表示。假设先驱研究样本量 m 远小于 $n^*=485$,可以尝试使用不同的 m。对于一个给定的 m,从 932 个全样本中无放回地随机抽取 m 个样本,构成先驱研究样本。基于先驱研究样本可以重新计算一个新的样本量 $\hat{n}$,并与 n^* 对比形成 $\hat{n}/n^*$。根据这一样本量 $\hat{n}$ 进一步生成皮肤癌患者存活时间均值的置信区间,计算估计误差 E,并与 $\varDelta_{\max}$ 对比形成 $E/\varDelta_{\max}$,同样重复实验 1000 次。对于泊松分布和 0-1 分布的实际数据案例进行相同处理,并将结果绘制在图 2.42 中。

在图 2.42 中,左边一列绘制的是先驱研究样本量 m 和 $\hat{n}/n^*$ 的对比箱线图,而右边一列绘制的是先驱研究样本量 m 和 $E/\varDelta_{\max}$ 的对比箱线图,三排箱线图从上到下分别来自指数分布、泊松分布和 0-1 分布对应的实际数据案例。图 2.42 中的结果同样表明,先驱研究样本量越大,正式实验样本量的估算结果会越来越准确,这与之前的实验结果保持了一致。

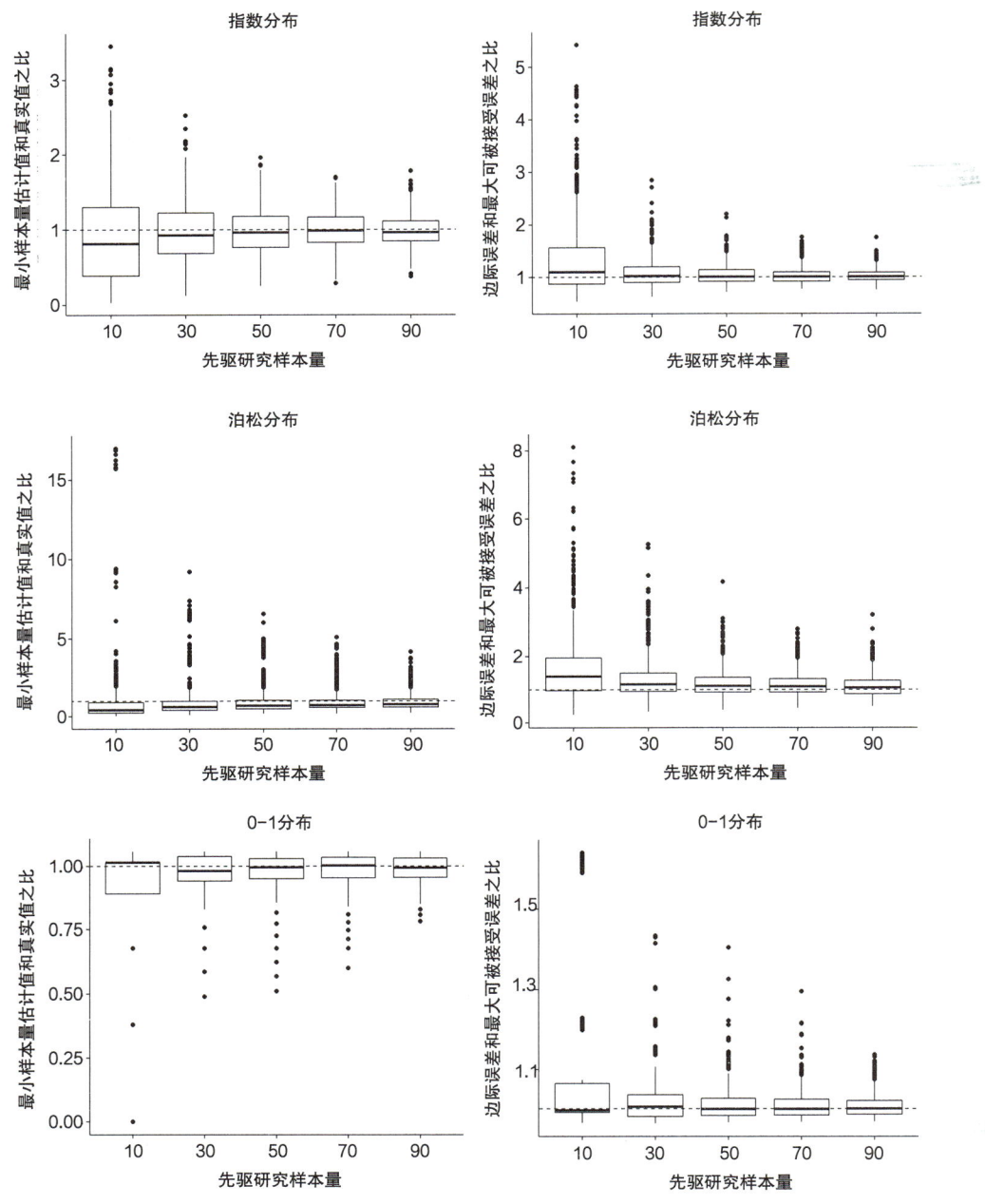

图 2.42 三种分布先驱研究样本量 m 和 $\hat{n}/n^*$（左列）及 $E/\Delta_{\max}$（右列）的箱线图

本节首先介绍了在满足最大可被接受误差的前提下，所需最小样本量的计算公式。接着引入了先驱研究的概念，通过先驱研究确定数据分布中的未知参数，由此形成最小样本量的估计公式。另外，本节还讨论了样本量对最终参数估计结果的影响，对于每一类分布都在实际数据案例中进行了计算和验证。至此,对参数估计的讨论就告一段落了。下一章将开启一个新的课题——假设检验,这又是一个包含着统计学智慧的重要内容。

① 除了本节开头给出的三个案例,你还能想到实际生活中有哪些应用场景需要计算样本量?

② 自 2019 年末新冠肺炎疫情袭来后,许多制药公司都展开了对新冠病毒疫苗的研发。2022 年 5 月 19 日,BNT162b2 mRNA 新冠病毒疫苗的 II 期临床研究数据在柳叶刀预印平台发布。这是首个发布的在中国大陆人群中进行的 mRNA 新冠病毒疫苗 II 期临床试验结果,因此此项研究结果对于评估 mRNA 新冠病毒疫苗在中国大陆人群中的免疫原性和安全性具有里程碑式的重大意义。试验中有两项重要的指标可用于反映疫苗是否能产生免疫应答,分别是:(1)50% 中和抗体几何平均滴度(Geometric Mean Titers,GMT);(2)第二剂后一个月的血清阳转率(Seroconversion Rate,SCR)。假设经验表明,50% 中和抗体几何平均滴度的标准差大约是 191.66,如果试验要求其最大可被接受误差 $\Delta_{max}=14$,请你计算临床试验至少需要多大的样本量。假设经验表明血清阳转率的标准差大约是 0.9,如果试验要求其最大可被接受误差为 $\Delta_{max}=0.01$,请你计算临床试验至少需要多大的样本量。

③ 一家餐馆的老板想要对营业时间和营业规模进行调整,因此希望估计出顾客的平均用餐时长(单位:小时)。老板要求最大可被接受误差为 $\Delta_{max}=0.1$。假设顾客的用餐时长服从指数分布,且估计值 $\hat{\lambda}=1$。请你计算一下,餐馆的老板至少需要收集多少桌顾客的用餐时长数据,才能保证边际误差小于最大可被接受误差?

Chapter 03
第 3 章

假设检验

　　本章将介绍一个全新且重要的内容——假设检验。什么是假设检验？简单来说，通过第 2 章中得到的各种参数估计值，判断总体参数是否满足一定条件。那为什么要进行假设检验呢？因为实际生活中碰到的各种决策问题，其实都可以在数学上被规范成一个总体参数的假设检验问题。为了更好地做出决策，就需要借助假设检验的方法论。本章就将系统地学习这一重要的统计学方法。

3.1 不确定性与决策

作为一名有多年执教经验的老师，笔者有一个很深的体会，那就是：假设检验这块内容不好教。假设检验的整个思维方式，似乎跟普通人的思维方式非常不同。因此，学生们学习理解起来非常困难。事实上，很多统计学老师也有类似的困惑。这不禁让我们深深思考：这是为什么？这个问题应该如何解决？

传统的教学方式习惯于把假设检验问题看作一个严谨的数理统计学理论，并用严格的数学理论去理解它。显然，这种教学方式的优点是理论严谨，但缺点是教学效果并不令人满意，否则就不会有众多的老师感慨假设检验不好教，众多的学生感叹假设检验不好学。究其原因，也许是这种传统的教学方式忽略了假设检验背后朴素但深刻的统计学思想。通过对本章内容的深入学习，你将会发现，其实假设检验的统计学思想很朴素，因为绝大多数人（不管是否学过统计学假设检验方法）都是这样思考问题并做出决策的；而统计学的主要贡献仅仅是把这种朴素的思想方法，用严格的数学工具给规范了出来。假设检验的统计学思想很深刻，因为通过它的严格规范化，人们习以为常的决策规则就可以获得一个全新的提高与升华。但是遗憾的是，纵观国内外的统计学教材，与假设检验相关的内容都是关于数理统计学理论的讨论居多，而关于这背后的统计学思想的讨论甚少。这是一个巨大的遗憾，而且副作用明显。一种具体的副作用就是：学生们感觉统计学假设检验的方法论太难懂，没法用。因此，本节将在这里做一个大胆的尝试，即首先从假设检验的统计学思想入手，尝试通过充分的讨论，用一个又一个案例小故事，把假设检验的统计学思想先讨论透彻。整个过程几乎不涉及任何数学理论。在充分理解统计学思想的前提下，再用严格的数理统计学理论予以规范化，希望这样能有助于大家更好地理解学习并掌握假设检验理论。

对假设检验统计学思想的介绍从哪里开始呢？按老规矩还是从不确定性开始，即从带有不确定性的决策问题开始。关于不确定性，前面已经有了大量的讨论。本节将重点探讨每个案例中关注的"决策问题"是什么。如果纯粹从字面上来看，关于"决策问题"可能会有多种解释。但是，本书所关注的"决策问题"是一类高度简化的决策问题，如果用一句话概括，那就是：一个二选其一的决策问题。请注意，这里有两个要点。

要点1：这是一个二选其一的问题，不能是三选其一，也不能是四选其二，而只能是二选其一。

要点2：这是一个决策问题。所谓决策问题就是：你必须从两个可能的选择中挑选一个，"不选择"或者"不决策"这个状态是不允许的。

显然，这两个要点限制了这里所探讨的理论框架，因为现实世界中一定有多选其一的问题存在，也一定有"不选择"或"不决策"的状态存在。但是，这些情况要么不是典型情形，要么可以通过一定数学变换，变成一个或者多个等价的二选其一的决策问题。因此，经典统计学理论所关注的假设检验问题一定是一个二选其一的决策问题。接下来，为了能够很好地探讨这个问题，下面列举10个案例，从带有不确定性的决策问题的角度来进行讨论。

案例1：恋爱。

恋爱是绝大多数人都会经历的美好记忆，通过恋爱这个美好的过程也许能寻找到唯一正确的人。在你的学习、工作、生活中，会有很多的机会接触到年龄相仿的异性，可能男生对女生有好感，也可能是女生对男生有好感。当年轻人面对恋爱机会的时候，无论是男生还是女生，都面临一个二选其一的决策问题：是否要与对方交往，并尝试通过交往获得进一步的了解和认识。那么能否不做选择呢？显然不可以，因为没有中间状态。在现实生活中，有可能某一方出于礼貌的考虑跟对方说需要再考虑一下。但这其实就是委婉的拒绝。当然，也可能双方都对彼此非常有好感，因此决定尝试

交往一下，这种情况下皆大欢喜。由此可见，面对恋爱机会的时候，我们只有两个选择，必须二选其一，没有中间状态。请问：如果是你，应该如何决策？

案例 2：求职。

职业选择的过程充满了各种各样的决策。20 世纪父辈们求职时面对不同用人单位，需要做出的决策可能是：是否去物资局？是否去邮政局？是否去税务局？是否去银行？如今，年轻人求职的过程中面临着更加丰富和多元的职业选择，需要做出的决策可能是：是否去互联网大厂？是否去国有企业？是否去外企？是否应该考公务员或是进入高校任教？面对如此丰富的可能性，求职者很容易陷入迷茫，是否可以不选择呢？显然不可以。因为无论你的决定是去 A 公司、B 公司、C 公司，还是不就业，这都是选择。整个决策过程可以被规范成一系列的二选其一的决策问题。例如，第一个决策问题可能是：要不要去 A 公司上班？只有两个选择：去或是不去，没有中间状态（请注意：兼职也是去上班）。同理，要不要去 B 公司上

班是另一个二选其一的决策问题，而要不要去 C 公司上班还是一个二选其一的决策问题。如果对 A 公司、B 公司、C 公司三个决策问题的选择都是不去，那么最终你的选择是不上班。当然对本案例而言，A 公司、B 公司、C 公司三个决策问题并不互相独立。例如，你一旦选择去 A 公司全职上班，就不能去 B 公司全职上班。但无论怎样都改变不了问题的本质，那就是你将面临大量的二选其一的决策问题。请问：如果是你，应该如何决策？

案例 3：求学。

求学是人生的重要经历，初中升高中、高中升大学、大学毕业申请研究生都是求学的关键节点。在国民受教育水平不断提升的当下，求学的过程更加受到关注。据教育部统计，2021 年全国普通高考报名人数为 1078 万，而全国普通高校毕业生总规模达到 909 万，对每年成百上千万的学子而言，求学也是由一系列二选其一的决策问题组成的。例如，对于一个学习统计学的本科生而言，本科毕业后选择就业还是读研是第一个二选其一的决策问题。如果决定读研，是应该读专硕（如商业分析专硕）还是读博（如统计学博士

研究生）又是一个二选其一的决策问题。在申请研究生的过程中，是选择保研，还是选择参加全国研究生统一入学考试？如果选择了保研，是否要参加对应项目（如北大光华商业分析专硕）的夏令营考核？这还是一个二选其一的决策问题。由此可见，整个求学过程充满了大量的二选其一的决策问题，每一个决策问题都必须二选其一，没有中间状态。

案例4：精准广告。

精准广告是一种重要的广告方式。它通过对网民行为数据的深度分析，帮助广告主精准锁定目标用户，有针对性地投放广告，其中一类典型的精准广告是DSP（Demand-Side Platform，需求方平台）广告。据相关研究机构统计，DSP广告在2017年的市场规模就达到了349.7亿元，占同年互联网广告总规模的10.0%。DSP广告的投放过程也是由一系列的二选其一的决策问题构成的。以移动端展示类广告为例，某用户正在打开今日头条APP，马上便会产生一个广告展示位。如果你代表今日头条平台，你马上面临第一个二选其一的决策问题：要不要展示广告。如果选择了要展示广告，那么应该展示哪个品类的广告呢？是否选择母婴品类？是否选择运动品类？是否选择3C电子产品类？这又是一系列二选其一的决策问题。如果选择了展示运动品类的广告，那么应该展示哪个品牌呢？是否选择李宁品牌？是否选择鸿星尔克品牌？如果选择了李宁品牌，那么应该展示哪个具体产品呢？这都是一系列二选其一的决策问题。在精准广告的投放过程中充满了这样的二选其一的决策问题，没有中间状态，必须二选其一。请问：如果是你，应该如何决策？

案例5：信贷风控。

信贷作为一种历史悠久的业务，已经衍生出多种不同形式。早期的信贷可以简化为借钱和还钱的过程，而如今的互联网消费信贷包括贷款申请、授信审批和合同签订等更加复杂的过程。但不管形式如何变化，信贷总是由一系列二选其一的决策问题构成的。以蚂蚁花呗为例，这是2015年蚂蚁金服推出的一款线上消费信贷产品，已整合到支付宝平台。据支付宝官方统计，中国"90后"中有近38.2%的年轻人开通了蚂蚁花呗服务。假如你代表蚂蚁花呗平台，面对某个支付宝用户，你面临的第一个决策问题是：应不应该允许该用户开通花呗、进行借贷？这是一个二选其一的决策问题。如果选择了允许他开通花呗，那么应该给他多少初始借贷额度？1000元是否合适？2000元是否合适？这又是一系列二选其一的决策问题。一段时间后，是否邀请用户完善资料，以提升额度？

如果邀请，应该收集用户的哪些资料？完善资料后是否通过提额申请？在临近还款期限时，是否推送催还款通知？是否发放临时额度？这都是一系列二选其一的决策问题。在信贷的过程中有很多这样的二选其一的决策问题，而对于这些问题必须二选其一，没有中间状态。请问：如果是你，应该如何决策？

案例6：电话销售。

对很多行业而言，电话销售是带来销售业绩的一种重要方式。以人寿保险电话销售为例，据中国保险行业协会统计，2020年中国人寿保险电话销售行业的保费规模达到136亿元，该年的人寿保险电话销售人员达到6.4万人。这些电话销售人员每天面对的正是一系列的二选其一的决策问题。假设你是一位保险行业的电话销售员，对于销售线索池中的某条手机号，你面临的第一个问题就是：是否应该拨打？这就是一个二选其一的决策问题，没有中间状态。如果选择是，那么应该推荐哪类保险品种？是否推荐健康险？是否推荐意外险？这又是一系列二选其一的决策问题。如果选择推荐健康险？那么是否应该使用健康险话术A？是否应该使用健康险话术B？是否应该推荐一次购买一年？是否应该推荐一次购买两年？这都是一系列二选其一的决策问题。在电话销售的过程中充满了这样的二选其一的决策问题，没有中间状态，二者必须选其一。

请问：如果是你，应该如何决策？

案例7：新药上市。

在人类历史上，药品是人类维持身体健康的一种物质，青霉素等抗生素药物更是拯救了无数生命。但各种未经考察的新药及劣质药却可能对患者的健康产生严重的负面影响，因此每一款新药在上市前都必须经历严格的审批过程。2021年，国家药品监督管理局（以下简称国家药监局）共批准了51款国产新药上市，这些新药上市的过程是由一系列的二选其一的决策问题构成的。如果你代表国家药监局，对于某款申请注册的药品，你面临的第一个问题就是：是否应该受理申请？这就是一个二选其一的决策问题，没有中间状态。如果选择是，那么根据申请药品的类型和技术细节，应不应该进入优先审评审批程序？在进行技术审评的过程中，是否要求申请者补充临床试验资料？这又是一系列二选其一的决策问题。最终根据技术审评意见、样品生产现场检查报告和样品检验结果，应不应该发给药品批准文号（批准上市）？这还是一个二选其一的决策问题。在新药上市的审批过程中充满了这样的二选其一的决策问题，没有中间状态，二者必须选其一。请问：如果是你，应该如何决策？

案例8：法官判案。

庭审程序是现代法律体系的重要构成，是法官利用法律规则解决纠纷，实现公平正义的主要程序，也是民众参与诉讼活动的主要手段。庭审程序通俗来讲就是法官判案，其中包括了案件受理、庭前审查、庭前会议和审判等过程。据最高人民法院公布，2021年1月1日至11月15日全国法院共受理案件3051.7万件。在每一次案件审理的过程中，法官都面对一系列的二选其一的决策问题。例如，有一天老王和老李产生了纠纷，老王声称老李诈骗了他的钱财，为此将老李告上法庭。假设你是一位法官，是否要受理这个民事案件？这就是一个二选其一的决策问题，没有中间状态。如果选择是，那么是否要召开庭前会议？在法庭调查环节里，面对被告人老李的举证，是否应该采信？这又是一系列二选其一的决策问题。如果被告人老李在庭审过程中反诉老王曾经借贷不还，你是否要将两起案件合并审理？在最终的评议和宣判环节中，作为法官，你还需要决定是否判决老李有罪。如果有罪，那么是否批准老王的诉讼请求（如追回被骗财产并索要精神损失费1000元）？宣布判决时，是当庭宣判还是定期宣判？这还是一系列二选其一的决策问题。可见，在庭审的过程中充满了这样的二选其一的决策问题，没有中间状态，二者必须选其一。请问：如果是你，应该如何决策？

案例9：编辑审稿。

科技论文是科研成果的重要展现形式，也是世界各地的专家学者进行学术交流的桥梁。一篇科技论文的发表离不开主编、副主编及审稿人匿名评审的过程，对于大多数期刊而言，一篇论文从接收到发表一般需要经历主编与副主编初审、同行专家评议、返回修改和编辑最终决议等过程。据Web of Science数据库统计，2021年中国学者共发表了SCI（Science Citation Index，科学引文索引）论文57.1万篇。对于其中的每一篇论文，对应的期刊编辑都面临一系列二选其一的决策问题。假如你是某期刊的主编，面对投稿邮箱中的一篇论文，是否批准该论文通过初审、进入同行评议阶段？这就是一个二选其一的决策问题，没有中间状态。如果选择批准，那么应该把该论文分配给哪一位副主编处理？这又是一系列二选其一的决策问题。副主编要决定选择哪几位审稿人进行评议，审稿人完成审稿后，根据审稿意见，是否直接拒收该论文？如果不拒绝，那么应不应该提出修改意见，联系作者返回修改？如果提出修改意见，是应该进行大修还是小修？根据修改结果，主编最终还需要决定是否接收该论文，这还是一系列二选其一的决策问题。在整个论文评审的过程中充满了这样的二选其一的决策问题，没有中间状态，二者必须选其一。请问：如果是你，应该如何决策？

案例 10：签证审批。

签证是不同国家之间人员相互交流的产物，也是必要的入境凭证。对于广大的赴美留学生而言，美国 F1 签证是留学的必要材料。想要取得这类非移民签证需要在美国领事馆线上申请中心进行申请，并预约进行线下面谈。据美国驻华大使馆发布，2021 年 5 月至 8 月大使馆共签发超过 8.5 万张 F1 签证。对其中的每一张签证，大使馆签证官都需要面临一系列二选其一的决策问题。假如你是美国大使馆的一位签证官，面对一位 F1 签证申请者，你需要通过不断的提问与追问，来判断该申请者是否有移民倾向，从而决定是否通过他的签证申请。这就是一个二选其一的决策问题，没有中间状态。为了做出这样的判断，你需要从哪个角度进行提问？是否提问赴美意图？是否提问家庭背景？是否提问长期规划？这又是一系列二选其一的决策问题。如果先从家庭背景问起，应该提出哪些问题？是否询问父母职业？是否询问收入水平？是否询问政治身份？这还是一系列二选其一的决策问题。可见，在签证审批的过程中充满了这样的二选其一的决策问题，没有中间状态，二者必须选其一。请问：如果是你，应该如何决策？

通过上面这些案例可以发现，二选其一的决策问题广泛存在于恋爱、求学、求职等各种具体的场景中。可以说，人生中处处都有二选其一的决策问题。那么问题来了，在这些决策问题中应该如何选择？乍一想似乎很简单：选一个对自己最有利的就好了。但仔细思考你会发现，这其实很难。由于不确定性的存在，很难万无一失地选到那个最有利的选项，因此一定要对问题有深刻的认识。下面进一步讨论上述 10 个案例。

案例讨论1：恋爱。

假设女生在生活中遇到一个男生，男生向她表达了好感，并希望能够和她进一步交往。这时女生面临一个二选其一的决策问题：是否应该接受男生的交往请求呢？应该如何考虑这一问题呢？基本原则其实很简单，那就是努力做出对自己最有利的那个选择。例如，如果这位男生确实和看上去一样优秀，在以往的相处过程中处处细致体贴，那么选择接受似乎应该是更有利的选择。同时也需要考虑另一种可能性：这位男生外表好看，但却性格暴躁，不爱学习，不交作业。如果是这样，那么选择拒绝可能是更有利的选择。因此，何种选择对于决策者（该女生）更有利，取决于这位男生到底优不优秀，值不值得交往。但这一点充满了不确定性。尽管女生在之前的相处中已经对男生有了一定程度的了解，但这些信息是否可靠？是否足够全面？这些问题的答案都是不确定的，所以在这个二选其一的决策问题中充满了不确定性。

案例讨论2：求职。

假设你正面临职业上的二选其一的决策问题：要不要进入某互联网大厂？应该如何考虑这一问题呢？要看哪个选择对自己更加有利。如果这家互联网大厂优待员工，不用加班，福利良好，你所应聘的岗位富有创造力，不搞"办公室政治"，成长空间大，那么选择进入是更有利的选择。但同时也有另一种相反的可能性：给你提供职位的这个部门，办公室内部政治斗争严重，天天加班，常常一周无休，你所应聘的岗位实际的工作非常机械化，职业上升路径狭窄。那么选择不进入则是更有利的选择。所以何种选择更有利于个人的职业成长，这取决于这家公司这个部门的工作环境和成长机会到底如何，但这一点充满了不确定性。诚然，你可以通过与面试官交流或者上网查询资料来获取一些相关信息，但面试官传递的信息是否真实？网络上的信息是否值得信赖？在真正做出决定、踏进这家公司前，你面对着太多的未知数，所以在这个二选其一的决策问题中充满了不确定性。

案例讨论3：求学。

对于一个统计学专业的本科生而言，假设他选择了读研，并有意申请北大光华商业分析专硕。那么接下来他将面临的是一个二选其一的决策问题：是否申请参加北大光华的夏令营考核？应该如何考虑这一问题，同样需要看哪个选择对自己更加有利。如果他对自己的实力估计准确,北大光华夏令营考核的难度又刚好匹配他的实力,那么申请夏令营应该是更有利的选择。但是也有可能实际情况是,该同学实力确实有待提高,北大光华夏令营考核的难度又很高,因此很难在考核中脱颖而出,那么就不必浪费大量时间准备申请材料了。在这种情况下,不申请夏令营考核也许更有利。这里的关键问题在于:与其他申请者相比,自己的相对实力如何?夏令营考核的问题是否正好是自己的知识盲区?面试当天的状态是否最佳?这些都是不确定的,所以在这个二选其一的决策问题中充满了不确定性。

案例讨论4:精准广告。

当某用户打开了今日头条APP,就会产生一个广告展示位,如果你代表今日头条平台,你会面临一个二选其一的决策问题:要不要展示广告?应该如何考虑这一问题,要看哪个选择对自己更加有利。如果这位用户正好愿意甚至有计划购买这一款广告产品,一旦展示广告,就很有可能被点击,甚至产生购买。那么此时推送广告更有利,因为这样会为平台带来收益。相反也可能该用户完全不是该广告产品的目标用户,甚至他可能已经被广告骚扰得心生愤怒,此时推送广告不仅达不到营销效果,还可能引起用户反感,甚至卸载APP,那么此时不推送广告更有利。但是,用户对该广告的态度如何?有多大可能点击广告?对广告的容忍度如何?这些都是不确定的,所以这个二选其一的决策问题充满了不确定性。

案例讨论5:信贷风控。

假如一名支付宝用户准备使用蚂蚁花呗服务,花呗平台就面临一个二选其一的决策问题:要不要允许他开通蚂蚁花呗进行借贷?如果你代表蚂蚁花呗平台,应该如何考虑这一问题呢?要看哪个选择对自己更加有利。如果该用户的还贷能力很强,他未来能如期归还本息,那么允许他开通更有利,因为这会为资金方带来利息收入。但是另一种可能是该用户面临严重的经济问题,未来难以如期归还本息,甚至该用户最初的打算也许就是不还钱。那么不允许他开通更有利,因为这样保护了资金方的本金。但用户未来的偿还能力如何?是否有意愿偿还?这些都是不确定的,甚至连用户本人都不确定自己的未来经济状况如何。所以,这个二选其一的决策问题充满了不确定性。

案例讨论6：电话销售。

对于电话销售人员而言，面对销售线索池中的某条手机号，他需要回答一个二选其一的决策问题：是否应该拨打该手机号。如果你是这名电话销售人员，你应该如何考虑这一问题？看哪个选择对自己更加有利。如果该手机号对应的客户正好对公司产品感兴趣，或者至少对接听推销电话不反感，愿意听电话销售人员描述产品甚至最终购买，那么选择拨打电话更有利，因为这样能产生销售收入。另一种可能性是，该客户对公司产品完全不感兴趣，对接到销售电话十分反感，那么就没必要再打电话浪费时间了，选择不拨打电话更有利，因为这样能节省宝贵的时间。但是，客户是否对公司产品感兴趣？对接到推销电话的容忍度如何？这些都是不确定的，因此，这个二选其一的决策问题充满了不确定性。

案例讨论7：新药上市。

面对某款申请注册的药品，在经过了临床试验、技术审评、样品生产现场检查、样品检验等过程后，国家药监局需要回答一个二选其一的决策问题：应不应该发给药品批准文号（批准上市）？如果是你，应该如何考虑这一问题？看哪个选择对社会更加有利。如果该款新药满足必要的安全性和有效性，那么选择批准上市更有利，因为这样能为更多患者带来福音。但也有可能该款新药不满足必要的安全性，有效性也不符合要求，在批准上市后药品生产质量低。那么选择不批准上市更有利，因为这样保护了无辜的患者。但是，该药品是否安全？是否有效？在没有足够数据支持的情况下是非常不确定的。即使经过了三期临床试验，但是否存在没有被发现过的不良反应？试验中估计的药物有效性又是否被高估？即使通过了生产现场检查，但未来生产工艺是否能维持？样品检验中的结果是否被高估？这些都是不确定的，因此，这个二选其一的决策问题充满了不确定性。

案例讨论8：法官判案。

对于老王和老李的纠纷，假设法院受理了这一案件，在庭审现场经过了法庭调查和法庭辩论等多个环节后，法官需要回答一个二选其一的决策问题：是否判决老李有罪？如果你是法官，该如何考虑这一问题呢？这要看哪个选择对司法公正更加有利。如果老李事实上并没有欺骗老王，这仅仅是一场误会，那么当然判决老李无罪更有利，因为这样避免了冤枉好人。然而另一种可能性是老李确实欺骗了老王，法庭上老李的辩解都是谎话，那么判处老李犯了诈骗罪更有利，因为这样才能惩罚坏人。在缺乏有效证据的情况下，真实情况到底如何？这具有很大的不确定性。因此，在这个二选其一的决策问题中也充满了不确定性。

案例讨论 9：编辑审稿。

对于一篇正在投稿的科技论文，假设已经进行了编辑初审、同行审查和返回修改等过程，接下来编辑需要回答一个二选其一的决策问题：是否接收该论文？如果你是主编，你应该如何考虑这一问题呢？基本原则其实很简单，那就是看哪个选择对期刊的学术声誉更加有利。如果该论文确实优秀，文中进行的实验严谨、真实且可复现，对学术界产生的意义深远，那么当然接收该论文更有利，因为这样才能让更多学者关注到最新的研究成果，也有利于进一步提升该期刊的学术声誉。然而也存在另一种可能性：该论文实际上存在漏洞，实验数据伪造，结果图片经过了PS处理，那么更有利的选择是拒收该论文，这样就避免了误导其他学者，也保护了期刊的学术声誉。但是论文描述的实验流程是否真实？数据是否伪造？结果是否可复现？论文在科学界的意义是否深远？这些问题都是不确定的。因此，在这个二选其一的决策问题中同样充满了不确定性。

案例讨论 10：签证审批。

面对一位即将赴美留学的中国学生，假设他已经通过了网上申请，预约了线下面签，接下来大使馆签证官需要通过面试回答一个二选其一的决策问题：是否通过他的签证申请？这意味着签证官需要判定：申请人是否具有移民倾向？如果你是签证官，该如何考虑这一问题呢？这要看哪个选择对签证国更加有利。如果申请人确实只是单纯的赴美留学，将来并不打算也不会留在美国成为非法移民，那么通过签证申请更有利于两国正常的学术交流。但如果申请人的计划就是借此机会非法移民美国，留学只是一个幌子，那么不通过签证申请更有利，这样能降低非法移民的风险。但仅凭十几分钟的问答又怎能完全猜透申请人的意图呢？这其中包含着很大的不确定性，甚至连申请者本人可能都无法预料几年后的境遇和选择。因此，在这个二选其一的决策问题中也充满了不确定性。

通过上面的案例讨论可以发现，人生时时处处都会面临带有强烈不确定性的决策问题。此类问题有两大特点：第一，必须二选其一，没有中间状态；第二，面临极大的不确定性。那么对于这些带有不确定性的决策问题，应该怎样决策呢？下一节将继续讨论。

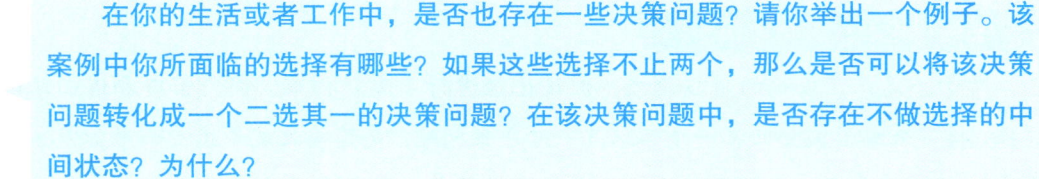

① 在你的生活或者工作中，是否也存在一些决策问题？请你举出一个例子。该案例中你所面临的选择有哪些？如果这些选择不止两个，那么是否可以将该决策问题转化成一个二选其一的决策问题？在该决策问题中，是否存在不做选择的中间状态？为什么？

② 重新考虑题 1 中的决策问题，请问该问题中的不确定性体现在哪里？这一不确定性的根源可能来自何处？在生活中为了做出尽可能有利的决策，你会进行哪些尝试？这些尝试是否减小了不确定性？

③ 在你举出的二选其一的决策问题中，由于不确定性的存在，你可能会犯什么样的错误？这些错误可能造成什么后果？不同后果的严重性一样吗？

3.2 两种不同类型的错误

前面提到,统计学假设检验理论关注的核心问题是:带有不确定性的决策问题。本章所关注的决策问题特指一类非常特殊的决策问题,那就是决策者面前有且仅有两个不同的选择。为讨论方便起见,不妨称这两个选择分别为 A 和 B。不同的选择一定对应着不同的假设。例如,当一个女生获得了某男生的追求时,该女生会面临两个选择,A 是尝试跟该男生交往,B 是不尝试。如果该女生选择 A,那么她背后隐含着一个假设:这个男生不错,也许值得交往。同理,如果该女生选择 B,那么她背后也隐含着一个对立的假设:这个男生可能不太靠谱,也许不值得交往。由此可见,当人们面对二选其一的决策问题时,之所以做出不同的选择,其根本原因是人们做出了不同的假设。人们选择相信哪一个假设,就会做出相对应的选择和决策。

因为有不确定性存在,无论如何选择、如何决策,都存在犯错误的可能性,并要承担因此带来的后果。下面还是以恋爱为例,讨论决策者(某年轻人)可能会犯什么错误。第一种情况是,该年轻人假设对方不错(假设 A),并决定跟对方交往,但是却发现真实情况是:对方是一个非常糟糕的人(假设 B)。这时该年轻人犯的错误是:选择相信假设 A 成立,但是实际情况是假设 B 成立,这是一种错误。第二种情况是,该年轻人假设对方不太靠谱(假设 B),并决定不与其交往,但是真实情况是:对方非常优秀(假设 A)。这时该年轻人犯的错误是:选择相信假设 B 成立,但是实际情况是假设 A 成立,这又是另外一种错误。请问:这两种不同类型的错误,带给决策者(某年轻人)的损失是否一样?如果损失完全一样,也许就不需要太高深的决策方法论(如统计学假设检验理论),只要极小化整体犯错误的概率就可以了,而不用担心哪种犯错的可能性更大。但是,如果损失不一样,其中一种错误的损失比另外一种大很多呢?如果是这种情况,决策问题就会相对复杂一些。在这种情况下,决策者应尽量避免犯损失更加惨重的错误。但有得必有失,为此,决策者往往愿意也必须付出一定的代价,那就是,置另外一种错误发生的可能性于不管不顾的状态。请问你对这样的决策方式陌生吗?答案是也许不陌生。接下来将通过一系列的案例故事向你阐述说明,对于这样的决策方式,你其实早已习以为常。

案例1:恋爱。

还是以前面提到的恋爱为例,故事中的年轻人面临二选其一的决策问题。在没有充分了解对方的情况下,对方的人品是未知的,具有不确定性。因此无论该年轻人做出哪一种选择,都有可能犯错误。错误的情况有两种。第一种错误是:看走眼。假设对方很不错(假设A),但是发现实际情况是对方很糟糕(假设B),产生的后果是在一个很糟糕的人身上浪费了时间。第二种错误是:错失真爱。假设对方不靠谱(假设B),但实际情况是对方很优秀(假设A),产生的后果是错失真爱,非常遗憾。请问:哪一种错误带来的损失更大?按小说和影视作品里的情节,也许错失真爱是天大的遗憾。如果是这样,年轻人的决策规则应该是:只要是恋爱,都应该勇于尝试,除非有证据证明对方很糟糕。但这可能是小说和影视作品里虚构的情节。在现实生活中,更多理性的普通人会认为,与错失所谓的"真爱"相比,在糟糕的对方身上浪费时间是一件更糟糕的事情。只要自己积极向上,优秀的"对方"多的是,错过一个"真爱",也一定还有更好的"真爱"等着自己。因此,现实生活中更常见的决策规则会是:除非有证据证明对方很优秀,否则不会轻易尝试交往。事实上,对于绝大多数人而言,交往是一个非常慎重的决定。请问:你会更支持哪种看法?不论你支持哪种看法,你都会体会到,两种不同的错误带来的损失很不相同,而且你会本能地优先规避你认为损失更大的那一种错误。你看,这是不是一种你已经习以为常的决策方法?

案例2:求职。

当求职者面临一份工作的机会时,就需要决定接受还是拒绝这份工作。假设一名毕业生收到了某家互联网大厂的录用通知,他就面临着二选其一的决策问题:要不要进入这家互联网大厂工作？选择进入背后隐含的假设是这份工作是一份理想的工作（假设 A），选择不进入背后隐含的假设是这份工作不是一份理想的工作（假设 B）。在正式入职之前，工作内容、团队氛围、上升空间等都是具有不确定性的，因此求职者有可能会犯错误。可能会犯的错误有两种。第一种错误是：得到不理想的工作。求职者相信这是一份理想的工作（假设 A），于是选择进入这家互联网大厂，但工作后发现工作内容单调机械、团队氛围很差、上升空间小，并不是自己想要的工作（假设 B）。第二种错误是：错过理想的工作。求职者认为这家互联网大厂的工作不是自己理想中的工作（假设 B），于是拒绝了这个工作机会。但后来他从接收了同样录用通知的小伙伴那里得知，这份工作能够让人发挥自己的创造力，团队氛围和谐，上升空间大，正是自己梦寐以求的工作（假设 A）。这两种错误的损失哪个更大呢？第一种错误让求职者得到了一份并不理想的工作，而第二种错误让求职者错过了一个很好的工作机会。也许有人会认为第一种错误（即得到不理想工作）的损失更大，因为不值得在一份没有成长的工作上浪费时间。相反，也许有人认为第二种错误（即错过理想的工作）带来的损失更大，因为好的工作机会非常难得，因此应该勇于尝试。不论你支持哪一种看法，你都能体会到，两种不同的错误带来的损失很不相同，实际中也极少会碰到两种错误损失居然相同的情形。给定两种错误带来的损失很不相同，你的本能反应是什么？是不是本能地优先规避你认为损失更大的那一种错误。你看，这是不是一种你已经习以为常的决策方法？

案例 3：求学。

每年夏季，北大光华都会如火如荼地开展优秀大学生夏令营活动，通过保研招募优秀的大学生。学院希望通过这个项目为国家培养更多的既懂数据科学又懂商业实践的高级复合型人才。但遗憾的是，因为教学资源有限，所以招生名额有限，筛选与淘汰就不可避免。为此，夏令营中设置有笔试和面试考核。在给定名额有限的前提下，不是所有同学都能够通过考核。只有通过考核，并且获得本校的推免资格，才有可能被预录取。如果你是一名有志于进入北大光华深造的大三学生，你面临的二选其一的决策问题是：申请夏令营还是不申请？如果你选择申请，那么背后隐含的假设是，你有可能通过夏令营考核并且获得本校的推免资格，从而成功上岸北大光华（假设 A）。如果你选择不申请，那么背后隐含的假设是，你成功保研到北大光华的可能性极低（假设 B）。由于结果的不确定性，无论做哪种选择，你都可能会犯错误。可能犯的错误有两种。第一种错误是：高估自己。你假设自己能够成功通过夏令营的考核并最终获得入学资格（假设A），但是毕竟竞争残酷，最后你未能如愿以偿（假设B）。第二种错误是：低估自己。你假设自己成功的可能性极低（假设B），所以没有申请夏令营，但你最后发现综合实力还不如你的小伙伴成功上岸了（假设A）。这两种错误哪一种损失更大呢？第一种错误是高估自己，能给你带来什么损失呢？答：几乎没有任何损失。虽然准备申请材料和笔（面）试花费了不少时间，但为申请而做出的各种准备也会

给你带来其他的收益。第二种错误是低估自己，这带来的损失可能就严重许多。这种错误会让你错失一次到北大光华攻读研究生的机会，除非你有一个更好的求学机会。由此可见，两种错误带来的损失大小完全不同。高估自己所带来的损失很小，而低估自己所带来的损失很大。因此，对大多数同学而言，都应该尝试申请北大光华的夏令营。你看，这是不是一种你已经习以为常的决策方法？

案例4：精准广告。

广告投放是各大互联网平台盈利的重要途径之一。以今日头条为例，它依靠大数据算法，根据用户的浏览历史等信息，分析用户的兴趣分类，向用户进行广告的精准投放。开屏广告是一种常见的广告展示形式。当用户打开今日头条APP时，今日头条就获得了一个展示广告的机会。这时候今日头条是否要向用户展示某款商品的广告呢？今日头条面临着二选其一的决策问题：投放还是不投放？选择投放背后隐含的假设是，用户对该商品感兴趣，因此有很大的可能性产生点击或购买（假设A）。选择不投放背后隐含的假设是，用户对该商品不感兴趣，因此产生点击或购买的可能性极低（假设B）。用户的兴趣具有不确定性，因此今日头条无论做哪种选择，都可能会犯错误。错误的情况有两种。第一种错误是：骚扰用户。如果今日头条假设用户对该商品感兴趣（假设A），并因此向用户展示了广告，但实际上用户对该商品不感兴趣（假设B），那么就对用户造成了骚扰。第二种错误是：错失广告机会。如果今日头条假设用户对该商品不感兴趣（假设B），因此放弃了向该用户展示广告的机会，而实际上用户正好需要这种类型的商品（假设A），但由于没有看到广告，可能去购买了其他替代品。两种错误的损失很不一样，哪一种损失更大呢？第一种错误对用户造成了骚扰，但对今日头条而言似乎没有立刻明

显的损失。从长期来看,过度骚扰用户会影响用户的产品使用体验,进而影响用户活跃度与留存率,今日头条对此一定也会有慎重的考虑。但是从短期看,似乎不会产生太大的损失。第二种错误让今日头条损失了一笔立刻可得的广告收入。请问哪种损失更大?根据彭博社消息,2020 年,今日头条所属公司字节跳动的广告收入为 1831 亿元,占实际收入的 77%。因此,损失广告收入对公司而言是不可承受的损失。今日头条的决策规则可能是,除非有足够的证据证明用户对商品不感兴趣,才因此决定不骚扰用户,否则一定选择展示广告。这个道理不仅适用于今日头条,还适用于其他互联网平台。造成的后果就是,广告在互联网平台中随处可见,用户被大量广告骚扰。你看,这是不是一种你已经习以为常的决策方法?

案例 5:信贷风控。

随着互联网金融的发展,互联网消费信贷已成为一种越来越常见的信贷形式,其特点是以个人消费为目的、无抵押、无担保、额度小、期限短等。仍然以上一节提到的蚂蚁花呗为例。假如一名用户提出了开通蚂蚁花呗的申请,那么蚂蚁花呗平台就面临着二选其一的决策问题:批准还是不批准?批准背后隐含的假设是,用户使用蚂蚁花呗后能够按期归还本息(假设 A);不批准背后隐含的假设是,用户不能按期归还本息(假设 B)。由于用户能否按期还贷具有不确定性,不管蚂蚁花呗平台是否批准,都有可能会犯错误。可能犯的错误有两种。第一种错误是:高估用户还贷能力。这种情况指的是,蚂蚁花呗平台相信用户借钱后能够按期归还本息(假设 A),因此批准了花呗开通申请,但结果是用户未能按期归还本息(假设 B)。在这种情况下,蚂蚁花呗承受的损失是本金加利息。第二种错误是:低估用户还贷能力。这种情况下,蚂蚁花呗平台认为用户不能按期归还本息(假设 B),不予批准开通申请,但事实上用户具有按期归还本息的能力(假设 A)。在这种情况下,蚂蚁花呗将错失一个优质用户,并因此错失相关的利息收益。这两种错误的损失哪一个更大?第一种错误导致蚂蚁花呗损失了借出的本金(如 100 元)加利息(如 10 元),第二种错误导致蚂蚁花呗损失了潜在的利息收入。两种错误的损失很不一样,对比一下,显然第一种错误的损失更大,第二种错误承受的损失其实很小,甚至没有。因为在很多情况下,稀缺的可能

是资金，而不是申请人。错失的申请人很容易被其他甚至更加优质的申请人替代。因此，蚂蚁花呗可能会谨慎审核申请人。你看，这是不是一种你已经习以为常的决策方法？

案例6：电话销售。

相信大家都接到过推销电话，电话那头的推销员会询问你是否需要他们公司的产品或服务。电话销售之所以能成为一种经久不衰的销售形式，与我国极高的电话普及率有关。截至2021年5月，我国移动电话用户已达16.08亿。电话推销员是一份非常辛苦的工作，每天都要打数百个电话。面对销售线索池中的每一条手机号码，他们面临二选其一的决策问题：打电话还是不打电话？两个选择背后隐含着不同的假设。打电话背后隐含的假设是，号码的主人对产品感兴趣并因此能产生购买行为（假设A）；不打电话背后隐含的假设是，号码的主人对产品不感兴趣，因此产生购买的可能性极低（假设B）。由于号码主人的兴趣具有不确定性，推销员可能会犯错误。错误的类型有两种。第一种错误是：打骚扰电话。如果推销员相信对方会对产品感兴趣（假设A）而拨通了电话，但实际上对方并不感兴趣（假设B），那么之于对方而言这就是骚扰电话。第二种错误是：错失客户。如果推销员相信对方对产品不感兴趣（假设B）而放弃了打电话，但实际上对方正好需要这类产品（假设A），由于没有接到电话便去购买了其他产品，因此导致失去了一笔销售收入。第一种错误导致的损失是对号码的主人造成了骚扰，并浪费了一些电话费成本（如0.1元），第二种错误则导致损失一笔交易单所带来的销售收入（有可能是10万元）。对于电话销售公司而言，哪种损失更大？第一种错误的损失是骚扰某无关用户，并因此承受对方情绪上的输出。第二种错误的损失是可观的销售收入。在竞争激烈的市场中，显然第二种损失更不可承受。因此，对于绝大多数电话销售员而言，拼命打电话是一个不二选择，这带来的副作用是大量的骚扰电话。你看，这是不是一种你已经习以为常的决策方法？

案例7：新药上市。

新冠肺炎疫情暴发以来，许多新冠肺炎治疗药物的研发都在进展当中。开发出安全有效的新药并投入使用当然是一件有益于人类的好事，但如果还没有确认药物的安全性和有效性就贸然使用，则可能造成灾难。因此，新药在正式投入使用前，需要进行一系列试验，其中包括大量的动物试验及至少三期临床试验，最终的试验结果还需要得到国家药监局的认可与批准才能上市。假如有一款针对新冠肺炎的新药正在申请上市，国家药监局就面临着二选其一的决策问题：让新药上市还是不让新药上市？让新药上市背后隐含的假设是，新药能满足必要的安全性和最低的有效性要求（假设A）；不让新药上市背后隐含的假设是，新药要么不够安全，要么不够有效（假设B）。国家药监局无论做哪种选择，都有可能犯错误。犯错误的情况有两种。第一种错误是：让劣药上市。国家药监局相信新药满足安全性和有效性等基本要求（假设A），并因此批准了新药上市，但最终发现该药物很不安全，而且无效（假设B）。第二种错误是：错过良药。国家药监局认为新药不满足安全性和有效性等基本要求（假设B），未批准新药上市，但其实新药的安全性和有效性都是有保障的（假设A）。这两种错误哪种损失更大？第一种错误带来的后果是劣药上市，大量无辜病人因此付出健康甚至生命的代价。第二种错误带来的后果是延缓了一款优质药品的及时上市，因此很多病人得不到及时救治，并因此付出健康甚至生命的代价。请问哪一种错误带来的代价更大？其实都很大。但是在一般社会伦理规范中，哪一种相对更能接受呢？答：第二种。因为与现状相比，第二种错误带来的后果没有比现状更好也没有比现状更差。但是第一种错误带来的后果比现状更差。因此，国家药监局的决策规则永远是首先假设该新药不安全且无效，因为这样的假设更保守。你看，这是不是一种你已经习以为常的决策方法？

案例8：法官判案。

有一天老王跑到法庭状告老李，说老李骗走了他的钱财，请求法官为他做主，将老李绳之以法。请问法官应该如何决策？假设你是法官，那么你面临着二选其一的决策问题：判老李有罪还是无罪？判老李有罪背后隐含的假设是，老李实施了诈骗行为（假设A）；判老李无罪背后隐含的假设是，老李没有实施诈骗行为（假设B）。毕竟法官也不在案发当场，无法掌握充足信息，因此一定有犯错误的可能性。可能会犯的错误有两种。第一种错误是：冤枉好人。法官认为老李实施了诈骗行为（假设A），于是判老李有罪，但事实上老李是无辜的（假设B），这就导致了一起冤案。第二种错误是：错放坏人。法官认为老李没有实施诈骗行为（假设B），于是判老李无罪，但事实上老李

就是诈骗犯（假设 A）。这两种错误的损失哪个更大？其实都很大。但是哪一种错误更能被社会所原谅？显然是第二种。第一种错误导致冤枉一个好人，将一个好人关押服刑，这产生的社会影响很恶劣。相对而言，在证据不足的情况下，错放一个坏人更能被社会所原谅，毕竟原告老王有举证的义务。因此，在实际工作中，法官的默认决策永远是老李无罪。这就是我国现代刑事司法实践中的"疑罪从无"原则。你看，这是不是一种你已经习以为常的决策方法？

案例9：主编审稿。

对于科研工作者来说，向期刊投稿不是一件陌生的事。一篇论文从投稿到发表需要经历漫长的时间。一般来说，论文首先分派给主编，然后主编会把论文分派给一位副主编，然后由副主编邀请审稿人审稿，审稿人完成审稿后再将审稿意见返回至副主编，副主编会形成评审意见再反馈给主编。最后主编会根据审稿意见和自己的判断，决定接收还是拒收论文。这时主编面临的就是二选其一的决策问题：接收还是拒收？接收论文背后隐含的假设是该论文比较优秀，达到了期刊的标准，并能形成不错的学术贡献（假设 A）；拒收论文背后隐含的假设是，该论文完全达不到期刊所期待的标准（假设 B）。毕竟术业有专攻，主编也不可能通晓所有的专业方向，因此论文发表后在学术界会受到怎样的评价具有不确定性，主编完全有可能会犯错误。可能犯的错误有两种。第一种错误是：错误接收。主编相信论文比较优秀，达到了期刊的标准（假设 A），于是接收了论文，但论文发表后反响平平，甚至遭到许多学者的质疑（假设 B）。第二种错误是：错误拒绝。主编认为论文水平很差（假设 B），但该论文在其他期刊发表后饱受赞誉（假设 A）。这两种错误哪一种损失更大？第一种错误直接影响了期刊的声誉，第二种错误让期刊错失了一篇优质论文。对于期刊而言，显然第一种错误的损失更大，因为期刊的声誉一旦下降就很难挽回。相反，只要期刊的学术声誉在，就会有优质的论文投稿。因此，期刊主编的决策规则应该是：除非有充分的证据证明论文很优秀，否则拒收论文。你看，这是不是一种你已经习以为常的决策方法？

案例10：签证审批。

赴美留学生需要向美国领事馆申请F1签证。因为F1签证是一种仅用于留学的签证，不能用于移民，所以如果F1签证的申请人表现出有移民倾向，很可能会被签证官拒签。签证官面临一个二选其一的问题，他们必须做出判断：申请人是有移民倾向还是没有移民倾向？如果相信申请人有移民倾向（假设 A），签证官会选择拒签；如果认为申请人没有移民倾向（假设 B），签证官就更可能批准 F1 签证。由于签证官只能从申请人提交的信息和与申请人的谈话等方面来判断申请人是否有移民倾向，但申请人的内心真实意图是具有不确定性的，所以签证官有可能会犯错误。可能犯的错误有两种。第一种错误是签证官相信申请人有移民倾向（假设 A）于是拒签，但申请人其实没有移民倾向（假设 B），因为没有拿到签证，未能按期入学，承受很大损失。第二种错误是签证官相信申请人没有移民倾向（假设 B），而且申请人也满足办理签证的其他条件，于是签证官批准了签证，但事实上申请人是假留学真移民（假设 A）。哪一种错误造成的损失更大？对于签证官而言，也许是第二种错误的损失更大。第一种错误导致的损失都是由留学生承受，对签证官似乎没有什么影响。第二种错误有可能导致非法移民，这是签证官巨大的工作过失。因此，签证官的决策规则会是默认申请人有移民倾向，除非有充分的证据能证明申请人没有移民倾向。你看，这是不是一种你已经习以为常的决策方法？

到此为止，相信你已经了解了一个道理，那就是，面对带有不确定性的二选其一的决策问题，人们常常会面临两种可能的错误。这两种错误带来的损失很可能差别巨大。其中一种很难承受，而另一种似乎还可以容忍。在这种情况下，人们应该如何决策呢？通过上面的案例讨论，你会看到一个特别简单的决策规则，那就是尽量避免损失更惨重的那种错误，而置另外一种错误发生的可能性于不管不顾的状态。这样的决策规则貌似非常特别，但是通过上面的案例讨论，你会发现，这其实就是平时最常见的决策方式。统计学的假设检验理论，则可将该决策规则规范为一个可以通过严格的数学方法研究的科学问题，这是统计学做出的重要贡献。将决策规则进行规范化的过程要从对两类可能的错误进行严格区分开始。按照统计学假设检验理论的严格定义，哪种错误损失更惨重、更难以接受、更应该规避，哪种错误就被称为第一类错误（Type I Error），而另一类可接受性要好很多的错误就是第二类错误（Type II Error）。为了优先规避第一类错误，决策者一定要优先默认某个假设成立，除非有充分证据证明该假设不成立。这个被优先默认的假设叫作原假设，记作 $H0$。当有充分证据证明原假设不成立时，决策者才会选择相信另一个与原假设相对立的假设，它叫作对立假设或者备择假设，记作 $H1$。接下来，结合前面的案例进一步讨论什么是原假设，什么是对立假设。

案例讨论1：恋爱。

女生在遇到男生的追求时，遇到的二选其一的决策问题是：尝试与该男生交往还是不尝试？前面提到，可能犯的两种错误是看走眼和错失真爱。对于哪一种错误的损失更大，看法可能因人而异。如果这个女生认为看走眼的损失比错失真爱的损失更大，那么第一类错误就是看走眼，第二类错误就是错失真爱。为了尽可能地规避第一类错误，女生会默认男生不值得交往，除非有充分的证据证明男生很优秀。因此原假设 H_0 就是：男生不靠谱。而对立假设 H_1 是：男生很优秀。

案例讨论2：求职。

对于一位收到了某互联网大厂录用通知的毕业生，是否要进入该互联网大厂工作是一个二选其一的决策问题。在这个决策问题中可能犯的两种错误是得到不理想的工作和错过理想的工作。对于哪一种错误带来的损失更大，看法可能因人而异。如果这位毕业生认为得到不理想工作的损失比错过理想工作的损失更大，那么第一类错误应该是得到不理想的工作，而第二类错误应该是错过理想的工作。为了优先规避第一类错误，毕业生会默认这是一份不理想的工作，除非有充分证据证明工作很理想。因此原假设 H_0 应该是：这是一份不理想的工作。而对立假设 H_1 是：这是一份理想的工作。

案例讨论3：求学。

对于一位大三本科生，是否要申请北大光华的夏令营是一个二选其一的决策问题。在这个决策问题中可能犯的两种错误是高估自己和低估自己。低估自己的损失（错失被北大光华录取的一次机会）比高估自己的损失（几乎没有损失）要大得多，因此第一类错误应该是低估自己，而第二类错误应该是高估自己。为了优先规避第一类错误，学生会默认自己能够成功获得北大光华的入学资格，除非有充分证据证明自己不能成功。因此原假设 H_0 应该是：自己能够成功获得北大光华的入学资格。反之，对立假设 H_1 是：自己不能成功获得北大光华的入学资格。

案例讨论4：精准广告。

对于互联网广告平台来说，是否要向用户展示广告是一个二选其一的决策问题。广告平台可能犯的两类错误分别是骚扰用户和错失广告机会。错失广告机会的损失（广告收入）比骚扰用户的损失（短期内没有明显的损失）大得多。因此第一类错误应该是错失广告机会，而第二类错误是骚扰用户。为了优先规避第一类错误，广告平台会默认用户对产品感兴趣，并选择投放广告，除非有充分的证据证明用户对产品不感兴趣。因此原假设 H_0 应该是：用户对产品感兴趣。而对立假设 H_1 是：用户对产品不感兴趣。

案例讨论 5：信贷风控。

用户在申请开通蚂蚁花呗后，蚂蚁花呗平台是否批准该申请是一个二选其一的决策问题。蚂蚁花呗平台可能犯的两种错误是高估用户还贷能力和低估用户还贷能力。高估用户还贷能力的损失（本金加利息）比低估用户还贷能力的损失（潜在利息）大得多。因此第一类错误应该是高估用户还贷能力，而第二类错误是低估用户还贷能力。为了优先规避第一类错误，平台会默认用户还贷能力不足，并选择不批准开通申请，除非有充分的证据证明用户在借钱消费后能按期归还。因此原假设 H_0 应该是：用户借钱后不能按期归还。而对立假设 H_1 是：用户借钱后能按期归还。

案例讨论 6：电话销售。

对于电话销售人员来说，是否向某个手机号打电话是一个二选其一的决策问题。电话销售人员可能犯的两种错误是打骚扰电话和错失客户。错失客户的损失（销售收入）比打骚扰电话的损失（如电话费）大得多。因此第一类错误应该是错失客户，第二类错误是打骚扰电话。为了优先规避第一类错误，电话销售人员会默认对方需要自己推销的产品，并选择打电话，除非有充分的证据证明对方对产品不感兴趣。因此原假设 H_0 应该是：对方对产品感兴趣。而对立假设 H_1 是：对方对产品不感兴趣。

案例讨论 7：新药上市。

国家药监局是否批准某种新药上市是一个二选其一的决策问题，所以可能犯的两种错误是让劣药上市和错过良药。让劣药上市的损失（危害病人生命安全）比错过良药（市场上少了一种良药）的损失更难以接受，因此第一类错误应该是让劣药上市，而第二类错误是错过良药。为了优先规避第一类错误，国家药监局会默认新药不符合上市标准，除非有充分的证据证明新药符合上市标准。因此原假设 H_0 应该是：新药不符合上市标准。

而对立假设 $H1$ 是：新药符合上市标准。

案例讨论 8：法官判案。

对于法官来说，是否判嫌疑人有罪是一个二选其一的决策问题。法官可能犯的两种错误是冤枉好人和错放坏人。从人权角度来看，冤枉好人所产生的负面社会影响会比错放坏人所产生的负面社会影响要大很多。因此第一类错误应该是冤枉好人，第二类错误是错放坏人。为了优先规避第一类错误，法官会默认嫌疑人无罪，除非有充分的证据证明嫌疑人有罪。因此原假设 $H0$ 应该是：嫌疑人无罪。而对立假设 $H1$ 是：嫌疑人有罪。

案例讨论 9：主编审稿。

对于学术期刊的主编来说，是否接收某篇论文是一个二选其一的决策问题。主编可能犯的两种错误是错误接收和错误拒绝。错误接收的损失（降低期刊学术声誉）比错误拒绝的损失（错失优质文章）大得多。因此第一类错误应该是错误接收，而第二类错误是错误拒绝。为了优先规避第一类错误，主编会默认论文水平不足，除非有充分的证据证明论文很好。因此原假设 $H0$ 应该是：论文有需要改进的地方。而对立假设 $H1$ 是：论文很好。

案例讨论 10：签证审批。

对于签证官来说，判断申请人是否有移民倾向是一个二选其一的决策问题。签证官可能犯的两种错误是误以为申请人有移民倾向和误以为申请人没有移民倾向。对签证官来说，误以为申请人没有移民倾向带来的损失（非法移民）比误以为申请人有移民倾向带来的损失（为难留学生）大得多。因此第一类错误应该是误以为申请人没有移民倾向，而第二类错误是误以为申请人有移民倾向。为了优先规避第一类错误，签证官会默认申请人有移民倾向，除非有充分的证据证明申请人没有移民倾向。因此原假设 $H0$ 应该是：申请人有移民倾向。而对立假设 $H1$ 是：申请人没有移民倾向。

通过本节的案例讨论，你应该已经对两种不同类型的错误有了充分的了解。第一类错误是损失更大、更不可接受、应优先规避的错误，而第二类错误是相对来说更能够接受的错误。为了优先规避第一类错误，决策者必须优先默认原假设 $H0$ 成立。虽然原假

设 H_0 是默认的假设,但是绝不意味着永远不会接受对立假设。以新药上市为例,虽然药品监督管理部门会优先假设新药不安全且无效,但是如果有足够证据证明新药安全且有效,那不是一个更好的结果吗?因此,人们虽然优先假设原假设 H_0 成立,但总是希望能够采集到充分的证据证明 H_0 是错的,进而可以接受对立假设 H_1。如何才能接受对立假设呢?这就是下一节要学习的内容。

① 思考一个在你生活中出现的二选其一的决策问题,请描述该问题中你可能犯的两种不同类型的错误。根据经验判断,哪种错误对你的损失更大?不同错误损失的比较如何影响了你的决策过程?

② 对于题 1 中的决策问题,请你依据本节给出的定义指出:哪种错误是第一类错误?哪种错误是第二类错误?对应的原假设和对立假设是什么?

③ 本节提到的决策方式是尽量避免更严重的错误,即"两害相权取其轻"。请问你还尝试过其他的决策方式吗?能否举出使用这种决策方式的例子?它与本节的决策方式相比优劣性如何?

3.3 为什么推翻原假设

通过前面的学习了解到,人生会碰到大量带有不确定性的决策问题。面对这样的问题,人们需要做出二选其一的决策,而支撑该选择决策的是两个互相对立的假设(一个是原假设,一个是对立假设)。由于不确定性的存在,无论做出哪种选择,都存在犯错误的可能性,而这会产生两种不同的错误。对于绝大多数问题而言,这两种错误带给决策者的损失是非常不同的,一种特别严重,称其为第一类错误,应该得到严格控制,而与之相对应的假设就是原假设 $H0$。另一种错误也不令人愉悦,但是可以忍耐接受,这是第二类错误,而与之对应的就是对立假设 $H1$。在刚刚接触二选其一的决策问题时,为了避免更大的损失,人们常常首先假设 $H0$ 是成立的。既然在假设 $H0$ 成立的前提下犯错的损失更小,那么永远假设 $H0$ 成立不就可以了吗?为什么还要关心对立假设 $H1$ 呢?答案非常简单。因为人们的最终目标仍然是尽可能地做出正确决策,因为正确的决策才是对自己最有利的。对立假设 $H1$ 有没有可能正确呢?当然有可能。因此,当实际数据严重反对原假设 $H0$ 时,也许更应该接受对立假设 $H1$。本节将结合之前章节中讨论过的各个案例认真探讨一下,在什么情况下应该推翻原假设。

案例1:恋爱。

年轻人在恋爱时遇到的二选其一的决策问题是:是否尝试与对方交往。通过前面的讨论知道,两种选择都会犯错误。第一种错误是看走眼(Type I Error),也就是假设对方很不错,但是实际发现对方很糟糕。第二种错误是错失真爱(Type II Error),假设对方不靠谱,没有和对方继续交往,但是实际上对方很优秀,是值得进一步了解交往的人。

两种错误相比，大部分人往往认为第一种错误更糟糕，因为与不靠谱的人交往不仅浪费大量的时间，还容易在感情中受伤。为了尽可能规避第一类错误，普通人通常会默认对方不靠谱，所以不值得交往，这就是 $H0$。相应的对立假设 $H1$ 认为对方很优秀。虽然支持原假设 $H0$ 犯错的损失更小，但在这一决策问题中，人们最终追求的还是做出正确选择。如果对方仅仅有着不错的颜值和好听的声音，这些证据也许并不足以支持对立假设 $H1$，贸然接受假设 $H1$ 仍然很有可能产生严重的决策错误。那么为保守起见，选择支持假设 $H0$ 似乎更加稳妥。但如果有足够的证据证明对方很优秀，例如，通过一段时间的沟通交流，了解到对方勤奋进取、心地善良、心胸宽广、工作稳定。那么此时最好支持对立假设 $H1$，尝试进一步交往，毕竟碰到一个优秀的交往对象也不容易。

案例2：求职。

在求职的过程中，求职者们往往需要决定接受还是拒绝一份工作。假设一名毕业生拿到了某家互联网大厂的就业机会，他就面临着二选其一的决策问题：要不要进入这家互联网大厂工作？求职者的每一个选择都有可能犯错误。第一种错误是得到不理想的工作（Type I Error），也就是求职者错误地认为这是一份非常理想的工作，但是工作一段时间后才发现这份工作枯燥无味而且没有什么晋升空间，非常不开心。第二种错误是错过理想的工作（Type II Error），也就是求职者认为这份工作不理想而拒绝了它。两种错误相比，很多求职者都会认为第一种错误带来的后果更糟糕，因为拥有一份不理想的工作是在浪费时间。为了尽可能规避第一类错误，求职者往往会默认该工作并不理想，这就是 $H0$。相应的对立假设 $H1$ 是这份工作很理想。虽然支持原假设 $H0$ 犯错的损失更小，但在这一决策问题中，求职者最终追求的还是做出正确选择。如果拿不出足够的证据证明这是一份理想的工作，那么贸然接受 $H1$ 可能是一个风险巨大的决策。此时为保险起见，选择支持假设 $H0$ 似乎更加稳妥。如果有足够的证据（如面试时和面试官的沟通、网上找到的公司介绍及学长学姐的经验等）证明这份工作很理想，是一份上升空间巨大、团队友好稳定的工作，此时最好接受对立假设 $H1$，进入该公司工作，毕竟求职的目的就是找到理想的工作，能让自己开心又能得到成长，那么就不要错过这个机会。

案例3：求学。

进入北大光华管理学院学习的方式之一是参加每年暑期开展的优秀大学生夏令营活动。假设一名大三学生有志于进入北大光华深造，他面临的一个二选其一的决策问题是：申请夏令营还是不申请？通过前面的讨论知道，两种选择都会犯错误。第一种错误是低估自己（Type I Error），也就是该学生认为自己实力不足，因此放弃申请夏令营。第二种错误是高估自己（Type II Error），也就是申请者错误地认为自己具有通过夏令营考核的实力，其实他的实力有待提高，无法通过夏令营考核。两种错误相比，很多同学可能会认为第一种错误带来的后果更糟糕，因为放弃申请夏令营就意味着会错失一次被北大光华录取的机会。为了尽可能规避第一类错误，申请者往往会默认自己能够成功获得北大光华的入学资格，这就是H_0。相应的对立假设H_1为不能取得入学资格。虽然支持原假设H_0犯错的损失更小，但在这一决策问题中，申请者最终追求的还是做出正确选择。如果申请人自身很优秀，找不到强有力的证据推翻原假设H_0，那么还是稳妥起见，最好申请一下。相反，如果申请人专业排名很低，那么这应该是一个很强的证据反对原假设H_0，此时接受对立假设H_1可以节省时间用于寻找其他发展方向，更有实际意义。

案例4：精准广告。

如前所述，精准广告是各大互联网平台投放广告的重要方式之一。以今日头条为例，当某用户打开今日头条APP，就会产生一个展示广告的机会，此时今日头条面临二选其一的决策问题：投放还是不投放？通过前面的讨论知道，两种选择都会犯错误。第一种错误是错失广告机会（Type I Error），也就是平台错误地认为该用户对产品不感兴趣，从而放弃投放广告。第二种错误是骚扰用户（Type II Error），也就是平台误以为该用户对产品感兴趣，但实际上用户不会购买该产品。两种错误相比，平台可能会认为第一种错误带来的后果更糟糕，因为错失广告机会将直接影响业绩，而骚扰用户在短期内难以预见损失。为了尽可能规避第一类错误，平台往往会默认用户对产品感兴趣，这就是H_0。相应的对立假设H_1为用户对产品不感兴趣。虽然支持原假设H_0犯错的损失更小，但在这一决策问题中，平台最终追求的还是做出正确选择。如果找不到足够理由反对原假设H_0，那么就永远假设用户对广告感兴趣，广告骚扰一下似乎也无大碍。对平台而言，这似乎是一个更加稳妥的策略，虽然该策略显然对用户不太友好。但是如果有足够的证据证明用户对此类广告没有兴趣（如该用户为男士，而广告产品为女性卫生用品），那么最好不要骚扰用户，毕竟过度骚扰客户会引起客户流失。

案例 5：信贷风控。

蚂蚁花呗是一款在年轻人中较为知名的互联网消费信贷产品，假如某用户申请开通蚂蚁花呗，那么蚂蚁花呗平台就面临着一个二选其一的决策问题：批准还是不批准？通过前面的讨论知道，两种选择都会犯错误。第一种错误是高估用户的还贷能力（Type Ⅰ Error），也就是平台错误地认为该用户能够归还本息，然而事实上用户没有足够的还贷能力。第二种错误是低估用户的还贷能力（Type Ⅱ Error），也就是平台误以为该用户没有如期归还本息的能力，从而拒绝为其开通蚂蚁花呗，但实际上用户可以按期归还本息。两种错误相比，平台可能会认为第一种错误带来的后果更糟糕，因为用户欠缺还贷能力将导致平台损失本金和利息，而低估用户还贷能力仅会损失潜在利息。为了尽可能规避第一类错误，平台往往会默认用户借钱后不能按期归还，这就是 $H0$。相应的对立假设 $H1$ 为用户能按期归还本息。虽然支持原假设 $H0$ 犯错的损失更小，但在这一决策问题中，平台最终追求的还是做出正确选择。如果平台拿不出足够证据证明该用户信用可靠，最好还是不要贸然发放贷款，否则本金损失风险很大。但是，如果有足够的证据（如过往历史信贷数据，很好的学历证明，稳定的工作证明，长时间的银行流水证明等）证明该用户有非常好的信用水平，那么错失该优质客户也是令人遗憾的，毕竟公司业务的发展离不开优质的信贷用户。

案例 6：电话销售。

在很多行业中，电话销售是一类重要的销售方式。面对销售线索池中的每一串手机号码，电话销售人员面临二选其一的决策问题：打电话还是不打电话？通过前面的讨论知道，两种选择都会犯错误。第一种错误是错失客户（Type Ⅰ Error），也就是员工错误地认为对方对产品不感兴趣，从而不拨打这条电话。第二种错误是打骚扰电话（Type Ⅱ Error），也就是员工误以为对方对产品感兴趣，但其实对方接到电话后不会购买产品，反而对用户造成骚扰。两种错误相比，员工可能会认为第一种错误带来的后果更糟糕，因为错失客户会直接影响销售业绩，而打骚扰电话短期来看也许仅会损失话费。为了尽可能规避第一类错误，员工往往会默认对方对产品感兴趣，这就是 $H0$。相应的对立假设 $H1$ 为对方不感兴趣。虽然支持原假设 $H0$ 犯错的损失更小，但在这一决策问题中，员工最终追求的还是做出正确选择。如果拿不出足够证据证明该用户对产品不感兴趣，最好还是拨打这个电话，否则很可能错过一次成功交易的机会。但是，如果有足够的证据（如用户个人信息、线索质量评级、过往沟通记录等）证明该用户对产品不感兴趣，那么也应避免造成不必要的骚扰，毕竟长此以往可能影响品牌形象，不如节省下宝贵的时间用于接触更优质的客户。

案例7：新药上市。

为保障人民的身体健康，新药上市需要经历严格的审批过程。假如有一款针对新冠病毒感染的新药正在申请上市，国家药监局就会面临着二选其一的决策问题：让新药上市还是不让新药上市？通过前面的讨论知道，两种选择都会犯错误。第一种错误是让劣药上市（Type Ⅰ Error），也就是国家药监局错误地判断新药符合上市标准，但是新药实为劣药。第二种错误是错过良药（Type Ⅱ Error），也就是国家药监局判断新药不符合上市标准，而实际上该新药符合标准。两种错误相比，国家药监局可能会认为第一种错误带来的后果更糟糕，因为让劣药上市会危害病人的生命安全，而错过良药仅导致市场上少了一种良药。为了尽可能规避第一类错误，国家药监局往往会默认新药不符合上市标准，

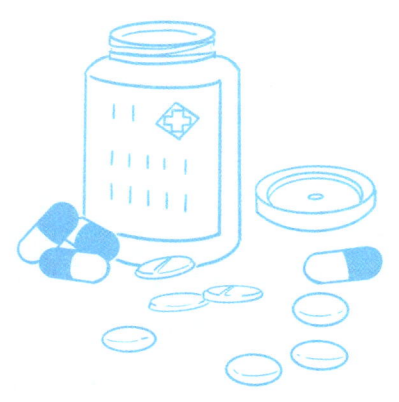

这就是$H0$。相应的对立假设$H1$是新药符合上市标准。虽然支持原假设$H0$犯错的损失更小，但在这一决策问题中，国家药监局最终追求的还是做出正确选择。如果没有足够的证据证明该药品安全有效，那么最好拒绝该新药上市，以保护大众的用药安全。但是，如果有足够的临床三期实验数据证明该药品符合上市的安全性和有效性标准，那么错失这样一款安全有效的新药也是令人惋惜的，很多病患将因此失去得到救治的机会，毕竟治病救人才是根本。

案例8：法官判案。

法官判案需要经历案件受理、庭前审查、庭前会议和审判等过程。例如，有一天老王声称老李诈骗了他的钱财，为此将老李告上法庭。经过了案件受理、庭前审查等环节后，法官面临着二选其一的决策问题：判老李有罪还是无罪？通过前面的讨论知道，两种选择都会犯错误。第一种错误是冤枉好人（Type Ⅰ Error），也就是法官错误地认为老李诈骗了老王，使得老李蒙受冤屈。第二种错误是错放坏人（Type Ⅱ Error），也就是法官错误地认为老李无罪，致使老李逍遥法外。两种错误相比，法官可能会认为第一种错

误带来的后果更糟糕，因为相较而言，冤枉好人可能会造成更坏的社会影响。为了尽可能规避第一类错误，法官往往会默认嫌疑人无罪，这就是 H_0。而相应的对立假设 H_1 为嫌疑人有罪。虽然支持原假设 H_0 犯错的损失更小，但在这一决策问题中，法官最终追求的还是做出正确选择。如果没有足够的证据证明老李犯了诈骗罪，那么最好判老李无罪，因为疑罪从无是被这个社会所接受的基本伦理规范。但是如果原告在法庭上展示了强有力的证据和证词，这些强有力的证据包括但不限于通话录音、微信记录、邮件往来及银行转账记录等，那么判老李犯了诈骗罪也是必要的。毕竟，惩罚坏人，维护司法正义，才是根本。

案例 9：编辑审稿。

一篇论文的发表通常需要经历严格的审稿程序。假设一篇待发表论文已经经历了投稿、主编与副主编初审、同行专家评议、返回修改等过程，最终主编面临二选其一的决策问题是：接收还是拒收？通过前面的讨论知道，两种选择都会犯错误。第一种错误是错误接收（Type I Error），也就是主编错误地认为该论文各方面都比较完美，实际上该论文达不到接收的标准。第二种错误是错误拒收（Type II Error），也就是主编误以为该论文仍需改进，实际上该论文已经比较完美了。两种错误相比，主编可能会认为第一种错误带来的后果更糟糕，因为错误接收会影响期刊的学术声誉，而错误拒收仅会导致错失一篇优秀文章。为了尽可能规避第一类错误，主编往往会默认论文有需要改进的地方，这就是 H_0。相应的对立假设 H_1 则为论文很完美。虽然支持原假设 H_0 犯错的损失更小，但在这一决策问题中，主编最终追求的还是做出正确选择。如果没有足够的证据证明这是一篇非常出色的文章，那么最好拒收该论文，因为维护期刊的学术声誉任重道远。但是如果有足够的证据（如多位资深审稿人非常一致的评价）证明了该文章的优秀，那么也应考虑接收该论文，因为发表优秀论文，传播学术思想，是期刊的根本使命。

案例 10：签证审批。

对于广大的赴美留学生而言，美国 F1 签证是留学的必要材料。在签证审批的线下面谈环节中，签证官面临一个二选其一的决策问题：申请人是有移民倾向还是没有移民倾向？通过前面的讨论知道，两种选择都会犯错误。第一种错误是误以为申请人没有移民

倾向（Type I Error），于是通过了该申请人的签证。第二种错误是误以为申请人有移民倾向（Type II Error），于是拒绝通过该申请人的签证。两种错误相比，签证官可能会认为第一种错误带来的后果更糟糕，因为误以为申请人没有移民倾向会导致该申请人非法移民至美国，而错误拒绝仅会给留学生带来不便。为了尽可能规避第一类错误，签证官往往会默认申请人有移民倾向，这就是 $H0$。相应的对立假设 $H1$ 认为申请人没有移民倾向。虽然支持原假设 $H0$ 犯错的损失更小，但在这一决策问题中，签证官最终追求的还是做出正确选择。如果没有足够证据证明该申请人无移民倾向，那么最好拒绝通过他的签证申请。但是如果有足够的证据（如申请者的家庭收入、未来规划、学历和学校等）证明该申请人无移民倾向，那么申请人通常也能够成功获签。

通过以上这些案例的分析，可以总结发现：面对二选其一的决策问题，如果没有足够证据证明对立假设 $H1$ 成立，人们常常选择支持原假设 $H0$。直到出现强有力的证据时，才支持对立假设 $H1$，这是做出决策的基本思路。这种思路可以较好地兼顾两个目标：做出正确决策和减少犯错损失。但是这还不足以支撑实际应用，例如，具体而言怎样的证据才足够证明支持对立假设 $H1$？怎样的证据不足以证明支持对立假设 $H1$？"足够证明"和"不足以证明"之间的界限仍然是模糊的，无法应用于实际场景。这就需要借助必要的数学工具将上述思想规范为一个严格的数理统计学问题，而这一内容将在下一节中详细介绍。

① 给出一个你在生活中遇到的二选其一的决策问题，明确该决策问题中的原假设和对立假设。请进一步梳理在这一决策问题中，为了做出决策你需要收集哪些数据？这些数据中哪些可能支持原假设？哪些可能支持对立假设？

② 在题1的决策问题中，请基于数据表现总结：你在何时接受原假设？何时接受对立假设？这两种情况是否有清晰的界限？如果有，请思考并表述该界限基于何种原则产生，如果没有，请描述一个合理的界限。

③ 请思考是否存在两个对立假设 A 和 B，在某种情形下，假设 A 是原假设，而另一种情形下，假设 B 是原假设。请你具体描述该场景并指出假设 A 和假设 B 分别在何时可以作为原假设。

3.4 关于均值的假设检验问题

前面已经对假设检验的统计学思想做了非常深入的讨论，整个过程以思想性的介绍为主，没有任何数学细节。但是显然这是不足够的。为了能够落地应用，还需要借助必要的数学工具，进一步将假设检验的统计学思想规范成一个严格的数理统计学问题。要实现这一步并不容易，因为不同的应用场景（如不同的案例故事）所关心的核心问题各不相同，所以对应问题的数学表达也一定各不相同。显然无法对所有的问题都进行深入研究。事实上，只能对一大类有强烈共性的问题做数学上的规范与推导，而这一类决策问题最终必须被表达为对一个核心参数的判断问题，否则假设检验的方法论就无法适用。

例如，如何判断一款降压药是否有效？保守的原假设 $H0$ 认为该降压药无效，而对立假设 $H1$ 则认为该降压药有效。请问：数学上应该如何表达这个问题呢？答：很简单。假设某病人在吃药前的血压是 X_1，吃药后的血压是 X_2，那么服药前后血压的差异为 $X = X_2 - X_1$。显然，X 是一个随机变量，不同的人的测量结果会不同，同一个人多次的测量结果也会不同，带有一定的不确定性。为了衡量药物的有效性，可能只能关注服药后降压差异的平均水平：$\mu = E(X)$。因此，一个相对模糊的业务问题（降压药是否有效）就被规范成一个关于具体参数 μ 的数学问题（ $\mu \geq 0$ 或 $\mu < 0$ ）。请问，这是一个完美的解决方案吗？答：显然不是。因为即使 $\mu < 0$ ，也不排除对某一个具体的病人而言有 $X > 0$ 。因此，$\mu \geq 0$ 或 $\mu < 0$ 是对原始业务问题（降压药是否有效）的一个高度简化。这样的简化显然并不完美，但是实际问题往往太复杂，必要的简化不可避免，而简化后的假设检验问题（ $\mu \geq 0$ 或 $\mu < 0$ ）可以是一个好的起点。此时原假设对应的就是 $H0: \mu \geq 0$ ，也就是服药后血压并没有降低；而对立假设就是 $H1: \mu < 0$ ，即服药后血压确实降低了。这样就把衡量降压药是否有效的问题规范成了一个标准的单边（One-Sided）假设检验问题：

$$H0: \mu \geq 0 \quad \text{v.s.} \quad H1: \mu < 0$$

这是什么？这就是一个关于均值的假设检验问题。再次强调，这样一个关于均值的假设检验问题并不完全等同于理想中的降压效果。即使在 $\mu < 0$ 的情况下，也不能完全排除 $X \geq 0$ 的可能性。如果 X 的方差很大，那么 $X \geq 0$ 的可能性也可能很大。因此，把一个临床中的降压问题规范成一个关于均值的假设检验问题，其实并不完美，其中包含着很多无奈和妥协。但这也许是通向成功的第一步。事实上，在实际工作中，这样的假设检验问题大量存在。下面尝试将之前章节中出现的各种案例都规范成标准的均值假设检验问题。

案例 1：恋爱。

假设女生在生活中遇到一个男生的追求，那么女生碰到的核心决策问题是：是否尝试与该男生交往。如何判断呢？前面提到，需要女生和男生相处一段时间，然后不断进行数据收集。假设在这段时间内，在每一天的相处中，女生给自己这一天的开心程度打分，记为 X 。由于每天的相处细节不同，开心程度应该会有所不同，所以这个得分 X 一定具有不确定性。女生更关注的是长期的平均意义上的开心程度，也就是开心程度 X 的均值 $\mu = E(X)$ 。假设女生有一个基本的心理预期，比如是 80 分，如果与男生相处的开心程度平均得分 $\mu > 80$ ，则说明这是一个不错的男生，可以考虑进一步交往。反之，如果 $\mu \leq 80$ ，那么就认为该男生不靠谱，没有达到女生心目中的基准水平，所以不尝试交往。假设女生希望优先规避遇到不靠谱男生的可能性，因此首先默认男生不靠谱（ $\mu \leq 80$ ）。你看，这样就可将恋爱过程中对男生的选择问题规范为一个标准的假设检验问题，即 $H0: \mu \leq 80$ v.s. $H1: \mu > 80$ ，这就是一个单边假设检验问题。

案例2：求职。

在求职过程中，求职者碰到的核心决策问题是：是否接受一份新的工作，也就是判断该工作是不是一份理想的工作。如何进行判断呢？同样要进行数据收集。假设求职者先进行了一段时间的实习，在实习的每一天，都记录自己这一天对工作的满意度。满意度可能与公司规模、薪资水平、工作环境、工作中的人际关系、工作的晋升空间、工作压力等因素有关。假设每天的满意度可以用X表示，由于实习中每天的体会不同，因此每天的满意度应该也会不同，所以X具有不确定性。求职者更关心的是长期的平均意义上的满意度，也就是X的均值$\mu = \mathrm{E}(X)$。假设每个求职者心目中都有一份理想工作的基准满意度，比如60分。如果经过一段时间的实习后，求职者发现该工作的满意度均值$\mu > 60$，那么就说明这份工作达到了求职者心目中理想工作的条件，因此可以正式接受这个新工作。反之，如果$\mu \leqslant 60$，那么说明该工作不符合求职者心目中理想工作的条件，因此拒绝该新工作。如果求职者希望优先规避得到不理想工作的错误，那么会默认该工作不理想（$\mu \leqslant 60$）。这样，就可将求职过程中对工作的选择问题规范为一个标准的假设检验问题，即$H_0: \mu \leqslant 60$ v.s. $H_1: \mu > 60$，这就是一个单边假设检验问题。

案例3：求学。

在求学过程中，一名大三本科生遇到的核心决策问题是：申请北大光华夏令营还是不申请，也就是判断自己能否成功保研到北大光华。如何判断呢？学生可以根据夏令营中考核的各个科目，对自己的综合实力进行评价。自己的数学能考多少分？概率论能考多少分？数理统计能考多少分？通过估计自己在每个科目上的得分，可以获得自己的综合竞争力得分X。因为在夏令营中考试的发挥是具有不确定性的，因此X存在不确定性。学生更关心的应该是自己综合竞争力得分的平均水平，也就是X的均值。假设学生心目中有一个分数的标准，如90分（假设满分是100）。学生认为如果自己的综合竞争力得分均值$\mu \geqslant 90$，自己就有很大可能成功保研到北大光华，因此应该申请夏令营。反之如果$\mu < 90$，说明自己极难成功保研到北大光华，因此可以选择不申请夏令营。根据前面内容所述，学生往往会优先规避低估自己的错误，因此应该默认自己能够成功（$\mu \geqslant 90$）。这样，就可将求学过程中申请夏令营与否的决策问题规范为一个标准的假设检验问题，即$H_0: \mu \geqslant 90$ v.s. $H_1: \mu < 90$，这就是一个单边假设检验问题。

案例4：精准广告。

当今日头条面临一个展示广告的机会时，它遇到的核心决策问题是：展示广告还是不展示。这需要判断用户是否会对广告上的产品感兴趣并且点击广告。如果用 $X=1$ 表示点击广告，$X=0$ 表示不点击广告，那么 X 是具有不确定性的，因为用户的行为具有不确定性。今日头条更关心的应该是用户点击广告的概率，也就是 X 的均值 $\mu = \mathrm{E}(X) = P(X=1)$。如果用户经常浏览关于笔记本电脑的信息，那么他很有可能会对笔记本电脑的广告感兴趣，所以点击相应广告的概率就可能较高，相应的 μ 就可能更高。假设今日头条的推荐算法中设置了一个概率的标准，如 0.5%，今日头条认为如果用户点击广告的概率 $\mu \geq 0.5\%$，用户就有很大可能对产品感兴趣并点击广告，因此应该选择展示广告。反之，如果 $\mu < 0.5\%$，那么用户对产品感兴趣并产生点击的可能性很小，因此应该选择不展示广告。根据前面内容所述，今日头条应该优先规避错失广告机会的错误，因此应该默认用户对产品感兴趣（$\mu \geq 0.5\%$）。这样，就可将精准广告中展示广告与否的决策问题规范为一个标准的假设检验问题，即 $H0: \mu \geq 0.5\%$ v.s. $H1: \mu < 0.5\%$，这就是一个单边假设检验问题。

案例5：信贷风控。

当蚂蚁花呗面临一个用户的借款申请时，它遇到的核心决策问题是：批准申请还是不批准申请。这需要判断用户是否会按时还款。如果用 $X=1$ 表示用户不按时还款，$X=0$ 表示用户按时还款，那么 X 是具有不确定性的，因为用户是否会按时还款与其信用、经济水平等都有关，具有不确定性。蚂蚁花呗更关心的应该是用户不能按时还款的概率，也就是 X 的均值 $\mu = \mathrm{E}(X) = P(X=1)$。假设蚂蚁花呗设置了一个能够容忍用户不按时还款的概率的上限，如 1%，蚂蚁花呗认为如果用户不按时还款的概率 $\mu \geq 1\%$，就很可能不能按时还款，因此应该不批准用户的借款申请。反之，如果 $\mu < 1\%$，用户就应该能够按时还款，因此应该批准用户的借款申请。根据前面内容所述，蚂蚁花呗应该优先规避高估用户还贷能力的错误，因此应该默认用户还贷能力不足，不能按时还款的概率较大（$\mu \geq 1\%$）。这样，就可将信贷风控中对批准借款申请与否的决策问题规范为一个标准的假设检验问题，即 $H0: \mu \geq 1\%$ v.s. $H1: \mu < 1\%$，这就是一个单边假设检验问题。

案例6：电话销售。

在电话销售中，当销售人员面对号码池中的一串电话号码时，他遇到的核心决策问题是：打电话还是不打电话，这需要判断号码机主是否会对产品感兴趣并产生购买行为。如果用$X=1$表示号码机主对产品感兴趣并产生购买行为，$X=0$表示号码机主对产品不感兴趣并且没有产生购买行为，那么X是具有不确定性的，因为号码机主的兴趣具有不确定性。电话销售人员更关心的应该是号码机主对产品感兴趣的概率，也就是X的均值$\mu = \mathrm{E}(X) = P(X=1)$。销售线索的质量越高，号码机主就越有可能是产品的目标人群，μ应该会越大。假设电话销售人员内心有一个概率的标准，例如为5%。电话销售人员认为如果用户对产品感兴趣并产生购买行为的概率$\mu \geq 5\%$，号码机主就很有可能对产品感兴趣并产生购买行为，因此应该打电话。反之，如果$\mu < 5\%$，号码机主极难对产品感兴趣并产生购买行为，因此应该不打电话。根据前面内容所述，电话销售人员应该优先规避错失客户的错误，因此应该默认号码机主对产品感兴趣（$\mu \geq 5\%$）。这样，就可将电话销售中打电话与否的决策问题规范为一个标准的假设检验问题，即$H0: \mu \geq 5\%$ v.s. $H1: \mu < 5\%$，这就是一个单边假设检验问题。

案例7：新药上市。

在新药上市过程中，当国家药监局面对一款新药的上市申请时，它遇到的核心决策问题是：批准还是不批准。这需要判断新药是否满足安全性和有效性等要求。如果用$X=1$表示新药安全并且有效，$X=0$表示新药不安全或者无效，那么X是具有不确定性的，因为新药上市后的结果具有不确定性，国家药监局更关心的应该是新药安全并且有效的概率，也就是X的均值$\mu = \mathrm{E}(X) = P(X=1)$。假设药品监督管理部门设置了一个对新药安全有效性的最低概率下限，如95%，如果新药安全有效的概率$\mu \leq 95\%$，则国家药监局认为新药并不足够安全有效，因此应该不批准上市申请。反之，如果$\mu > 95\%$，国家药监局会认为新药的安全性和有效性有充分保障，因此应该批准新药的上市申请。根据前面内容所述，药品监督管理部门应该优先规避让劣药上市的错误，因此应该默认新药的安全性和有效性不符合要求（$\mu \leq 95\%$）。这样，就可将是否批准新药上市的决策问题规范为一个标准的假设检验问题，即$H0: \mu \leq 95\%$ v.s. $H1: \mu > 95\%$，这就是一个单边假设检验问题。

案例8：法官判案。

判案过程中，当法官面对一起案件时，他遇到的核心决策问题是：判被告有罪还是无罪。假设用 $X=1$ 表示被告有罪，$X=0$ 表示被告无罪。毕竟法官不在案发现场，因此对法官而言 X 是具有不确定性的。法官更关心的应该是被告有罪的概率，也就是 X 的均值 $\mu = E(X) = P(X=1)$。假设法官心目中有一个犯罪概率的标准，如90%，如果被告有罪的概率 $\mu \leq 90\%$，法官就认为证据不充分，因此应该判被告无罪。反之，如果 $\mu > 90\%$，就可以说明被告有罪，因此应该将被告绳之以法。根据前面内容所述，法官应该优先规避冤枉好人的错误，因此应该默认被告无罪（$\mu \leq 90\%$）。这样，就可将法官判案中是否判被告有罪的决策问题规范为一个标准的假设检验问题，即 $H0: \mu \leq 90\%$ v.s. $H1: \mu > 90\%$，这就是一个单边假设检验问题。

案例9：主编审稿。

学术期刊的主编在审稿时，面对一篇论文稿件，他遇到的核心决策问题是：接收还是拒收。这需要判断论文质量是否达到了期刊的要求。如果用 $X=1$ 表示论文达到了期刊的要求，$X=0$ 表示论文没有达到期刊的要求，毕竟术业有专攻，主编不可能了解所有的研究方向，因此对主编而言，X 是具有不确定性的。主编更关心的应该是论文达到期刊要求的概率，也就是 X 的均值 $\mu = E(X) = P(X=1)$。假设主编心目中有一个概率的标准，如80%，如果主编认为论文达到期刊发表要求的概率 $\mu \leq 80\%$，则说明论文质量还不够高，因此应该拒收。反之，如果 $\mu > 80\%$，说明论文足够优秀，因此应该接收论文。根据前面内容所述，主编应该优先规避错误接收论文的情况，因此应该默认论文质量不佳（$\mu \leq 80\%$）。这样，就可将主编审稿中是否接收论文的决策问题规范为一个标准的假设检验问题，即 $H0: \mu \leq 80\%$ v.s. $H1: \mu > 80\%$，这就是一个单边假设检验问题。

案例10：签证审批。

在签证审批过程中，当美国大使馆签证官面对一名F1签证的申请人时，他遇到的核心决策问题是：判断申请人是否具有移民倾向。如果用 $X=1$ 表示申请人有移民倾向，$X=0$ 表示申请人没有移民倾向，毕竟签证官只能得到表面信息，不知道申请人内心的真实想法，因此对签证官而言 X 是具有不确定性的。签证官更关心的应该是申请人有移民倾向的概率，也就是 X 的均值 $\mu = E(X) = P(X=1)$。假设签证官心目中有一个概率的判断标准，如 50%，签证官认为如果申请人有移民倾向的概率 $\mu \geq 50\%$，申请人就很有可能有移民倾向，因此应该不批准 F1 签证申请。反之，如果 $\mu < 50\%$，申请人很可能没有移民倾向，因此签证官更有可能批准他的 F1 签证申请。根据前面内容所述，签证官应该优先规避误以为申请人没有移民倾向的错误，因此应该默认申请人有移民倾向（$\mu \geq 50\%$）。这样，就可将签证审批中是否批准申请的决策问题规范为一个标准的假设检验问题，即 $H0$：$\mu \geq 50\%$ v.s. $H1$：$\mu < 50\%$，这就是一个单边假设检验问题。

以上种种案例故事都表明，生活中许多决策问题都可以规范为关于均值的单边假设检验问题。它们可以被抽象归纳为两种形式：第一种是 $H0$：$\mu \geq \mu_0$ v.s. $H1$：$\mu < \mu_0$；第二种是 $H0$：$\mu \leq \mu_0$ v.s. $H1$：$\mu > \mu_0$。其实这两种形式是完全等价的。例如，假设所关心的假设检验问题是 $H0$：$\mu \geq \mu_0$ v.s. $H1$：$\mu < \mu_0$，其中 $\mu = E(X)$。此时可以重新定义一个新的随机变量 $X^* = -X$，而 $\mu^* = E(X^*) = -\mu$，$\mu_0^* = -\mu_0$。那么原来的假设检验问题就可以被完全等价地表达为 $H0$：$\mu^* \leq \mu_0^*$ v.s. $H1$：$\mu^* > \mu_0^*$。因此两种单边假设检验问题在数学上完全等价。为了简单呈现，在接下来的问题中将集中精力讨论其中一种。

下面以第一种形式 $H0$：$\mu \geq \mu_0$ v.s. $H1$：$\mu < \mu_0$ 为例，来做详细讨论。在这个问题下，决策者先默认原假设 $H0$：$\mu \geq \mu_0$ 成立，然后从均值为 μ 的总体中抽取一批样本 $X_1, X_2, \cdots, X_n$，根据样本决定是否要推翻原假设 $H0$。样本均值 $\bar{X}$ 是 μ 的一个良好的点估计，因为一般情况下 $\bar{X}$ 与 μ 的差距不会非常大。如果原假设 $H0$：$\mu \geq \mu_0$ 真的成立，那么就有较大的可能性成立 $\bar{X} \geq \mu_0$，或者至少 $\bar{X}$ 不会比 μ_0 小太多。反之，如果 $\bar{X}$ 比 μ_0 小很多，就有理由怀疑原假设不成立，从而推翻原假设，接受对立假设 $H1$。因此人们很容易形成一种决策规则，那就是 $\bar{X} - \mu_0 \geq c$ 时，接受原假设 $H0$，否则接受对立假设 $H1$。这里的核心问题是：c 应该如何设定？在回答这个问题之前，首先要注意一个问题，那就是 $\bar{X} - \mu_0$ 的取值在很大程度上是可以人为操控的。操控的方法非常简单，那就是更改单位。例如，对货币而言，用"元"计费时 $\bar{X}$ 的取值会偏小，而用"分"计费时 $\bar{X}$ 的取值会偏大，因为 1 元 = 100 分。因此，判断 $\bar{X} - \mu_0$ 的取值大小，不能绝对地看，而应该以某个单位为"尺度"相对地看。但这个尺度又该如何制定呢？如果把 $\bar{X}$ 看作一把尺子，它被用于测量一个物体的真实长度 μ，当然希望误差越小越好。例如，用 $\bar{X}$ 这把尺子测量得到 $\bar{X} - \mu_0 = -0.3$，请问该如何解读？这是否说明真实均值 μ 就比 μ_0 小？能有多大的信心？其实很简单，如果尺子足够准确（$\bar{X}$ 和 μ_0 非常接近），就有足够的信心，否则信心不足。例如，假设尺子的精度为 0.001，这是一个比 0.3 小很多的数字，这说明测量得到的 $\bar{X}$ 与

μ_0 之间的 0.3 个单位的差异（$\bar{X} - \mu_0 = -0.3$）是无法归咎于尺子的测量误差的。虽然仍然不知道 μ 到底是多少，因为毕竟 μ 与 $\bar{X}$ 不会完全相同，但是应该有足够的信心认为 μ 比 μ_0 小的可能性比较大。相反，如果这把尺子的精度是 100，这是一个远远大于 0.3 的数字，这能说明什么？说明尺子太不准了，以至于现在看到的 0.3 个单位的差异不能支持任何结论，这样的差异当然可能是 μ 与 μ_0 的差异贡献的，但也许更有可能是 $\bar{X}$ 这把尺子的测量误差贡献的。这样的讨论会带来什么样的启发呢？这似乎说明，$\bar{X}$ 与 μ_0 之间的差异不能进行绝对解读，而应该相对地看，具体来说应该是以 $\bar{X}$ 的估计精度为基准对比着看，这样才更加科学可靠。但是 $\bar{X}$ 的估计精度又是如何确定的呢？

此时需要复习 2.2 节中关于参数估计的重要内容。之前曾经提到过一个重要的量 $\mathrm{E}(\bar{X} - \mu)^2 = \mathrm{var}(\bar{X})$，并对此进行了大量讨论，因为它刻画了 $\bar{X}$ 作为一个参数估计的精度。将其开根号，得到的量就是 $\bar{X}$ 的标准差，又被称为标准误差 SE（Standard Error）。具体公式为 $\mathrm{SE}(\bar{X}) = \sqrt{\mathrm{var}(\bar{X})} = \sigma / \sqrt{n}$，其中 $\sigma^2 = \mathrm{var}(X)$。SE 也经常被用于衡量估计精度。因此很自然地，一个衡量精度的统计量被构造出来了，那就是：

$$t = \frac{\bar{X} - \mu_0}{\hat{\sigma} / \sqrt{n}}$$

其中，$\hat{\sigma}$ 是关于 σ 的矩估计（参考 2.1 节）。为方便起见，这里称 t 为检验统计量。如果原始数据是严格正态分布的而且均值为 μ_0，那么 t 就服从 1.4 节中讲到的 t- 分布。在一般情况下，几乎没有任何实际数据会严格服从正态分布，因此本节的讨论不会对原始数据做正态性假设。然后可以验证一下，如此定义的统计量 t 是不受 $\bar{X}$ 的单位影响的。以货币为例，无论 $\bar{X}$ 的单位是元还是分，t 的值都不变，因为分子和分母的量纲一样。因此，一个更加科学的决策规则是 $t \geq c$ 时接受原假设 H_0，反之，$t < c$ 时接受对立假设 H_1。请注意这里的 c 与前面的 $\bar{X} - \mu_0 \geq c$ 中的 c 一定不一样。至此，已经构造出了可以用于判断的统计量，但是仍然没有回答一个关键问题，那就是 c 应该如何选取。

如何选取 c 呢？如果 c 特别小，如 $c = -\infty$，那么对立假设 H_1 将永远失去被接受的机会。相反，如果 c 特别大，如 $c = +\infty$，那么原假设 H_0 将永远失去被接受的机会。显然任何一种情况都难以接受。一个好的 c 应该尽量平衡 H_0 与 H_1 的关系。那平衡的基本原则是什么呢？前面提到，假设检验中的原假设 H_0 是更加保守的，应该优先受到保护。对应地，犯第一类错误的概率应该优先得到控制，如不要大于某一个预设的值 $\alpha = 5\%$（或 1%，或 10%）。请注意，为什么不设置 $\alpha = 0\%$ 呢？这样第一类错误永远都不会犯，岂不是很好？这样做虽然第一类错误永远都不会犯，但是第二类错误会非常大，因为对立假设就再也没有被接受的机会了。事实上，之所以把一个带有不确定性的问题规范成一个假设检验问题，其根本原则是：（1）数据证据不强烈的时候，接受保守的原假设 $H0$；（2）数据证据强烈的时候，人们还是会非常开心地去接受对立假设 $H1$。对此，3.3 节有非常详细的讨论。因此，从理论上讲，人们并不奢望犯第一类错误的概率无限小。相反，只要小于一个预测的临界值（如 $\alpha=5\%$）就可以了。在这个前提基础下，临界值 c 应该取得越大越好，这样才能极大化对立假设 $H1$ 被接受的机会。请注意，在原假设成立的情况下 $\mu \geq \mu_0$，此时 μ 有无穷多种的可能性（如 $\mu=\mu_0$，$\mu=\mu_0+1$ 等）。为保守起见，只考虑最有可能犯第一类错误的情形。在什么情况下最有可能犯第一类错误呢？回想一下，第一类错误是指 $H0$ 正确，但是错误地接受了 $H1$，也就是发生了 $t=(\bar{X}-\mu_0)/(\hat{\sigma}/\sqrt{n})<c$，从而拒绝 $H0$ 接受了 $H1$ 的情况。显然 μ 越小，$\bar{X}$ 也越有可能更小，也就更有可能发生 $t<c$。在原假设 $\mu \geq \mu_0$ 成立的情况下，什么时候这个概率最大呢？当然是 μ 最小的时候，也就是 $\mu=\mu_0$ 时。因此，只要控制 $\mu=\mu_0$ 时犯第一类错误的概率不要大于 α，那么当 $\mu>\mu_0$ 时，犯第一类错误的概率更不可能大于 α。因此，在接下来的讨论中将假设 $\mu=\mu_0$。

根据中心极限定理，$t=(\bar{X}-\mu_0)/(\hat{\sigma}/\sqrt{n})$ 随样本量 n 的增大渐近服从标准正态分布。于是在 $\mu=\mu_0$ 的假设下，犯第一类错误的概率可以近似计算如下：

$$P(\text{Type I Error}) = P(t<c \mid \mu=\mu_0) \approx \int_{-\infty}^{c} \frac{\exp\left(-\frac{t^2}{2}\right)}{\sqrt{2\pi}} dt \leq \alpha \Rightarrow c \leq z_\alpha$$

其中，z_α 表示标准正态分布的 α 分位数。如前所述，在保证犯第一类错误的概率得到控制的前提下，c 的取值越大越好，这样才能让对立假设 $H1$ 有更高的机会被接受，因此可以设定 $c=z_\alpha$。请注意，只要 $\alpha<0.5$，z_α 就是一个负数，如图 3.1 中左图所示。最后将上述讨论变成一个规范的假设检验决策规则：如果 $t=(\bar{X}-\mu_0)/(\hat{\sigma}/\sqrt{n}) \geq z_\alpha$，接受原假设 $H0$：$\mu \geq \mu_0$；反之，如果 $t=(\bar{X}-\mu_0)/(\hat{\sigma}/\sqrt{n}) < z_\alpha$，接受对立假设 $H1$：$\mu<\mu_0$。同理，对于单边假设检验的第二种形式 $H0$：$\mu \leq \mu_0$ v.s. $H1$：$\mu>\mu_0$，规范的假设检验决策规则为：如果 $t=(\bar{X}-\mu_0)/(\hat{\sigma}/\sqrt{n}) \leq z_{1-\alpha}$，接受原假设 $H0$：$\mu \leq \mu_0$。反之，如果 $t=(\bar{X}-\mu_0)/(\hat{\sigma}/\sqrt{n}) > z_{1-\alpha}$，则接受对立假设 $H1$：$\mu>\mu_0$。请注意，只要 $\alpha<0.5$，$z_{1-\alpha}$ 就是一个正数，如图 3.1 中右图所示。

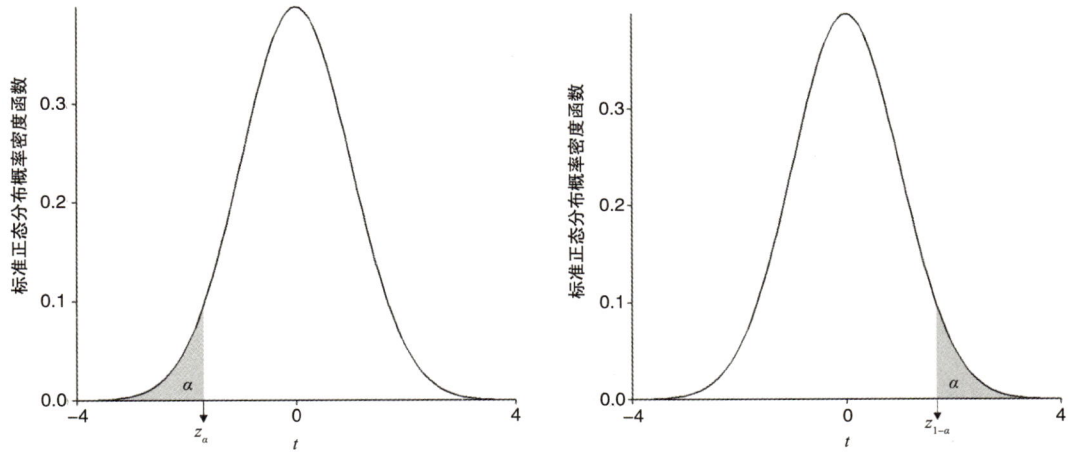

图 3.1　标准正态分布 α 和 $1-\alpha$ 百分位数示意图

目前已经解决了单边假设检验问题，但现实生活中，有时人们关心的并不是一个总体的均值与某个值谁大谁小，而只是关心总体均值与这个值有无显著差异。这时就需要解决双边（Two-Sided）假设检验问题。例如，蔬菜种植户想要知道在两块不同的土壤（记作土壤1和土壤2）上种植相同的蔬菜，产量是否会有显著差异。假设某蔬菜种子在土壤1上的产量是 X_1，在土壤2上的产量是 X_2，那么在两块土壤上的产量差异就是 $X = X_1 - X_2$。显然 X 是一个随机变量，因为它可能会因种子不同而不同，也与光照、天气等存在不确定性的环境因素有关，所以 X 具有很强的不确定性。蔬菜种植户更关心的应该是两块土壤产量差异的平均水平 $\mu = E(X)$ 是否与 $\mu_0 = 0$ 有显著差异。这时候可以将两块土壤的产量是否有显著差异的问题规范成一个双边假设检验问题：

$$H0: \mu = \mu_0 \text{ v.s. } H1: \mu \neq \mu_0$$

解决双边假设检验问题的步骤与单边假设检验问题类似。决策者先默认原假设 $H0$：$\mu = \mu_0$ 成立，然后从均值为 μ 的总体中抽取一批样本 $X_1, X_2, \cdots, X_n$，根据样本决定是否要推翻原假设 $H0$。样本均值 $\bar{X}$ 是 μ 的一个良好的点估计，因为一般情况下 $\bar{X}$ 与 μ 的差距不会非常大。如果原假设 $H0: \mu = \mu_0$ 真的成立，那么 $\bar{X}$ 与 μ_0 的差异大概率不会很大；反之，如果 $\bar{X}$ 与 μ_0 的差异很大，就有理由怀疑原假设不成立，从而推翻原假设，接受对立假设 $H1$。因此人们很容易形成一种决策规则，那就是 $\bar{X}$ 与 μ_0 的差异 $|\bar{X} - \mu_0| \leq c$ 时，接受原假设 $H0$；反之，当 $|\bar{X} - \mu_0| > c$ 时，接受对立假设 $H1$。与单边假设检验相似，更科学的一种表示方式是使用检验统计量 $t = (\bar{X} - \mu_0)/(\hat{\sigma}/\sqrt{n})$，因为它消除了 $\bar{X}$ 估计精度的影响，所以一个更加科学的决策规则是 $|t| \leq c$ 时接受原假设 $H0$。反之，$|t| > c$ 时，接受对立假设

$H1$。请注意,这里 c 的具体取值与前面单边假设检验问题中的 c 是不一样的。

如何确定 c 的值呢?仍然应该优先控制犯第一类错误的概率,如不要大于某一个预设的值 $\alpha=5\%$(或 1% 或 10%)。在能满足犯第一类错误的概率被有效控制的前提下,c 应该取值越小越好,这样才能极大化对立假设 $H1$ 被接受的机会。根据中心极限定理,$t=(\bar{X}-\mu_0)/(\hat{\sigma}/\sqrt{n})$ 随样本量 n 的增大渐近服从标准正态分布。于是在 $\mu=\mu_0$ 的假设下,犯第一类错误的概率可以近似计算如下:

$$P(\text{Type I Error})=P(|t|>c\mid\mu=\mu_0)\approx 2\int_c^{+\infty}\frac{\exp(-t^2/2)}{\sqrt{2\pi}}\mathrm{d}t\leq\alpha$$

$$\Rightarrow \int_c^{+\infty}\frac{\exp(-t^2/2)}{\sqrt{2\pi}}\mathrm{d}t\leq\frac{\alpha}{2}\Rightarrow c\geq z_{1-\alpha/2}$$

如前所述,在保证犯第一类错误的概率得到控制的前提下,c 的取值越小越好,这样才能让对立假设 $H1$ 有更多的机会被接受,因此可以设定 $c=z_{1-\alpha/2}$。于是,关于均值的双边假设检验问题的一个规范的假设检验决策规则为:如果 $|t|=|\bar{X}-\mu_0|/(\hat{\sigma}/\sqrt{n})\leq z_{1-\alpha/2}$,也就是 $z_{\alpha/2}\leq t\leq z_{1-\alpha/2}$,则接受原假设 $H0:\mu=\mu_0$。反之,如果 $|t|=|\bar{X}-\mu_0|/(\hat{\sigma}/\sqrt{n})>z_{1-\alpha/2}$,也就是 $t<z_{\alpha/2}$ 或 $t>z_{1-\alpha/2}$,则接受对立假设 $H1:\mu\neq\mu_0$。$z_{\alpha/2}$ 和 $z_{1-\alpha/2}$ 之间的关系如图 3.2 所示,可以发现它们刚好互为相反数。

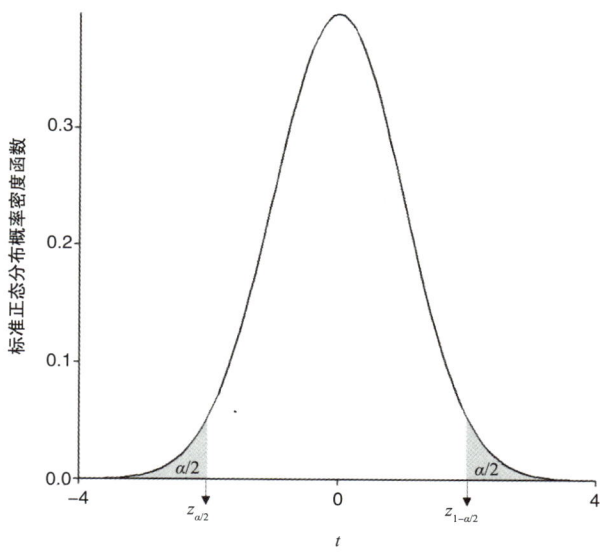

图 3.2 标准正态分布 $\alpha/2$ 和 $1-\alpha/2$ 百分位数示意图

本节首先通过大量的案例说明，实际中面临的大部分假设检验问题都可以被规范成为一个关于均值的假设检验问题。然后详细探讨了单边假设检验问题下决策规则的构造方式，并将其延伸到了双边假设检验问题中。虽然本节探讨的单边假设检验问题和双边假设检验问题在实际中有着广泛的应用，但是仍然有许多问题有待解决，如如何检验两样本总体的参数，如何对方差进行检验等，这些内容将在下一节详细介绍。

① 除了本节提到的案例，请你再考虑一个决策问题，并将其表述为一个单边均值假设检验问题。对于该假设检验问题，请收集一些真实数据，利用本节介绍的决策规则进行假设检验，并给出假设检验结果。

② 假设原始数据的总体分布是一个严格的正态分布，且期望为 μ_0，那么根据中心极限定理可知，检验统计量 $t=(\bar{X}-\mu_0)/(\hat{\sigma}/\sqrt{n})$ 渐近服从标准正态分布。但是，它的精确分布是什么？能否基于这种分布，重新推导此时的单边均值假设检验的决策规则？

③ 请你选择一个工作或生活中的决策问题，将其表述为一个双边均值假设检验问题。请问该假设检验问题可以拆分成两个单边均值假设检验问题吗？如果可以，请描述拆分后的两个单边均值假设检验问题。

3.5 假设检验的各种推广

前面几节已经对假设检验的基本思想、典型的均值单边和双边假设检验问题的技术细节做了探讨，本节尝试将类似的思想做一些推广，探讨其他一些假设检验问题，包括双样本检验（Two-Sample Test）、方差检验（Variance Test），以及双单边检验（Two One-Sided Test）。这些检验都能够应用在什么场景？数学表达是什么样的？具体的技术细节又是什么？学习本节后，相信你会有充分的了解。

双样本检验

在 3.4 节中对单个总体的均值假设检验问题进行了讨论。但生活中，有时人们关心的不是单个总体，而是希望对两个总体的参数进行对比分析。以均值为例，记随机变量 X 和随机变量 Y 服从的总体均值分别为 μ_X 和 μ_Y，且两个总体相互独立。如果希望知道 μ_X 是否显著大于 μ_Y，这就产生了一个新的假设检验问题 $H0: \mu_X - \mu_Y \geq 0$ v.s. $H1: \mu_X - \mu_Y < 0$，这仍然是一个单边假设检验问题，但是涉及两个总体。

如果关心两个总体的均值是否存在显著差异，这就产生了一个新的假设检验问题 $H0: \mu_X - \mu_Y = 0$ v.s. $H1: \mu_X - \mu_Y \neq 0$，这仍然是一个双边假设检验问题，但是也涉及两个总体。日常生活中这样的问题比比皆是，请看以下案例。

案例1：临床试验。

假设某医药企业（简称药企）研发了一款降压药物，准备向国家药监局提出上市申请。申请之前，药企一定要用该药物进行多期的临床试验，以证明药物有效。药物有效意味着什么呢？意味着服用该药物的病人的平均血压比服用安慰剂的病人的平均血压要低。如何证明药物有效呢？需要将病人分为两组，一组是对照组，一组是治疗组，然后进行对照试验。给对照组的病人使用安慰剂，给治疗组的病人使用该新款降压药物，然后控制服药频率等其他因素都相同。病人的血压是一个随机变量，它会因人而异，与个人体质、生活方式等都有关系，具有很大的不确定性。记治疗组病人的血压为 X，且 X 服从均值为 μ_X 的某未知分布。记对照组病人的血压为 Y，且 Y 服从均值为 μ_Y 的某未知分布。药物是否有效的问题就转换成了一个单边假设检验问题，即 $H0: \mu_X - \mu_Y \geq 0$ v.s. $H1: \mu_X - \mu_Y < 0$。为了解决这个问题，需要从治疗组总体和对照组总体各自收集一些样本，构成两个独立样本，然后在两个独立样本的帮助下对两个总体的均值差异做假设检验。

案例2：精准广告。

想要实现精准广告，广告平台需要做的不仅仅是根据用户的兴趣分类投放广告，还需要在广告的具体内容上花心思。例如，广告的文案、标题、图片等都有可能影响广告的点击率。以今日头条为例，假设在某个广告正式投放前，工作人员设计了两个不同版本的标题和文案。在正式投放之前，需要进行A/B测试。简单地说就是将一大组用户样本随机地分成两组（A组和B组），然后对A、B两组用户投放不同的广告，观察两组用户的点击行为是否存在显著差异。用户是否点击广告是一个0-1型的随机变量，因为这是因人而异的，所以具有很强的不确定性。广告平台更关心的应该是随机变量的均值，也就是用户的点击率。记A组用户是否点击广告为 X，而 X 服从均值为 μ_X 的某未知分布。记B组用户是否点击广告为 Y，而 Y 服从均值为 μ_Y 的某未知分布。两组用户的点击率是否存在显著差异的问题，就转换成了一个双边假设检验问题，即 $H0: \mu_X - \mu_Y = 0$ v.s. $H1: \mu_X - \mu_Y \neq 0$。为了解决这个问题，需要从两组用户的总体各自收集一些样本，构成两个独立样本，然后在两个独立样本的帮助下对两个总体的均值差异做假设检验。

以上案例表明，生活中经常需要对两总体的均值差异做假设检验，其中既包括单边假设检验问题，也包括双边假设检验问题。这需要从两总体中各自收集一些样本，构成两个独立样本，然后进行假设检验。具体怎么实现呢？接下来将做详细讨论。首先考虑单边假设检验的情况。两样本的单边假设检验问题包含两种形式，第一种是 $H0$：$\mu_X - \mu_Y \geq 0$ v.s. $H1$：$\mu_X - \mu_Y < 0$，第二种是 $H0$：$\mu_X - \mu_Y \leq 0$ v.s. $H1$：$\mu_X - \mu_Y > 0$。其实这两种形式在数学上是等价的。例如，假设关心的假设检验问题是 $H0$：$\mu_X - \mu_Y \geq 0$ v.s. $H1$：$\mu_X - \mu_Y < 0$，其中，$\mu_X = \mathrm{E}(X)$，$\mu_Y = \mathrm{E}(Y)$。此时，可以重新定义两个新的随机变量 $X^* = -X$，$Y^* = -Y$，而 $\mu_X^* = \mathrm{E}(X^*) = -\mu_X$，$\mu_Y^* = \mathrm{E}(Y^*) = -\mu_Y$。那么原来的假设检验问题就可以被完全等价地表达为 $H0$：$\mu_X^* - \mu_Y^* \leq 0$ v.s. $H1$：$\mu_X^* - \mu_Y^* > 0$。因此，两种单边假设检验问题在数学上完全等价。为了简单呈现，下面将主要讨论其中一种。

具体而言，将以第一种形式 $H0$：$\mu_X - \mu_Y \geq 0$ v.s. $H1$：$\mu_X - \mu_Y < 0$ 为例做详细讨论。在这个问题下，决策者先默认原假设 $H0$：$\mu_X - \mu_Y \geq 0$ 成立，然后从均值为 μ_X 的总体中抽取一批样本 $X_1, X_2, \cdots, X_n$，从均值为 μ_Y 的总体中抽取一批样本 $Y_1, Y_2, \cdots, Y_m$。由此可见，来自两个总体的样本量分别是 n 和 m。样本均值 $\bar{X}$ 和 $\bar{Y}$ 分别是 μ_X 和 μ_Y 的良好的点估计，那么 $\bar{X} - \bar{Y}$ 也是 $\mu_X - \mu_Y$ 的一个良好的点估计。请注意，从理论上讲，$\bar{X} - \bar{Y}$ 是 $\mu_X - \mu_Y$ 的一个相合估计（Consistent Estimator）。当样本量足够大时，$\bar{X} - \bar{Y}$ 与 $\mu_X - \mu_Y$ 的差距不会非常大。此时，如果原假设 $H0$：$\mu_X - \mu_Y \geq 0$ 真的成立，那么 $\bar{X} - \bar{Y} \geq 0$ 也会有较大的可能性成立，或者至少来说，$\bar{X} - \bar{Y}$ 不会比 0 小很多。反之，如果 $\bar{X} - \bar{Y}$ 比 0 小很多，那么就有理由怀疑原假设不成立，从而推翻原假设，接受对立假设 $H1$。因此人们很容易形成一种决策规则，那就是：当 $\bar{X} - \bar{Y} \geq c$ 时，接受原假设 $H0$；否则，接受对立假设 $H1$。在 3.4 节中已经介绍过，$\bar{X} - \bar{Y}$ 的取值是可以人为操控的，因为它受到单位也就是 $\bar{X} - \bar{Y}$ 的估计精度的影响。因此不应该绝对地看 $\bar{X} - \bar{Y}$ 的取值，而应该相对地看，与 $\bar{X} - \bar{Y}$ 的估计精度对比着看。更科学的一种表示方式是找到一个能够消除 $\bar{X} - \bar{Y}$ 的估计精度影响的检验统计量。如何消除估计精度的影响呢？可以计算 $\bar{X} - \bar{Y}$ 的标准误差 SE。在两个总体相互独立的假设下，可以计算 SE 如下：

$$\mathrm{SE}(\bar{X} - \bar{Y}) = \sqrt{\mathrm{var}(\bar{X} - \bar{Y})} = \sqrt{\mathrm{var}(\bar{X}) + \mathrm{var}(\bar{Y})} = \sqrt{\sigma_X^2/n + \sigma_Y^2/m}$$

注意由于两样本相互独立，所以 $\bar{X}$ 与 $\bar{Y}$ 相互独立。因此很自然地，一个衡量 $\bar{X} - \bar{Y}$ 的相对大小的统计量被构造出来了，那就是：

$$t = \frac{\bar{X} - \bar{Y}}{\sqrt{\hat{\sigma}_X^2/n + \hat{\sigma}_Y^2/m}}$$

其中，$\hat{\sigma}_X$ 是关于 σ_X 的矩估计，而 $\hat{\sigma}_Y$ 是关于 σ_Y 的矩估计（参考 2.1 节）。方便起见，称 t 为检验统计量。可以立刻验证一下，t 是不受 $\bar{X} - \bar{Y}$ 的单位影响的。因此，一个更加科学

的决策规则是 $t \geq c$ 时接受原假设 $H0$，反之，$t<c$ 时接受对立假设 $H1$。至此，已经构造出了可以用于检验的统计量，接下来需要讨论的是如何选取 c。

与 3.4 节的思想一样，犯第一类错误的概率应该优先得到控制，例如，不要大于某一个预设的值 $\alpha = 5\%$（或 1% 或 10%）。在能满足犯第一类错误的概率被有效控制的前提下，c 应该取得越大越好，这样才能极大化对立假设 $H1$ 被接受的机会。请注意，在原假设成立的情况下 $\mu_X - \mu_Y \geq 0$，此时 $\mu_X - \mu_Y$ 有无穷多种的可能性（如 $\mu_X - \mu_Y = 0$，$\mu_X - \mu_Y = 1$ 等）。为保守起见，只需要考虑最有可能犯第一类错误的情形。在什么情况下最有可能犯第一类错误呢？回想一下，第一类错误是指 $H0$ 正确，但是错误地接受了 $H1$，也就是发生了 $t = (\bar{X} - \bar{Y}) / \sqrt{\hat{\sigma}_X^2 / n + \hat{\sigma}_Y^2 / m} < c$，从而拒绝 $H0$ 接受了 $H1$ 的情况。显然，$\mu_X - \mu_Y$ 越小，$\bar{X} - \bar{Y}$ 也越有可能更小，因此也就更有可能发生 $t < c$。在原假设 $\mu_X - \mu_Y \geq 0$ 成立的情况下，什么时候这个概率最大呢？当然是 $\mu_X - \mu_Y$ 最小的时候，也就是 $\mu_X - \mu_Y = 0$ 的时候。因此，只要控制 $\mu_X - \mu_Y = 0$ 时犯第一类错误的概率不要大于 α，那么当 $\mu_X - \mu_Y \geq 0$ 时，犯第一类错误的概率更不可能大于 α。所以在接下来的讨论中将假设 $\mu_X - \mu_Y = 0$。

根据中心极限定理，$t = (\bar{X} - \bar{Y}) / \sqrt{\hat{\sigma}_X^2 / n + \hat{\sigma}_Y^2 / m}$ 随样本量 n 和 m 的增大渐近服从标准正态分布。于是在 $\mu_X - \mu_Y = 0$ 的假设下，犯第一类错误的概率可以近似计算如下：

$$P(\text{Type I Error}) = P(t < c \mid \mu_X - \mu_Y = 0) \approx \int_{-\infty}^{c} \frac{\exp(-t^2 / 2)}{\sqrt{2\pi}} \mathrm{d}t \leq \alpha \Rightarrow c \leq z_\alpha$$

和前面一样，z_α 表示标准正态分布的 α 分位数。如前所述，在保证犯第一类错误的概率得到控制的前提下，c 的取值越大越好，这样才能让对立假设 $H1$ 有更高的机会被接受。因此可以设定 $c = z_\alpha$。请注意，只要 $\alpha < 0.5$，z_α 就是一个负数。最后将上述讨论变成一个规范的假设检验决策规则为：如果 $t = (\bar{X} - \bar{Y}) / \sqrt{\hat{\sigma}_X^2 / n + \hat{\sigma}_Y^2 / m} \geq z_\alpha$，接受原假设 $H0$：$\mu_X - \mu_Y \geq 0$；反之，如果 $t = (\bar{X} - \bar{Y}) / \sqrt{\hat{\sigma}_X^2 / n + \hat{\sigma}_Y^2 / m} < z_\alpha$，接受对立假设 $H1$：$\mu_X - \mu_Y < 0$。

单边假设检验问题已经解决了，下面继续考虑双边假设检验问题。解决双边假设检验问题的步骤与单边假设检验问题类似。决策者先默认原假设 $H0$：$\mu_X - \mu_Y = 0$ 成立，然后从均值为 μ_X 的总体中抽取一批样本 $X_1, X_2, \cdots, X_n$，从均值为 μ_Y 的总体中抽取一批样本 $Y_1, Y_2, \cdots, Y_m$，假设两个总体相互独立，因此两组样本相互独立，然后根据样本决定是否要推翻原假设 $H0$。如果原假设 $H0$：$\mu_X - \mu_Y = 0$ 真的成立，那么 $\bar{X} - \bar{Y}$ 与 0 的差异大概率不会很大；反之，如果 $\bar{X} - \bar{Y}$ 与 0 的差异很大，就有理由怀疑原假设不成立，从而推翻

原假设，接受对立假设 $H1$。因此，人们很容易形成一种决策规则，那就是 $\bar{X}-\bar{Y}$ 的绝对值 $|\bar{X}-\bar{Y}| \leq c$ 时，接受原假设 $H0$；反之，当 $|\bar{X}-\bar{Y}| > c$ 时，接受对立假设 $H1$。与单边假设检验相似，更科学的一种表示方式是使用检验统计量 $t=(\bar{X}-\bar{Y})/\sqrt{\hat{\sigma}_X^2/n+\hat{\sigma}_Y^2/m}$，因为它消除了 $\bar{X}-\bar{Y}$ 的估计精度的影响。一个更加科学的决策规则是：$|t| \leq c$ 时，接受原假设 $H0$；反之，$|t| > c$ 时，接受对立假设 $H1$。请注意这里 c 与前面的 $|\bar{X}-\bar{Y}| \leq c$ 中的 c 不一样。

如何确定 c 的值呢？仍然应该优先控制犯第一类错误的概率，例如，不要大于某一个预设的值 $\alpha=5\%$（或 1% 或 10%）。在能满足犯第一类错误的概率被有效控制的前提下，c 的取值应该越小越好，这样才能极大化对立假设 $H1$ 被接受的机会。根据中心极限定理，$t=(\bar{X}-\bar{Y})/\sqrt{\hat{\sigma}_X^2/n+\hat{\sigma}_Y^2/m}$ 随样本量 n 和 m 的增大渐近服从标准正态分布。于是在 $\mu_X-\mu_Y=0$ 的假设下，犯第一类错误的概率可以近似计算如下：

$$P(\text{Type I Error}) = P(|t|>c \mid \mu_X-\mu_Y=0) \approx 2\int_c^{+\infty} \frac{\exp(-t^2/2)}{\sqrt{2\pi}} dt \leq \alpha$$

$$\Rightarrow \int_c^{+\infty} \frac{\exp(-t^2/2)}{\sqrt{2\pi}} dt \leq \frac{\alpha}{2} \Rightarrow c \geq z_{1-\alpha/2}$$

如前所述，在保证犯第一类错误的概率得到控制的前提下，c 的取值越小越好，这样才能让对立假设 $H1$ 有更多的机会被接受，因此可以设定 $c=z_{1-\alpha/2}$。于是，关于均值的双边假设检验问题的一个规范的假设检验决策规则为：如果 $|t|=|\bar{X}-\bar{Y}|/\sqrt{\hat{\sigma}_X^2/n+\hat{\sigma}_Y^2/m} \leq z_{1-\alpha/2}$，也就是 $z_{\alpha/2} \leq t \leq z_{1-\alpha/2}$，则接受原假设 $H0: \mu_X-\mu_Y=0$；反之，如果 $|t|=|\bar{X}-\bar{Y}|/\sqrt{\hat{\sigma}_X^2/n+\hat{\sigma}_Y^2/m} > z_{1-\alpha/2}$，也就是 $t<z_{\alpha/2}$ 或 $t>z_{1-\alpha/2}$，则接受对立假设 $H1: \mu_X-\mu_Y \neq 0$。这就是双样本的假设检验过程。

方差检验

前面一直都在讨论关于均值的假设检验问题，下面将研究一下方差。值得一提的是，方差也是一个非常重要的参数，在现实中有很多重要应用，下面列举两个简单的案例。

> **案例1：金融风险。**
>
> 投资必然伴随着风险，而一个优秀的投资人应该对投资标的物的风险做出合理评估。以股票投资为例，对于如何量化股票的风险，许多学者已经提出了各种方法。在所有这些

方法中,诺贝尔奖获得者马科维茨的均值方差理论应该是最重要的方法之一。在该理论中,投资股票的风险是用收益率的方差来度量的。假设投资人正在考虑是否要投资贵州茅台股票,并且选择了用日度收益率的方差来度量风险,那么他可能希望知道:该股票的日度收益率方差是否小于某个值(如 $\sigma_0^2 = 5\%^2$),如果小于这个值,他才会选择投资。假设贵州茅台股票的日度收益率为 X,而 X 是一个随机变量,因为它每天都会波动,所以具有不确定性。用 σ_X^2 表示 X 的总体方差,这就产生了一个新的假设检验问题,即 $H0: \sigma_X^2 \geqslant \sigma_0^2$ v.s. $H1: \sigma_X^2 < \sigma_0^2$。投资人无法知道 σ_X^2 的真值是多少,所以需要收集一段时间内贵州茅台股票日度收益率的样本,计算出样本方差 $\hat{\sigma}_X^2$,然后通过严格的假设检验来进行推断。

案例2:质量控制。

在工业生产中,对产品进行质量控制是一个重要的环节。考虑某生产线生产某种产品(如罐装牛奶),该产品的标准重量应该是 200 克。但是实际生产过程中不可能毫无误差。事实上,一定的误差是完全可以接受的,但是需要将误差控制在一定范围内。如果产品重量的方差很大,就说明产品重量的误差较大,生产线工艺技术需要提高。假设某个生产线上的产品的重量为 X,而 X 是一个随机变量,因为每个产品的质量可能存在一定随机误差,具有不确定性。用 σ_X^2 表示 X 的总体方差,显然 σ_X^2 越小,说明生产线的稳定性越好。假设质检员希望知道 σ_X^2 是不是小于某个值,如果小于这个值,生产线才算是安全可靠的;否则就需要进行检修。这就产生了一个新的假设检验问题,即 $H0: \sigma_X^2 \geqslant \sigma_0^2$ v.s. $H1: \sigma_X^2 < \sigma_0^2$。质检员无法知道 σ_X^2 的真值是多少,所以需要收集部分产品样本,计算出样本产品重量的方差 $\hat{\sigma}_X^2$,然后通过严格的假设检验来进行推断。

以上案例表明,生活中有时需要对总体方差做假设检验。简单起见,这里先考虑单边假设检验的情况。方差的单边假设检验问题有两种形式。第一种形式是 $H0: \sigma_X^2 \geqslant \sigma_0^2$ v.s. $H1: \sigma_X^2 < \sigma_0^2$。第二种形式是 $H0: \sigma_X^2 \leqslant \sigma_0^2$ v.s. $H1: \sigma_X^2 > \sigma_0^2$。这两种形式在数学推导上是非常相似的。为了简单呈现,接下来将集中精力讨论其中一种形式。具体而言,下面将以 $H0: \sigma_X^2 \geqslant \sigma_0^2$ v.s. $H1: \sigma_X^2 < \sigma_0^2$ 为例展开讨论。在这个问题下,决策者先默认原假设 $H0: \sigma_X^2 \geqslant \sigma_0^2$ 成立,然后从方差为 σ_X^2 的总体中抽取一批样本 $X_1, X_2, \cdots, X_n$,并计算其样本方差 $\hat{\sigma}_X^2$,根据 $\hat{\sigma}_X^2$ 判断是否需要推翻原假设。从理论上讲样本方差 $\hat{\sigma}_X^2$ 是 σ_X^2 的一个相合估计,因此样本量足够大时 $\hat{\sigma}_X^2$ 与 σ_X^2 的差距不会非常大。如果原假设 $H0: \sigma_X^2 \geqslant \sigma_0^2$ 真的成立,那么就有较大的可能性成立 $\hat{\sigma}_X^2 \geqslant \sigma_0^2$。反之,如果发现 $\hat{\sigma}_X^2$ 比 σ_0^2 小很

多，就有理由怀疑原假设不成立，从而推翻原假设，接受对立假设 $H1$。因此一种可能的决策规则是：$\hat{\sigma}_X^2 - \sigma_0^2 \geq c$ 时，接受原假设 $H0$，否则接受对立假设 $H1$。但是这个规则合理吗？可能有一定的合理性，但并不是最好的选择。考虑一个例子，假设 $\hat{\sigma}_X^2 - \sigma_0^2 = 10$，请问这个差距大吗？这个问题不好回答，因为这很依赖于 σ_0^2 的大小。如果 $\sigma_0^2 = 1$，那么 10 是一个较大的差距；如果 $\sigma_0^2 = 100$，那么 10 是一个很小的差距。这说明，对 $\hat{\sigma}_X^2$ 和 σ_0^2 直接求绝对差异并不是一个很好的选择，因为它忽略了方差只能是正数这一基本事实。因此一个更好的选择可能是求 $\hat{\sigma}_X^2$ 与 σ_0^2 的相对差异，也就是 $\hat{\sigma}_X^2 / \hat{\sigma}_0^2$。原来的假设检验问题可以等价地转换成 $H0: \sigma_X^2 / \sigma_0^2 \geq 1$ v.s. $H1: \sigma_X^2 / \sigma_0^2 < 1$。如果原假设 $H0: \sigma_X^2 / \sigma_0^2 \geq 1$ 真的成立，那么就有较大的可能性成立 $\hat{\sigma}_X^2 / \sigma_0^2 \geq 1$，或者至少 $\hat{\sigma}_X^2 / \sigma_0^2$ 不会比 1 小很多。反之，如果 $\hat{\sigma}_X^2 / \sigma_0^2$ 比 1 小很多，就有理由怀疑原假设不成立，从而推翻原假设，接受对立假设 $H1$。因此很容易形成一种决策规则，那就是 $\hat{\sigma}_X^2 / \sigma_0^2 \geq c$ 时，接受原假设 $H0$，否则接受对立假设 $H1$。这里的核心问题是：应该如何设定 c？

如何确定 c 的值呢？犯第一类错误的概率应该优先得到控制，例如，不要大于某一个预设的值 $\alpha = 5\%$（或 1% 或 10%）。在能满足犯第一类错误的概率被有效控制的前提下，c 应该取值越大越好，这样才能极大化对立假设 $H1$ 被接受的机会。请注意，在原假设成立的情况下，$\sigma_X^2 \geq \sigma_0^2$，此时 σ_X^2 有无穷多种可能性（如 $\sigma_X^2 = \sigma_0^2$，$\sigma_X^2 = 2\sigma_0^2$ 等）。为保守起见，只考虑最有可能犯第一类错误的情形。在什么情况下最有可能犯第一类错误呢？第一类错误是指 $H0$ 正确但却错误地接受了 $H1$，也就是发生了 $\hat{\sigma}_X^2 / \sigma_0^2 < c$ 从而拒绝 $H0$ 接受了 $H1$ 的情况。显然 σ_X^2 越小，$\hat{\sigma}_X^2$ 也越可能更小，也就更可能发生 $\hat{\sigma}_X^2 / \sigma_0^2 < c$。在原假设 $\sigma_X^2 \geq \sigma_0^2$ 成立的情况下，什么时候这个概率最大呢？当然是 σ_X^2 最小的时候，也就是 $\sigma_X^2 = \sigma_0^2$ 时。因此，只要控制 $\sigma_X^2 = \sigma_0^2$ 时犯第一类错误的概率不要大于 α，那么当 $\sigma_X^2 \geq \sigma_0^2$ 时，犯第一类错误的概率更不可能大于 α。所以在接下来的讨论中将假设 $\sigma_X^2 = \sigma_0^2$。

为此需要研究一下 $\hat{\sigma}_X^2 / \sigma_0^2$，也就是 $\hat{\sigma}_X^2 / \sigma_X^2$ 的分布。其实可以严格证明，当样本量足够大时，$\hat{\sigma}_X^2 / \sigma_X^2$ 仍然近似服从一个正态分布（不是标准正态分布）。原因很简单，那就是中心极限定理在起作用。但是这并不是人们最常用的方法，一个更常用的（但不是最好的，甚至是有重大缺陷的）方法是：假定 X 服从正态分布。在这个正态分布的假定下，根据 2.4 节的内容，可以知道 $n\hat{\sigma}_X^2 / \sigma_X^2$ 服从自由度为 $n-1$ 的卡方分布。这说明当 $\sigma_X^2 = \sigma_0^2$ 时，$n\hat{\sigma}_X^2 / \sigma_0^2 = n\hat{\sigma}_X^2 / \sigma_X^2$ 服从自由度为 $n-1$ 的卡方分布，因此可以构造一个检验统计量为 $\chi^2 = n\hat{\sigma}_X^2 / \sigma_0^2$。那么，犯第一类错误的概率可以计算如下：

$$P(\text{Type I Error}) = P(\chi^2 < c \mid \sigma_X^2 = \sigma_0^2) = \int_0^c \frac{x^{(n-1)/2-1} e^{-x/2}}{2^{(n-1)/2} \Gamma\{(n-1)/2\}} \, dx$$

对于一个给定的显著性水平 α，为了将犯第一类错误的概率控制在 α 以内，需要 $c \leq \chi_\alpha^2(n-1)$，其中，$\chi_\alpha^2(n-1)$ 是自由度为 $n-1$ 的卡方分布的 α 分位数。如前所述，在保证犯第一类错误的概率得到控制的前提下，c 的取值越大越好，这样才能让对立假设 $H1$ 有更高的机会被接受。因此，可以设定 $c = \chi_\alpha^2(n-1)$。最后将上述讨论变成一个规范的假设检验决策规则为：如果 $\chi^2 = n\hat\sigma_X^2/\sigma_0^2 \geq \chi_\alpha^2(n-1)$，则接受原假设 $H0: \sigma_X^2 \geq \sigma_0^2$；反之，如果 $\chi^2 = n\hat\sigma_X^2/\sigma_0^2 < \chi_\alpha^2(n-1)$，则接受对立假设 $H1: \sigma_X^2 < \sigma_0^2$。

以上讨论的是单个总体的方差假设检验问题。同均值问题相似，在许多的实际工作中，人们常常希望对两个总体的方差进行对比分析，如对比两只股票的风险大小。数学上，记随机变量 X 和随机变量 Y 服从的总体方差分别为 σ_X^2 和 σ_Y^2，且假设两个总体相互独立。简单起见，这里仅考虑单边假设检验的情况。如果希望知道 σ_X^2 是否显著大于 σ_Y^2，就产生了一个新的假设检验问题，即 $H0: \sigma_X^2 \geq \sigma_Y^2$ v.s. $H1: \sigma_X^2 < \sigma_Y^2$，这仍然是一个单边假设检验问题，但是涉及两个总体。日常生活中像这样的问题并不少见，请看以下案例。

案例1：金融风险。

接着前面金融风险中股票的案例，再考虑另一种情况：投资人手中持有五粮液的股票，正在考虑是否要抛售，并改投贵州茅台的股票。因为在过去一段时间里，他发现两只股票的均值相似，但是方差似乎不同。观察到的方差上的不同是不是一个偶然现象？不得而知。因此他想做一个严格的统计学检验，以判断贵州茅台股票的风险是否比五粮液股票的风险要小。仍然假设贵州茅台股票的日度收益率为 X，用 σ_X^2 表示 X 的总体方差。另外再假设五粮液股票的日度收益率为 Y，用 σ_Y^2 表示 Y 的总体方差。这又产生了一个新的假设检验问题，即 $H0: \sigma_X^2 \geq \sigma_Y^2$ v.s. $H1: \sigma_X^2 < \sigma_Y^2$。投资人无法知道 σ_X^2 和 σ_Y^2 的真值分别是多少，因此需要收集一段时间内两只股票的日度收益率样本，计算出样本方差 $\hat\sigma_X^2$ 和 $\hat\sigma_Y^2$，然后通过严格的假设检验来进行推断。

案例2：质量控制。

接着前面产品质量控制的例子，再考虑另一种情况：除了前面提到的生产线，工厂中另外还有一条改良后的生产线。质检员希望知道改良后的生产线是否比原先的生产线所生产的产品重量更稳定。仍然假设原先生产线上的产品的重量为 X，用 σ_X^2 表示 X 的总体方差。假设改良后的生产线上的产品重量为 Y，Y 也是一个随机变量，用 σ_Y^2 表示 Y 的总体方差。这又产生了一个新的假设检验问题，即 $H0: \sigma_X^2 \leq \sigma_Y^2$ v.s. $H1: \sigma_X^2 > \sigma_Y^2$。质检员无法知道 σ_X^2 和 σ_Y^2 的真值分别是多少，因此需要收集一段时间内两条生产线上的产品样本，计算出它们重量的样本方差 $\hat{\sigma}_X^2$ 和 $\hat{\sigma}_Y^2$，然后通过严格的假设检验来进行推断。

以上案例表明，生活中有时会出现需要对两总体的方差做假设检验的问题。这需要从两总体中各自收集一些样本，构成两个独立样本，然后进行假设检验。具体怎么实现呢？接下来将做详细讨论。为简单起见，仍然只考虑单边假设检验的情况。这包含两种形式，一种是 $H0: \sigma_X^2 \geq \sigma_Y^2$ v.s. $H1: \sigma_X^2 < \sigma_Y^2$；另一种是 $H0: \sigma_X^2 \leq \sigma_Y^2$ v.s. $H1: \sigma_X^2 > \sigma_Y^2$。这两种形式在数学上的推导是非常相似的。为了简单呈现，在接下来的问题中将集中精力讨论其中一种，即以第一种形式 $H0: \sigma_X^2 \geq \sigma_Y^2$ v.s. $H1: \sigma_X^2 < \sigma_Y^2$ 为例做详细讨论。在这个问题下，决策者先默认原假设 $H0: \sigma_X^2 \geq \sigma_Y^2$ 成立，采用与前面单样本情况类似的思路，将原假设 $\sigma_X^2 \geq \sigma_Y^2$ 转化为 $\sigma_X^2 / \sigma_Y^2 \geq 1$。然后从方差为 σ_X^2 的总体中抽取一批样本 $X_1, X_2, \cdots, X_n$，从方差为 σ_Y^2 的总体中抽取另一批样本 $Y_1, Y_2, \cdots, Y_m$。由此可见，来自两个总体的样本量分别是 n 和 m。样本方差 $\hat{\sigma}_X^2$ 和 $\hat{\sigma}_Y^2$ 分别是 σ_X^2 和 σ_Y^2 的良好的点估计，当样本量足够大时，$\hat{\sigma}_X^2 / \hat{\sigma}_Y^2$ 与 σ_X^2 / σ_Y^2 的差距不会非常大。如果原假设 $H0: \sigma_X^2 / \sigma_Y^2 \geq 1$ 真的成立，那么就有较大的可能性成立 $\hat{\sigma}_X^2 / \hat{\sigma}_Y^2 \geq 1$，或者至少 $\hat{\sigma}_X^2 / \hat{\sigma}_Y^2$ 不会比 1 小太多。反之如果 $\hat{\sigma}_X^2 / \hat{\sigma}_Y^2$ 比 1 小很多，就有理由怀疑原假设不成立，从而推翻原假设，接受对立假设 $H1$。因此很容易形成一种决策规则，那就是 $\hat{\sigma}_X^2 / \hat{\sigma}_Y^2 \geq c$ 时，接受原假设 $H0$，否则接受对立假设 $H1$。这里的核心问题是：应该如何设定 c？

如何确定 c 的值呢？犯第一类错误的概率应该优先得到控制，如不要大于某一个预设的值 $\alpha = 5\%$（或 1% 或 10%）。在能满足犯第一类错误的概率被有效控制的前提下，c 的取值应该越大越好，这样才能极大化对立假设 $H1$ 被接受的机会。请注意，在原假设成立的情况下 $\sigma_X^2 / \sigma_Y^2 \geq 1$，此时 $\sigma_X^2 / \sigma_Y^2 \geq 1$ 有无穷多种的可能性（如 $\sigma_X^2 / \sigma_Y^2 = 1$，$\sigma_X^2 / \sigma_Y^2 = 2$ 等）。为保守起见，只考虑最有可能犯第一类错误的情形。在什么情况下最有可能犯第一类错误呢？第一类错误是指 $H0$ 正确，但是错误地接受了 $H1$，也就是发生了 $\hat{\sigma}_X^2 / \hat{\sigma}_Y^2 < c$ 从而拒绝 $H0$ 接受了 $H1$ 的情况。显然，σ_X^2 / σ_Y^2 越小，$\hat{\sigma}_X^2 / \hat{\sigma}_Y^2$ 也越有可能更小，也就更有可能发生 $\hat{\sigma}_X^2 / \hat{\sigma}_Y^2 < c$。在原假设 $\sigma_X^2 / \sigma_Y^2 \geq 1$ 成立的情况下，什么时候这个概率最大呢？当然是 σ_X^2 / σ_Y^2 最小的时候，也就是 $\sigma_X^2 / \sigma_Y^2 = 1$ 时。因此，只要控制

$\sigma_X^2/\sigma_Y^2=1$ 时犯第一类错误的概率不要大于 α，那么当 $\sigma_X^2/\sigma_Y^2 \geq 1$ 时，犯第一类错误的概率更不可能大于 α。

在接下来的讨论中，将假设 $\sigma_X^2/\sigma_Y^2=1$，在该假设成立的前提下研究一下 $\hat{\sigma}_X^2/\hat{\sigma}_Y^2$ 的分布。在比较宽松的条件下，可以再一次通过严格证明得到：当样本量足够大时，它近似服从正态分布（不是标准正态分布）。理由很简单，中心极限定理在起作用。但是遗憾的是，这并不是最常用的方法。最常用的（但也许不一定是最好的）假设检验方法会假定 X 和 Y 都服从正态分布。在这种假定下，$\hat{\sigma}_X^2/\hat{\sigma}_Y^2$ 的一个变换 $F=\{n\hat{\sigma}_X^2/(n-1)\}/\{m\hat{\sigma}_Y^2/(m-1)\}$ 服从一个自由度为 ($n-1$, $m-1$) 的 F 分布，其概率密度函数如下：

$$f(x) = \frac{\Gamma\{(n+m-2)/2\}}{\Gamma\{(n-1)/2\}\Gamma\{(m-1)/2\}} \left(\frac{n-1}{m-1}\right)^{\frac{n-1}{2}} \left(x^{\frac{n-1}{2}-1}\right) \left(1+\frac{n-1}{m-1}x\right)^{-\frac{n+m-2}{2}}$$

其中，$x>0$。因此，对于一个给定的临界值 c，犯第一类错误的概率可以计算如下：

$$P(\text{Type I Error}) = P(F<c \mid \sigma_X^2/\sigma_Y^2=1)$$

$$=\int_0^c \frac{\Gamma\{(n+m-2)/2\}}{\Gamma\{(n-1)/2\}\Gamma\{(m-1)/2\}} \left(\frac{n-1}{m-1}\right)^{\frac{n-1}{2}} \left(x^{\frac{n-1}{2}-1}\right) \left(1+\frac{n-1}{m-1}x\right)^{-\frac{n+m-2}{2}} \mathrm{d}x \leq \alpha$$

由上述推导可知 $P(F<c \mid \sigma_X^2/\sigma_Y^2=1) \leq \alpha$，而随机变量 F 服从一个自由度为 ($n-1$, $m-1$) 的 F 分布，因此可知分位数 c 满足：$c \leq F_\alpha(n-1, m-1)$，其中 $F_\alpha(n-1, m-1)$ 是自由度为 $n-1$ 和 $m-1$ 的 F 分布的 α 分位数。如前所述，在保证犯第一类错误的概率得到控制的前提下，c 的取值越大越好，这样才能让对立假设 $H1$ 有更高的机会被接受。因此，可以设定 $c = F_\alpha(n-1, m-1)$。最后将上述讨论变成一个规范的假设检验决策规则为：如果 $F=\{n\hat{\sigma}_X^2/(n-1)\}/\{m\hat{\sigma}_Y^2/(m-1)\} \geq F_\alpha(n-1, m-1)$，接受原假设 $H0: \sigma_X^2 \geq \sigma_Y^2$；反之，如果 $F=\{n\hat{\sigma}_X^2/(n-1)\}/\{m\hat{\sigma}_Y^2/(m-1)\} < F_\alpha(n-1, m-1)$，接受对立假设 $H1: \sigma_X^2 < \sigma_Y^2$。

双单边检验

不知道你是否注意到了，前面谈到的各种假设检验问题，等于 0 都出现在原假设中。这有可能给大家造成一个错觉，认为等于 0 必须出现在原假设中，甚至原假设就是等号假设，等于 0 假设就是原假设。这里希望通过一个基于真实应用的重要的假设检验问题告诉大家，这是错误的。等于 0 与原假设没有必然联系。这里的核心要点是：原假设应该是那个相对保守的假设。前面的案例中只是恰好包含等于0的假设，都是最保守的假设。但是，这绝不代表着等号假设永远是那个更加保守的原假设。为此，下面分享一个非常有趣而且重要的案例。在这个案例里，等于0不出现在原假设中，而是出现在对立假设中。这个案例就是生物等效性试验（Bioequivalence Study）。

生物等效性试验通常在仿制药（Generic Drug）申请上市时被应用。提到仿制药，有部根据真实案例改编的电影，男主角偶然发现了到印度购买白血病仿制药的途径，于是开始为吃不起品牌药（Brand-Name Drug）的白血病患者代购仿制药，拯救了许多买不起品牌药的患者。但这种行为是违法的，男主角最终因此入狱。仿制药并不是假药，而是与品牌药的有效成分、剂量及制造工艺都完全相同的药。尽管病人服用时的疗效几乎没有区别，但品牌药与仿制药的价格却是天壤之别。电影中的品牌药四万元一瓶，仿制药却只需要五百元一瓶。品牌药之所以昂贵，是因为药企在研发药物的阶段投入了大量的时间和金钱，因此只能通过提高价格来收回前期研发成本，这样药企才有继续研发新药的动力。仿制药则是其他药厂直接使用品牌药的专利，省去了从零开始的大量的研发流程，因此成本较低，价格也相对低廉。当然，合法的仿制药生产必须发生在品牌药专利保护期结束后。

电影中男主角之所以违法，是因为印度仿制药并未在我国合法上市。但仿制药有没有可能合法上市呢？是有可能的。当品牌药的专利过期后，仿制药公司可以提交上市申请。申请通过后，仿制药便可以作为品牌药的替代品投入生产和销售。以美国市场为例，FDA（美国食品药品监督管理局）要求仿制药进行生物利用度和生物等效性试验（Bioavailability and Bioequivalence Study），试验结果达标后可以批准仿制药上市。我国也同样规定仿制药需要进行生物等效性试验备案。生物等效性试验的目的是证明仿制药与品牌药是等效的。通常生物等效性试验采用交叉设计（Crossover Design）的方法，受试者会随机地按照一定顺序，先后接受对照治疗（品牌药）和试验治疗（仿制药）。两次治疗中会有一段时间的缓冲期（Washout Period），以排除前一种药物残留的影响。交叉设计试验能够在同一受试者身上使用两种不同的药物，可以减小受试者本身个体差异的影响。在试验中，会根据药物种类的不同而关注一些不同的指标。对于体内药物，试验指标是一些常用的药代动力学参数，如药物-时间曲线下的面积（AUC）、峰值浓度（C_{max}）等。对于体外药物，如鼻腔喷雾等，则采用体外溶出度测定法，检测药物活性成分在作用部位有效的速率和程度。试验需要对比对照治疗和试验治疗在指标上的差异，如果二者完全相等，或是差异控制在可接受的范围内，就可以说明仿制药能够代替品牌药。

第 3 章 假设检验

假设电影中白血病的仿制药要在我国上市，为此展开了生物等效性试验。试验中，受试对象按随机顺序先后使用仿制药和品牌药——可能是先使用仿制药再使用品牌药，也有可能是先使用品牌药再使用仿制药。假设 Y 是受试对象使用仿制药后血液中的药物动力学指标，Z 是受试对象使用品牌药后得到的指标。Y 和 Z 都是随机变量，因为它们因受试对象而异，在同一受试对象上做重复试验得到的结果也可能不同，具有很大的不确定性。需要关注的是，Y 的均值 μ_Y 和 Z 的均值 μ_Z 之间的差异，记为 $\Delta = \mu_Y - \mu_Z$。这里最理想的情况是 $\mu_Y = \mu_Z$，因此最理想的假设检验问题就是 $H0: \Delta \neq 0$ v.s. $H1: \Delta = 0$。然而人们发现，这个假设检验问题中的对立假设太强了，在现实中几乎不可能实现，因为没有任何仿制药能与品牌药完全相同。同时人们注意到，其实一定范围内的误差应该是可以接受的。事实上，只要两种药品疗效的差异很小，也能够用仿制药代替品牌药。因此这个假设检验问题被改为 $H0: |\Delta| \geq \delta$ v.s. $H1: |\Delta| < \delta$。这里的 δ 由药品监督管理机构确定，表示临床上可以接受的仿制药与品牌药疗效之间的最大差异。这个问题不容易直接做假设检验，于是人们就把这个问题拆分成了两个单边假设检验问题：

$$H_{a0}: \Delta \geq \delta \quad \text{v.s.} \quad H_{a1}: \Delta < \delta$$

$$H_{b0}: \Delta \leq -\delta \quad \text{v.s.} \quad H_{b1}: \Delta > -\delta$$

如果能够同时拒绝这两个假设检验问题，那么就认为仿制药和品牌药是等效的。如何解决这两个单边假设检验问题呢？需要通过生物等效性试验收集一些样本。假设生物等效性试验中共有 n 个受试者，第 i 个受试者使用仿制药后试验指标的测量值为 Y_i，使用品牌药后试验指标的测量值为 Z_i，$i=1,2,\cdots,n$。记两种药物试验指标测量值之差为 $X_i = Y_i - Z_i$，那么有 $\mu_X = \mu_Y - \mu_Z = \Delta$。所以假设检验问题就转化成了 $H_{a0}: \mu_X \geq \delta$ v.s. $H_{a1}: \mu_X < \delta$ 和 $H_{b0}: \mu_X \leq -\delta$ v.s. $H_{b1}: \mu_X > -\delta$。根据 3.4 节中介绍的均值单边假设检验问题的知识，两个假设的检验问题可以很容易地被解决。第一个假设检验问题的检验规则应该是：如果 $(\bar{X} - \delta)/(\hat{\sigma}_X/\sqrt{n}) \geq z_\alpha$，则接受原假设 $H_{a0}: \mu \geq \delta$；反之，则接受对立假设 $H_{a1}: \mu < \delta$。第二个假设检验问题的检验规则应该是：如果 $(\bar{X} + \delta)/(\hat{\sigma}_X/\sqrt{n}) \leq z_{1-\alpha}$，则接受原假设 $H_{b0}: \mu_X \leq -\delta$；反之，则接受对立假设 $H_{b1}: \mu_X > -\delta$。现在回到双单边假设检验问题 $H0: |\Delta| \geq \delta$ v.s. $H1: |\Delta| < \delta$，拒绝原假设而接受对立假设的条件是，同时拒绝两个单边假设检验问题。因此，生物等效性试验的检验规则就是：试验数据同时满足 $(\bar{X} - \delta)/(\hat{\sigma}_X/\sqrt{n}) < z_\alpha$ 和 $(\bar{X} + \delta)/(\hat{\sigma}_X/\sqrt{n}) > z_{1-\alpha}$ 时，则接受对立假设 $H1: |\Delta| < \delta$，即认为仿制药与品牌药等效；反之则接受原假设 $H0: |\Delta| \geq \delta$，认为仿制药与品牌药不等效。

本节主要介绍了假设检验的三种推广——双样本检验、方差检验及双单边检验，此时你应该已经对各种各样的假设检验问题的数学推导和检验规则都有了更好的理解。可以看到一个现象，那就是所有的假设检验过程都只关注第一类错误的概率。这并不是说人们不关心第二类错误概率。以新药上市为例，原假设是新药无效，对立假设是新药有效。第二类错误对应的现实后果就是错失良药，这显然也不是一个令人开心的结果。在现实工作中人们之所以优先关注第一类错误，是因为第一类错误（假药上市）的现实后果的影响太恶劣了。很遗憾的是，在给定样本量的情况下是无法同时控制两类错误的概率的。如果要同时控制两类错误的概率，就需要增加样本量，这可能是唯一的途径。那么满足同时控制两类错误概率的最小样本量是多少呢？这也是一个很重要的问题，将在本章的最后进行重点讨论。

① 你的生活或工作中是否存在一些能被表述为两个总体双边假设检验的决策问题？请举出一个案例。对于该假设检验问题，请收集一些真实数据，并利用本节介绍的决策规则进行假设检验，最后给出假设检验的结果。

② 除了本节给出的金融风险和质量控制的案例，请再列举一个对总体方差进行假设检验的案例。对于该假设检验问题，请收集一些真实数据，并利用本节介绍的决策规则进行假设检验，最后给出假设检验的结果。

③ 本节的学习涉及一个有趣的分布——F分布。F分布涉及两个不同的自由度。请借助必要的统计学软件，对不同的自由度组合，做出F分布的概率密度曲线，并观察其形态的变化，与正态分布做对比能发现什么有趣的规律？

3.6 假设检验中的 p 值

假如在你面前有一个苹果、一个香蕉，还有一个大鸭梨，请问哪个水果更好？这是一个让人感到非常困惑的问题，没法回答。困惑产生的根本原因在于，苹果不是香蕉，香蕉不是大鸭梨，大鸭梨也不是苹果，如何相互对比谁更好？一个可能的简单答案是：不知道，不知道是苹果更好，还是香蕉更好，还是大鸭梨更好。这个答案令人满意吗？不满意，因为这个答案回避了面对苹果、香蕉和大鸭梨时你必须做出的选择问题。在现实生活中，很多时候苹果、香蕉和大鸭梨并不互为竞争关系，完全可以同时拥有，因此不用考虑谁更好的问题。但是，也有很多时候，兜里的钱只能够购买其中一种，没办法同时拥有，因此必须做出取舍。在这种情况下你会发现一个神奇的现象：人们最终是做出了选择的。这说明，在人们的潜意识里，其实苹果、香蕉和大鸭梨在某些指标上是可比的，而这些指标决定了谁更好。有哪些指标呢？也许是重量，也许是甜度，也许是卡路里，也许是香气，也许是外形。总之，在现实生活中，人们在面对相似但是并不完全相同的取舍问题时，需要一个"测量"来把看似不同的事物投影到一个统一的尺度空间，进而方便比较。同样的问题在统计学假设检验中也存在，而且大量存在。这里的苹果、香蕉和大鸭梨就是三个不同的假设检验结果。为什么会有不同的假设检验结果？产生的原因有很多，请看以下情形。

情形1：

对于同一个数据、同一个假设检验问题（如检验均值是否为0），可以有很多种不同的检验方法。图3.3总结了一些常见的用于均值（或者更严格地说是某种位置参数）假设检验的方法，包括在之前章节中学习过的假设检验方法（统称为Z检验），以及未学习过的Wilcoxon符号秩检验和似然比检验。这时不同的假设检验方法可能会产生不同的假设检验结果。假设两个不同的假设检验结果都能提供关于支持对立假设的证据，请问哪一个证据更强？如果所采用的检验统计量都是Z类型的统计量（点估计/标准误差），那么这个问题比较好回答。哪个分析结果所对应的Z统计量的绝对值更大，哪个检验结果就更加支持对立假设一些，这似乎非常顺理成章。但是，如果一个假设检验的统计量是Z统计量，另一个是某种更加复杂的不可直接对比的统计量（如图3.3中的秩和统计量、似然比统计量），请问如何对比？请注意，这不是一个虚构的需求。假设你投入巨大资源开发一款新的降压药，并完成了临床试验。你一定会竭尽全力证明这个药品是有效的。此时，对于检验均值，假如统计学老师告诉你有10种不同的检验方法，你会如何选择？你一定会说：都做一遍，看看哪个对自己最有利。因此，你将面对一个很现实的问题，你需要把不同的假设检验结果（如苹果、香蕉、大鸭梨）做一个对比，在合理合法的前提下，从中挑出对自己最有利的结果。此时你应该如何对比？也许你需要一个工具，能够把来自不同假设检验方法的假设检验结果（如苹果、香蕉、大鸭梨）投影到同一个尺度空间上，然后进行对比。请问具体应该怎么办？

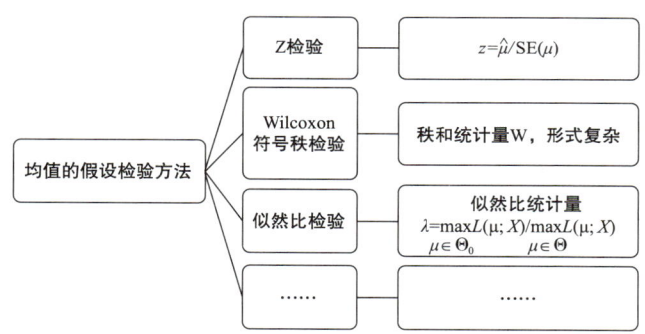

图3.3 均值的各种假设检验方法

情形2：

对于同一个数据集合、不同的数据字段，可能会有不同的假设检验问题。这怎么会发生？现实中确实会大量发生。我们在实际工作中碰到的数据，基本上都是多指标数据。例如，表 3.1 是一个字段列表，展示了一个来自狗熊会精品案例库的北京市二手房的价格数据，其中涉及单位面积房价等指标。这些指标中最重要的是二手房单位面积价格，研究的核心问题是：什么因素影响了房价？在多大程度上会影响？例如，是否有客厅（是 vs 否）会影响对数变换后的房价均值吗？又如，不同的楼层（低楼层 vs 高楼层）、不同的城区（朝阳区 vs 海淀区）、是否邻近地铁（是 vs 否）、是不是学区房（是 vs 否）等是否会影响对数变换后的房价均值？你看，所有这些假设检验都围绕一个核心问题：是否会对对数变换后的房价均值有实质性影响？但是它们又可以被表达成非常丰富且不同的假设检验问题。面对不同的目标参数，不同的参数估计结果，不同的假设检验统计量，如何评价它们在统计学上的显著性程度？为此，也许需要一个工具，能够把来自不同假设检验方法的假设检验结果（如苹果、香蕉、大鸭梨）投影到同一个尺度空间上去，然后进行对比。请问具体应该怎么办？

表 3.1　北京市二手房的价格数据字段说明

变量类型	变量名	详细说明	取值范围
因变量	单位面积房价	单位：万元/米^2	1.83～14.98
自变量	房屋面积	单位：平方米	30.06～299.00
	卧室数	单位：个	1～5
	是否有客厅	定性变量（2水平）	是、否
	所属楼层	定性变量（3水平）	低楼层、中楼层、高楼层
	所属城区	定性变量（6水平）	朝阳区、东城区、丰台区、海淀区、石景山区、西城区
	是否邻近地铁	定性变量（2水平）	是、否
	是否是学区房	定性变量（2水平）	是、否

情形 3：

对于不同数据集合，面对相同的研究问题，因此有可能也产生不同的假设检验结果。这种情况在实际中也非常常见。比如面对同一个均值（如失业率）的假设检验问题，在抽取样本时有许多不同的抽样方法可供选择。图 3.4 展示了部分常见的抽样方法，不同的抽样方法会造成所抽取的样本数据不同，进而造成假设检验的结果不同。例如，想检验北京市高校大学生的平均恋爱次数是否大于或等于某个给定值（如 1），请问如何抽样呢？可能有多种选择。可以采用简单随机抽样的方法，从全部的北京高校大学生中随机抽取样本进行调查。或者可以进行分层抽样，即在每个高校内按照一定的比例随机挑选学生进行调查。也可以进行整群抽样，就是随机抽取某个学校，然后对其中的全部学生进行调查。还可以进行系统抽样，将北京所有高校大学生按一定的顺序编号，根据样本容量计算抽选间隔，然后随机地抽取第一个学生，此后按照指定间隔抽取剩下的学生。也可以进行多阶段抽样，先抽取部分高校，再在抽取到的高校中抽取部分学院，最后在抽取到的学院中随机地抽取学生。你看，为了研究一个相同的假设检验问题，会有这么多种不同的抽样方式，不同的抽样方式又会形成不同的数据集。当数据集改变的时候，你的假设检验问题的结果可能也会改变。为此，也许你需要一个工具，能够把来自不同假设检验方法的假设检验结果（苹果、香蕉、大鸭梨），投影到同一个尺度空间上去，然后进行对比。请问具体应该怎么办？

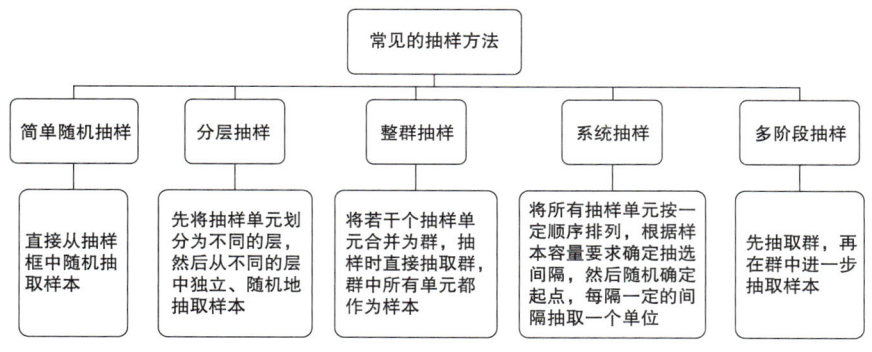

图 3.4 常见的抽样方法

由此可见，在实际工作中，人们有非常强的需求，需要把不同的假设检验结果，投影到一个统一的尺度空间去对比它们的统计学显著性，进而实现苹果、香蕉和大鸭梨可以对比的目的。如果对这个问题做一个全面的讨论，显然超出了本书的范畴，但是，这不妨碍用最典型的 Z 统计量做演示讨论，并分享其中的核心思想。下面以均值的假设检验问题为例进行陈述。考虑如下单边假设检验问题。假设想要判断一款降压药是否有效。原假设 $H0$ 认为该降压药无效，对立假设 $H1$ 则认为该降压药有效。假设某病人在吃药前的血压是 X_a，吃药后的血压是 X_b，那么服药前后血压的差异为 $X = X_b - X_a$。显然，X 是一个随机变量，带有一定的不确定性。为了衡量药物的有效性，关注服药后降压差异的平均水平 $\mu = E(X)$。因此可以设置原假设为 $H0: \mu \geq 0$，也就是服药后血压并没有降低；而对立假设就是 $H1: \mu < 0$，即服药后血压确实降低了。这样就把衡量降压药是否有效的问题规范成了一个标准的单边假设检验问题：

$$H0: \mu \geq 0 \quad \text{v.s.} \quad H1: \mu < 0$$

为了研究该假设检验问题，需要展开试验。假设可以观察到 n 名病人服药前后的血压差异，从而得到一批独立同分布的样本：$X_1, X_2, \cdots, X_n$。根据样本决定是否要推翻原假设

$H0$。为了研究这一假设检验问题,可以构造一个 Z 类型的检验统计量,即

$$z = \frac{\bar{X} - \mu_0}{\widehat{\text{SE}}(\bar{X})} = \frac{\bar{X} - \mu_0}{\hat{\sigma}/\sqrt{n}}$$

其中,$\bar{X}$ 表示样本均值,此处 $\mu_0 = 0$,$\sigma^2 = \text{var}(X)$,而 $\hat{\sigma}$ 是关于 σ 的矩估计。

根据 3.4 节的知识,当给定犯第一类错误的概率 α(如 $\alpha = 5\%$)后,可以得到假设检验的判断规则如下。具体而言,如果 $z = \bar{X}/(\hat{\sigma}/\sqrt{n}) \geq z_\alpha$,则接受原假设 $H0: \mu \geq 0$;反之,如果 $z = \bar{X}/(\hat{\sigma}/\sqrt{n}) < z_\alpha$,则接受对立假设 $H1: \mu < 0$。考虑这样一种情况,假设在两次不同的实验中获得了两个不同的检验统计量取值 z_1 和 z_2,且 $z_1 < z_2 < z_\alpha$,如图 3.5 中左图所示。由于 z_1 和 z_2 都比 z_α 要小,因此两次不同的实验中做出的决策都是拒绝原假设而接受对立假设。请思考一个问题:z_1 和 z_2 本身的取值不同,这是不是代表了不同的统计显著性的强度?想象一下,如果不断减小显著性水平 α,使得 z_α 逐渐向左移动,如图 3.5 中右图所示。当 z_α 移动到 z_1 和 z_2 之间时,z_2 就会变为接受原假设,而 z_1 仍然拒绝原假设;当 z_α 继续移动到 z_1 的左边时,z_1 也会变为接受原假设。由此可见,因为 z_1 的绝对值更大,所以比 z_2 更不容易接受原假设。这说明同 z_2 相比,z_1 提供了更强的有利于对立假设的证据。简单来说,那就是 z 的绝对值越大,就越不容易接受原假设,也就是对立假设 $H1$ 有更多的机会被接受。这说明 z 的取值本身就表达了某种态度,那就是对对立假设的支持力度,也可以简单理解为统计学显著性的强度。

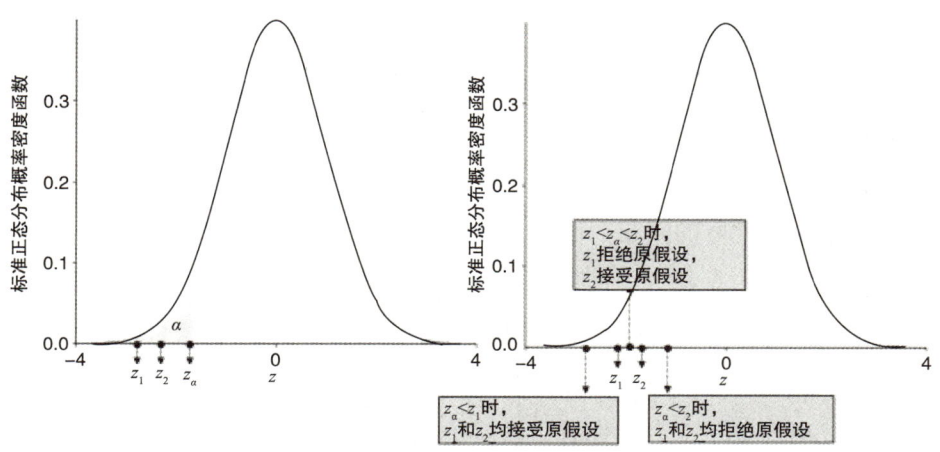

图 3.5　z_1、z_2 和 z_α 关系的示意图

上面的讨论说明了一个问题,那就是对于任意一个给定的 z 值,都有一个独特的 α^* 值和它对应。对于目前正在讨论的单边 Z 检验而言,α^* 就是一个标准正态分布随机变量小于

z 的概率大小,具体公式为 $\alpha^* = P(N(0,1) < z)$,见图 3.6 中的左图。进一步分析会发现,α^* 是一个非常重要的临界值。如果对第一类错误水平 α 要求特别严格,要求 α 低于 α^*,那么基于该 z 统计量,就无法拒绝原假设,如图 3.6 中的中图所示。换一个角度,如果对第一类错误水平 α 要求比较宽松,允许 α 高于 α^* 时,那么基于该 z 值就可以拒绝原假设,如图 3.6 中的右图所示。这说明,对于一个给定的 z 值,以及一个用户设定的第一类错误水平要求 α,只需要对比 α 和 α^* 的大小关系,就可以决定是否应该拒绝原假设,而不用再去关心 z 值的具体大小,这在实际应用中非常方便。这个神奇的 α^* 值,就是本节要隆重介绍的 p 值。

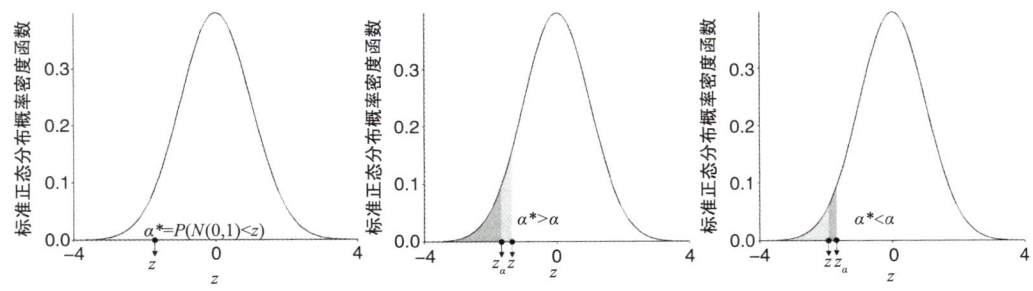

图 3.6　α^* 和 α 关系示意图

你也许会问:为什么要多此一举?直接对比 z 值不就可以了吗?如果关注的统计学假设检验只有一种(如单边 Z 检验),那么对比 z 值就足够了,不需要再发展出一套关于 p 值的方法论。但是如前所述,哪怕是面对同样的数据、同样的假设检验问题,可能也有不同的假设检验方法。目前探讨的 Z 检验仅仅是众多检验方法中的一种。如果同时还做了 Wilcoxon 符号秩检验和似然比检验,那就会产生不同的假设检验结果,它们之于对立假设提供了不同强度的证据,也就是不同的统计学显著性强度,因此产生了类似苹果、香蕉、大鸭梨哪个好的问题。请问:如何对比?注意,不同的统计检验方法采用了不同的统计量,因此不存在一个简单而统一的 z 值对比。例如,从均值为 -0.2、方差为 1 的正态分布中随机生成 200 个随机数,然后检验这组数据的均值是否为 0。表 3.2 给出了三种不同假设检验对应的检验统计量的取值和 p 值,如果不同的统计量就是苹果、香蕉、大鸭梨,此时应该怎么办?你看,这就是现实中一个典型的困难。但是如果有了 p 值,那就不一样了。无论什么假设检验方法都存在一个方法论,都可以将该方法的检验统计量映射到一个统一的 p 值空间上。上面已经演示了这个方法论在单边 Z 检验上的应用,在接下来的讨论中,会进一步拓展到双边的 Z 检验和方差检验。关于更复杂的其他检验统计量（如 Wilcoxon 符号秩检验），本书不做详细讨论。但是希望通过这样的拓展过程能够分享一个事实：所有的统计方法都有科学合理的 p 值可以定义。以表 3.2 中的三个不同统计假设检验方法为例，它们的统计量各不相同，统计量的取值量纲都不一样，无法进行对比。但是它们所对应的 p 值是一个定义在 0～1 之间的概率，与该统计量犯第一类错误的概率直接相关，因此具有非常好的可比性。对同一个数据的不同统计量都计算一下 p 值，就很容易得到一个结论：对于这个数据而言，Wilcoxon 符号秩检验提供的支持对立假设的证据最为强烈，因为它的 p 值最小。

表 3.2　三种检验方法的结果

检验方法	检验统计量取值	p值
Z检验	−3.127	0.00088
Wilcoxon符号秩检验	7286	0.00037
似然比检验	0.0082	0.00101

以上介绍的是 p 值在单边假设检验中是如何被合理定义出来的，接下来讨论在双边假设检验问题中如何合理地定义一个类似的 p 值。以双边的 Z 检验为例，如图 3.7 所示，每个 z 值有一个对应的 p 值，具体而言，此时 p 值的定义为 $p = P(N(0,1) \geqslant |z|)$。可以很容易验证，如此定义的 p 值也满足一个很好的性质，那就是 $p < \alpha$ 与 $|z| > z_{1-\alpha/2}$ 完全等价。因此是否拒绝原假设与 p 值是否小于 α，以及 $|z|$ 值是否大于 $z_{1-\alpha/2}$ 完全等价。因此，只要发现 p 值小于 α，那么就可以拒绝原假设。举一个实际例子，假设设定显著性水平 $\alpha = 5\%$，对应的 $z_{1-\alpha/2} = 1.96$。收集数据后计算出 z 值为 −2，对应的 p 值为 0.046。如果按照 3.4 节中介绍过的基于 z 值的假设检验决策规则，由于 $|z| > z_{1-\alpha/2}$，因此应该拒绝原假设。如果基于本节介绍的 p 值进行决策，由于 p 值为 $0.046 < 0.05$，同样应该拒绝原假设，两个假设检验决策规则的结果是完全一致的。

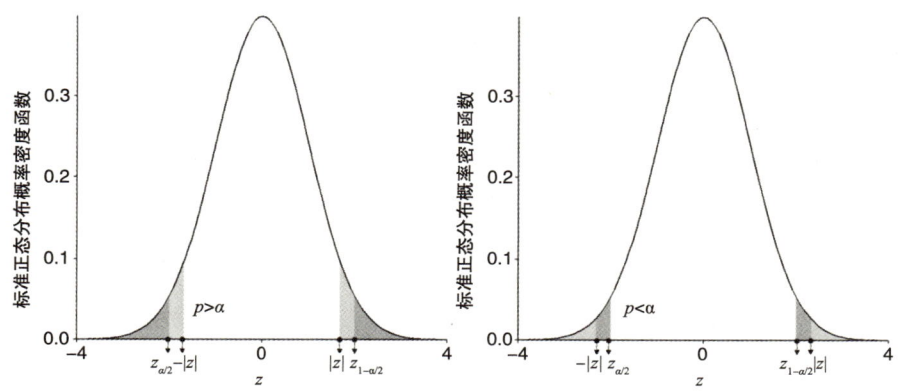

图 3.7　双边 Z 检验中 p 和 α 关系示意图

接下来讨论 p 值在面向方差的卡方检验中是如何被合理定义的。在 3.5 节曾讨论过一个单边的方差假设检验问题，即 $H0: \sigma_X^2 \geq \sigma_0^2$ v.s. $H1: \sigma_X^2 < \sigma_0^2$。相应的检验统计量为 $\chi^2 = n\hat{\sigma}_X^2/\sigma_0^2$，它服从自由度为 $n-1$ 的卡方分布。相应的假设检验决策规则为：如果 $\chi^2 = n\hat{\sigma}_X^2/\sigma_0^2 \geq \chi_\alpha^2(n-1)$，接受原假设 $H0: \sigma_X^2 \geq \sigma_0^2$；反之，接受对立假设 $H1: \sigma_X^2 < \sigma_0^2$。这里 $\chi_\alpha^2(n-1)$ 是自由度为 $n-1$ 的卡方分布的 α 分位数。同样地，这个决策规则可以被转化为基于 p 值的决策规则。如图 3.8 所示，每个 χ^2 也可以有一个对应的 p 值，其具体定义为 $p = P(\chi^2(n-1) < \chi^2)$，其中 $\chi^2(n-1)$ 表示一个服从自由度为 $n-1$ 的卡方分布的随机变量。可以验证一下，这样定义的 p 值是否小于 α 与相应的卡方统计量 χ^2 是否小于 $\chi_\alpha^2(n-1)$ 完全等价。因此，只要有 p 值小于 α 就可以拒绝原假设。

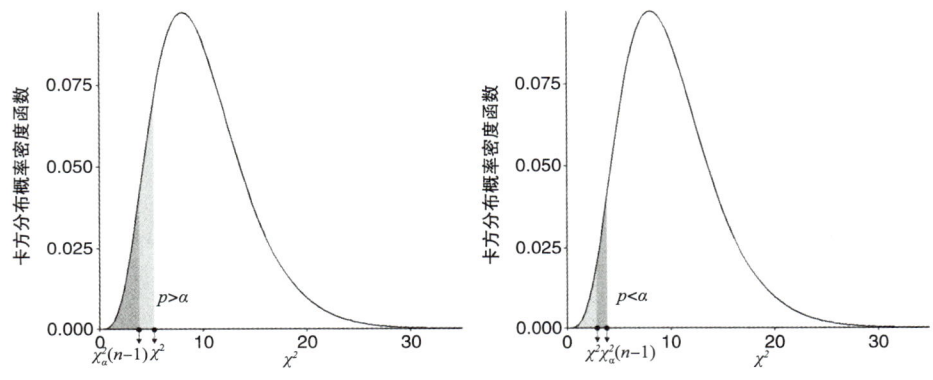

图 3.8　方差检验中 p 和 α 关系示意图

统计学的假设检验理论博大精深，涉及太多的假设检验方法。这些假设检验方法数量繁多，本书无法全面覆盖。但是，任何合理定义的假设检验方法，都有对应的 p 值定义。因此从用户的角度看，无论面对什么假设检验方法，只要能熟练应用 p 值，那么都会非常方便。最后需要特别一提的是，p 值就像一台电子秤，它能够测量苹果、香蕉和大鸭梨的重量。统计学家用尽他们的智慧证明了这台秤是精准可靠的。但是具体到决策中，α 到底应该设置为多大？5% 或是 4.99% 还是 5.01%？这应该是谁的责任？是这台电子秤的责任吗？答：不是。是用户自己的责任。当一个用户纠结于应该将显著性水平设定为 4.99% 还是 5% 或是 5.01% 的烦恼时，他不应该去指责这台秤，而是应该反省自己对显著性水平的执念，学会与不确定性和谐相处，学会在不确定性下做决策。

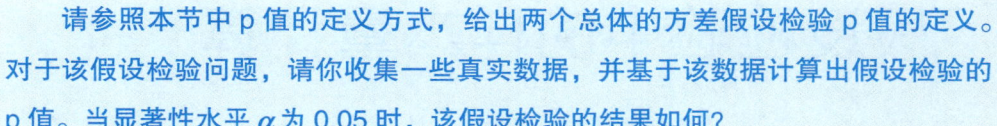

① 请参照本节中 p 值的定义方式，给出两个总体的方差假设检验 p 值的定义。对于该假设检验问题，请你收集一些真实数据，并基于该数据计算出假设检验的 p 值。当显著性水平 α 为 0.05 时，该假设检验的结果如何？

② 基于本节中对 p 值的介绍，你能否尝试用一句话简练地说明 p 值的含义？

③ 学习了本节的内容后，请说明利用 p 值进行假设检验和利用统计量来进行假设检验有什么不同？

3.7 假设检验中的样本量计算

之前提到假设检验也会涉及样本量计算，尤其是在临床试验中。假设一个新药研制成功，正在进行上市注册，请问药品监督管理部门会做出什么样的原假设？假设它有效，还是无效？答：当然是无效。因为对于药品监督管理部门而言，这是一个更加保守的假设。除非在上市审核过程中，药厂能够提供足够的证据推翻原假设。怎么提供足够的证据呢？主要的证据来源是临床试验，尤其是Ⅲ期临床试验（假设前两期非常顺利）。据相关媒体报道，某药厂在开发二价人乳头瘤病毒（HPV）疫苗的过程中，在Ⅰ至Ⅲ期临床试验中花费的资金高达47498.7万元，其中每个试验样本平均投入费用达到3.3万元，这显然是一笔巨大的开支。因此，药厂有很大的动力去尽可能节省开支。节省开支最有效的办法就是减少样本量，因为临床试验的开支主要取决于样本量的大小。但是，这样做的坏处是什么？会影响第一类错误吗？答：不是的，因为第一类错误永远可以受到良好控制。其实主要影响的是第二类错误，即对立假设是正确的，但是人们错误地接受了原假设。在新药上市这一例子中，第二类错误是错过良药。对于药厂而言，自然不希望千辛万苦研发成功的良药无法上市。因此，不仅仅第一类错误的概率要控制，第二类错误的概率也要控制得越小越好。为了降低第二类错误的概率，药厂会希望样本量越大越好。但是，样本量越大，成本也就越大。因此，这就产生了一个有趣的问题：一方面两类错误水平都想得到有效控制，另一方面又想要尽可能节省样本量。请问：这其中的矛盾应该如何协调？本节将以均值检验问题为例，详细探讨一下这个问题。

单边假设检验

首先考虑单边假设的均值检验问题,假设总体均值为参数 μ,需要比较均值参数 μ 和某个给定数值 μ_0 的大小关系。那么假设检验问题可以设置为 $H0: \mu \geq \mu_0$ v.s. $H1: \mu < \mu_0$。通过 3.4 节的介绍可以知道,该假设检验问题的决策规则是当 $t = (\bar{X} - \mu_0)/(\hat{\sigma}/\sqrt{n}) \geq z_\alpha$ 时,接受原假设 $H0: \mu \geq \mu_0$;反之,当 $t = (\bar{X} - \mu_0)/(\hat{\sigma}/\sqrt{n}) < z_\alpha$ 时,接受对立假设 $H1: \mu < \mu_0$。由于样本量的取值需要使第二类错误发生的概率得到控制,因此首先需要计算第二类错误发生概率的表达式。在对立假设 $\mu < \mu_0$ 成立的条件下,第二类错误发生概率的计算过程如下:

$$P(\text{Type II Error}) = P(t \geq z_\alpha \mid \mu < \mu_0) = P\left(\frac{\bar{X} - \mu_0}{\hat{\sigma}/\sqrt{n}} \geq z_\alpha \mid \mu < \mu_0\right)$$

请注意,虽然 $(\bar{X} - \mu)/(\hat{\sigma}/\sqrt{n})$ 近似服从标准正态分布,但是上式中由于接受了 $\mu < \mu_0$ 的假设,所以 $t = (\bar{X} - \mu_0)/(\hat{\sigma}/\sqrt{n})$ 不再近似服从标准正态分布。故上式可继续化简为:

$$P(\text{Type II Error}) = P\left(\frac{\bar{X} - \mu_0}{\hat{\sigma}/\sqrt{n}} \geq z_\alpha\right) = P\left(\frac{\bar{X} - \mu}{\hat{\sigma}/\sqrt{n}} \geq z_\alpha + \frac{\mu_0 - \mu}{\hat{\sigma}/\sqrt{n}}\right)$$

$$\approx 1 - \Phi\left(z_\alpha + \frac{\mu_0 - \mu}{\hat{\sigma}/\sqrt{n}}\right) \approx 1 - \Phi\left(z_\alpha + \frac{\mu_0 - \mu}{\sigma/\sqrt{n}}\right)$$

其中,Φ 表示标准正态分布函数。当希望减小犯第二类错误的概率时,等价于希望增加 $\Phi(z_\alpha + \sqrt{n}(\mu_0 - \mu)/\sigma)$ 的值,通常也将 $\Phi(z_\alpha + \sqrt{n}(\mu_0 - \mu)/\sigma)$ 定义为统计功效(Statistical Power)。当第二类错误概率取 β 时,统计功效为 $1 - \beta$。通过上式可以发现,当样本量增加时,第二类错误概率 β 减小,统计功效 $1 - \beta$ 就会随之增加。因此,为了确定合适的样本量,首先需要确定能被接受的最大第二类错误概率 β,从而对其进行控制。然而最大可被接受的第二类错误概率 β 通常不由个人主观决定,而是由相关机构建议和规定而来。例如,美国 FDA 就曾在相关指南中建议,生物等效研究的样本量应当满足 0.8 或 0.9 的统计功效。这意味着第二类错误概率 β 不能超过 0.2 或 0.1。假设最大可被接受的第二类错误概率为 β,那么可找到一个最小的样本量,使得第二类错误概率小于等于 β,计算过程如下:

$$P(\text{Type II Error}) \approx 1 - \Phi\left(z_\alpha + \frac{\mu_0 - \mu}{\sigma/\sqrt{n}}\right) \leq \beta$$

$$\Rightarrow z_{1-\beta} \leqslant z_\alpha + \frac{\mu_0 - \mu}{\sigma/\sqrt{n}}$$

$$\Rightarrow n \geqslant \left[\frac{\sigma(z_\beta + z_\alpha)}{\mu_0 - \mu}\right]^2 = n^*$$

其中，n^* 为满足要求（同时控制两类错误）的最小样本量，由于上述计算式的结果可能为非整数，因此在实际应用中通常使用不小于 n^* 的最小整数来作为最小样本量。基于上述最小样本量 n^* 的计算公式，可以定义信号强度（Signal to Noise Ratio，SNR）为 $\text{SNR} = |\mu_0 - \mu|/\sigma$。因此，最小样本量 n^* 仅与参数 SNR、α 和 β 有关。一些典型的样本量计算结果如表 3.3 所示。

表 3.3　单边均值假设检验中典型样本量计算结果

α	SNR	$(1-\beta)\times 100\%$		
		80%	90%	95%
0.1	1	5	7	9
	0.5	19	27	35
	0.2	113	165	215
0.05	1	7	9	11
	0.5	25	35	44
	0.2	155	215	271
0.01	1	11	14	16
	0.5	41	53	64
	0.2	251	326	395

从表 3.3 可见，随着信号强度 SNR 的下降，人们所需要的样本量呈现上升的趋势。除此之外还值得一提的是，上述样本量的计算过程中用到了大量的近似公式。近似的效果如何？近似后样本量的计算结果还能否达到统计功效 $1-\beta$ 的要求？这个问题可以通过随机模拟实验来进行验证。假设总体真实的均值为 $\mu = -0.5$，方差 $\sigma^2 = 1$，需要比较的原假设是 $H0: \mu \geqslant 0$，因此 SNR = 0.5。假设显著性水平 $\alpha = 0.05$，当统计功效的要求 $1-\beta$ 分别为 0.8、0.9 和 0.95 时，按照上述典型样本量计算结果表可知，所需的最小样本量 n^* 分别为 25、35 和 44。接着对于不同最小样本量 n^*，随机抽取 n^* 个服从正态分布的随机数（均值 $\mu = -0.5$，方差 $\sigma^2 = 1$）。然后执行相应的假设检验，记录检验结果。将该实验重复 10000 次，由此得到 10000 个检验结果。由于抽取的正态分布随机数总体均值

$\mu<0$，因此实际上对立假设 $H1$ 正确，因此在 10000 个检验结果中原假设被正确拒绝的比例就是对统计功效的一个合理估计。将该估计的结果绘制于图 3.9 所示的柱状图中。

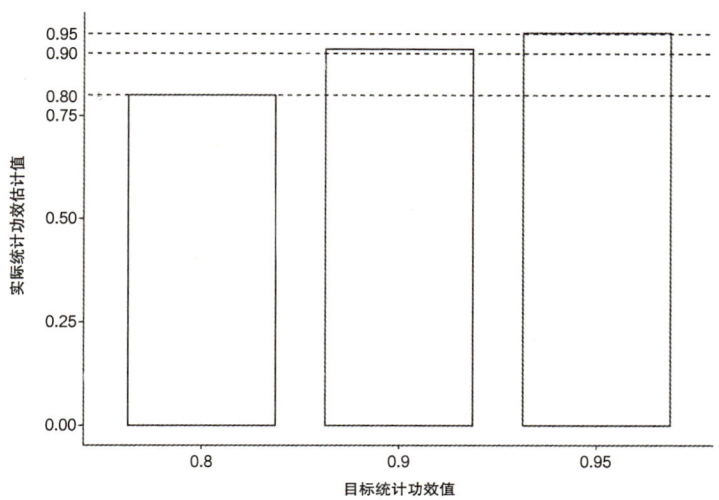

图 3.9　随机模拟的统计功效值柱状图（单边假设）

从图 3.9 中可以看出，在不同目标功效水平（0.8，0.9，0.95）下，实际功效与目标功效之间的差距是很小的。这表明，虽然样本量计算公式的推导过程中用到了很多近似关系，但通过近似的样本量计算结果仍能基本满足统计功效的要求。

除此之外，由最小样本量 n^* 的计算式可以发现，最小样本量不仅和第一类、第二类错误概率有关，还和实际总体的均值 μ、标准差 σ 有关。那么请问：在进行临床试验之前又如何对总体的均值和方差进行估计呢？答案和 2.6 节相同。人们可以根据先验知识（如前人研究结果）进行主观判断，但一种更精确的办法是执行一个规模较小的先驱研究（如前两期临床试验）。在 2.6 节置信区间的样本量计算中，关于先驱研究已经有这样的结论：先驱研究的样本量越大，正式实验样本量的估算结果就更加准确。这一结论在单边均值假设检验的样本量计算中仍然适用吗？为此可以借助一个随机模拟实验来验证。首先假设总体的真实均值为 $\mu=-0.2$，真实方差 $\sigma^2=1$，原假设为 $H0: \mu \geqslant 0$。假设显著性水平 $\alpha=0.05$，目标功效 $1-\beta=0.9$。此时可以计算得：

$$n^*=\left[\frac{\sigma(z_\beta+z_\alpha)}{\mu_0-\mu}\right]^2=\left[\frac{-1.645-1.282}{0.2}\right]^2=214.18$$

因此在正式实验中所需要的最小样本量为 215。接着设置一个先驱研究样本量为 m，对

于 m 尝试五个不同的取值：10、20、50、100 和 200。对于每一个先驱研究样本量 m，随机生成 m 个正态分布样本（均值 $\mu = -0.2$，方差 $\sigma^2 = 1$）。根据抽样样本估计总体的均值 $\hat{\mu}$ 和方差 $\hat{\sigma}^2$，然后代入公式 $\hat{n} = \left[\hat{\sigma}(z_\beta + z_\alpha)/(\mu_0 - \hat{\mu})\right]^2$ 中计算得到样本量估计值 $\hat{n}$。接着再取 $\hat{n}$ 个随机生成的正态分布样本（均值 $\mu = -0.2$，方差 $\sigma^2 = 1$），然后模仿前面的过程，用随机模拟的方法计算实际统计功效 $1 - \hat{\beta}$。对于每一个先驱研究样本量 m，将上述过程重复 10000 次，由此形成 10000 个 $\hat{n}/n^*$ 和 $(1-\hat{\beta})/(1-\beta)$ 的对比结果，并将随机模拟实验的结果绘制下来，如图 3.10 所示。

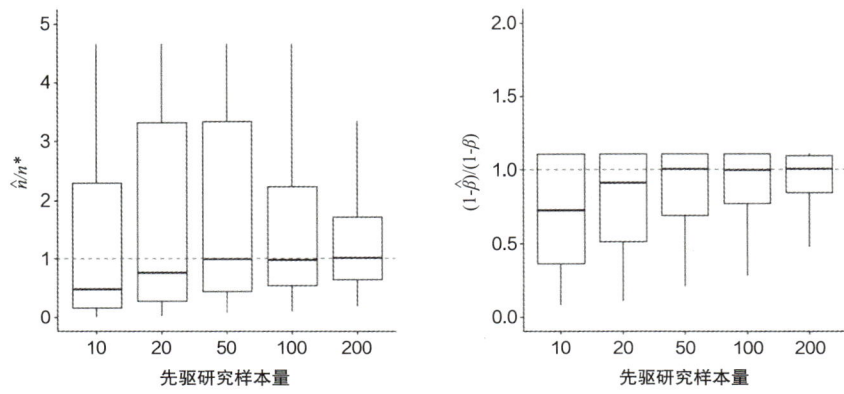

图 3.10　先驱研究样本量 m 与 $\hat{n}/n^*$ 和 $(1-\hat{\beta})/(1-\beta)$ 的箱线图（单边假设）

在图 3.10 中，左图绘制的是先驱研究样本量 m 和 $\hat{n}/n^*$ 的箱线图，右图绘制的是先驱研究样本量 m 和 $(1-\hat{\beta})/(1-\beta)$ 的箱线图。图中黑色虚线代表的是 $\hat{n}/n^* = 1, (1-\hat{\beta})/(1-\beta) = 1$。$\hat{n}/n^*$ 高于该虚线表示估计样本量 $\hat{n}$ 大于目标样本量 n^*，即高估了所需的最小样本量。$(1-\hat{\beta})/(1-\beta)$ 高于该虚线表示实际统计功效 $1-\hat{\beta}$ 大于目标功效 $1-\beta$。图 3.10 的结果表明：随着先驱研究样本量 m 的增加，$\hat{n}/n^*$ 和 $(1-\hat{\beta})/(1-\beta)$ 的中位数都越来越接近 1。这意味着先驱研究样本量越大，样本量的估算结果就会越准确；但是在先驱研究样本不够的情况下，都倾向于低估样本量，并造成实际的统计功效偏低。

双边假设检验

除了单边假设检验问题外，有时也需要解决均值的双边假设检验问题。假设总体均值为参数 μ，需要判断均值参数 μ 和 μ_0 是否有显著差异，那么假设检验问题可以设

置为 $H0: \mu = \mu_0$ v.s. $H1: \mu \neq \mu_0$。和均值的单边假设检验问题类似，该双边假设检验问题的决策规则是：当 $|t| = |\bar{X} - \mu_0|/(\hat{\sigma}/\sqrt{n}) \leq z_{1-\alpha/2}$ 时，接受原假设 $H0: \mu = \mu_0$；反之，当 $|t| = |\bar{X} - \mu_0|/(\hat{\sigma}/\sqrt{n}) > z_{1-\alpha/2}$ 时，接受对立假设 $H1: \mu \neq \mu_0$。由于样本量的取值需要使第二类错误发生的概率得到控制，因此首先需要计算第二类错误发生概率的表达式。在对立假设 $\mu \neq \mu_0$ 成立的条件下，第二类错误发生概率的计算过程如下：

$$P(\text{Type II Error}) = P(|t| \leq z_{1-\alpha/2} | \mu \neq \mu_0) = P\left(\left|\frac{\bar{X} - \mu_0}{\hat{\sigma}/\sqrt{n}}\right| \leq z_{1-\alpha/2} | \mu \neq \mu_0\right)$$

同样需注意，虽然 $(\bar{X} - \mu)/(\hat{\sigma}/\sqrt{n})$ 近似服从标准正态分布，但是上式中由于接受了 $\mu \neq \mu_0$ 的假设，因此 $t = (\bar{X} - \mu_0)/(\hat{\sigma}/\sqrt{n})$ 不再近似服从标准正态分布。故上式可继续化简为：

$$P(\text{Type II Error}) = P\left(\left|\frac{\bar{X} - \mu_0}{\hat{\sigma}/\sqrt{n}}\right| \leq z_{1-\alpha/2}\right) = P\left(z_{\alpha/2} \leq \frac{\bar{X} - \mu_0}{\hat{\sigma}/\sqrt{n}} \leq z_{1-\alpha/2}\right)$$

$$= P\left(z_{\alpha/2} + \frac{\mu_0 - \mu}{\hat{\sigma}/\sqrt{n}} \leq \frac{\bar{X} - \mu}{\hat{\sigma}/\sqrt{n}} \leq z_{1-\alpha/2} + \frac{\mu_0 - \mu}{\hat{\sigma}/\sqrt{n}}\right)$$

$$\approx 1 - \Phi\left(\frac{\mu - \mu_0}{\hat{\sigma}/\sqrt{n}} + z_{\alpha/2}\right) - \Phi\left(\frac{\mu_0 - \mu}{\hat{\sigma}/\sqrt{n}} + z_{\alpha/2}\right)$$

其中，Φ 表示标准正态分布函数。和单边假设检验的情形不同，上式中出现了两个标准正态分布函数，这给后续推导样本量造成不便，因此这里需要做进一步的简化。可以注意到，上式中 $(\mu - \mu_0)/(\hat{\sigma}/\sqrt{n})$ 和 $(\mu_0 - \mu)/(\hat{\sigma}/\sqrt{n})$ 互为相反数，这就意味着在 $\mu \neq \mu_0$ 的假设下，二者一定有一个小于 0。那么这会造成怎样的影响呢？不妨设小于 0 的是 $(\mu_0 - \mu)/(\hat{\sigma}/\sqrt{n})$，即 $\mu > \mu_0$，那么可以得到 $\Phi\left((\mu_0 - \mu)/(\hat{\sigma}/\sqrt{n}) + z_{\alpha/2}\right) \approx 0$（注意到 $z_{\alpha/2}$ 同时为负数）。故第二类错误概率可以进一步简化为：

$$P(\text{Type II Error}) \approx 1 - \Phi\left(\frac{|\mu - \mu_0|}{\hat{\sigma}/\sqrt{n}} + z_{\alpha/2}\right) \approx 1 - \Phi\left(\frac{|\mu - \mu_0|}{\sigma/\sqrt{n}} + z_{\alpha/2}\right)$$

为了确定合适的样本量，首先需要确定能被接受的第二类错误最大的概率，从而对其进行控制。假设最大可被接受的第二类错误概率为 β，那么可找到一个最小的样本量，使得第二类错误概率小于等于 β，计算过程如下：

$$P(\text{Type II Error}) \approx 1 - \Phi\left(\frac{|\mu - \mu_0|}{\sigma/\sqrt{n}} + z_{\alpha/2}\right) \leq \beta$$

$$\Rightarrow z_{1-\beta} \leqslant \frac{|\mu-\mu_0|}{\sigma/\sqrt{n}} + z_{\alpha/2}$$

$$\Rightarrow n \geqslant \left[\frac{\sigma(z_\beta + z_{\alpha/2})}{\mu_0 - \mu}\right]^2 = n^*$$

其中，n^* 为所需的最小样本量，由于上述计算式的结果可能为非整数，因此在实际应用中通常使用不小于 n^* 的最小整数来作为最小样本量。对比单边假设检验情形下的最小样本量 n^* 的表达式可以进一步发现：当面对的数据、参数 α 和 β，以及 μ_0 均相同时，为保证两类错误都得到控制，考虑双边假设检验要比考虑单边假设检验需要更多的样本量。同样定义信号强度为 $\mathrm{SNR} = |\mu_0 - \mu|/\sigma$，那么最小样本量 n^* 仅与 SNR、α 和 β 有关。一些典型的样本量计算结果如表 3.4 所示。

表 3.4 双边均值假设检验中典型样本量计算结果

α	SNR	$(1-\beta) \times 100\%$		
		80%	90%	95%
0.1	1	7	9	11
	0.5	25	35	44
	0.2	155	215	271
0.05	1	8	11	13
	0.5	32	43	52
	0.2	197	263	325
0.01	1	12	15	18
	0.5	47	60	72
	0.2	292	372	446

从表 3.4 中可见，随着信号强度 SNR 的下降，人们所需要的样本量呈现上升的趋势。除此之外，和单边假设检验的情况类似，上述样本量的计算过程中同样用到了大量的近似公式。近似的效果如何？近似后样本量的计算结果是否仍能达到统计功效 $1-\beta$ 的要求？这个问题可以通过随机模拟实验来进行验证。假设总体的真实均值为 $\mu = 0.5$，真实方差 $\sigma^2 = 1$，需要比较的原假设是 $H0: \mu = 0$，因此 $\mathrm{SNR} = 0.5$。假设显著性水平参数 $\alpha = 0.05$，当统计功效的要求 $1-\beta$ 分别为 0.8、0.9 和 0.95 时，按照上述典型样本量计算结果表，所需的最小样本量 n^* 分别为 32、43 和 52。接着对于不同最小样本量 n^*，随机抽取 n^* 个服从正态分布的随机数（均值 $\mu = 0.5$，方差 $\sigma^2 = 1$）。然后执行相应的假设检

验并记录检验结果。将该实验重复 10000 次，由此得到 10000 个检验结果。由于抽取的正态随机数总体均值 $\mu \neq 0$，对立假设 $H1$ 正确，因此 10000 个检验结果中原假设被正确拒绝的比例就是对统计功效的一个合理估计。将该估计结果绘制成柱状图，如图 3.11 所示。

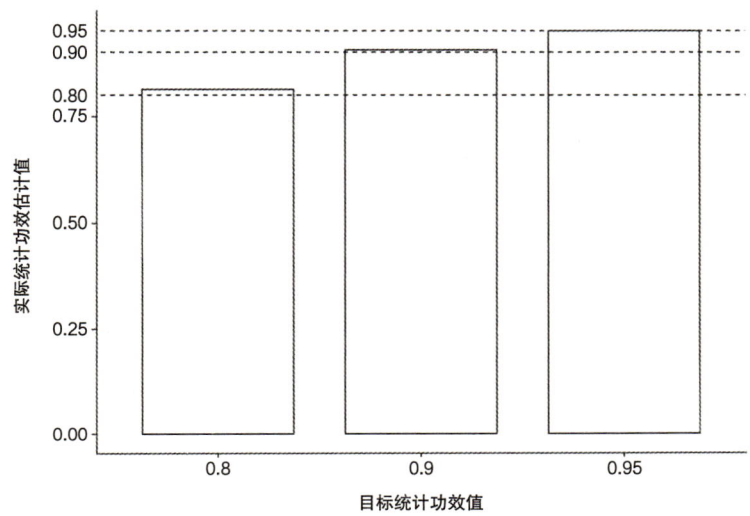

图 3.11　随机模拟的统计功效值柱状图（双边假设）

从图 3.11 中可以看出，在不同目标功效水平（0.8，0.9，0.95）下，实际功效与目标功效之间的差距是很小的。这表明虽然样本量计算式推导过程中用到了很多近似关系，但通过近似计算得到的样本量结果仍能基本满足统计功效的要求。

除此之外，和单边假设的情形相同，最小样本量 n^* 表达式中的总体均值及总体标准差也可以通过执行一个小规模的先驱研究来进行估计。在单边均值假设检验问题的样本量计算中，关于先驱研究有这样的结论：先驱研究样本量越大，正式实验样本量的估算结果就越准确。这一结论在双边均值假设检验的样本量计算中仍然适用吗？为此同样可以借助一个随机模拟实验来验证。首先假设总体的真实均值为 $\mu = 0.2$，真实方差 $\sigma^2 = 1$，需要比较的原假设是 $H0: \mu = 0$。假设显著性水平 $\alpha = 0.05$，目标功效为 $1 - \beta = 0.9$，此时可以计算得：

$$n^* = \left[\frac{\sigma(z_\beta + z_{\alpha/2})}{\mu_0 - \mu}\right]^2 = \left[\frac{-1.282 - 1.960}{0.2}\right]^2 = 262.76$$

因此在正式实验中所需要的最小样本量为 263。接着设置一个先驱研究样本量 m，对于 m 尝试五个不同的取值：10、20、50、100 和 200。对于每一个先驱研究样本量 m，随

机生成 m 个正态分布样本（均值 $\mu=0.2$，方差 $\sigma^2=1$）。根据抽样样本估计总体的均值 $\hat{\mu}$ 和方差 $\hat{\sigma}^2$，然后代入公式 $\hat{n}=\left[\hat{\sigma}(z_\beta+z_{\alpha/2})/(\mu_0-\hat{\mu})\right]^2$ 中计算得到样本量估计值 $\hat{n}$。接着再抽取 $\hat{n}$ 个随机生成的正态分布样本（均值 $\mu=0.2$，方差 $\sigma^2=1$），然后模仿前面的过程，用随机模拟的方法计算实际统计功效 $1-\hat{\beta}$。对于每一个先驱研究样本量 m，将上述过程重复 10000 次，由此形成 10000 个 $\hat{n}/n^*$ 和 $(1-\hat{\beta})/(1-\beta)$ 的计算值，并将随机模拟实验的结果绘制下来，如图 3.12 所示。

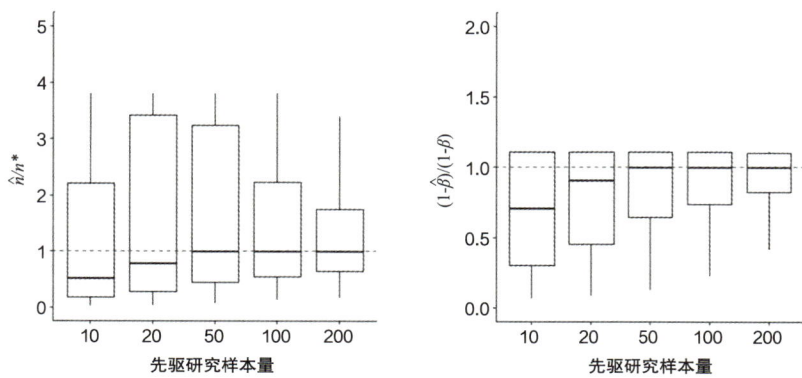

图 3.12　先驱研究样本量 m 与 $\hat{n}/n^*$ 和 $(1-\hat{\beta})/(1-\beta)$ 的箱线图（双边假设）

在图 3.12 中，左图绘制的是先驱研究样本量 m 和 $\hat{n}/n^*$ 的箱线图，而右图绘制的是先驱研究样本量 m 和 $(1-\hat{\beta})/(1-\beta)$ 的箱线图。图中黑色虚线代表的是 $\hat{n}/n^*=1$ 和 $(1-\hat{\beta})/(1-\beta)=1$。$\hat{n}/n^*$ 高于该虚线表示估计样本量 $\hat{n}$ 大于实际样本量 n^*，即高估了所需的最小样本量。$(1-\hat{\beta})/(1-\beta)$ 高于该虚线表示实际功效 $1-\hat{\beta}$ 大于目标功效 $1-\beta$。图 3.12 中的结果和单边假设情形下的结果一致，即随着先驱研究样本量 m 的增加，$\hat{n}/n^*$ 和 $(1-\hat{\beta})/(1-\beta)$ 的中位数值都越来越接近于 1。这意味着先驱研究样本量越大，样本量的估算结果会越来越准确。但是在先驱研究样本不够的情况下，都倾向于低估样本量，并造成实际功效偏低。

双单边假设检验

在 3.5 节的最后介绍了一个有趣而重要的案例——仿制药上市，并因此引出了双单边检验，这里再简单复习一下。当一款已上市的原创药专利失效时，医药公司可以申请研发该原创药的仿制药，以作为该原创药的替代品。当然，两种药品的治疗效果不可能完全相同，因此在实际的仿制药审批过程中，通常需要验证两种药品的治疗效果的差异是否在可

接受范围内,而这一验证过程就叫作生物等效性试验。自 1984 年起,美国 FDA 被授权通过生物利用度和等效性研究来审批仿制药。根据国家药监局发布的《化学药生物等效性试验备案范围和程序》文件,在我国仿制已上市的原研化学药品,也都需要进行生物等效性试验备案。因此不论是在中国还是在美国,生物等效性试验都是仿制药审批上市的重要环节。在试验设计方面,生物等效性研究通常采用交叉设计的方法。这种试验设计方法的特点在于:受试者将会先后接受多种干预措施。不同干预措施的结果可以基于同一个体,从而减小个体差异等因素对试验结果的影响。在收集了关于两类药品的试验数据之后,生物等效性试验最终可以转化为一个双单边假设检验问题。不妨假设这两类药品的样本量都为 n,第 i 个受试者使用仿制药后试验指标的测量值为 Y_i,使用品牌药后试验指标的测量值为 Z_i,$i=1,2,\cdots,n$。记两种药物试验指标测量值之差为 $X_i = Y_i - Z_i$,那么有 $\mu_X = \mu_Y - \mu_Z = \Delta$,以 Δ 表示这两类药品治疗效果总体差异的均值,以 δ 表示最大可接受差异。对应的假设检验问题为 $H0: |\Delta| \geq \delta$,而对立假设为 $H1: |\Delta| < \delta$。很遗憾的是,这样一个假设检验问题并不好处理,于是人们将其转化为两个单边假设检验问题:

$$H_{a0}: \Delta \geq \delta \text{ v.s. } H_{a1}: \Delta < \delta$$

$$H_{b0}: \Delta \leq -\delta \text{ v.s. } H_{b1}: \Delta > -\delta$$

当且仅当上述两个假设检验问题的原假设均被否定时,才能说明这两种药品治疗效果的差异在可接受范围内。具体而言,当样本数据同时满足 $(\bar{X}-\delta)/(\hat{\sigma}/\sqrt{n}) < z_\alpha$ 和 $(\bar{X}+\delta)/(\hat{\sigma}/\sqrt{n}) > -z_\alpha$ 时,可以认为两种药品治疗效果差异可接受。在这类双单边均值假设检验问题中,样本量又该如何确定呢?和前面类似,为了求解使两类错误都得到控制时的最小样本量,也需要先计算第二类错误发生概率的表达式。在对立假设 $|\Delta|<\delta$ 的条件下,第二类错误发生概率的一个近似计算过程如下:

$$P(\text{Type II Error}) = P\left(\frac{\bar{X}-\delta}{\hat{\sigma}/\sqrt{n}} \geq z_\alpha \mid |\Delta| < \delta\right) + P\left(\frac{\bar{X}+\delta}{\hat{\sigma}/\sqrt{n}} \leq -z_\alpha \mid |\Delta| < \delta\right)$$

$$= P\left(\frac{\bar{X}-\Delta}{\hat{\sigma}/\sqrt{n}} \geq z_\alpha + \frac{\delta-\Delta}{\hat{\sigma}/\sqrt{n}}\right) + P\left(\frac{\bar{X}-\Delta}{\hat{\sigma}/\sqrt{n}} \leq -z_\alpha - \frac{\delta+\Delta}{\hat{\sigma}/\sqrt{n}}\right)$$

$$\approx 2 - \Phi\left(\frac{\delta-\Delta}{\hat{\sigma}/\sqrt{n}} + z_\alpha\right) - \Phi\left(\frac{\delta+\Delta}{\hat{\sigma}/\sqrt{n}} + z_\alpha\right)$$

其中,Φ 表示标准正态分布函数。和双边均值假设检验问题的情形类似,上式出现了两个标准正态分布函数,这将给后续推导样本量造成不便,因此这里需要做进一步的简化。考

虑到 $\Phi\left((\delta-\Delta)/(\hat{\sigma}/\sqrt{n})+z_\alpha\right)+\Phi\left((\delta+\Delta)/(\hat{\sigma}/\sqrt{n})+z_\alpha\right) \geqslant 2\Phi\left((\delta-|\Delta|)/(\hat{\sigma}/\sqrt{n})+z_\alpha\right)$，因此第二类错误的概率可以通过这一关系式简化为如下的形式：

$$P(\text{Type II Error}) \approx 2-2\Phi\left(\frac{\delta-|\Delta|}{\hat{\sigma}/\sqrt{n}}+z_\alpha\right) \approx 2-2\Phi\left(\frac{\delta-|\Delta|}{\sigma/\sqrt{n}}+z_\alpha\right)$$

诚然，在上述过程中，第二类错误的概率被高估了，真实的第二类错误的概率将小于上述近似值。但由于第二类错误的概率本就是需要被尽量降低的，因此这种高估是可以接受的（虽然并不完美）。为了确定合适的样本量，首先需要确定能被接受的最大的第二类错误的概率，从而对其进行控制。假设最大可被接受的第二类错误的概率为 β，那么可找到一个最小的样本量，使得第二类错误的概率小于等于 β，计算过程如下：

$$P(\text{Type II Error}) \approx 2-2\Phi\left(\frac{\delta-|\Delta|}{\sigma/\sqrt{n}}+z_\alpha\right) \leqslant \beta$$

$$\Rightarrow z_{1-\beta/2} \leqslant \frac{\delta-|\Delta|}{\sigma/\sqrt{n}}+z_\alpha$$

$$\Rightarrow n \geqslant \left[\frac{\sigma(z_{\beta/2}+z_\alpha)}{\delta-|\Delta|}\right]^2 = n^*$$

其中，n^* 即为所需的最小样本量，由于上述计算式的结果可能为非整数，因此在实际应用中通常使用不小于 n^* 的最小整数来作为最小样本量。基于上述最小样本量 n^* 的计算公式，可以定义信号强度为 $\text{SNR}=|\delta-|\Delta||/\sigma$，那么最小样本量 n^* 仅与 SNR、α 和 β 有关。一些典型的样本量计算结果如表 3.5 所示。

表 3.5 双单边假设检验中典型样本量计算结果

α	SNR	$(1-\beta)\times 100\%$		
		80%	90%	95%
0.1	1	7	9	11
	0.5	27	35	43
	0.2	165	215	263
0.05	1	9	11	13
	0.5	35	44	52
	0.2	215	271	325
0.01	1	14	16	19
	0.5	53	64	74
	0.2	326	395	460

从表 3.5 中可见，随着信号强度 SNR 的下降，人们所需要的样本量呈现上升的趋势。除此之外，和单边假设检验及双边假设检验的情况类似，上述样本量的计算过程中同样用到了大量的近似公式。近似的效果如何？近似后样本量的计算结果还能否达到统计功效 $1-\beta$ 的要求？这个问题同样可以通过随机模拟实验来进行验证。假设两类药品治疗效果差异总体的真实均值 $\Delta=0$，真实方差 $\sigma^2=1$。根据国家药监局发布的《生物等效性研究的统计学指导原则》文件，最大可接受药效差异通常设置为 $\delta=\ln(1.25)$。假设显著性水平 $\alpha=0.05$。当统计功效的要求 $1-\beta$ 分别为 0.8、0.9 和 0.95 时，按照上述样本量计算公式，所需的最小样本量 n^* 分别为 172、218 和 261。接着对于不同最小样本量 n^*，随机抽取 n^* 个服从正态分布的随机数（均值 $\Delta=0$，方差 $\sigma^2=1$）。然后执行相应的假设检验，记录检验结果。将该实验重复 10000 次，由此得到 10000 个检验结果。由于抽取的正态随机数总体均值 $|\Delta|<\delta$，对立假设 H_{a1} 和 H_{b1} 正确，因此 10000 个检验结果中原假设被正确拒绝的比例就是对统计功效的一个合理估计。将该估计结果绘制下来，如图 3.13 中的左图所示。除此之外，修改两类药品治疗效果差异总体的均值为 $\Delta=0.05$，方差 $\sigma^2=1$，最大可接受药效差异 $\delta=\ln(1.25)$，参数 $\alpha=0.05$，重复上述操作并将结果绘制下来，如图 3.13 中的右图所示。

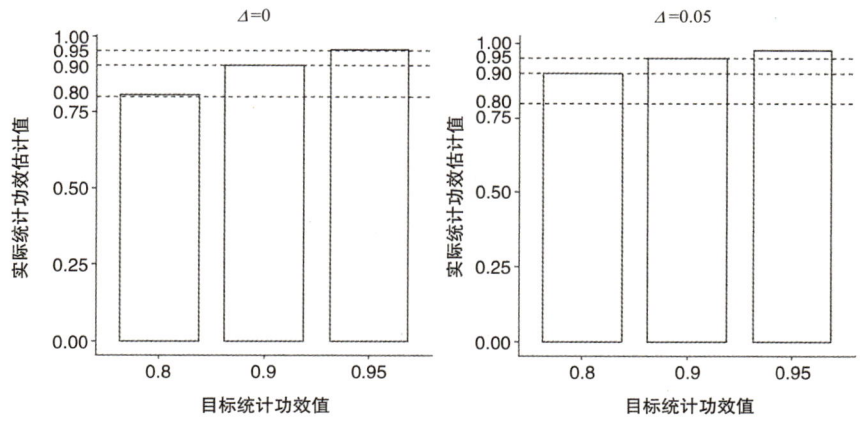

图 3.13　$\Delta=0$ 和 $\Delta=0.05$ 时随机模拟的统计功效值柱状图（双单边假设）

从图 3.13 中的左图中可以看出，当 $\Delta=0$ 时，在不同目标功效水平（0.8，0.9，0.95）下，实际功效与目标功效之间的差距很小。从图 3.13 中的右图中可以看出，当 $\Delta=0.05$ 时，在不同目标功效水平下，近似的样本量计算结果达到的实际统计功效明显超过目标功效，这是因为在最小样本量计算的推导过程中用到了不等式 $\Phi\big((\delta-\Delta)/(\hat{\sigma}/\sqrt{n})+z_\alpha\big)+$

$\Phi\left((\delta+\Delta)/(\hat{\sigma}/\sqrt{n})+z_\alpha\right) \geq 2\Phi\left((\delta-|\Delta|)/(\hat{\sigma}/\sqrt{n})+z_\alpha\right)$。当 $\Delta=0$ 时，上述不等式中等号成立，不会影响最小样本量计算式的近似效果。当 $\Delta \neq 0$ 时，上述不等式中等号不成立，第二类错误发生的概率明显被高估。值得注意的是，此时的样本量计算结果仍然满足统计功效的基本要求，只是浪费样本，所以并不最优。

除此之外，和单边假设及双边假设的情形相同，最小样本量 n^* 表达式中的总体均值及总体标准差也可以通过执行一个小规模的先驱研究来进行估计。在单边和双边均值假设检验问题的样本量计算中，关于先驱研究有这样的结论：先驱研究样本量越大，正式样本量的估算结果也会越准确。下面通过一个随机模拟实验来验证这一结论在双单边均值假设检验的样本量计算中是否仍然适用。首先假设两类药品治疗效果差异总体的真实均值 $\Delta=0.05$，真实方差 $\sigma^2=1$，最大可接受药效差异 $\delta=\ln(1.25)$。假设显著性水平 $\alpha=0.05$，目标功效为 $1-\beta=0.9$。此时可以计算得到：

$$n^* = \left[\frac{\sigma(z_{\beta/2}+z_\alpha)}{\delta-|\Delta|}\right]^2 = \left[\frac{-1.645-1.645}{\ln(1.25)-0.05}\right]^2 = 361.06$$

因此在正式实验中所需要的最小样本量为 362。接着设置一个先驱研究，样本量为 m，对 m 尝试五个不同的取值：10、20、50、100 和 200。对于每一个先驱研究样本量 m，随机生成 m 个正态分布样本（均值 $\Delta=0.05$，方差 $\sigma^2=1$）。根据抽样样本估计总体的均值 Δ 和方差 $\hat{\sigma}^2$，然后代入公式 $\hat{n}=\left[\hat{\sigma}(z_{\beta/2}+z_\alpha)/(\delta-|\Delta|)\right]^2$ 中计算得到样本量估计值 $\hat{n}$。接着再取 $\hat{n}$ 个随机生成的正态分布样本（均值 $\Delta=0.05$，方差 $\sigma^2=1$），然后模仿前面的过程，用随机模拟的方法计算实际统计功效 $1-\hat{\beta}$。对于每一个先驱研究样本量 m，将上述过程重复 10000 次，由此形成 10000 个 $\hat{n}/n^*$ 和 $(1-\hat{\beta})/(1-\beta)$ 的计算值，并将随机模拟实验的结果绘制下来，如图 3.14 所示。

图 3.14 的左图绘制的是先驱研究样本量 m 和 $\hat{n}/n^*$ 的箱线图，而右图绘制的是先驱研究样本量 m 和 $(1-\hat{\beta})/(1-\beta)$ 的箱线图。图中黑色虚线代表的是 $\hat{n}/n^*=1$ 和 $(1-\hat{\beta})/(1-\beta)=1$。左图的结果表明随着先驱研究样本量 m 的增加，$\hat{n}/n^*$ 的中位数值都越来越接近于 1。这表明，先驱研究样本量越大，正式研究样本量的估算结果会越来越准确。右图的结果表明，实际功效往往要高于目标功效。

本节首先推导了单边假设、双边假设和双单边假设检验问题中，同时控制两类错误时的最小样本量计算公式。然后针对计算公式推导中使用的近似公式可能造成的影响，通过随机模拟实验验证了：样本量的计算结果仍能基本满足统计功效的要求。最后讨论了先驱研究样本量对最终估计结果的影响。至此，对假设检验的讨论就告一段落了，下一章将开启一个重要的新内容——回归分析。什么是回归分析？回归分析是统计学中最重要的一套方法论，用于研究一个或者多个指标与一个感兴趣的因变量之间相关关系的方法论，有着极为广泛的应用场景。

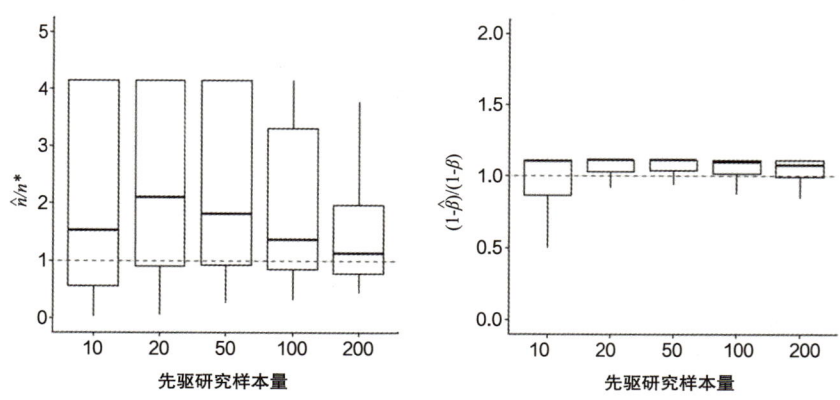

图 3.14 先驱研究样本量 m 与和 $(1-\hat{\beta})/(1-\beta)$ 的箱线图（双单边检验）

① 请你考虑一个单边均值假设检验的案例，并收集一些真实数据，计算该数据的样本均值和方差。如果将这些样本数据作为先驱研究样本，那么在显著性水平 $\alpha = 0.05$、目标功效 $1-\beta = 0.9$ 时，正式实验中最少需要多少样本量？

② 请你考虑一个生活中的真实决策问题，将其表述为一个双边均值假设检验的案例。对该案例收集一些数据，计算该数据的样本均值和方差。如果将这些样本数据作为先驱研究样本，那么在显著性水平 $\alpha = 0.05$、目标功效 $1-\beta = 0.9$ 时，正式实验中最少需要多少样本量？

③ 考虑一个双单边假设检验的案例，并收集一些真实数据，计算该数据的样本均值和方差。如果将这些样本数据作为先驱研究样本，那么在显著性水平 $\alpha = 0.05$、目标功效 $1-\beta = 0.9$ 时，正式实验中最少需要多少样本量？

第 4 章

回归分析

前面章节学习了统计学中几个非常重要的思想和方法论，如参数估计、假设检验等。本章将开启一个全新的领域，即回归分析。回归分析就是研究两个随机变量 X 和 Y 的关系。它们的关系可能是线性的、非线性的，参数的、非参数的，一元的、多元的，低维的、高维的，各种各样，不尽相同。因此，回归分析中模型的具体形式也会随 X 和 Y 之间关系的不同而变化。这都是在"术"的层面讨论回归分析。其实，回归分析不仅仅是一类技术方法，它还可以站在一个更高的"道"的层面来理解。在这个层面上，可以将回归分析看成一种非常重要的思想。在这种回归分析思想的指导下，实践中的绝大多数业务问题都可以被规范为一个数据可分析问题，然后用回归分析的具体技术模型来解决。本章就将向大家详细阐述回归分析基本的方法论和思想。

4.1 回归分析是什么

前面提到,回归分析是研究两个随机变量 X 和 Y 的关系的。注意,这里的 X 可以是一个向量,也就是说 X 可以包含多种信息。如果更加准确一些,可以认为,回归分析是研究 X 和 Y 的"相关关系"的。请注意,在绝大多数情况下,普通的回归分析只能研究 X 和 Y 的相关关系,而无法研究因果关系。这当然不是说因果关系不重要。恰恰相反,因果关系极其重要。在统计学理论中有一个重要的分支就是因果推断,它研究的是在什么条件下、对什么样的因果关系可以做什么样的推断。这部分内容超出了本书的范畴,因此不做讨论。本书只探讨最常见的应用情形,在这种情形下研究 X 和 Y 的相关关系更容易一些。显然这是一个退而求其次的解决方案,这也许有点让人失望,但是它在实践中也经常发挥着非常重要的作用,正所谓"聊胜于无",通过规范的回归分析所得到的相关关系总比凭感觉猜要好。

解决了相关性的问题,再来看看什么是 X,什么是 Y。前面提到,回归分析之所以是一种非常重要的思想,就是因为在这种思想的指导下,绝大多数的业务问题都可以被规范为一个数据可分析问题。那么如何将其变成一个数据可分析问题呢?核心要回答两个问题:第一,Y 是什么;第二,X 是什么。

我们先来看 Y。Y 是什么?在统计学中,Y 俗称因变量,顾名思义,就是因为别人的改变而改变的变量。在实际应用中,Y 刻画的往往是业务的核心问题,是科学研究的关键问题。下面将通过一系列场景来阐述 Y 是什么。

案例1：信贷风控。

信贷的业务形式很简单，某客户缺钱，找银行借钱，并约定好时间归还。届时，该客户除了应该归还银行本金以外，还应该支付约定好的利息。对于银行来说，是否要借钱给该客户呢？如果出借，并且该客户按时还钱了，那么银行可以获得一笔利息收入。如果该客户没有按时还钱，那么银行失去的不仅仅是应得的利息收入，还包括出借的本金。可见，客户能否按时还钱就是信贷业务中的核心业务问题。然而，客户能否按时还钱具有一定的不确定性，不妨定义 $Y=1$ 表示该客户在未来无法按时还钱，$Y=0$ 表示该客户可以按时还钱。对于银行来说，为了尽可能规避客户到期不还钱的风险，就需要利用所有可利用的工具手段及数据分析方法，提前预判客户是否会违约，也就是预测 Y。

案例2：股票投资。

股票投资是一件充满风险的事情，在股票市场中，赚得盆满钵满和血本无归都大有人在。对于投资人来说，是否要投资某只股票呢？如果这只股票的收益率大于无风险收益率（如3%），那么投资这只股票就能够实现超额收益。如果这只股票的收益率小于无风险收益率，那么投资这只股票就会造成亏损。可见，股票收益率就是股票投资中的核心业务问题。不妨用 Y 表示股票收益率，Y 一定是具有不确定性的，因为它每天都会变化。对于投资人而言，为了尽可能规避股票投资亏损的风险，就需要利用所有可利用的工具手段及数据分析方法，提前预估股票收益率，也就是预测 Y。

案例3：精准广告。

广告收入已经成为许多互联网平台收入来源的重要组成部分。为了尽可能地提高广告的准确性，增加广告的点击率，许多广告平台都在追求精准投放。当广告平台面临一个展示广告的机会时，它是否要选择展示广告呢？如果展示广告，并且客户对广告感兴趣，就会产生点击行为，这就给广告平台带来了收益。如果客户对广告不感兴趣，客户不会点击广告，展示广告就对客户造成了骚扰。可见，客户是否会点击广告就是精准广告业务中的核心业务问题，具有很大的不确定性。不妨定义 $Y=1$ 表示客户会点击广告，$Y=0$ 表示客户不会点击广告。对于广告平台来说，为了尽可能规避损失广告收入或是骚扰客户的风险，就需要利用所有可利用的工具手段及数据分析方法，提前预判客户是否会点击广告，也就是预测 Y。

案例 4：车辆出险。

有车险业务的保险公司会与许多车主签订保险合同。一般来说，大部分的车辆都不会出险，但也有少部分车辆会发生事故，这时保险公司就需要启动核保定损等一系列流程进行赔付。面对一个特定车辆，对于保险公司而言，应该将保费定为多少呢？如果车辆将来出险的可能性高，那么就应该制定高一些的保费，不然可能会导致很大的损失。如果车辆将来出险的可能性低，那么就可以制定低一些的保费。可见，车辆是否出险就是车险业务中的核心业务问题。车辆是否会出险是具有不确定性的，不妨定义 $Y=1$ 表示车辆出险，$Y=0$ 表示车辆不出险。对于保险公司来说，为了尽可能规避损失和极大化利润，就需要利用所有可利用的工具手段及数据分析方法，提前预判车辆是否会出险，也就是预测 Y。

案例 5：客户流失。

对于企业来说，吸引新客户固然非常重要，但留住已有的客户，防止客户流失也是不能忽视的一件事。以某家证券公司为例，如果某客户在证券公司的 APP 上开通了账户，但某天他再也不在 APP 上进行交易甚至不访问 APP 了，那么证券公司就流失了一名客户。证券公司的客户运营方一定很关心客户是否会流失。如果客户将来会流失，那么运营方可以通过发送短信、发送弹窗信息等方式来挽留客户。可见，客户是否流失是客户运营中的核心业务问题。不妨定义 $Y=1$ 表示客户流失，$Y=0$ 表示客户不流失。显然 Y 是具有不确定性的，因为客户的行为与他的经济条件、风险偏好等很多因素都有关，具有很强的不确定性。对于证券公司的客户运营部门来说，为了尽可能地挽留客户，做好流失预警，提前准备召回策略，就需要利用所有可利用的工具手段及数据分析方法，提前预判客户是否会流失，也就是预测 Y。

通过以上场景可以看到，Y 就是实际业务的核心问题或者科学研究的关键问题。明确了 Y，再来讨论一下什么是 X。X 就是用来解释 Y 的相关变量，可以有一个，也可以有很多个。X 通常被称作解释性变量或自变量。回归分析的任务就是，通过研究 X 和 Y 的相关关系，尝试去解释 Y 的形成机制，进而达到通过 X 去预测 Y 的目的。那么 X 到底是什么呢？在不同的场景中，X 的选择也会不同。

案例 A：信贷风控

回到前面某客户向银行借钱的例子，到期后该客户是否可以按期归还（$Y=1$ 或者 $Y=0$）是信贷业务的核心指标。由于该客户是否会按时还钱具有一定的不确定性，所以银行需要收集尽可能多的数据来预测该客户是否能够按时还钱。这种预测是否能 100% 准确呢？显然不可能，因为这具有很大的不确定性。因此，银行需要寻找优质的 X 来尽可能提升预测的准确率，降低预测的不确定性，从而做出更好的判断。这里以两款借贷产品"京东白条"和"借呗"为例进行说明。这两款产品都是无抵押的借贷产品，用户在填写个人信息后即可发起申请。官方会根据用户的信息及消费记录决定是否批准申请，并为用户量身定制放贷额度。假设该客户正在申请开通京东白条或借呗，相应的申请页面如图 4.1 所示，该客户需要填写图中黑框所标记的个人信息。那么官方为什么要调查这些个人信息呢？正是因为这些信息能够帮助它们预测该客户是否会按时还钱，从而决定是否出借。从图 4.1 可以看到，该客户需要填写借款人的性别（X_1）、国籍（X_2）、职业（X_3）、常用地址（X_4）、学历（X_5）、年收入（X_6）、公积金（X_7）、车牌号（X_8）等信息。一般而言，年收入更高、有公积金的申请人按时还款的可能性更大。除了这些信息以外，官方还会根据借款人的消费记录来调整借贷额度。一般而言，消费得越多，额度就越高，也就是官方认为借款人更有可能按时还款。因此可以考虑将消费支出（X_9）及消费频率（X_{10}）等信息作为解释性变量。这里展示的两款产品都是无抵押的金融产品，因此不需要抵押资产。如果客户是到银行申请传统的抵押贷款，银行还需要调查他的可抵押资产信息。可抵押资产可能包括房屋（X_{11}）、交通运输工具（X_{12}）、土地使用权（X_{13}）等。一般而言，拥有更多可抵押资产的申请人按时还款的可能性更大。所有这些信息 X 都可以用于预测 Y。

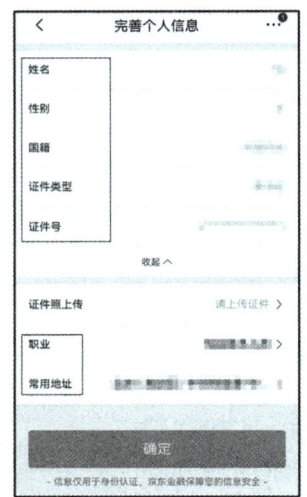 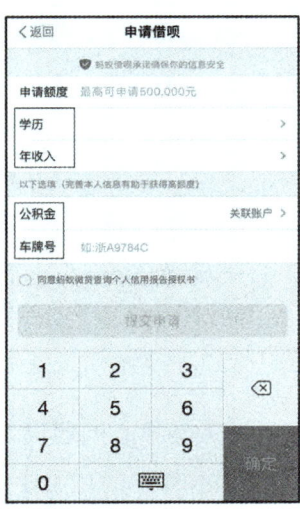

图 4.1 京东白条和借呗申请页面

案例 B：股票投资。

根据中国证券登记结算有限责任公司（简称"中国结算"）发布的数据，2022 年 2 月 25 日，我国 A 股投资者数量已经突破 2 亿大关。在股票投资中，股票收益率的大小 Y 是核心的业务指标。如此大规模的股民都在关心着股票收益率，但遗憾的是，股票的收益率具有一定的不确定性，所以投资人需要收集尽可能多的数据来预测股票收益率的大小。这种预测是否能 100% 准确呢？显然不可能，因为有很大的不确定性。因此，投资人需要寻找优质的 X 来尽可能提升预测的准确率，降低预测的不确定性，从而帮助他在投资时做出更好的判断。假设某投资者正在考虑是否要购入贵州茅台的股票，那么他就需要收集各种 X 来对贵州茅台的股票收益率进行预判。可以收集哪些 X 呢？他可以关注公司的财务状况。一般来说，如果公司财务状况持续向好，具有发展潜力，股价往往会上涨，股票收益率也就更高。反之，财务状况异常的公司则有可能具有更大的投资风险。财务指标可以从企业财报中找到，从贵州茅台 2021 年年度报告中截取出的相关指标如图 4.2 所示，其中包括大量财务会计指标。这些指标都能够作为用于预测股票收益率的 X 指标，这里仅选取其中几个进行简单的解读。首先考虑会计数据，如营业收入（X_1）和净利润（X_2）。营业收入是包含成本的收入，而净利润是去除成本和所得税的收入。它们都能够反映企业的规模和盈利能力。人们还常常关注营业收入增长率（X_3）和净利润增长率

七、近三年主要会计数据和财务指标
（一）主要会计数据

单位：元　币种：人民币

主要会计数据	2021年	2020年	本期比上年同期增减(%)	2019年
营业收入	106,190,154,843.76	94,915,380,916.72	11.88	85,429,573,467.25
归属于上市公司股东的净利润	52,460,144,378.16	46,697,285,429.81	12.34	41,206,471,014.43
归属于上市公司股东的扣除非经常性损益的净利润	52,581,102,656.24	47,016,420,742.73	11.84	41,406,909,012.08
经营活动产生的现金流量净额	64,028,676,147.37	51,669,068,693.03	23.92	45,210,612,632.56
	2021年末	2020年末	本期末比上年同期末增减(%)	2019年末
归属于上市公司股东的净资产	189,539,368,797.29	161,322,735,087.56	17.49	136,010,349,875.11
总资产	255,168,195,159.90	213,395,810,527.46	19.58	183,042,372,042.50
股本	1,256,197,800.00	1,256,197,800.00		1,256,197,800.00

（二）主要财务指标

主要财务指标	2021年	2020年	本期比上年同期增减(%)	2019年
基本每股收益（元/股）	41.76	37.17	12.34	32.80
稀释每股收益（元/股）	41.76	37.17	12.34	32.80
扣除非经常性损益后的基本每股收益（元/股）	41.86	37.43	11.84	32.96
加权平均净资产收益率（%）	29.90	31.41	减少1.51个百分点	33.09
扣除非经常性损益后的加权平均净资产收益率（%）	29.97	31.63	减少1.66个百分点	33.25

图 4.2　贵州茅台 2021 年年度报告中的主要会计数据和财务指标

（X_4），因为它们反映了企业的增长速度。报表中给出的净资产（X_5）、总资产（X_6）和股本（X_7）都能够反映公司规模。此外，报表中还有大量财务指标，如基本每股收益（X_8），该指标为净利润除以总股本，反映了属于普通股股东的当期净利润。也可以考虑稀释每股收益（X_9），它在基本每股收益的基础上做出了一定的调整。还可以考虑加权平均净资产收益率（X_{10}），它等于报告期净利润除以平均净资产，反映了每单位净资产能够给企业带来的净利润。一般而言，盈利能力越强、增长速度越快、规模越大的公司，其股票收益率也有可能更高。所有这些信息 X 都可以用于预测 Y。

案例 C：精准广告。

在广告投放中，用户是否会点击广告（$Y=1$ 或者 $Y=0$）是业务的核心指标。由于用户的行为具有一定的不确定性，所以广告平台需要收集尽可能多的数据来预测用户是否会点击广告。这种预测是否能 100% 准确呢？显然不可能，因为这具有很大的不确定性。因此，广告平台需要寻找优质的 X 来尽可能提升预测的准确率，降低预测的不确定性，从而帮助广告平台做出更好的判断。

一种十分常见的广告形式是电商平台中的搜索广告，这里以京东平台的搜索广告为例。当用户在搜索框中输入自己想要购买的商品时，京东平台就会向用户展示一系列商品结果，这些其实就是商品广告。为了实现精准投放，京东平台会使用一套推荐算法，对于不同的用户按不同的顺序展示不同的商品广告。例如，某用户要在京东平台购买生活用品，搜索了"牙刷"、"洗面奶"和"沐浴露"，展示结果如图 4.3 所示。每一条商品广告都有许多不同的元素，而这些元素可能都与用户的点击行为有一定的关联。比如，不同广告的标题（X_1）不同、长短（X_2）不同、格式（X_3）不同、图片颜色（X_4）不同、代言人（X_5）不同等。此外，商品的价格（X_6）、品牌（X_7）和品类（X_8）也各不相同，还有不同的优惠活动（X_9）。一般而言，有优惠活动的商品广告被点击的可能性更大。值得一提的是，商品可能来自不同的店铺（X_{10}），有的来自京东自营店，有的来自官方旗舰店，而有的来自其他非官方、非自营店铺。一般而言，京东自营和官方旗舰店被点击的可能性更大。此外，不同商品广告的展示位置（X_{11}）不同，有的在前，有的在后。一般而言，位置靠前的广告被点击的可能性更大。所有这些信息 X 都可以用于预测 Y。

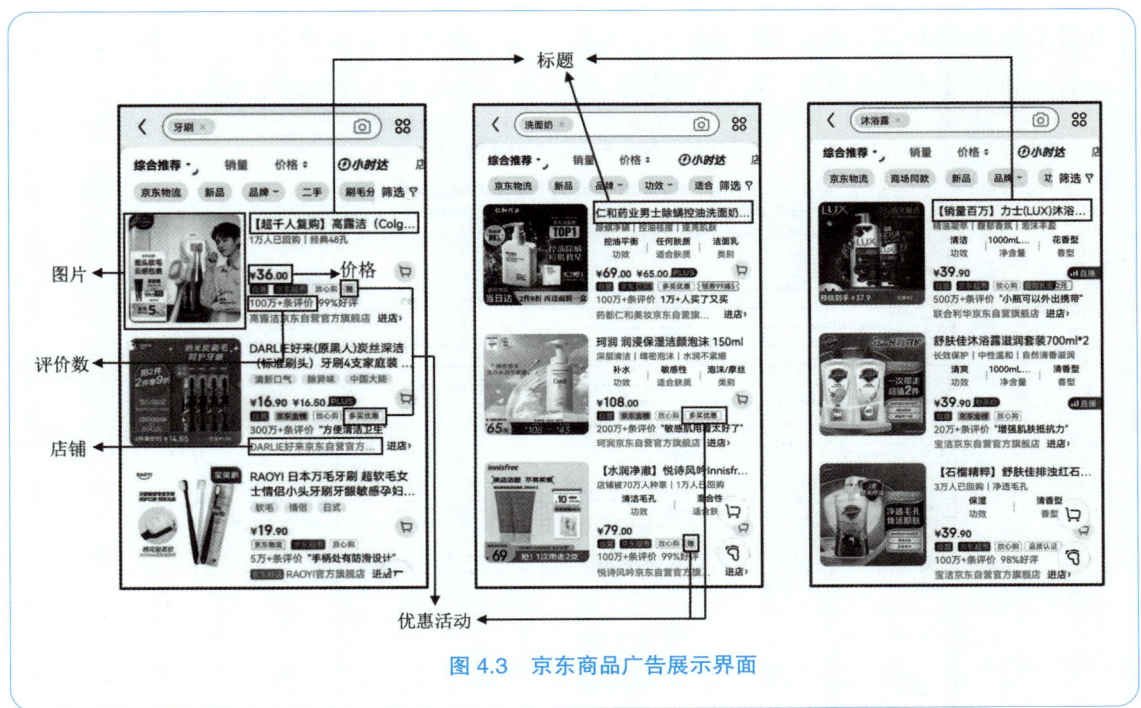

图 4.3 京东商品广告展示界面

案例 D：车辆出险。

车辆是否出险是车险业务中的核心指标。由于是否出险和理赔金额都具有一定的不确定性，所以保险公司需要收集尽可能多的数据来预测车辆是否会出险或预测车险理赔金额大小。这种预测是否能 100% 准确呢？显然不可能，因为有很大的不确定性。因此，保险公司需要寻找优质的 X 来尽可能提升预测的准确率，降低预测的不确定性，从而帮助它做出更好的判断。哪些 X 可以帮助预测车辆是否出险呢？图 4.4 展示了一张美国艾伦金融保险集团的车险申请单，上面需要车主填写的信息其实就是保险公司所关心的 X 指标。从图 4.4 中可以看到，需要填写的信息包括被保险人信息、驾驶人信息、车辆信息和当前保险信息四大板块。被保险人信息板块采集了被保险人所在城市（$X_{1.1}$）、被保险人所在县（$X_{1.2}$）、被保险人所在州（$X_{1.3}$）及车辆是被保险人租赁还是被保险人所有（$X_{1.4}$）等信息。一般而言，经济越发达的地区人口越多，车辆越多，出险的可能性也会更高。驾驶人信息板块采集了婚姻状态（$X_{2.1}$）、性别（$X_{2.2}$）、年龄（$X_{2.3}$）和驾龄（$X_{2.4}$）等信息。一般而言，已婚女性高驾龄车主出险的可能性更低。车辆信息板块采集了车龄（$X_{3.1}$）、年度里程（$X_{3.2}$）、主要用途（$X_{3.3}$）、是否有防抱死刹车系统（$X_{3.4}$）、是否有安全气囊（$X_{3.5}$）和是否有防盗装置（$X_{3.6}$）等信息。显然有防盗装置的车辆被盗抢的可能性更低。当前保险信息板块采集了人身伤害赔偿限额（$X_{4.1}$）、财产损失赔偿限额（$X_{4.2}$）、碰撞免赔额（$X_{4.3}$）和综合意外免赔额（$X_{4.4}$）等信息。所有这些信息 X 都可以用于预测 Y。

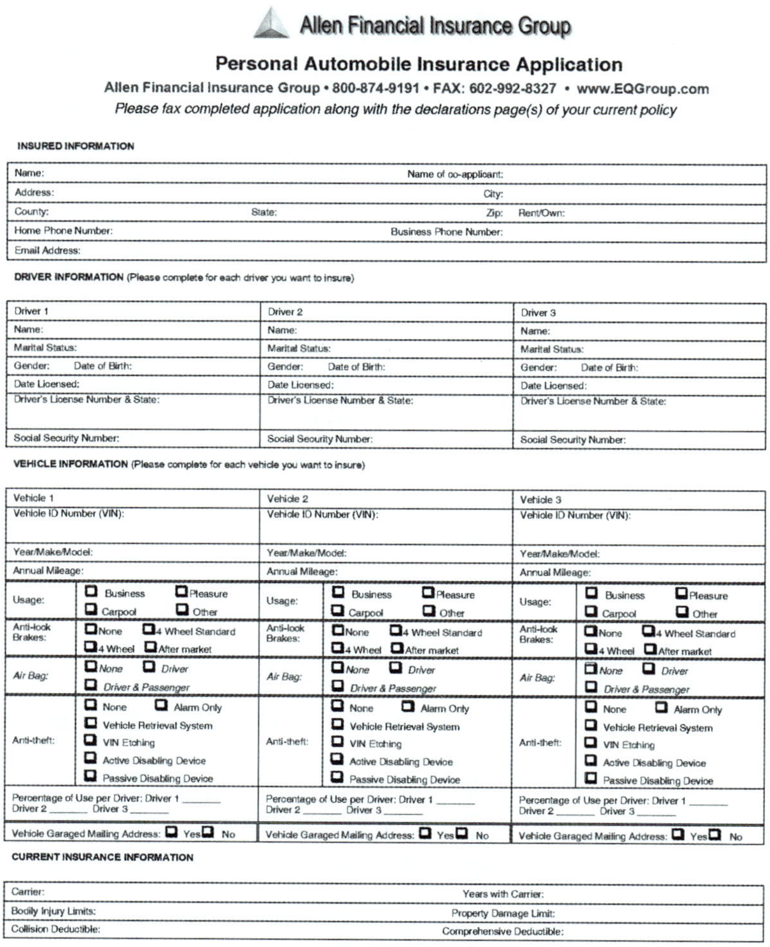

Allen Financial Insurance Group

Personal Automobile Insurance Application

Allen Financial Insurance Group • 800-874-9191 • FAX: 602-992-8327 • www.EQGroup.com

Please fax completed application along with the declarations page(s) of your current policy

INSURED INFORMATION

Name:		Name of co-applicant:	
Address:		City:	
County:	State:	Zip:	Rent/Own:
Home Phone Number:		Business Phone Number:	
Email Address:			

DRIVER INFORMATION (Please complete for each driver you want to insure)

Driver 1	Driver 2	Driver 3
Name:	Name:	Name:
Marital Status:	Marital Status:	Marital Status:
Gender: Date of Birth:	Gender: Date of Birth:	Gender: Date of Birth:
Date Licensed:	Date Licensed:	Date Licensed:
Driver's License Number & State:	Driver's License Number & State:	Driver's License Number & State:
Social Security Number:	Social Security Number:	Social Security Number:

VEHICLE INFORMATION (Please complete for each vehicle you want to insure)

Vehicle 1		Vehicle 2		Vehicle 3	
Vehicle ID Number (VIN):		Vehicle ID Number (VIN):		Vehicle ID Number (VIN):	
Year/Make/Model:		Year/Make/Model:		Year/Make/Model:	
Annual Mileage:		Annual Mileage:		Annual Mileage:	
Usage:	☐ Business ☐ Pleasure ☐ Carpool ☐ Other	Usage:	☐ Business ☐ Pleasure ☐ Carpool ☐ Other	Usage:	☐ Business ☐ Pleasure ☐ Carpool ☐ Other
Anti-lock Brakes:	☐None ☐4 Wheel Standard ☐4 Wheel ☐After market	Anti-lock Brakes:	☐None ☐4 Wheel Standard ☐4 Wheel ☐After market	Anti-lock Brakes:	☐None ☐4 Wheel Standard ☐4 Wheel ☐After market
Air Bag:	☐*None* ☐*Driver* ☐*Driver & Passenger*	*Air Bag:*	☐*None* ☐*Driver* ☐*Driver & Passenger*	*Air Bag:*	☐*None* ☐*Driver* ☐*Driver & Passenger*
Anti-theft:	☐ None ☐ Alarm Only ☐ Vehicle Retrieval System ☐ VIN Etching ☐ Active Disabling Device ☐ Passive Disabling Device	Anti-theft:	☐ None ☐ Alarm Only ☐ Vehicle Retrieval System ☐ VIN Etching ☐ Active Disabling Device ☐ Passive Disabling Device	Anti-theft:	☐ None ☐ Alarm Only ☐ Vehicle Retrieval System ☐ VIN Etching ☐ Active Disabling Device ☐ Passive Disabling Device
Percentage of Use per Driver: Driver 1 ______ Driver 2 ______ Driver 3 ______		Percentage of Use per Driver: Driver 1 ______ Driver 2 ______ Driver 3 ______		Percentage of Use per Driver: Driver 1 ______ Driver 2 ______ Driver 3 ______	
Vehicle Garaged Mailing Address: ☐ Yes ☐ No		Vehicle Garaged Mailing Address: ☐ Yes ☐ No		Vehicle Garaged Mailing Address: ☐ Yes ☐ No	

CURRENT INSURANCE INFORMATION

Carrier:	Years with Carrier:
Bodily Injury Limits:	Property Damage Limit:
Collision Deductible:	Comprehensive Deductible:

图 4.4　车险申请单

案例 E：客户流失。

前面证券公司客户流失的例子中，客户是否流失（Y=1 或者 Y=0）是公司运营业务的核心指标。2018 年中国证券登记结算有限责任公司下发了一则《关于进一步规范证券账户销户业务的通知》，规定自 2019 年 3 月 1 日起，证券公司对于非现场开户的投资者应当提供非现场销户的便利。也就是说，许多投资者注销账户不必到现场办理，这又增加了证券公司对客户流失的担忧。有研究表明，证券公司每减少 5% 的客户流失，就能使盈利水平提高 25%~85%。可见减少客户流失对于提升证券公司的业绩非常重要。但遗憾的是，客户的行为具有一定的不确定性，所以证券公司需要收集尽可能多的数据来预测客户是否会流失。如果能够提前建立客户流失预警模型，并且找到影响客户流失的因素，就能够更好地对潜在流失客户进行客户挽留，从而避免客户流失。因此，证券公司需要寻找优质的 X 来尽可能提升预测的准确率，从而帮助运营部门进行判断。如何寻找 X 呢？不妨站在客户的角度考虑一下，有哪些因素会影响客户流失或不流失呢？可以从资产情况、个人信息和服务质量三个方面去考虑。首先是资产情况，包括市值（$X_{1,1}$）、交易量（$X_{1,2}$）、佣金（$X_{1,3}$）、盈亏（$X_{1,4}$）、保证金（$X_{1,5}$）、负债（$X_{1,6}$）、资产（$X_{1,7}$）、流入和流出（$X_{1,8}$）等信息，图 4.5 展示了证券公司客户流失预警研究中使用的资产类 X。一般而言，资产更少、亏损更多的客户更容易流失。其次是个人信息，包括性别（$X_{2,1}$）、年龄（$X_{2,2}$）、学历（$X_{2,3}$）等。最后，证券公司的服务质量也会影响客户的行为，包括服务态度（$X_{3,1}$）和专业程度（$X_{3,2}$）等。经验表明，更好的服务态度和更专业的服务能力都有助于降低客户流失率。所有这些信息 X 都可以用于预测 Y。

图 4.5　证券公司客户流失研究中的部分影响因素 X

通过上述介绍可以知道，在研究具体的业务问题时，第一步就是要清晰地定义 Y 和 X。Y 是核心的业务指标，Y 能否被清楚准确地定义，将直接决定后续回归分析的方向是否正确。X 是用于解释 Y 的因素，对 X 的定义往往决定了对业务目标理解的深度和广度。X 的设计往往需要创意，需要对业务有深刻的理解，也依赖于人们的想象力及数据采集能力。那么当 Y 和 X 已经被定义清楚后，回归分析要完成什么使命呢？一般而言，对参数化的线性回归模型来说，它要完成三个重要的使命。

使命 1：

回归分析要去识别并判断：哪些 X 变量是同 Y 真的相关，哪些不是。那些不相关的 X 变量会被抛弃掉，不会被纳入最后的预测模型。为什么？原因很简单，没有用的 X 不仅不会提高 Y 的预测精度，而且会干扰预测，所以必须消灭。关于这方面的统计学研究有无穷多，以至于统计学中有一个非常重要的领域，叫作"变量选择"。比如前面信贷风控的案例中，银行从个人信息、消费记录、可抵押资产三个方面出发，提出了各种 X 变量。但通过回归分析，可能会发现其中的某些 X 同 Y（是否按时还款）并没有显著相关。比如可能发现性别与 Y 并不相关，这时就需要抛弃性别这一变量。又如车辆出险的例子中，如果通过回归分析发现驾驶人年龄同 Y（是否出险）并没有显著相关，那么就需要抛弃驾驶人年龄这一变量。这就是使命 1。

使命 2：

去除了那些同 Y 不相关的 X 变量，那么剩下的就都是重要的、有用的 X 变量了。接下来回归分析要回答的问题是：这些有用的 X 变量同 Y 的相关关系是正的，还是负的？也就是说，要把一个大概的方向判断出来。例如，对于申请人的借贷还款行为而言，他的消费支出同他的还款可能性是正相关，还是负相关？如果是正相关，那么申请人的消费支出越大，财力越丰厚，还款能力越高，银行就越有可能借钱给他。如果是负相关，那么申请人的消费支出越高，说明他越奢侈浪费，还款能力越低，银行可能越不敢借钱给他。又如在证券公司客户流失的例子中，学历与客户流失的概率是正相关呢，还是负相关？如果是正相关，那么说明学历越高，越可能流失，证券公司更需要关注这些学历高的客户。如果是负相关，那么说明学历越高，流失的可能性越小。这就是使命 2。

使命 3：

在确定了重要的 X 变量的前提下，还想为不同 X 赋予不同的权重，也就是不同的回归系数，这样就可以知道不同变量之间的相对重要性。例如，证券公司有两个不同的客户。A 客户负债 $X_1=10$ 万元，资产 $X_2=1$ 万元。B 客户恰恰相反，负债 $X_1=1$ 万元，资产 $X_2=10$ 万元。请问两位客户谁流失的可能性更大？请注意：虽然他们的资产与负债之和是相同的，都是 11 万元，但是他们流失的可能性可能是不同的。又如，有两位客户都买了车险。A 客户有 10 年的驾驶经历，前一年刚买了新车，于是对应的车龄 $X_1=1$ 年，驾龄 $X_2=10$ 年。B 客户是一名刚上路一年的新手司机，开的是车龄十年的二手车，于是对

应的车龄 X_1=10 年,驾龄 X_2=1 年。请问两位客户谁更有可能出险?请注意:他们的车龄和驾龄之和都是 11 年,但是他们的出险可能性大小可能是不同的。这个时候,如果能够通过数据建模,赋予 X_1 和 X_2 不同的权重,也就是不同的回归系数,这个问题就好回答了。这就是使命 3。

以上就是回归分析要完成的三个使命:第一,识别重要变量;第二,判断相关性的方向;第三,要估计权重(回归系数)。在理解了回归分析的基本思想后,下一节将给出几种常用的回归分析模型,从中可以了解到,回归分析是一套非常重要的方法论,不同的数据类型需要不同的回归模型。

① 请谈谈你对相关关系和因果关系的理解。你能否举一个例子,该例子中随机变量 X 和随机变量 Y 仅有相关关系,而没有因果关系?

② 请举一个生活中的实例,并说明该例子中因变量 Y 是什么,属于哪种数据类型?为什么在具体业务中人们会关心因变量 Y 的取值?进一步思考,该例子中有哪些可能影响因变量 Y 的解释变量 X?这些解释变量 X 是否方便采集?通过日常经验的积累,你是否能直观描述这些解释变量 X 如何影响了因变量 Y?

③ 请举一个实际工作的案例,该案例关注一个具体的业务问题,但是对于该业务问题的 Y,却可能有多种不同的定义方式,请你简要评价不同定义方式可能的优劣之处。

4.2 数据类型与回归模型

上一节从"道"的层面,介绍了回归分析的思想。简单来说,回归分析就是研究 X 和 Y 的相关性。在回归分析思想的指导下,实际中很多的业务问题都可以被规范为一个数据可分析问题。本节将从"术"的层面来详细讲解回归分析的各种方法。在选择回归

分析方法时,一个非常重要的考虑因素就是因变量 Y 的数据类型。下面将根据 Y 的不同数据类型,为大家介绍常见的五种回归分析模型,它们分别是线性回归、0-1回归、定序回归、计数回归和生存回归,简称为"回归五式"。希望通过这样的讨论,能帮助大家快速建立一个回归分析理论的大概框架。

📊 第一式:线性回归

前面提到,回归分析就是关于 X 和 Y 相关性的分析。那么具体到线性回归,或者更严格地说,普通线性回归,它的主要特征是什么呢?普通线性回归的主要特征就是:它的因变量必须是连续型数据。什么是连续型数据?简单通俗地讲,就是数据的取值需要是连续的。例如,身高、体重、价格、温度都是典型的连续型数据。在第1章中介绍的各种连续型概率分布,所对应的数据就是连续型数据。从数学理论上定义一个"连续"型数据不是一件非常简单的事情,这是微积分与实变函数论的内容,本书不做深入探讨。

需要指出的是，在实际工作中，所有的计算机都只能存储有限位的有效数字。因此，真实世界中不存在严格的连续型数据，只有近似连续的数据。判断数据是否近似连续的一个简单而且不严格的标准是：把所有可能取值从小到大排序，看相邻两个数的差距相对于整个取值范围而言是否足够小。例如，价格有时精确到一角甚至一分，但价格的范围可以小至一元或是大至百万元，因此价格满足近似连续的特征，在真实世界中可以近似看作连续型数据，否则非常难以处理。连续型数据在生活中有着非常多的重要应用，请看以下案例。

案例1：股票投资。

据上海证券交易所官方统计，截至2021年12月31日，上海证券交易所已有2037家上市公司，股票总市值达到52万亿元，庞大的股市体量为各类金融机构及个体投资者进行投资交易提供了基础。在股票投资场景中，投资人最关心的核心业务指标就是某只股票或者某资产组合的未来收益率，因此因变量Y就是股票收益率。表4.1展示了上海证券交易所6只主板A股在一段时间内的日度收益率数据，可以看到日度收益率精确到了小数点后第4位，相对于收益率取值范围（±10%）而言，两者之间的最小差距（0.0001%）已经足够小了。因此，可以认为股票收益率是一个连续型数据。在关注股票收益率Y的变化的同时，投资人可能也关心有哪些显著影响股票收益率的因素X，例如，X可以是该股票背后企业的财务会计指标。根据经典的财务会计教科书描述，常见的财务会计指标包括但不限于净资产收益率、总负债与总资本比率、流动比率等，上述三个指标分别能够反映该企业的盈利能力、长期债务偿还能力和短期债务偿还能力。如果能够建立Y和这一系列影响因素X的相关关系，那么就可以通过X去预测Y，然后构建合理的交易策略，实现超额收益率。

表4.1 上海证券交易所6只主板A股在一段时间内的日度收益率（单位：%）

交易日期	股票代码					
	A600000	A600006	A600009	A600011	A600015	A600019
2019-01-03	1.1340	1.1142	−1.3497	−2.6426	0.5472	1.2598
2019-01-04	1.5291	0.8264	0.2414	1.4286	1.9048	1.2442
2019-01-07	0.2008	2.1858	−0.0803	−0.2817	−0.5340	0.9217
2019-01-08	−0.2004	1.3369	0.1205	1.1299	−0.5369	1.0654
2019-01-09	0.3012	0.7916	1.7055	−2.2346	0.5398	1.3554
2019-01-10	−0.3003	−1.5707	−1.7558	−2.7143	−0.4027	−0.7429

（续表）

交易日期	股票代码					
	A600000	A600006	A600009	A600011	A600015	A600019
2019-01-11	0.9036	0.5319	−1.4056	2.3495	0.5391	0.8982
2019-01-14	0.0995	−1.0582	−2.4847	−1.5782	−1.2064	0.1484
2019-01-15	0.4970	1.6043	1.0234	1.3120	1.0855	0.5926
2019-01-16	0.1978	1.0526	−1.8400	1.2950	−0.2685	0.2946
2019-01-17	0.3949	−1.8229	0.3580	−0.4261	−0.4038	−0.5874
2019-01-18	2.5565	0.5305	4.9108	−1.4265	1.3514	2.3634

案例2：客户终身价值

客户是企业的重要资产，高价值用户往往是企业收入与利润来源的重要支撑。以智能电视行业为例，据统计，截至2020年我国智能电视激活数超2.55亿，家庭渗透率已达54.6%。和传统彩电不同，智能电视带来的营收除了来源于售卖设备本身之外，还来源于用户在该设备上长期产生的消费，如电影点播、会员充值、广告观看等。因此，目标客户的终身价值Y可定义为：客户从购买电视起到无限远时间内给企业创造的收入，并按一定利率折现到当期的货币价值。图4.6展示了某用户购买和使用电视过程中的消费记录，由此可见当前该客户已经创造了6358元的营收。假设该用户未来还将创造大量的预期收入，这些预期收入按一定利率折现到当期后大概为400元，那么该客户的终身价值Y即为6758（6358+400）元。由于任意两个终身价值数字之间的最小差距（0.01元）已经足够小了，因此因变量客户终身价值Y可以被近似地看作一个连续型数据。影响客户终身价值Y的因素X可能包括图4.6中展示的已消费数额、日开机率、日平均使用时长、上一次用户满意度调研评分等。如果能够建立Y和一系列X的相关关系，那么就可以通过X去预测Y，从而帮助企业识别潜在的高价值客户，为个性化的客户管理与运营提供理论基础。

基本信息		
姓名：张三	性别：男	所在地：湖南
消费记录		
名称	金额（元）	
购买电视（型号：Lanmi-10X）	5699	
电视配件更换	120	
VIP影音服务（3年）	499	
电影点播（5部）	40	

其他特征
日开机率：72% 日平均使用时长：7小时 上一次用户满意度调研评分：8分

图 4.6　某用户的个人特征及购买电视后的消费记录

案例 3：高血压筛查。

高血压是一种非常普遍的慢性疾病，研究显示 2017 年我国 35 岁以上居民高血压患病率达到了 37.2%。据世界卫生组织报告，高血压也是世界范围内早逝的主要原因，并且全球患有高血压的成年人中仅有 42% 得到诊断和治疗。在此背景下，我国在《"健康中国 2030" 规划纲要》中已将高血压等慢性疾病的管理上升到国家战略层面。在高血压防治中的重要一环是定期筛查，早发现早治疗。在此过程中，患者最关心的测量指标很可能就是自己的血压测量值，因为血压测量值是高血压诊断的最主要指标。根据 2005 年中国高血压治疗指南建议，收缩压大于等于 140 毫米汞柱，舒张压大于等于 90 毫米汞柱可以诊断为高血压。所以在此案例中血压测量值就是因变量 Y。图 4.7 展示了一款常见的家用电子血压计，可以看到收缩压和舒张压一般都精确到了个位数。相对于血压取值范围而言，1 毫米汞柱数值较小，因此因变量血压 Y 可以视为一个连续型数据。影响血压 Y 的因素 X 可能包括个人的饮食习惯、服药习惯、BMI（身体质量指数）等。深刻理解一个人的血压 Y 与各种相关因素 X 之间的关系，对于改进健康、降低医疗开支具有重要的意义。

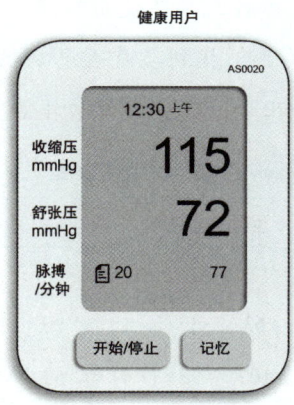 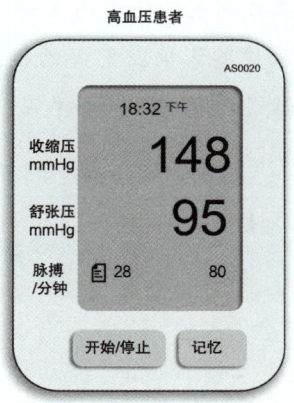

图 4.7　某家用电子血压计示意图

第二式：0-1回归

虽然普通线性回归已经能够解决生活中的很多问题了，但当因变量不是连续型数据（如 0-1 型数据）时，普通线性回归就不再适用了。此时的一种解决方案是使用 0-1 回归。顾名思义，0-1 回归的主要特征是：因变量必须为 0-1 型数据，即因变量有且仅有两个可能的取值。例如，股价涨跌、是否患病、是否购买都是典型的 0-1 型数据。0-1 型数据已经在 1.6 节中进行了较为详细的介绍，0-1 型因变量在日常生活中也非常普遍，请看以下案例。

案例 1：发病因素探索

"人类的生存史就是与传染病斗争的历史"，中国工程院院士李兰娟在博鳌亚洲论坛上如是说道。不只是传染病，寄生虫病、免疫系统疾病、肿瘤等疾病都威胁着人类的健康。由世界卫生组织主持编写并发布的《国际疾病分类》（ICD-11）中共收录了约 55000 个疾病分类编码，而这一数量还在随着一次又一次的修订而增加。医学研究有助于了解和攻克这些疾病，并提升人类的健康水平。在疾病的医学研究中，探索疾病有关的影响因素是重要的一环。在此过程中，人们关心的是在不同因素和条件背景下，实验者是否患病。因此在发病因素探索的案例中，因变量 Y 就是"是否患病"，这显然是一个 0-1 型数据。在流行病学研究中，一种探索发病因素的经典方法是进行病例对照研究。以 1989 年发表在《英国癌症杂志》（*British Journal of Cancer*）上的一篇研究卵巢癌影响因素的病例对照研究为例，该研究招募了 235 名患有上皮性卵巢癌的病人和 451 名未患该疾病的对照人群。研究中收集了一些可能与因变量 Y 有关的影响因素 X，表 4.2 展示了该研究中的部分影响因素，其中包括是否有妊娠经历、妊娠次数和未完成妊娠次数三项因素。事实上该研究中还考虑了年龄、口服避孕药使用时间等 20 余项影响因素 X。接着通过建立 Y 和这些影响因素 X 的相关关系，找到与是否患病显著相关的影响因素。该项研究成果能够帮助疾病防治和早筛，并在一定程度上帮助评估个体的患病风险。

表 4.2 卵巢癌病例对照研究中的部分影响因素

人数	是否有妊娠经历		妊娠次数						未完成妊娠次数			
	是	否	0	1	2	3	4	≥5	0	1	2	≥3
病例组（$N=235$）	176	59	59	43	63	37	13	20	185	39	7	4
对照组（$N=451$）	376	74	74	71	107	98	41	59	330	83	18	19

案例2：垃圾邮件分类。

人们在生活中不免会收到一些垃圾邮件，这些垃圾邮件的内容可能包括广告推送、钓鱼攻击甚至是木马病毒。据卡巴斯基公司统计，2021年全球邮件中垃圾邮件占比达到45.56%。幸运的是，在一些反垃圾邮件产品的帮助下，真正出现在人们视野中的垃圾邮件可能并没有达到如此夸张的比例。卡巴斯基的统计数据还表明，2021年其反垃圾邮件产品共拦截2.5亿封网络钓鱼邮件和1.5亿个恶意邮件附件。在自动化识别垃圾邮件的过程中，反垃圾邮件软件关心的是某封邮件是否为垃圾邮件，因此在这一案例中的因变量Y就是"是否为垃圾邮件"，这显然是一个0-1型数据。那么如何识别垃圾邮件呢？软件需要收集一系列可能与因变量Y相关的X。如图4.8中展示了一些可能的影响因素X，其中包括邮件标题、发件地址、发件人名称、邮件正文内容、是否携带附件及附件格式等。通过建立Y和这些X的相关关系，软件就可以预测该邮件是否为垃圾邮件，接着进行拦截，从而减小用户遭受钓鱼攻击等网络诈骗的可能性。

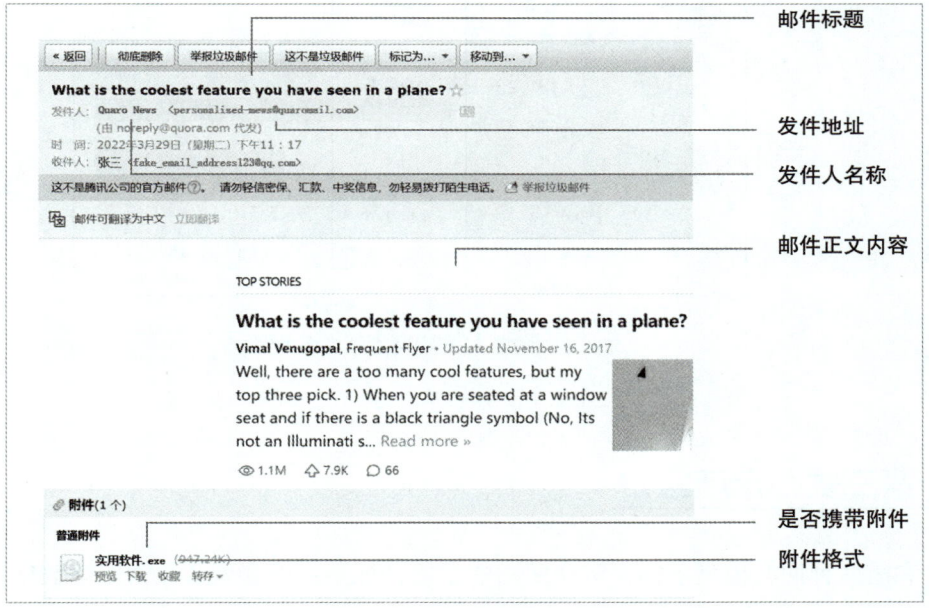

图4.8　垃圾邮件影响因素示例

案例3：网购商品推荐。

网购已逐渐成为人们日常消费的重要方式之一。据相关数据统计，截至2021年6月，我国的网络购物用户规模已达到8.12亿。在完整的网购体验中，用户难以避免地会接收到平台的商品推荐信息。以淘宝APP为例，当用户打开淘宝应用进入首页时，就会看到一系列的商品推荐信息，如图4.9所示。当用户发生浏览商品、查看订单或是进行收货等行为时，商品推荐也会展示在页面中。在商品推荐的过程中，平台的最终目标是达成交易，因此平台关心的是用户是否购买推荐商品，所以该案例中的因变量Y就是"是否购买"，这显然是一个0-1型数据。为达到精准推荐的目的，平台还会收集一系列可能与因变量Y相关的X，例如，X可能是用户的历史浏览记录、搜索记录、购买记录或点击记录等。通过建立Y和这些X的相关关系，来预测用户是否购买该商品，从而提升推荐商品的购买率。

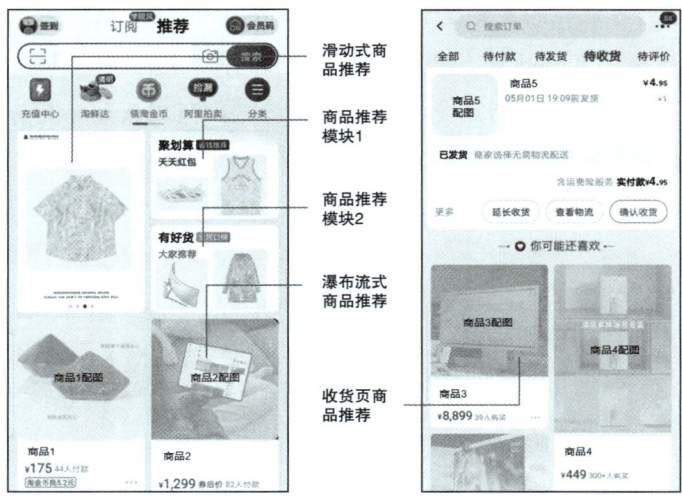

图 4.9　淘宝 APP 商品推荐页面示例

第三式：定序回归

和前两种回归模型不同，定序回归的主要特征是：因变量必须为定序数据。那么什么是定序数据呢？定序数据就是关乎顺序的数据，但是数据本身又没有具体的数值意义。例如，在豆瓣平台中，用户可以对各类影视作品进行打分。分数分为5个等级：一颗星表示很差，两颗星表示较差，三颗星表示还行，四颗星表示推荐，五颗星表示力荐，这就是典型的定序数据。具体而言这样的数据有什么特点呢？第一，定序数据没有数值意义，即不能做任何代数运算。例如，一颗星（很差）和两颗星（较差）并不能进行求和，二者即使相加也并不表示三颗星（还行）。第二，定序数据的顺序很重要。例如，一颗星

（很差）、两颗星（较差）和三颗星（还行）放在一起就自然有着"评价从低到高"的顺序。这个顺序很重要，定序数据正因此得名。值得注意的是，由于定序数据没有具体的数量意义。因此不能确信：一颗星（很差）和两颗星（较差）之间的差距，是否正好等于四颗星（推荐）和五颗星（力荐）之间的差距。事实上，这些取值的间距到底是多少，人们很难说清楚，全靠个人的主观感知。定序数据在日常生活中也有很多的应用场景，请看以下案例。

> **案例1：市场调研。**
>
> 市场调研是企业了解客户群体、进行营销决策而采用的重要步骤之一。据统计，2021年中国商业领域调研咨询的市场规模达到175.8亿元。除了与咨询公司合作开展市场调研外，一些体量较大的餐饮企业也会选择在自有渠道上展开调研。例如，国际连锁餐饮企业麦当劳就在2017年发布了微信小程序，用于采集消费者的用餐体验反馈。图4.10展示了一份经典的市场调研问卷，其中展示的问题包含了消费体验评分、门店表现评分和向他人推荐的程度三项。除此之外，市场调研中的常见问题还包括复购可能性评级、单个产品评分等。在这些问题中，企业关注的正是各个问题最终的评级结果，因此用户的满意度等级就是核心的业务指标，也就是因变量Y。由于满意度等级评分关乎顺序，但无具体数值意义，因此是一个定序数据。为了找到影响用户满意度Y的因素，企业还会尽可能收集可能与之相关的X，如该用户的消费历史、上一次消费体验、个人喜好、各类促销活动等。通过建立Y和这些X的相关关系，可以找到显著影响用户满意度的因素，并针对性地做出营销决策，帮助企业赢得更多市场份额。

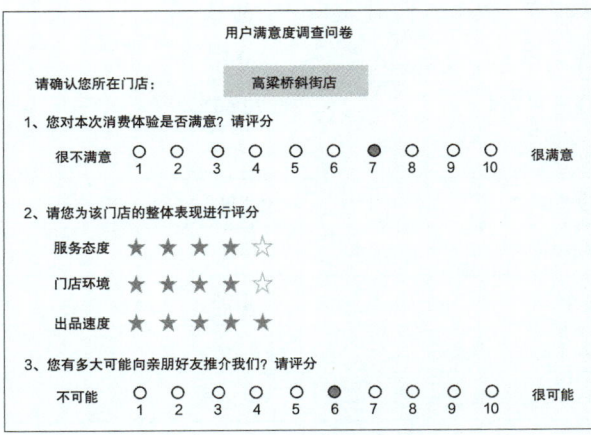

图4.10 市场调研问卷示例

案例 2：信用评级。

信用评级是对评级对象履约能力和意愿的总体评价，其目的在于表征评级对象违约风险的大小，减少用户违约给企业带来的损失。银行信用卡业务是信用评级中重要的应用领域。据央行统计，截至2021年9月，全国信用卡逾期半年未偿信贷总额达到818.04亿元。因此，对于信用卡业务而言，对用户进行信用评级十分重要。在信用评级的过程中，银行关心的是用户违约风险，而违约风险是由违约行为的严重程度决定的，因此该案例中用户违约行为的严重程度就是因变量 Y。例如，$Y=0$ 可以表示无违约风险（未逾期），$Y=1$ 可以表示逾期风险低（逾期不超过一个月），$Y=2$ 可以表示逾期风险高（逾期超过一个月）。虽然逾期时长更像是一个连续型数据，但为了管理方便，人们常常将其离散化为上面的离散数据（$Y=0,1,2$）。该数据取值显然有序，但是数值意义不明确，因为逾期一个月以内或一个月以上对银行的影响不甚相同。因此，这是一个定序数据。为了找到影响 Y 的因素，银行还会尽可能收集可能与之相关的 X。俄亥俄州立大学的研究人员就在1999年研究了多种因素 X 对用户违约严重程度 Y 的影响。表4.3 中展示了该研究中考虑的部分影响因素 X，其中包括年度税前收入、年龄、子女数量等。通过建立 Y 和这些 X 的相关关系，可以识别出显著影响用户违约行为的关键因素，并预测用户的违约风险，帮助银行建立信用评级系统，减少信用卡坏账风险。

表 4.3 用户违约严重程度 Y 的影响因素示例

变量	有信用卡违约组（N=618）	无信用卡违约组（N=4766）
年度税前收入（美元）	49828	54919
上次付款后信用卡欠款总额（美元）	3093	1967
限额信用卡数量（张）	0.72	0.16
是否拥有住房（1为拥有）	72.60%	83.00%
受教育时间（年）	13	14
是否已婚（1为已婚）	54.90%	62.60%
年龄（岁）	41	47
子女数量（个）	1.03	0.79
家庭中丈夫是否失业（1为失业）	0.20%	0.50%
家庭中妻子是否失业（1为失业）	0.20%	0.10%

注：所示数据均为组内均值。

案例3：抑郁症分级。

抑郁症是一种常见的情感障碍疾病。据世界卫生组织统计，截至2021年全世界约有2.8亿人患有抑郁症。因此，探索可能影响抑郁症发病的因素，对有针对性地降低抑郁症发病率十分重要。例如，哈佛大学的团队就曾在2020年研究了日常生活中的106个因素对抑郁症发病的影响。在此过程中，科研团队关心的是实验者的抑郁症分级，而这就是相关研究中用于描述抑郁症严重程度的因变量Y。一种对抑郁症严重程度进行分级的量表是汉密顿抑郁量表，图4.11展示了该表的部分内容。图4.11中大部分项目采用$0\sim4$分的5级评分法，少数项目采用$0\sim2$分的3级评分法。在此量表中，若总分大于等于24分，则评级为严重抑郁；总分在17至24分之间则判断为一定有抑郁症；总分在7至17分之间则判断为可能有抑郁症；低于7分表示正常。因此在汉密顿抑郁量表下，因变量Y可以根据抑郁症严重程度分为四级，级与级之间的顺序很重要，但等级无具体数值意义，因此因变量Y是一个定序数据。用定序数据描述抑郁症的严重程度是粗糙的，因为同级内的病人严重程度又各不相同。那为什么不用更为精细的连续型数据描述呢？答：太难了。不同于很多其他医学指标（如血压）有客观的测量仪器，抑郁症的测量非常依赖于医生和病人的主观判断，因此无法做到精细测量，只能比较粗糙，而这就产生了定序数据。通过建立Y和可能影响抑郁症分级的因素X（如运动、睡眠、社会活动等）的相关关系，可以找到显著影响抑郁症程度的因素，从而帮助降低抑郁症的发病率，提高人们的生活质量。

汉密顿抑郁量表（HAMD）

姓名： 性别： 年龄：
住院号： 门诊号：

序号	项目	评分标准	无	轻度	中度	重度	极重度
1	抑郁情绪	1分:只在问到时才诉述；2分:在访谈中自发地表达；3分:不用言语也可以从表情、姿势、声音或欲哭中流露出这种情绪；4分:病人的自发言语和非语言表达（表情，动作）几乎完全表现为这种情绪。	0	1	2	3	4
3	自杀	1分:觉得活着没有意义；2分:希望自己已经死去，或常想到与死有关的事；3分:消极观念（自杀念头）；4分:有严重自杀行为。	0	1	2	3	4
4	入睡困难	1分:主诉有入睡困难，上床半小时后仍不能入睡。（要注意平时病人入睡的时间）；2分:主诉每晚均有入睡困难。	0	1	2		
...	...	...	...	...	...	...	...
24	自卑感	1分:仅在询问时诉述有自卑感（我不如他人）；2分:自动地诉述有自卑感；3分:病人主动诉述:"我一无是处"或"低人一等"，与评2分者只是程度上的差别；4分:自卑感达妄想的程度，例如"我是废物"或类似情况。	0	1	2	3	4

图4.11 汉密顿抑郁量表内容节选

第四式：计数回归

前面提到，定序数据的一大特点是没有数值意义，不能进行数学运算。在这一点上有一种数据恰恰与之相对，它不仅是非负的整数，而且具有数值意义。这种数据就是1.7节中详细介绍过的计数型数据。计数回归解决的正是因变量为计数型数据的回归问题。因此计数回归的主要特征是：因变量必须为计数型数据。具体到因变量服从分布的不同，计数回归又可以分为泊松回归、负二项回归、零膨胀泊松回归等多种方法，感兴趣的读者可以自行查看相关资料。在日常生活中计数型的因变量非常普遍，请看以下案例。

案例1：智慧零售。

随着互联网和移动技术的发展，零售业正朝着智慧零售的方向不断发展。据智研咨询整理，2019年我国智慧零售市场规模达到了1800亿元，并且在实体零售商家中已有84%的商铺开通了线上渠道。图4.12中展示了一种智慧零售门店的数字化框架，可以看到，不管是进店的客流分析，还是浏览过程中的货架热力图，抑或是个性化导购等环节，都依赖于基于数据的销售管理，这是智慧零售的重要一环。商家希望通过对消费者购物数据的记录，分析什么因素影响着消费者的购买行为。一种刻画消费者购买行为的方式是计算某商品的周购买次数，这是商家可能关心的核心指标，因此智慧零售案例中因变量Y就是商品的周购买次数。由于周购买次数只能取非负整数，且取值具有数值意义，因此这是一个计数型数据。影响因变量Y的因素X可能包括历史销量、店铺所在地区、销售日期、是否有促销活动、促销力度等。通过建立Y和这些X的相关关系，可以预测商品的周销量，帮助识别显著影响销量的因素，以调整促销方案，最终提升营业额。

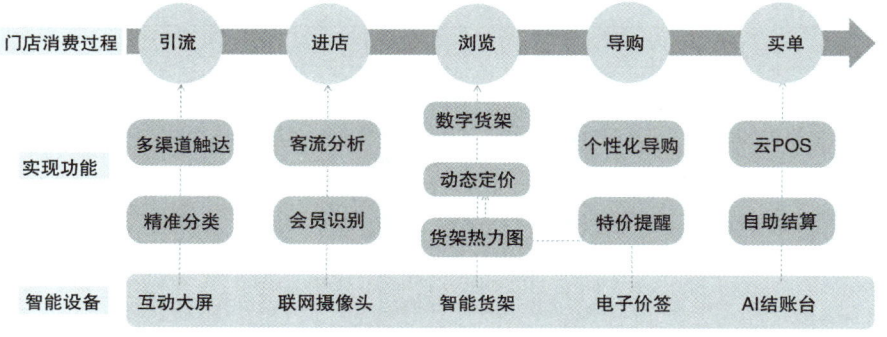

图4.12 一种智慧零售门店数字化框架示例

案例2：肺结节检查

肺癌是我国乃至全世界最常见的恶性肿瘤。根据2015年统计数据，肺癌位居我国恶性肿瘤发病率和病死率首位。发表于某医学杂志的一篇文章也表明，2017年中国因肺癌而死亡的人数达到69.2万人。因此，探索可能影响肺部产生疾病的因素，并针对性地进行改善，对于人民健康福祉具有重要意义。在肺部体检筛查中重要的临床指标之一是肺部结节数量，这一指标受到医生和科研人员的广泛关注。因此，在肺病致病因素探索的过程中，因变量Y可以是肺部结节数量。由于肺部结节数量只能取非负整数，且取值具有数值意义，因此这是一个计数型数据。那么影响肺部结节数量的因素X可能包括哪些呢？表4.4中展示了包括年龄、吸烟状态、初次吸烟年龄、烟尘暴露史在内的一些可能因素X，这些因素出自2017年发表在《肺癌》（Lung Cancer）杂志上的一篇研究肺部结节影响因素的论文。事实上，该论文中一共考虑了基本特征、吸烟和二手烟、家庭癌症史、职业暴露史、生活习惯等多方面的共30余项因素。通过建立Y和这些X的相关关系，可以找到显著影响肺部结节数量的因素，从而帮助降低肺部疾病乃至肺癌的发病率，保障人民的生命健康。

表 4.4　肺部结节研究中的部分影响因素

变量	年龄（岁）				吸烟状态			初次吸烟年龄（岁）	
	60~70>	50~60	60~70>	70	从不	正在吸烟	已戒烟	>20	≤20
符合特征人数	501	695	558	278	1386	496	145	191	253
比例	24.66%	34.20%	27.46%	13.68%	68.36%	24.49%	7.15%	43.02%	56.98%

变量	烟尘暴露史		杀虫剂暴露史		蔬菜摄入频率(一周)			糖尿病史	
	无	有	无	有	少于2次	3~6次	大于7次	无	有
符合特征人数	1914	96	1918	97	292	701	1024	1827	196
比例	95.22%	4.78%	95.17%	4.83%	14.48%	34.75%	50.77%	90.32%	9.68%

案例3：生育选择

我国正处于"低生育率陷阱"中，这一概念是由奥地利学者鲁茨在2005年提出的，他认为当一个国家的生育率低于1.5时便很难扭转生育率下降的趋势。图4.13绘制了1970—2020年我国育龄妇女总和生育率的变化。从中可以看到，自2000年以来，我国已经掉入"低生育率陷阱"中。2020年我国育龄妇女总和生育率仅为1.3，即一名妇女在育龄期内平均生育 1.3 个孩子。同时，育龄妇女的生育意愿也从 2017 年的 1.76 个降低至 2021 年的 1.64 个。影响生育率下降的核心因素是什么？如果能解答这一问题，就可以有针对性地调整并尝试逃脱"低生育率陷阱"。在解答这一问题的过程中人们关注的是育龄妇女的生育数量，因此因变量 Y 就是生育数量。由于生育数量只能取非负整数，且取值具有数值意义，因此是一个计数型数据。影响因变量 Y 的因素 X 可能包括家庭经济状况、教育程度、夫妻年龄等。通过建立 Y 和这些 X 的相关关系，可以帮助识别显著影响育龄妇女生育数量的因素，帮助挽救当前的低生育率危机。

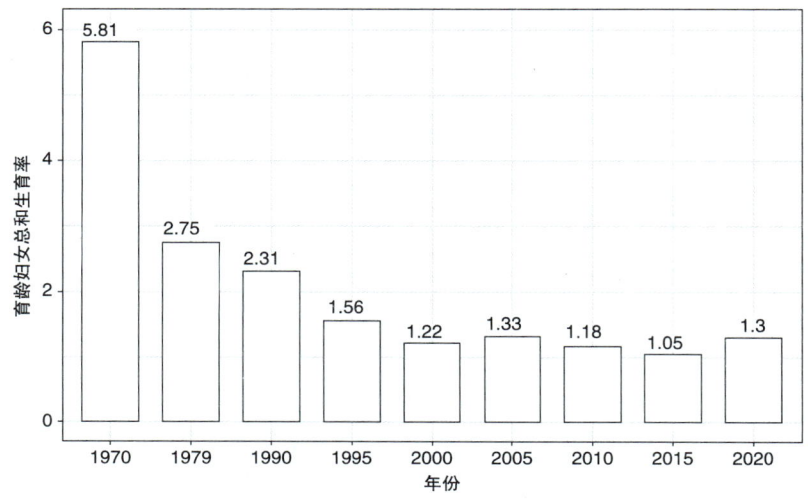

图 4.13　1970—2020 年我国育龄妇女总和生育率变化

第五式：生存回归

生存回归是生存数据回归的简称。生存数据回归的主要特征是：因变量必须为生存数据。那什么是生存数据呢？生存数据刻画的是一个现象或个体的存续生存时间。为了计算生存时间，首先需要清晰定义两个概念：出生和死亡。如果将人的自然出生定义为出生，将人的自然死亡定义为死亡，那么生存时间就是一个人的寿命。这就是一个典型的生存数据，这样的数据对于寿险精算等行业非常重要。类似地，如果将一个电子产品（如灯泡）的第一次使用定义为出生，将最后报废定义为死亡，那么生存时间就是产品的使用寿命。如果将一个消费者在某商铺注册会员定义为出生，将最后一次消费定义为死亡，那么生存时间就是一个消费者会员的生命周期。如果将一个企业的工商注册定义为出生,将破产注销定义为死亡,那么生存时间就是企业的生命周期。请注意,上面的例子中展示的生存时间除了是生存数据,同时也是一些连续型的数据。既然生存时间本质上是连续型数据,那么能否使用线性回归对生存数据进行建模呢?答:可以,但需要建立在生存数据被精确观察到的前提下。这就要求对每一个样本个体而言,其出生时间和死亡时间都得被准确观察到。但遗憾的是,很多情况下生存数据并没有被精确观察到。为什么会存在生存数据未被精确观察的情况呢?以人的寿命为例,假设人们关心一个人的经济水平(X)是否影响他的寿命(因变量Y),为此可能需要调查一些人的经济水平和寿命。但困难在于,对于活着的个体是无法获得其精确寿命的。对于一个仍然存活的个体,其出生时间是明确的,但是他的死亡日期并不确定,因为该个体还健在。以一位90岁的老人为例,能够确定的是,他的寿命一定大于90,但是具体大多少并不确定。因此在数据上通常将该老人的因变量Y记作"90+",其中"+"表明他的真实寿命会比90大,但是具体大多少仍是不清楚的,这种数据也叫作截断数据(Censored Data)。真实的生存数据中,常常存在大量的被截断现象。在这种情况下,普通线性回归是束手无策的,这就给生存回归方法的发展提供了土壤。在日常生活中,因变量为生存数据的情形非常普遍,请看以下案例。

案例1:寿险精算。

人寿保险是转嫁个人意外风险的重要方式。据中国银行保险监督管理委员会(简称银保监会)统计,2020年全国寿险保费收入达到24万亿元。在庞大的寿险保费规模的背景下,寿险保费的计算依赖于不同年龄人群死亡率的估计。因此我国银保监会每十年都会发布一次《中国人寿保险业经验生命表》,表中包含了不同年龄的死亡率,这是精算师在计算寿险产品保费时的重要参考依据。因此,尽可能正确地估计人群寿命就变得十分重要。在这一过程中,因变量Y就是人群的寿命。由于人群寿命正是人群存续生存的时间,因此这是一个生存数据。影响因变量Y的因素X非常广泛,可能包括身体基础指标、生活习惯、性别、经济水平、所在地域医疗保障能力等。以生活习惯这类影响因素为例,表4.5中展示了各项不同生活习惯下样本寿命的模拟数据。通过建立Y和这些X的相关关系,可以预测人群的寿命,从而预测各年龄层的死亡率,为寿险保费的确定提供依据。

表 4.5　不同影响因素下人群寿命的模拟数据

样本ID	寿命（年）	数据是否截断	BMI	吸烟状态	平均每日酒精摄入量（克）	进食红肉频率*	进食蔬果频率**
1	86	是	29.2	从不	<24	高	低
2	79	是	24.4	从不	24~48	低	高
3	72	否	21	偶尔	>48	高	低
4	80	是	21.2	偶尔	>48	高	高
5	75	否	26.8	已戒烟	<24	低	低
6	70	否	28.2	从不	24~48	高	低
7	88	否	21.4	偶尔	>48	低	高
8	72	是	22.5	经常	<24	高	低
9	75	是	23.5	从不	24~48	低	低
…	…	…	…	…	…	…	…
1051	80	是	19.8	已戒烟	<24	高	高
1052	78	否	25.1	经常	<24	高	低
1053	69	是	18.9	经常	<24	高	高
1054	82	否	23.3	已戒烟	>48	高	高
1055	72	否	23.6	偶尔	<24	低	低
1056	71	否	20.6	偶尔	>48	高	高
1057	68	是	26.1	偶尔	<24	高	低
1058	74	是	20.4	经常	<24	低	低
1059	71	是	25.1	偶尔	<24	高	高

*："高"=每日进食量超过120克，"低"=每日进食量小于等于120克。
**："高"=每日进食量超过200克，"低"=每日进食量小于等于200克。

案例2：用户流失管理。

在一些未形成巨头垄断的互联网赛道上，通常会出现多家企业群雄混战的情况。以生鲜电商赛道为例，据网经社统计，2021年生鲜电商的交易规模达4658.1亿元，该年内生鲜电商融资总额超80亿元，有超过30家知名企业参与到生鲜电商的激烈竞争中。各生鲜电商APP的相互竞争不可避免地会导致用户从原有平台流失，转而使用竞品。据贝恩咨询公司的研究表明，减少5%的客户流失率将会使公司利润增加25%~95%。因此为了赢得竞争优势，提升市场份额，做好用户流失管理十分重要。在这一过程中，企业关心的因变量Y就是用户寿命。这里的用户寿命指的是用户从第一次注册使用该平台到最终停止使用之间的时间,显然用户寿命是一个生存数据。那么用户寿命可能受哪些因素影响呢?表 4.6 中展示了各种不同因素下用户寿命的模拟数据,其中涉及的影响因素 X 包括顾客身份信息、顾客年龄、最大消费金额、最大购买间隔天数、特价商品平均占比等。通过建立 Y 和这些 X 的相关关系,可以预测用户在平台的使用寿命,并识别显著影响用户寿命的因素,从而帮助平台更好地留存用户,提升市场份额。

表 4.6　不同影响因素下用户寿命的模拟数据

用户ID	用户寿命（月）	是否截断	性别	年龄（岁）	单笔交易最大金额（元）	最大交易间隔（天）	特价商品平均占比（%）
1	12.1	是	男	28	45.2	5	23
2	10.8	是	女	35	81.9	7	11
3	25.2	是	女	40	72.1	6	41
4	15	否	女	37	60.2	12	28
5	3.4	否	男	25	15.1	47	50
6	5.2	否	男	28	20.5	50	66
7	20.6	是	女	45	92.1	5	39
…	…	…	…	…	…	…	…
482	20.7	是	女	52	88.4	3	54
483	11.8	否	女	30	30.6	10	27
484	9.6	否	男	27	48.9	13	29
485	23.6	是	女	38	77.7	11	25
486	16.1	否	女	41	56.5	4	16
487	21.0	是	女	32	40.8	9	35
488	18.6	是	女	46	87.9	5	18
489	17.6	是	女	26	32.3	12	21
490	19.1	是	男	26	38.3	15	32

案例 3:抗肿瘤药物临床试验。

癌症一直是严重危害人类健康的疾病种类。据世界卫生组织统计,2020 年中国新发癌症患者数量为 457 万,癌症死亡病例为 300 万例。正是因为癌症的巨大危害和较大的发病数量,抗肿瘤药物正成为新药研发的重点之一。仅 2020 年上半年就有 256 项抗肿瘤新药进行了临床试验登记,在同时间段内占所有公示新药的 52.9%。在抗肿瘤新药的临床试验中,人们关心的是该新药的效果和安全性。一种衡量新药效果的重要临床指标是总生存期,即被试者从试验分组开始直至死亡或者最后一次随访的时间。显然,总生存期是一个生存数据,并且很大概率会出现截断现象。在抗肿瘤新药的临床试验中，人们关心的一个因变量 Y 就是总生存期。影响因变量 Y 的因素 X 可能包括抗肿瘤药物的作用、年龄、性别、病史等。通过建立 Y 和这些 X 的相关关系，可以判断抗肿瘤药物是否显著改善了患者的生存状况，从而为新药上市审批提供依据。除此之外，研究显著影响肿瘤患者总生存期 Y 的影响因素 X 的价值还在于：评估患者经过某治疗后的效果，帮助医生决定何时开始、停止或改变治疗，从而为患者量身定制合适的治疗方案，例如，表 4.7 中展示了不同治疗药物和身体条件的受试者的总生存期的模拟数据。其中影响因素 X 包括性别、年龄、治疗药物、诊断到治疗的间隔时间、是否发生脑转移共五个因素。

表 4.7 不同影响因素下总生存期的模拟数据

受试者ID	总生存期（月）	是否截断	性别	年龄（岁）	治疗药物	诊断到治疗的间隔时间（年）	是否发生脑转移
1	24.3	否	女	≥60	舒尼替尼	>1	否
2	20.2	否	男	≥60	索拉非尼	<1	否
3	14.1	否	女	<60	贝伐珠单抗	<1	否
4	37.2	否	女	<60	索拉非尼	<1	否
5	40.1	否	男	≥60	舒尼替尼	>1	否
6	18.6	否	女	<60	索拉非尼	>1	否
7	60.0	是	男	≥60	贝伐珠单抗	>1	否
…	…	…	…	…	…	…	…
632	10.4	否	男	≥60	索拉非尼	<1	否
633	53.8	否	女	<60	贝伐珠单抗	<1	否
634	8.7	否	男	≥60	索拉非尼	<1	是
635	9.6	否	女	≥60	舒尼替尼	<1	否
636	21.5	否	女	<60	舒尼替尼	>1	否
637	60.0	是	男	<60	贝伐珠单抗	>1	否
638	60.0	是	女	≥60	舒尼替尼	<1	否
639	6.2	否	男	<60	索拉非尼	>1	是
640	5.6	否	女	>60	贝伐珠单抗	>1	是

通过以上大量案例的介绍可以发现，当研究中的因变量属于不同的数据类型时，应该采用不同的回归模型进行研究。以上就完成了对回归分析理论框架的介绍。接下来要进入更具体的技术细节，探讨回归分析的理论与应用。为此，下一节将从最经典的线性回归模型出发。

① 请在实际生活中找到一个因变量 Y 为近似连续型数据的案例。请问你为什么认为该案例中的因变量 Y 为近似连续？在该案例中因变量 Y 为什么值得关注？影响因变量 Y 的解释性变量 X 可能包括哪些？为 X 和 Y 建立线性回归模型能带来哪些价值？

② 请在实际生活中找到一个因变量 Y 为 0-1 型数据的案例。在该案例中因变量 Y 为什么值得关注？影响因变量 Y 的解释性变量 X 可能包括哪些？为 X 和 Y 建立 0-1 回归模型能带来什么价值？能支撑什么样的实际产品？

③ 请在实际生活中找到一个因变量 Y 为计数型数据的案例。请问你为什么认为该案例中的因变量 Y 为计数型数据？该案例中的计数型数据 Y 可能服从什么分布？因变量 Y 为什么值得关注？影响因变量 Y 的解释性变量 X 可能包括哪些？为 X 和 Y 建立计数回归模型能带来什么价值？能支撑什么样的实际工作？

4.3 线性回归模型

上一节给大家介绍了常见的五种回归分析模型，如果对这五种回归模型进行全面系统的介绍将会超出本书的范畴，因为这应该是一个独立的回归分析教材探讨的内容。作为一本入门级图书，本书将结合实际案例，对其中两种重要的模型进行简要介绍。具体而言，本节将首先讨论线性回归模型。如前所述，线性回归模型是实际工作中用得最多、最广泛的统计模型之一。它不仅仅提供了一套系统而有效的分析预测方法，而且还提供了一套完整的方法论。前面已经介绍过，普通线性回归模型的主要特征是：因变量必须是连续型数据，比如股票收益率、商品销售额等。接下来将以一个实际案例为例，详细讲解线性回归模型的各个方面。

案例介绍

在中国餐饮市场上，火锅备受消费者青睐。有数据显示，我国有 27.9% 的消费者每周吃火锅不少于两次。近年来，我国火锅餐饮市场增长迅速。相关研究表明，2016—2019 年中国火锅行业市场规模持续增长，2019 年已达到 5188 亿元，虽然 2020 年受新冠疫情影响而有所下降，但是仍有 4380 亿元的市场规模。火锅市场规模的变化趋势如图 4.14 所示，火锅的受欢迎程度可见一斑。

现有某火锅品牌，对火锅在西安的前景非常看好，想要进军西安市场。在正式进军之前，它希望可以先对西安市场进行调研，了解什么样的火锅菜品销量更高，这样可以更好地将自己的品牌特色与西安当地的大众口味相融合，从而顺利打开西安市场。

第 4 章 回归分析

图 4.14　火锅市场规模变化趋势图

　　这个案例关注的核心业务指标就是火锅销量，也就是回归分析中的因变量 Y。最理想的 Y 应该是在不同类型火锅店的真实销售量，包含线上和线下的销量。但是这样的数据显然是无法获取的，试想有几个火锅店的老板能把这样的数据公开给自己的潜在竞争对手呢？因此只能采取一个退而求其次的替代品，那就是分析团购网站上公开的团购销量。这样的一个指标显然不尽完美，但实际数据分析永远是在不完美中寻找希望。团购销量其实并不是严格的连续型数据。但是 4.2 节曾给出一个用于判断数据是否近似连续的简单而且不严格的标准：把所有可能取值从小到大进行排序，看相邻两个数的差距相对于整个取值范围而言是否足够小。团购销量相邻两个数的差距可能只有 1，而整个取值范围最小可以是零，最大可以是以千计，因此在实际工作中可以将团购销量近似地看作连续型数据。为了排除店铺在团购平台中上线时长的影响，本案例使用的是年化销量而非累计销量。定义：年化销量 = 累计销量 / 上线时长，单位为份 / 年，这就是最终的因变量 Y。确定了因变量 Y，接下来需要寻找一些与 Y 相关的解释性变量 X。本案例提供的解释性变量有 6 个，包括店铺信息和团购信息两类，具体见表 4.8 所示的变量说明。本案例共收集了 330 条火锅团购项目的数据，下一步要做的就是通过回归分析建立 X 与 Y 之间的关系。

表 4.8　变量说明表

变量类型		变量名	详细说明	取值范围	备注
因变量		团购销量	单位：份/年	0.33～3788.56	建模时取对数
自变量	店铺信息	店铺评分	单位：分	0～5	建模时离散化
		连锁店数量	单位：个	1～6	取整，建模时离散化
		有无停车场	定性变量（2水平）	有/无	无停车场占比73.94%
	团购信息	团购评分	单位：分	0～5	建模时离散化
		团购价	单位：元	1～1688	建模时取对数

描述分析

在正式分析前，需要进行必要的描述统计分析，这能帮助发现很多问题。具体而言，首先可以计算各个数值型变量的一些汇总统计量，如均值、中位数、最小值、最大值和标准差，从而对数据有一个整体印象。计算结果如表 4.9 所示，从中可以对各个变量予以简单描述。例如，从团购销量的描述性统计量可以知道，在 330 个样本中，团购销量为 0.33～3788.56 份/年，可见不同店铺之间的销量差异较大。团购销量的平均水平约为 216.32 份/年（平均值）、35.21 份/年（中位数），其标准差为 470.26 份/年。平均值远远大于中位数，说明团购销量呈现极端右偏的分布，即大部分的店铺火锅销量较低，而销量高的店铺很少。又如，从店铺评分的描述性统计量可以知道，在 330 个样本中，店铺评分的范围为 0～5 分，可见不同店铺的口碑差异很大。店铺评分的平均水平为 4.3（均值）和 4.5（中位数），这说明店铺评分平均水平较高。

表 4.9　各数值型变量的汇总统计量

	均值	最小值	中位数	最大值	标准差
团购销量（份/年）	216.32	0.33	35.21	3788.56	470.26
店铺评分（分）	4.30	0.00	4.50	5.00	1.08
连锁店数量（个）	1.55	1.00	1.00	6.00	1.21
团购评分（份/年）	3.31	0.00	4.40	5.00	2.05
团购价（元）	142.59	1.00	98.00	1688.00	150.03

为进一步考虑因变量 Y 的分布形态，对其做直方图，可以看到它呈现一个极度右偏的分布，如图 4.15 所示的左图。这是因为绝大多数火锅店的团购销量很低，而销量高的爆款很少。这样的分布形态不利于产生稳定的回归分析结果。从理论上讲，如此右偏的分布有可能是不存在有限阶矩（Finite Moment）的，而后面要讲的回归分析估计量需要这个条件。因此，尝试对原始销量做一个对数变换，再做直方图，如图 4.15 所示的右图。可以看到，取对数之后，整个分布形态好了很多。因此在接下来的分析中，将以对数变换后的销量为因变量。

接下来考察 X 变量的分布情况。首先考察店铺评分，这是一个离散型变量，每 0.1 为一级，取值范围为 0～5，所有可能的取值为 0, 0.1, ⋯, 4.9, 5。其中 0 代表店铺的口碑最差，而 5 代表店铺的口碑最好。以每 0.5 分为一组将样本分为 10 组，每组样本量的柱状图呈现在图 4.16 的左图中。请问你能看出什么？可以看出，店铺在 10 个不同水平上的分布非常不均衡。绝大多数样本都在 0～0.5 和 4～5，而在 0.5～4 的样本非常少。因此，也许没有太大的必要细致地考虑评分，而是可以做一个粗糙的数据简化。

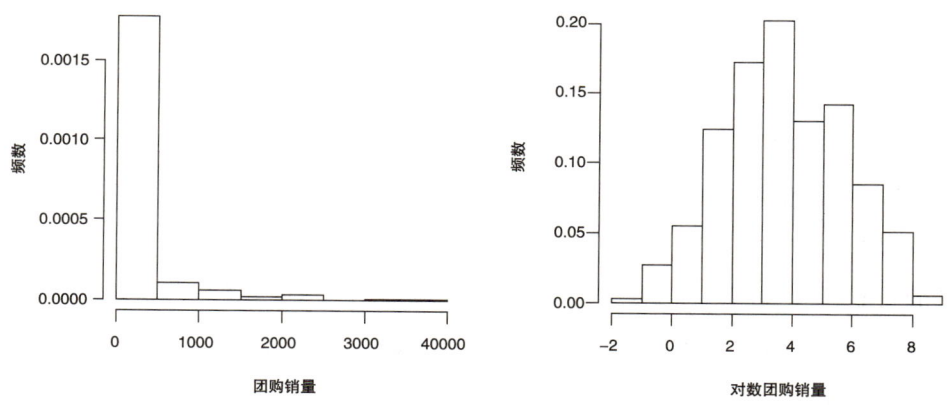

图 4.15　团购销量和对数团购销量的直方图

为此，可以定义一个新的 X 变量为店铺口碑。如果评分大于或等于 4，那就是"好"，变量取值为 1；否则，就是"不好"，变量取值为 0。这样就将原来的离散型店铺评分简化成了二分类变量，这两个类别的占比分别为 92.12%（好）和 7.82%（不好）。然后根据该二分类变量对因变量做分组箱线图，如图 4.16 的右图所示，从中可以看出好口碑店铺的对数团购销量的平均水平（中位数计）明显高于口碑不好的店铺。这也符合经验常识，一般来说，口碑好的店铺更受消费者的青睐。

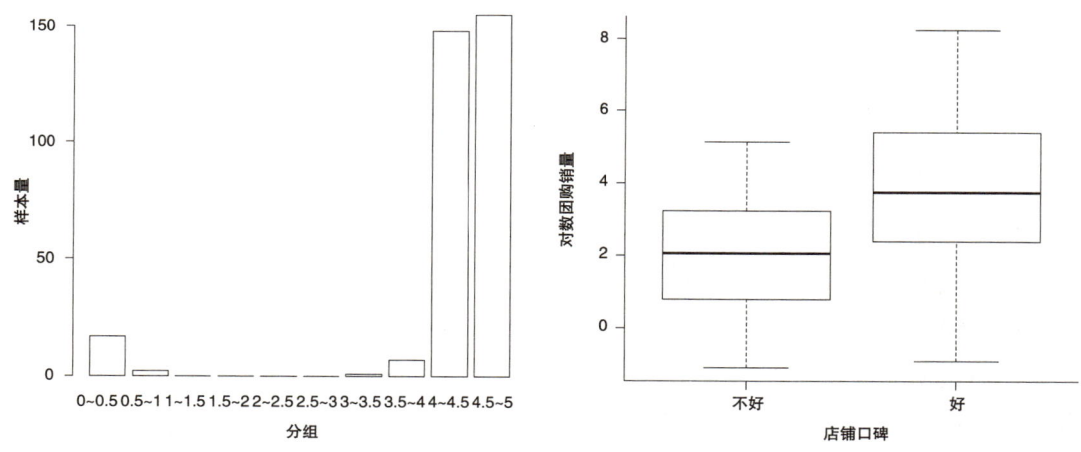

图 4.16　店铺评分各组样本数量的柱状图（左）和店铺口碑 – 对数团购销量分组箱线图（右）

接下来考察连锁店数量，这是一个离散型变量，取值范围为 1～6。计算发现 76.67% 的样本都只有一家门店，也就是说这些店铺其实都不是连锁店。剩下的样本中有两家或以上连锁店的店铺仅占 23.33%，因此也许没有太大必要细致考虑连锁店数量，可以将其进行粗糙的离散化，定义一个新的 X 变量为是不是连锁店。如果连锁店数量为 1，则不是连锁店，X 变量取值为 0。反之，如果连锁店数量大于等于 2，则是连锁店，X 变量取值为 1。根据是不是连锁店对因变量对数团购销量做分组箱线图，如图 4.17 的左图所示。可见连锁店的团购销量平均水平（中位数计）明显高于非连锁店。再考察另一个定性变量有无停车场与因变量之间的关系。可以定义一个新的 X 变量为有无停车场。如果有停车场则 X 取值为 1，否则取值为 0。根据有无停车场对因变量对数团购销量做分组箱线图，如图 4.17 的右图所示。可以看出有停车场店铺的团购销量平均水平（中位数计）高于没有停车场的店铺。一般来说，有停车场对消费者而言更便利，也会更受消费者的欢迎。

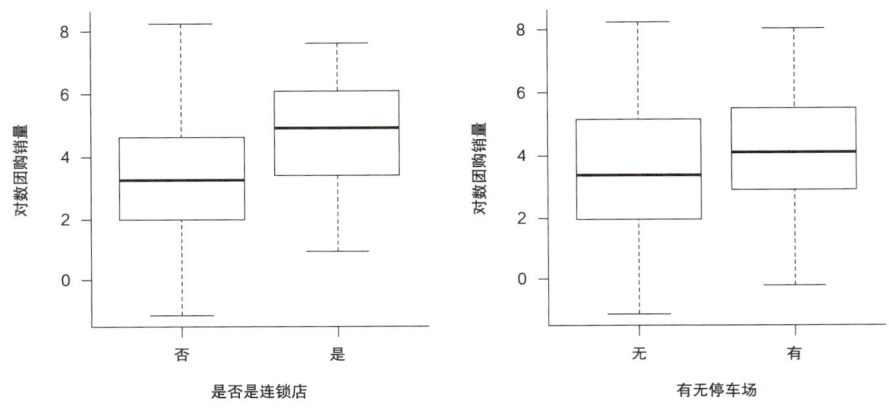

图 4.17　是否是连锁店和有无停车场与对数团购销量的分组箱线图

目前已经考虑了店铺评分、连锁店数量和有无停车场这三个与店铺信息有关的 X 变量，接下来再考虑与团购信息相关的 X 变量。

首先是团购评分。这个变量与前面的店铺评分有些类似，但二者仍然存在较大区别。店铺评分衡量的是消费者对店铺整体的评价，而团购评分是消费者对店铺中特定团购项目（如火锅双人套餐）的评价，下面考察团购评分的分布情况。团购评分也是以 0.1 为一级的离散型变量，取值范围为 0～5。仍然以每 0.5 分为一组将样本分为 10 组，每组样本量的柱状图呈现如图 4.18 的左图所示。可以看到出现了与店铺评分相似的现象，团购评分在 10 个不同水平上的分布也很不均衡，也是绝大多数样本都在 0～0.5 和 4～5，而在 0.5～4 的样本非常少。因此同样将团购评分进行离散化，定义一个新的 X 变量为团购项目口碑。如果评分大于或等于 4，则为"好"，X 变量取值为 1；否则，就是"不好"，X 变量取值为 0。这样就将原来的离散型团购评分简化成了二分类变量，这两个类别的占比分别为 67.58%（好）和 32.42%（不好）。然后根据该分类变量对因变量做分组箱线图，呈现在如图 4.18 所示的右图中，从中看到好口碑团购项目的对数团购销量的平均水平（中位数计）明显高于口碑不好的团购项目。

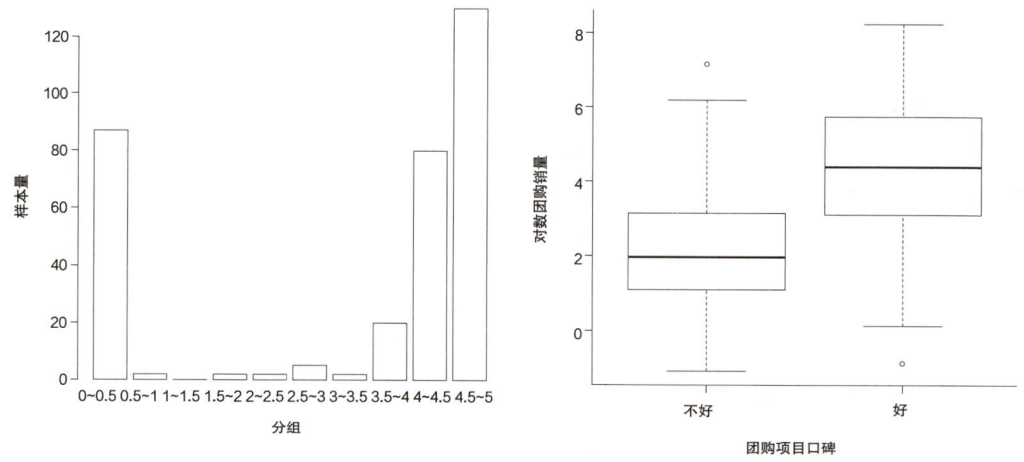

图 4.18　团购评分各组样本数量的柱状图（左图）和团购项目口碑 – 对数团购销量分组箱线图（右图）

接下来考虑团购价，这是一个连续型 X 变量，因此可以先用直方图获得一些直观感受。如图 4.19 的左图所示，从中可以看到团购价有一个非常右偏的数据分布。这说明市场上仍以低价位产品为主，高价位产品较少，但也确实存在少量价格特别高的产品。因此可以考虑对团购价做一个对数变换，再做直方图，如图 4.19 的中图所示，可见其分布形态改善了很多。进一步做团购价关于因变量 Y 的散点图，如图 4.19 的右图所示。遗憾的是，似乎无法看出特别明显的趋势。这里进行阶段性总结，至此已经确定了因变量 Y 为对数团购销量，并且确定了 5 个解释性变量分别为店铺口碑、是不是连锁店、有无停车场、团购项目口碑和对数团购价。

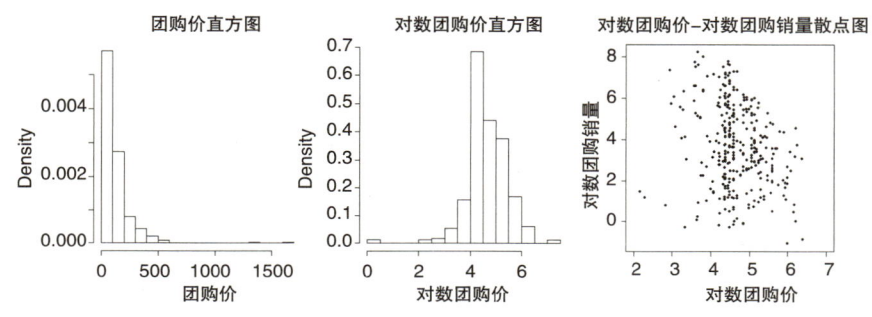

图 4.19　团购价直方图、对数团购价直方图和对数团购价 – 对数团购销量散点图

理论模型

前面已经为后面的分析做好了数据准备，接下来需要为此建立相关的理论模型。简单起见，先从简单模型出发，只考虑一个解释性变量，那就是 $X=$ 对数团购价。接下来探讨一下这个 X 是如何影响 Y 的，假设它能影响的话。为此必须依赖必要的数学工具，而什么样的数学工具会允许一个 X 去影响另一个 Y 呢？答案其实很简单，那就是函数。如果能找到一个函数 $f(\cdot)$，使得 $y=f(x)$，那就完美了。如果该函数关系成立，那么 X 作为函数输入，就可以精确地确定 Y 的取值，这样 X 对 Y 的影响力就够大了。如果能够接受"函数"这个基本想法，那么还有一个问题：该选用哪一个函数形式呢？

随便翻开一本数学书，你会发现，数学家为此提供了太多选择。有常函数、线性函数、二次函数、多项式函数、幂函数、指数函数等，以及由这些函数的各种进一步组合而产生的新的函数，不计其数。请问到底用哪一个呢？

你可能会说："用最合适的那一个。"其实，对真实数据而言，没有任何一个函数可以被称作"最合适"，"最合适"这个状态根本不存在。虽然"最合适"的函数不存在，但是"最简单"的函数也许是值得考虑的。毕竟万事开头难，为什么不从最简单的函数出发呢？请问什么函数最简单？答：常函数，即 $f(x)=C$，而 C 是一个常数。这个函数怎么样？足够简单吗？足够简单，简单到了极致。但是它有用吗？显然没有。因为这个函数不具备表达 X 的影响力的能力，毕竟 C 是一个常数，与 X 无关。所谓影响力是指 $f(x)$ 的取值会随着 X 的变化而有所变化，而常函数的取值并不随着 X 的变化而变化，因此常函数不符合要求。

那能否再考虑下一个函数呢？一个比常函数稍微复杂一点但仍然很简单的函数，那就是线性函数 $f(x)=\beta_0+\beta_1 x$。这个函数足够简单，而且允许 X 充分表达它的意见。因此获得了一个模型：$y=\beta_0+\beta_1 x$。请问这是人们苦苦寻找的线性回归模型吗？当然不是。如果该模型成立，那么对于本案例而言，只要团购价给定，那么团购销量就是确定的。有这么好的事吗？定一个看似合理的价格，然后做品质很差的火锅，也能获得和大家一样的

销售业绩吗？显然不可能。销量 Y 受太多因素影响，价格仅仅是其中的一个。除此以外还有品质、服务、竞争、天气等因素，而且大量的因素本身就带有强烈的不确定性（如竞争对手的行为）。因此，即使团购价 X 给定，团购销量 Y 仍然具有一定的不确定性，这才合理。那么关键问题来了：如何引入不确定性？

为此，前辈学者提出了极具智慧的解决方案，基本思想如下。影响 Y 的因素数不胜数，而 X 仅仅是其中的一个，除此之外还有无穷多，哪怕只是在理论上也无法罗列完全。既然世界如此复杂，无法面面俱到，那么面对无比复杂的实际问题时，不如追求大道至简。具体而言，就是用一个随机变量 ε 来表示所有那些影响 Y，而又与 X 独立的相关因素。再用线性函数把 ε 整合到前面的模型上，因此模型就变成了：

$$y = \beta_0 + \beta_1 x + \varepsilon \tag{4.1}$$

对，这就是有名的线性回归模型。在该模型中，β_0 称作截距项，β_1 称作回归系数。根据该模型，影响 Y 的因素由两部分构成：一部分是由可观测到的解释性变量 X 以 $\beta_0 + \beta_1 x$ 的形式构成，另一部分则由与前一部分完全独立的随机变量 ε 构成。ε 表示的是随机噪声，它包含所有独立于 X 但是却对 Y 有影响的因素。ε 的创造发明是统计学的大智慧。接下来根据该模型有 $\sigma_y^2 = \mathrm{var}(y) = \mathrm{var}(\beta_0 + \beta_1 x + \varepsilon) = \mathrm{var}(\beta_0 + \beta_1 x) + \sigma_\varepsilon^2$，其中假设 $\mathrm{var}(\varepsilon) = \sigma_\varepsilon^2$。这说明关于 Y 的不确定性 σ_y^2 同样可以拆成两部分，一部分由 X 产生，而另一部分由 ε 产生。其中由 X 产生的部分占比越大越好，因为这是被 X 捕捉并且可以被准确预测的一部分。由 ε 产生的部分占比越小越好，因为这是由随机噪声产生的，无法预测。这说明，$\mathrm{var}(\beta_0 + \beta_1 x)$ 与 σ_ε^2 的相对贡献占比决定了这个模型的预测精度的理论上限。这里定义它为理论判决系数（Theoretical R-Squared）：

$$R^2 = \frac{\mathrm{var}(\beta_0 + \beta_1 x)}{\sigma_y^2} = \left(1 - \frac{\sigma_\varepsilon^2}{\sigma_y^2}\right) \times 100\%$$

显然 R^2 越大，X 与 Y 的相关性就越强。反之，R^2 越小，X 与 Y 的相关性就越弱。R^2 的定义保证了它是一个介于 0 与 1 之间的实数，再小也不能是负数，再大也不会超过 $1=100\%$。

如果 $R^2=0$，此时模型的 $\beta_1=0$，因此 X 与 Y 完全线性无关，如图 4.20 的左图所示。如果 $R^2=100\%$，那么 $\beta_1 \neq 0$ 且 $\sigma_\varepsilon^2=0$，此时 X 与 Y 可能完全正相关（$\beta_1 > 0$），如图 4.20 的中图所示。X 与 Y 也有可能完全负相关（$\beta_1 < 0$），如图 4.20 的右图所示。

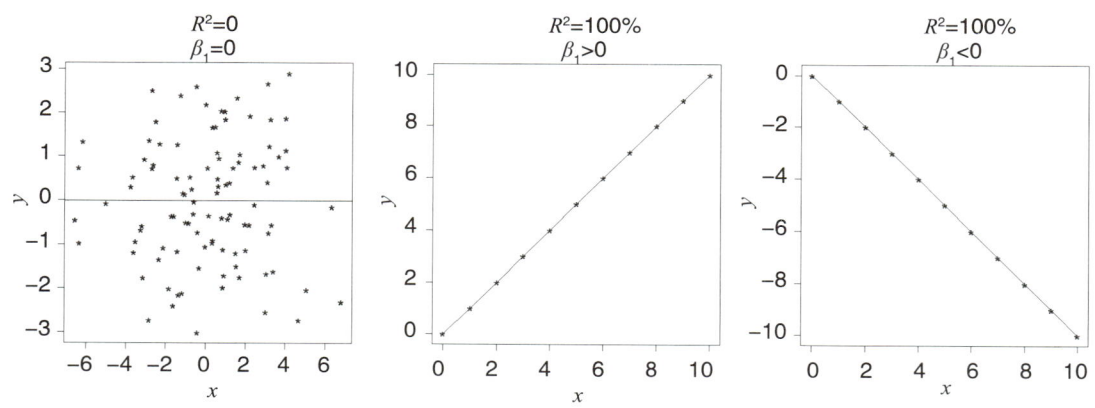

图 4.20 理论 $R^2 = 0$ 和理论 $R^2 = 100\%$ 的示意图

关于随机噪音的讨论

虽然前面内容中给出了线性回归的理论模型（4.1），但是关于随机噪音的讨论似乎并不充分。你可能会产生一个疑问：当把随机噪音添加到 $y = \beta_0 + \beta_1 x$ 上的时候，为什么不对 ε 先做一个线性变换呢？如果可以，那么相应的线性回归模型应该是：

$$y = (\beta_0 + \beta_1 x) + (\alpha_0 + \alpha_1 \varepsilon) \tag{4.2}$$

其中，α_0 和 α_1 是另外一组参数。这样的思考是有道理的。如果模型（4.2）成立，那么有 $y = (\beta_0 + \alpha_0) + \beta_1 x + \alpha_1 \varepsilon$，此时需要重新定义 $\beta_0 + \alpha_0$ 为新的 β_0，而 $\alpha_1 \varepsilon$ 为新的 ε，你会发现原模型（4.1）仍然成立。这说明对 ε 的线性变换是没必要的。另外一个关于 ε 的问题是，$\mathrm{E}(\varepsilon)$ 应该是多少？假设是 μ，那么原模型 $y = \beta_0 + \beta_1 x + \varepsilon$ 可以重新表述为 $y = (\beta_0 + \mu) + \beta_1 x + (\varepsilon - \mu)$。此时如果重新定义 $\beta_0 + \mu$ 为新的 β_0，而 $\varepsilon - \mu$ 为新的 ε，你会发现原模型仍然成立。这说明 ε 的均值不是一个可识别（Identifiable）的参数，具体取值多少都无所谓。因此可以不失一般性地将它定义成 $\mathrm{E}(\varepsilon) = 0$。请注意 ε 的方差 $\mathrm{var}(\varepsilon) = \sigma_\varepsilon^2$ 是一个可识别参数，是可以准确估计的。

还有一个关于 ε 的问题，那就是到底假设 ε 服从什么分布好呢？答案是无所谓，只要满足方差有界，并且与 X 变量互相独立，那么大数定律与中心极限定理将保证后面所介绍的参数估计与假设检验方法都会有效。当然，如果想要理论结果看起来最好看，那最好假设 ε 服从正态分布。但是要注意，这仅仅是一个优美的理论假设，实际中不会被严格满足。最后还有一个问题，随机噪音 ε 与解释性变量 X 之间应该是什么关系？答：

至少是线性不相关,最好是相互独立。否则,ε 还包含着一部分与 X 相关的信息。直观上不严谨地讲,这等同于假设 ε 可以表达为 $\varepsilon = \gamma_0 + \gamma_1 x + e$,其中 γ_0 与 γ_1 也是参数,而 e 是与 X 线性不相关的随机变量,将其代入原模型有:$y = \beta_0 + \beta_1 x + \varepsilon = \beta_0 + \beta_1 x + (\gamma_0 + \gamma_1 x + e) = (\beta_0 + \gamma_0) + (\beta_1 + \gamma_1) x + e$。此时如果重新定义 $\beta_0 + \gamma_0$ 为新的 β_0,$\beta_1 + \gamma_1$ 为新的 β_1,e 为新的 ε,你会发现原模型仍然成立,而此时新的 ε 与 X 是线性无关的,甚至是独立的。因此,普通线性回归模型永远假设 ε 与 X 线性无关。为方便起见,大部分书籍(含本书)直接假设 ε 与 X 独立。

请注意,普通线性回归中研究的都是相关关系,不是因果关系。在相关关系的前提下,任何与 X 相关的 ε 都可以被进一步拆分成两个部分。其中,第一部分与 X 线性相关,而第二部分与 X 线性无关(但不一定独立)。因此,可以将与 X 线性相关的第一部分剥离出来,而将与 X 线性无关的第二部分看作新的残差项 ε,这样 X 仍然与新的残差项线性无关,满足线性回归模型的基本假设。但是在很多实际工作中,人们常常关心更加严格的因果关系,那么此时 X 完全有可能与 ε 相关。此时,该如何准确地估计模型参数需要一套更加复杂深入的方法。此部分内容属于因果推断的内容,超出了本书的范畴,因此不予讨论。

参数估计

确定了线性回归模型的表达式后,希望能够求解出模型(4.1)中回归系数 $\beta = (\beta_0, \beta_1)'$ 的取值,从而才能确定每个自变量对因变量的影响方向和大小。但是,由于随机误差项 ε 的存在,事实上永远都无法知道 β 的确切取值。但可以对 β 的取值予以合理"猜测",也就是参数估计。通常采用的估计方法是最小二乘法(Ordinary Least Squares),接下来将介绍其核心思想。为了方便讨论,这里暂时随机模拟生成 10 个数据,如图 4.21 所示的星形标记。为方便讨论,对每个样本进行了编号。

对线性回归而言,所谓参数估计,其核心就是要找一条回归直线 $f(x) = \beta_0 + \beta_1 x$,使得这条直线能够尽可能地把样本数据拟合好。那么如何定义"拟合好",就成了一个非常关键的问题。事实上,在统计学的方法论中,确实存在不同的定义方式,因此也会产生不同的参数估计方法。本节将要介绍的是最经典常用的最小二乘法估计,其构造思想如下。

在图 4.21 中提供了两条不同的回归直线,对应两个不同的参数估计,请问哪条线好?是虚线好,还是实线好?相信你一定会说实线好。但是为什么?虚线不是挺好的吗?它从样本①与③中穿过去了,这说明它对这两个样本的拟合优度是绝对完美的。你为什么不喜欢虚线呢？你一定会说，虚线虽然是对①和③拟合得特别好，但是对其他样本而言，就一塌糊涂了。例如，它对⑩号样本就毫无拟合优度可言。实线恰好相反，虽然没有对任何样本提供完美拟合，但是它对每一个样本都照顾得不错。原来如此，这里要追求的"好"，不是一个、两个样本的"好"，而是大家"好"，才是真的"好"。

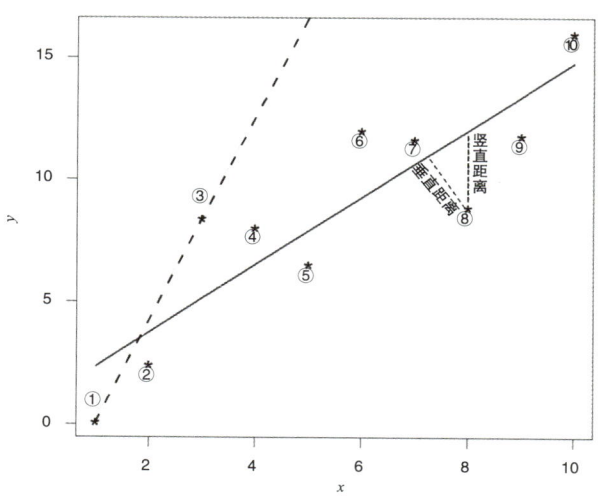

图 4.21　模拟生成的 10 个数据及两条不同的回归直线

由此可见，参数估计的核心思想是：大家"好"才是真的"好"。为此需要从数学上回答两个问题。第一，如何评价"好"？第二，如何定义"大家"？先思考第一个问题。对于一个特定样本，如图 4.21 中的⑧，如何评价实线对它的拟合优度是"好"还是"不好"？答案似乎很简单：观察点到线的距离。如果是这样，似乎应该考虑的是⑧号样本点到回归直线（图 4.21 中的实线）的垂直距离。这样做有没有道理？当然有道理。但是这样产生的损失函数稍显复杂，因此并不是最常用的关于拟合优度好坏的测量。事实上，用得最多的是竖直距离。如果实线正好是真实的回归直线，那么给定 x_8，它在实线上的取值应该是 $\beta_0 + \beta_1 x_8$，因此真实观察值 y_8 和该点的竖直距离应该是 $y_8 - \beta_0 - \beta_1 x_8$，它刚好代表的是随机噪声项，因此数学上可以用 $(y_8 - \beta_0 - \beta_1 x_8)^2 = \varepsilon_8^2$ 测量该竖直距离的大小。请注意，这里为什么要进行平方？原因是 $y_8 - \beta_0 - \beta_1 x_8 = \varepsilon_8$ 是一个可正可负的量，而平方有助于去掉正负号。你也许还会问，那为什么不用绝对值呢？答：当然也可以，只是计算稍显麻烦。使用绝对值得到的估计量叫作最小一乘法估计，也是一个很优秀的估计量。言归正传，现在决定用 $(y_8 - \beta_0 - \beta_1 x_8)^2 = \varepsilon_8^2$ 来评价回归直线 $f(x) = \beta_0 + \beta_1 x$ 对⑧号样本 (x_8, y_8) 的拟合优度。同样的操作显然也可以用到其他样本上。也就是说，对任意样本 (x_i, y_i)，可

以用 $(y_i - \beta_0 - \beta_1 x_i)^2 = \varepsilon_i^2$ 来评价拟合优度。至此，已经解决了如何评价"好"的问题。

请记住这里的基本原则是：大家"好"才是真的"好"。接下来要讨论的就是如何从数学上表达"大家"。换句话说，如何把来自各个样本的拟合优度评价 $(y_i - \beta_0 - \beta_1 x_i)^2$ 综合在一起呢？想法其实也很简单，将其求和就可以了。这就产生了下面的最小二乘法目标函数：

$$Q(\beta) = \sum_{i=1}^{n}(y_i - \beta_0 - \beta_1 x_i)^2 \propto \frac{1}{n}\sum_{i=1}^{n}(y_i - \beta_0 - \beta_1 x_i)^2$$

其中，$\propto$ 表示呈正比例关系。由此可见，$Q(\beta)$ 本质上是对 $(y_i - \beta_0 - \beta_1 x_i)^2$ 求了一个算术平均值，通过算术平均值整合了来自每一个样本的信息。你也许会问：可以考虑其他的"均值"吗？比如中位数。答案是肯定的，但是因为理论复杂，用得很少。如果有多个 X 变量，那么可以把 X 表达成 $X = (x_1, x_2, \cdots, x_p)' \in \mathbb{R}^p$，这是一个 p 维向量。同理，可以定义 $\beta = (\beta_0, \beta_1, \beta_2, \cdots, \beta_p)' \in \mathbb{R}^{p+1}$ 为回归系数（含截距项），$\varepsilon = (\varepsilon_1, \varepsilon_2, \cdots, \varepsilon_p)' \in \mathbb{R}^p$ 为随机噪声向量。此时，模型（4.1）变为 $y = \tilde{X}'\beta + \varepsilon$，其中 $\tilde{X} = (1, x_1, \cdots, x_p)'$。这是一个更一般化的线性回归模型。对应的最小二乘法目标函数就变为了：

$$Q(\beta) = \sum_{i=1}^{n}(y_i - \beta_0 - \beta_1 x_{i1} - \beta_2 x_{i2} - \cdots - \beta_p x_{ip})^2$$

然后最小二乘法估计就可以被定义为那个能把 $Q(\beta)$ 最小化的 β，即 $\hat{\beta} = (\hat{\beta}_0, \hat{\beta}_1, \hat{\beta}_2, \cdots, \hat{\beta}_p)' = \mathrm{argmin}\, Q(\beta)$，请注意这里的 $\hat{\beta}$ 含截距项。很幸运的是，$\hat{\beta}$ 存在一个优美的显式解。

以上是关于最小二乘法估计思想的详细介绍。接下来再与大家分享一个有趣的结果，那就是最小二乘法估计 $\hat{\beta}$ 在一定条件下也是极大似然估计。请注意，前面关于最小二乘法估计量的讨论都没有假设 ε 的概率分布。这是一个优点，这说明最小二乘法估计的很多优良性质并不依赖于 ε 具体的概率分布。但这也是一个缺点，这说明在绝大多数情况下最小二乘法估计都不是极大似然估计，因此不太可能是最优估计。对于绝大多数实际数据分析问题而言，什么是最优估计也无从得知。接下来严格证明，当 ε 服从正态分布时，最小二乘法估计也是极大似然估计，这时候它是理论上最优的估计量。详细过程如下。假设 ε_i 服从均值为 0、方差为 σ^2 的正态分布。根据 $y_i = \beta_0 + \beta_1 x_{i1} + \cdots + \beta_p x_{ip} + \varepsilon_i$ 可得 y_i 也服从正态分布，均值为 $\beta_0 + \beta_1 x_{i1} + \cdots + \beta_p x_{ip}$，方差为 σ^2，注意此时没有考虑 X 的随机性，即将 X 看作是给定的数据。利用这一点，可以写出如下似然函数：

$$\mathcal{L}(\beta, \sigma^2) = \frac{1}{(\sqrt{2\pi}\sigma)^n} \exp\left\{-\frac{1}{2\sigma^2}\sum_{i=1}^{n}(y_i - \beta_0 - \beta_1 x_{i1} - \beta_2 x_{i2} - \cdots - \beta_p x_{ip})^2\right\}$$

$$\Rightarrow \ln \mathcal{L}(\beta, \sigma^2) = -\frac{n}{2}\ln(2\pi) - \frac{n}{2}\ln(\sigma^2) - \frac{1}{2\sigma^2}\sum_{i=1}^{n}(y_i - \beta_0 - \beta_1 x_{i1} - \beta_2 x_{i2} - \cdots - \beta_p x_{ip})^2$$

然后可以得极大似然估计如下：

$$(\hat{\beta}_{\text{MLE}}, \hat{\sigma}^2_{\text{MLE}}) = \operatorname{argmax} \ln \mathcal{L}(\beta, \sigma^2)$$

$$= \operatorname{argmax}\left\{-\frac{n}{2}\ln(\sigma^2) - \frac{1}{2\sigma^2}\sum_{i=1}^{n}(y_i - \beta_0 - \beta_1 x_{i1} - \beta_2 x_{i2} - \cdots - \beta_p x_{ip})^2\right\}$$

如何求解呢？可以先固定 σ^2，对 β 求解。如此可得：

$$\hat{\beta}_{\text{MLE}} = \operatorname*{argmax}_{\beta}\left\{-\frac{n}{2}\ln(\sigma^2) - \frac{1}{2\sigma^2}\sum_{i=1}^{n}(y_i - \beta_0 - \beta_1 x_{i1} - \beta_2 x_{i2} - \cdots - \beta_p x_{ip})^2\right\}$$

$$= \operatorname*{argmax}_{\beta}\left\{\sum_{i=1}^{n}(y_i - \beta_0 - \beta_1 x_{i1} - \beta_2 x_{i2} - \cdots - \beta_p x_{ip})^2\right\} = \hat{\beta} \qquad (4.3)$$

其中，第一个等号后的式子中 β 的优化只与式（4.3）中的最小二乘法目标函数相关，而 $\hat{\beta}$ 正是 β 的最小二乘法估计。由此可见，在 ε 是正态分布的条件下，β 的极大似然估计等于它的最小二乘法估计。在给定 $\hat{\beta}$ 的情况下，再求解 σ^2 得：

$$\frac{\partial \ln \mathcal{L}(\hat{\beta}, \sigma^2)}{\partial \sigma^2} = 0 \Rightarrow -\frac{n}{2\sigma^2} + \frac{1}{2\sigma^4}\sum_{i=1}^{n}(y_i - \hat{\beta}_0 - \hat{\beta}_1 x_{i1} - \hat{\beta}_2 x_{i2} - \cdots - \hat{\beta}_p x_{ip})^2 = 0$$

$$\Rightarrow \hat{\sigma}^2_{\text{MLE}} = \frac{1}{n}\sum_{i=1}^{n}(y_i - \hat{\beta}_0 - \hat{\beta}_1 x_{i1} - \hat{\beta}_2 x_{i2} - \cdots - \hat{\beta}_p x_{ip})^2$$

理论上可以验证 $\text{E}(\hat{\sigma}^2_{\text{MLE}}) = \sigma^2(n-p-1)/n \approx \sigma^2$，其中约等号的成立需要样本量 n 足够大而参数个数 p 相对足够小。这对于大多数传统数据分析而言不是个大问题。如果希望得到一个无偏估计，那么可以定义 $\hat{\sigma}^2 = \hat{\sigma}^2_{\text{MLE}} n/(n-p-1)$，可以证明 $\text{E}(\hat{\sigma}^2) = \sigma^2$。$\hat{\sigma}^2$ 是绝大多数统计软件中汇报的数字。设 $\hat{\sigma}_y^2 = \sum_{i=1}^{n}(y_i - \bar{y})^2/n$，其中 $\bar{y} = \sum_{i=1}^{n} y_i/n$ 是因变量 Y 的样本均值。显然，$\hat{\sigma}_y^2$ 是一个关于 σ_y^2 的相合估计，那么可以对理论判决系数 R^2 估计如下：

$$\hat{R}^2 = \left(1 - \frac{\hat{\sigma}^2_{\text{MLE}}}{\hat{\sigma}_y^2}\right) \times 100\%$$

这是对理论 R^2 的一个相合估计。可以预期，当样本量 n 足够大时，有 $\hat{R}^2 \approx R^2$。样本量越大，近似的精度越好。

前面提到 β 的最小二乘估计 $\hat{\beta}$ 有一个优美的显式解，下面探讨一下 $\hat{\beta}$ 的求解公式。

为此需要求解 $p+1$ 个线性方程的方程组：$\partial Q/\partial \beta_q = 0$，其中 $q=0,1,\cdots,p$。计算该方程组可得：

$$\begin{cases} \dfrac{\partial Q}{\partial \beta_0} = -2\sum_{i=1}^{n}\left(y_i - \beta_0 - \beta_1 x_{i1} - \beta_2 x_{i2} - \cdots - \beta_p x_{ip}\right)^2 = 0 \\ \dfrac{\partial Q}{\partial \beta_1} = -2\sum_{i=1}^{n} x_{i1}\left(y_i - \beta_0 - \beta_1 x_{i1} - \beta_2 x_{i2} - \cdots - \beta_p x_{ip}\right)^2 = 0 \\ \quad\quad\quad\quad\quad\quad\quad\quad \vdots \\ \dfrac{\partial Q}{\partial \beta_p} = -2\sum_{i=1}^{n} x_{ip}\left(y_i - \beta_0 - \beta_1 x_{i1} - \beta_2 x_{i2} - \cdots - \beta_p x_{ip}\right)^2 = 0 \end{cases} \quad (4.4)$$

如果定义一个 $n\times(p+1)$ 的矩阵 $\boldsymbol{X} = \left(\tilde{\boldsymbol{X}}_1,\cdots,\tilde{\boldsymbol{X}}_n\right)'$，其中 $\tilde{\boldsymbol{X}}_i = \left(1,\boldsymbol{X}_i'\right)' = \left(1,x_{i1},\cdots,x_{ip}\right)'$ 是一个增加了截距项的向量，也称 $\boldsymbol{X}$ 是设计矩阵。定义因变量向量为 $\boldsymbol{Y}=\left(y_1,\cdots,y_n\right)' \in \mathbb{R}^n$。那么方程组（4.4）就可以用矩阵形式优美地表达为 $\boldsymbol{X}'\boldsymbol{X}\boldsymbol{\beta} - \boldsymbol{X}'\boldsymbol{Y} = 0$，因此有 $\hat{\boldsymbol{\beta}} = \left(\boldsymbol{X}'\boldsymbol{X}\right)^{-1}\boldsymbol{X}'\boldsymbol{Y}$。这就是 $\hat{\boldsymbol{\beta}}$ 的显式解，由此可以获得所有的参数估计。

假设检验

求出了 $\hat{\boldsymbol{\beta}} = \left(\hat{\beta}_0,\hat{\beta}_1,\cdots,\hat{\beta}_p\right)' = \left(\boldsymbol{X}'\boldsymbol{X}\right)^{-1}\boldsymbol{X}'\boldsymbol{Y}$，便可以用 $\hat{\boldsymbol{\beta}}$ 去估计 $\boldsymbol{\beta}$ 了。$\hat{\boldsymbol{\beta}}$ 是一个由样本决定的估计量，因此是具有不确定性的。当求出 $\hat{\boldsymbol{\beta}}$ 后，如果发现其中某个回归系数 $\hat{\beta}_j \neq 0$，那是否意味着 β_j 也不为 0？也就是说，是否意味着第 j 个自变量对于 Y 一定是有影响的？不一定。那要怎么才能确定呢？必须做假设检验。这是一个双边假设检验问题，数学上表达为：

$$H0: \beta_j = 0 \quad \text{v.s.} \quad H1: \beta_j \neq 0$$

请问如何解决这个假设检验问题？首先需要知道 $\hat{\boldsymbol{\beta}}$ 的分布性质。这里并不需要假设 ε 是服从正态分布的。在中心极限定理的作用和一定合理假设条件的加持下，$\hat{\boldsymbol{\beta}}$ 近似服从一个正态分布，均值为 $\boldsymbol{\beta}$，方差为 $\sigma_\varepsilon^2\left(\boldsymbol{X}'\boldsymbol{X}\right)^{-1}$。对于 $\hat{\boldsymbol{\beta}}$ 的任意一个分量 $\hat{\beta}_j$，它近似服从一个正态分布，均值为 β_j，方差为 $\mathrm{var}\left(\hat{\beta}_j\right) = \sigma_\varepsilon^2\left(\boldsymbol{X}'\boldsymbol{X}\right)_j^{-1}$，其中 $\left(\boldsymbol{X}'\boldsymbol{X}\right)_j^{-1}$ 表示矩阵 $\left(\boldsymbol{X}'\boldsymbol{X}\right)^{-1}$ 的第 j 个对角元素。那么 $\hat{\beta}_j$ 的标准差 $\mathrm{SE}\left(\hat{\beta}_j\right) = \sqrt{\mathrm{var}\left(\hat{\beta}_j\right)} = \sigma_\varepsilon\sqrt{\left(\boldsymbol{X}'\boldsymbol{X}\right)_j^{-1}}$ 就刻画了 $\hat{\beta}_j$ 的估计误差，因此也称作它的标准误差。请注意 $\mathrm{SE}\left(\hat{\beta}_j\right)$ 本身也是一个参数，需要估计，相应的估计量为 $\widehat{\mathrm{SE}}\left(\hat{\beta}_j\right) = \hat{\sigma}_\varepsilon\sqrt{\left(\boldsymbol{X}'\boldsymbol{X}\right)_j^{-1}}$。那么对于上述假设检验问题，就可以定义一个统计量

为 $z_j = \hat{\beta}_j / \widehat{\text{SE}}(\hat{\beta}_j)$。在中心极限定理的作用下，$z_j$ 随着样本量 n 的增大渐近服从正态分布。在原假设 $H0: \beta_j = 0$ 成立的条件下，z_j 还渐近服从标准正态分布。因此假设检验规则应该是：对于给定的显著性水平 α，当 $|z_j| \leq z_{1-\alpha/2}$ 时接受原假设 $H0: \beta_j = 0$；反之，在 $|z_j| > z_{1-\alpha/2}$ 时拒绝原假设 $H0: \beta_j = 0$，而接受对立假设 $H1: \beta_j \neq 0$。除此之外，也可以通过 p 值来判断是接受还是拒绝原假设。p 值是在原假设成立的前提下，得到比当前样本更极端的结果的概率。p 值越小，说明原假设成立的条件下当前结果发生的可能性越小，因此越倾向于拒绝原假设。这里 p 值的具体计算公式为 $p = 2 \times P(N(0,1) \geq |z_j|)$。对于给定的显著性水平 α，当 $p \geq \alpha$ 时接受原假设 $H0: \beta_j = 0$。反之，在 $p < \alpha$ 时拒绝原假设 $H0: \beta_j = 0$，而接受对立假设 $H1: \beta_j \neq 0$。以上介绍的这个检验就是 Z 检验。接下来就对本案例中的各个回归系数进行 Z 检验，结果如表 4.10 所示。

表 4.10　回归模型估计结果

变量名	系数估计	标准误差	Z统计量	p值
店铺口碑	0.443	0.349	1.269	0.204
是否是连锁店	1.117	0.208	5.370	<0.001
有无停车场	0.665	0.199	3.342	<0.001
团购项目口碑	1.986	0.203	9.783	<0.001
对数团购价	−0.410	0.110	−3.727	<0.001

接下来对每一个 X 变量的回归估计结果进行解读。首先以店铺口碑为例，根据表 4.10 所示，店铺口碑回归系数的最小二乘法估计为 $\hat{\beta}_j = 0.443$，对应的标准误差估计量为 $\widehat{\text{SE}}(\hat{\beta}_j) = 0.349$。因此 Z 统计量为 $z_j = \hat{\beta}_j / \widehat{\text{SE}}(\hat{\beta}_j) = 0.443/0.349 = 1.269$，而对应的 p 值为 0.204。若选定显著性水平 $\alpha = 10\%$，由于 $p > \alpha$，因此在 10% 的显著性水平下接受原假设 $H0: \beta_j = 0$。也就是说，在控制了其他 X 因素的前提下，基于现有数据，无法确定店铺口碑与对数团购销量之间的显著线性相关关系。接下来对是不是连锁店这个变量做详细解读。请注意该 X 变量是一个 0-1 型变量，其中 $X=1$ 表示连锁店，而 $X=0$ 表示非连锁店。它对应的回归系数最小二乘估计为 $\hat{\beta}_j = 1.117$，标准误差估计量为 $\widehat{\text{SE}}(\hat{\beta}_j) = 0.208$。因此 Z 统计量为 $z_j = \hat{\beta}_j / \widehat{\text{SE}}(\hat{\beta}_j) = 1.117/0.208 = 5.370$，根据 p 值的具体计算公式：$p = 2 \times P(N(0,1) \geq |z_j|)$，可以计算得到此时对应的 p 值为 7.87×10^{-8}。假设显著性水平 $\alpha = 0.001$，可以发现 p 值小于 0.001，这说明该 X 变量确实与对数团购销量显著相关，即便是在控制了其他因素（店铺口碑、有无停车场、团购项目口碑和对数团购价）之后。更

具体地说，该 X 变量每增加一个单位（即从 $X=0$ 不是连锁店变为 $X=1$ 是连锁店），预期对数团购销量增加 1.117 个单位。因此也可以认为，在控制其他因素不变时，连锁店相比于非连锁店的对数团购销量会增加 1.117 个单位。

再考虑下一个 X 变量：有无停车场。这也是一个 0-1 型变量，其中，$X=1$ 表示有停车场，而 $X=0$ 表示没有停车场。它对应的回归系数最小二乘估计为 $\hat{\beta}_j = 0.665$，标准误差估计量为 $\widehat{SE}(\hat{\beta}_j) = 0.199$。因此 Z 统计量为 $z_j = \hat{\beta}_j / \widehat{SE}(\hat{\beta}_j) = 3.342$，对应的 p 值为 $0.0008 < 0.001$。这说明即使在控制其他因素之后，该 X 变量仍然与对数团购销量显著相关。更具体地说，该 X 变量每增加一个单位（从 $X=0$ 没有停车场，变为 $X=1$ 有停车场），预期对数团购销量增加 0.665 个单位，即有停车场的店铺相比于没有停车场的店铺而言，预期对数团购销量会增加 0.665 个单位。对于团购项目口碑也可做类似的解读。团购项目口碑仍然是一个 0-1 型变量，其中，$X=1$ 表示口碑好，而 $X=0$ 表示口碑不好。它对应的回归系数最小二乘估计为 $\hat{\beta}_j = 1.986$，标准误差估计量为 $\widehat{SE}(\hat{\beta}_j) = 0.203$。因此 Z 统计量为 $z_j = \hat{\beta}_j / \widehat{SE}(\hat{\beta}_j) = 9.783$。对应的 p 值非常小，小于 0.001。这说明即使在控制其他因素之后，该 X 变量仍然与对数团购销量显著相关。更具体地说，该 X 变量每增加一个单位（从 $X=0$ 团购项目口碑不好，变为 $X=1$ 团购项目口碑好），预期对数团购销量增加 1.986 个单位。

下面再对对数团购价进行解读，这是一个连续型变量，它对应的回归系数最小二乘估计为 $\hat{\beta}_j = -0.410$，标准误差估计量为 $\widehat{SE}(\hat{\beta}_j) = 0.110$。因此 Z 统计量为 $z_j = \hat{\beta}_j / \widehat{SE}(\hat{\beta}_j) = -3.727$，对应的 p 值为 $0.0002 < 0.001$。这说明该 X 变量确实与对数团购销量显著相关，即使是在控制了其他因素之后。更具体地说，对数团购价每增加一个单位，预期对数团购销量减少 0.410 个单位。

本节对线性回归的理论模型、参数估计和假设检验等都进行了详细的介绍，并且将线性回归模型运用在火锅团购销量的实际案例中，展示了线性回归的应用。在学习完本节之后，大家将会对线性回归有初步的掌握。需要注意的是，线性回归处理的是横截面数据（Cross-Sectional Data），简单来说就是所有数据基本发生在一个时点上。但是生活中也常常碰到随时间变化的数据，简称时间序列数据（Time Series Data）。如何对时间序列数据进行建模分析呢？请看下一节。

课后思考

① 请列举出一个可以使用线性回归模型进行数据分析的案例,并简要描述该案例的背景及建立线性回归模型的意义。请对该案例收集一些数据,并为因变量 Y 绘制分布直方图。请问因变量 Y 的分布明显左偏或者明显右偏吗?如果 Y 存在左偏或者右偏的情况,可以如何处理?请问处理后 Y 的偏态有改善吗?

② 对于第 1 题中的实际案例,请为其建立线性回归模型,并对线性回归模型的参数估计和假设检验结果进行解读。请问:各回归系数是否显著?回归系数的估计值各为多少?如何解读这些回归系数的具体含义?

③ 对第 2 题中线性回归模型的参数估计结果,请基于数据评价其预测精度。请问:你对该精度满意吗?是否还可以进一步提高?应该向哪些方向尝试努力?

4.4 时间序列模型

本书目前所涉及的数据类型都是横截面数据。什么是横截面数据？简单来说，就是在基本相同的一个时间点上，面对不同的个体（基本上还是互相独立的个体）所采集的数据。面对横截面数据，人们常常做出的第一个假设（但不一定是完美的假设）是：不同数据之间是相互独立的。为什么可以这样假设？因为横截面数据中的不同数据来自不同个体，不同个体之间基本上是相互独立的。这就是统计学中常常假设独立性的原因，虽然这个原因很实际但并不完美。那么与横截面数据对立的数据是什么呢？答：时间序列数据。什么是时间序列数据？一个典型的时间序列数据常常是关于某个特定个体（注意：横截面数据是关于不同的个体），沿着时间轴长期多次的重复观测（注意：一般而言，横截面数据是在基本相同的时间点上的单次观测）。因此，时间序列的数据结构与横截面数据截然不同，所产生的数据规律也截然不同。如前所述，对横截面数据而言，不同数据之间常常假设是相互独立的，因为它们来自不同的独立个体。但是，时间序列数据就不同了，它们都来自同一个体，是在不同时间点上的多次观测。因此，时间序列数据天生就是大概率相关的，而该相关性被称为时间序列相关性。因此，对于时间序列数据而言，如何充分理解、把握并利用时间序列的相关性就成了核心问题。对该核心问题的研究方法与横截面数据显然不同，因此需要一套相对独立的分析方法进行研究，而这就是本节的重要使命。为此需要首先跟大家分享一个重要的事实，那就是：时间序列数据比比皆是，人们对于时间序列相关性的关心无处不在。为了说明这个问题，考虑以下几个案例。

案例1：GDP预测。

宏观经济指标是反映一个国家或地区经济情况的一种重要方式，与大众的就业、消费、生活水平等息息相关。如果能够对宏观经济指标进行预测，就能更好地把握国家或地区经济的现状与趋势，并因此制定科学合理的政策。在众多宏观经济指标中，GDP（国内生产总值）可能是最受关注的指标之一，它是一个国家或地区所有常驻单位在一定时期内生产活动的最终成果。图4.22展示了根据《中国统计年鉴》整理得到的我国1978—2020年的年度GDP数据变化趋势，可见GDP持续上升。这就是一个典型的时间序列数据，它是关于一个特定个体（中国）的数据，而且是沿着时间轴（1978—2020年）长期多次的重复观测。对于该数据而言，不同样本之间显然是有相关性的，因为这都是关于我国GDP的数据。今年的GDP水平显然在很大程度上受去年GDP的影响，因为今年的GDP是在去年的GDP水平上按照一定增长率形成的。从数据分析的角度看，人们非常关心该数据的时间序列相关性。如果能把握该相关性，就能更好地预测明年的GDP，为相关决策提供基于统计分析的科学依据。

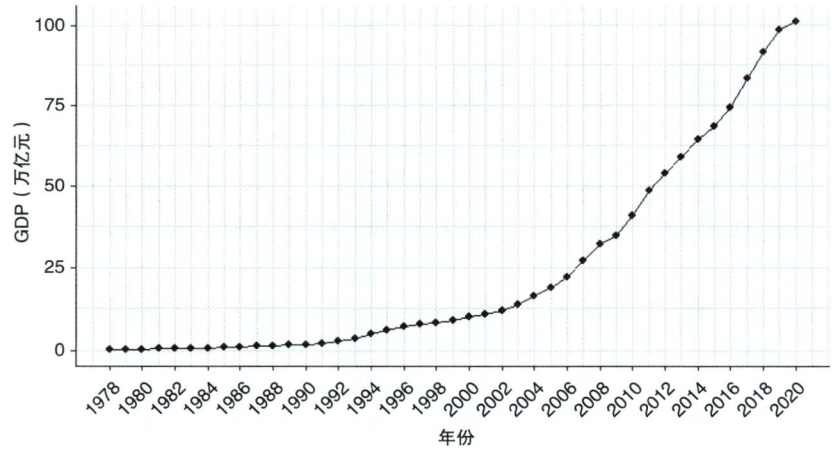

图4.22 我国1978—2020年的年度GDP数据变化趋势

案例2：股价预测。

"股市有风险，入市须谨慎。"股票市场中的风险就体现在股价的不确定性上，它每分每秒都可能会波动。投资者最希望的应该是能够预测未来的股价。如果能预知未来股价上涨，现在就应该做多；如果能预知未来下跌，现在就应该赶紧做空。图4.23展示了贵州茅台股票2021年每日收盘价的变化趋势，可见股价每天都在波动，且在6月至

8月呈现下跌趋势，而8月底开始有所回升。这就是一个典型的时间序列数据，它是关于一个特定个体（贵州茅台股票）的数据，而且是沿着时间轴（2021年1月5日至2021年12月31日）长期多次重复的每日观测。每一天股市交易结束时的收盘价数据显然是有时间序列相关性的，因为当期股价是前一段时间的股价经历市场波动而形成的。从数据分析的角度看，人们很关心该数据时间序列相关性的强弱。如果能把握该相关性，就能更好地预测将来的股价，并形成投资策略，获得超额收益率。

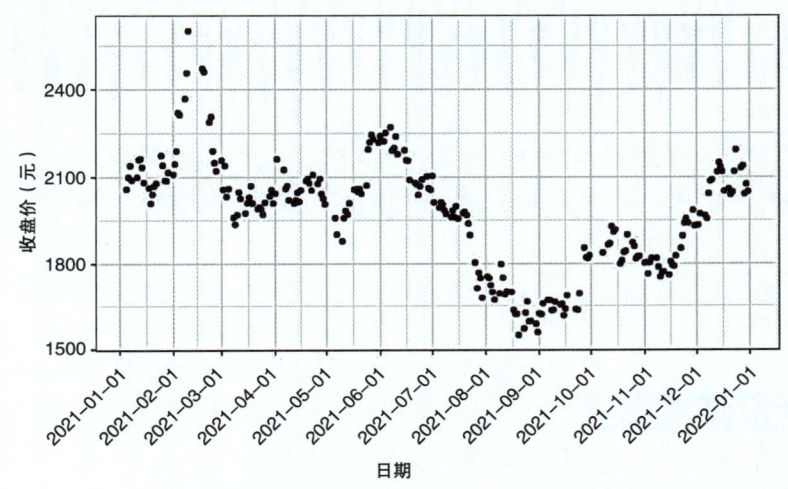

图 4.23　贵州茅台股票 2021 年每日收盘价变化趋势

案例 3：气温预测。

寒来暑往，气温有规律地起伏对农业生产有着重要的影响，因为不同的农作物对气温有不同的要求。为此充满智慧的古人对气温变化规律进行了各种总结，从而指导农业生产的进步。例如，二十四节气就是劳动人民在长期的农业生产实践中逐渐总结出的气候变化规律。现代化的农业生产也极大地依赖气温变化。为此气象局在全国各地建立地面气象站，实时观测气温并进行记录，密切关注气温变化规律。图 4.24 展示了北京市 1995—2019 年每个月的日平均气温的变化趋势。可见气温的变化具有较明显的周期性。每年气温大约在 1 月达到最低点，随后一路上升，大概在 7 月达到最高温度，然后又开始逐渐下降至次年 1 月，重回到气温最低点。这就是一个典型的时间序列数据，它是关于一个特定个体（北京市）的数据，而且是沿着时间轴（1995 年 1 月 1 日至 2019 年 12 月 31 日）长期多次的重复观测。对于该数据而言，不同气温观测之间显然是有相关性的，而且表现出很强的季节性特征，夏季温度高，冬季温度低。一般情况下气温的变化具有连续性，今天的气温是昨天的气温经历波动得到的。从数据分析的角度讲，人们很关心这个数据的时间序列相关性。如果能把握该相关性，就能更好地预测将来的气温，从而指导相关的工农业生产。

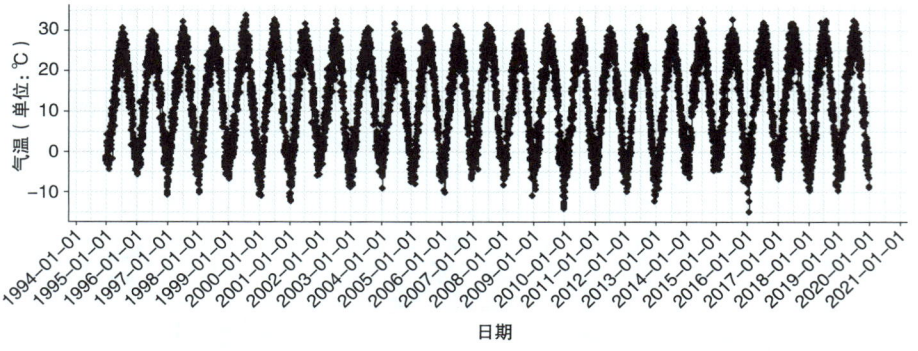

图 4.24　北京市 1995 年 1 月 1 日—2019 年 12 月 31 日日平均气温变化趋势

案例 4：AHE 预测。

在重症监护室中，病人可能会出现一种具有突发性和致命性的症状——急性低血压（Acute Hypotension Episodes，AHE）。AHE 的发生会使患者在短时间内昏厥、休克，而且可能造成器官的不可逆损伤，甚至可能导致死亡。根据相关数据库的数据统计，美国 2008 年 12 月重病监护室（Intensive Care Unit，ICU）内发生过 AHE 的患者死亡率为 37.8%，这远远高于未发生 AHE 的患者的死亡率（17.8%）。可见，AHE 会对患者的生命安全造成巨大威胁。目前 ICU 中的医疗设备只能测量患者当前的生命体征数据（如心电图、血压和呼吸等），而无法直接预测可能发生的急症。如果能够根据患者的生命体征数据对未来血压进行预测，在急性低血压发生之前进行预警，就能够为医生争取更多的抢救时间，从而为挽救患者生命提供更大可能。图 4.25 展示了一项急性低血压预测研究中的平均动脉血压（Mean Arterial Pressure，MAP）示例数据，这就是一个典型的时间序列数据，因为它是关于一个特定个体（某患者）的数据，而且是沿着时间轴在一定时期内多次高频率的重复观测。对于该数据而言，不同观测之间显然是有相关性的，因为它们都来自同一位患者，而当前时刻的血压是由上一时刻的血压波动形成的。从数据分析的角度看，人们很关心这个数据的时间序列相关性。如果能把握该相关性，就能更好地预测病人未来的血压，在可能要出现急性低血压之前及时预警并因此开展救治。

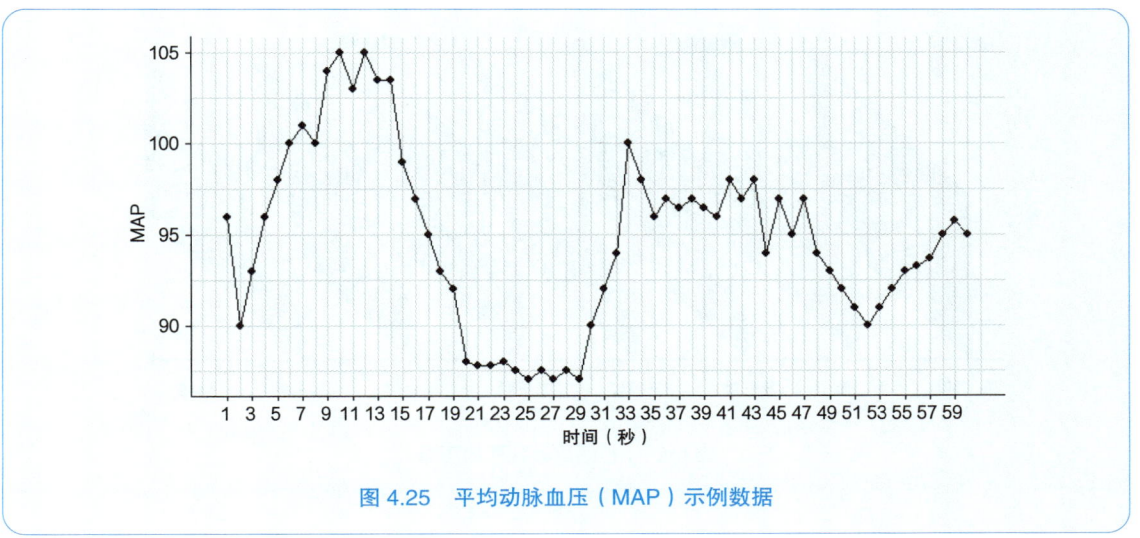

图 4.25 平均动脉血压（MAP）示例数据

案例 5：视频预测。

录像机是人类历史上一项伟大的发明，它为记录动态的影像提供了可能。录像机的基本工作原理是快速连续拍摄大量的照片，然后再连接在一起。录像机每秒拍摄多少张照片就是所谓的帧率，其单位为帧/秒。一般而言，当帧率达到 15 帧/秒时，人眼所看到的就是基本连贯的画面了。帧率越高则视频越流畅。目前电影的标准帧率大概是 24 帧/秒，电视的帧率一般是 25 帧/秒，而监控摄像头的帧率一般为 20~25 帧/秒。因此，视频的本质就是关于图像的时间序列。图 4.26 展示了从一个视频中逐帧截取出的图像，该视频来自某矿山的地下交通行道的监控摄像头。监控的核心目的是保障工作人员在乘坐架空乘人装置（俗称猴车）进出矿山通道时符合必要的安全规范，例如，正确佩戴安全帽，不能携带过大物品，不能违规步行等。该视频每秒 25 帧图片，每一帧图片都是关于同一个行道的重复观测。因此，视频也是一个典型的时间序列数据。更具体而言，它是关于一个特定个体（矿山行道）的数据，而且是沿着时间轴长期多次高频率的重复观测。对于该数据而言，不同帧图像的观测之间显然是有相关性的。因为下一帧图像是由上一帧变换而得到的。从数据分析的角度看，人们很关心这个数据的时间序列相关性。如果能把握该相关性，就有可能对视频下一帧要出现的画面进行预测，通过对比分析预测结果与实际观测之间的差异来判断视频中是否会出现异常物体，为矿山安全生产提供自动化帮助。

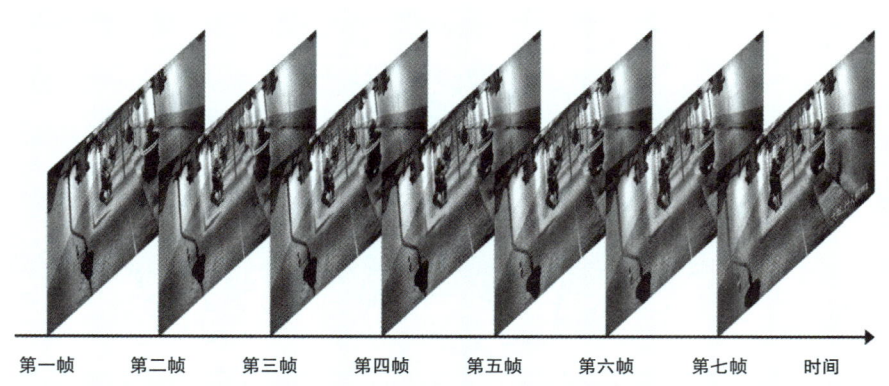

图 4.26 视频逐帧截取的图像

案例 6：机器作诗。

中华文学历史悠久、源远流长，诗词歌赋，璀璨夺目。如果把诗词歌赋中的每个词看作一个观测，那么它们也构成一个时间序列数据。该数据有强烈的时间序列相关性。该相关性被前人总结为"对仗工整"。为此，清朝进士车万育曾著有《声律启蒙》一书，这是一本训练儿童或诗词初学者应对和掌握声韵格律的启蒙读物。这本书用朗朗上口的歌谣形式总结了诗词歌赋中常见的对仗方式，如"云对雨，雪对风，晚照对晴空。来鸿对去燕，宿鸟对鸣虫"等。这就是古人通过长期的总结而提炼的关于诗词歌赋的时间序列相关性。如果能掌握并熟练使用该相关性，那么就有可能让机器学习该相关性来作诗。图 4.27 中的三首诗就来自某深度学习课上三位同学的课堂作业。这是以"北大光华"为目标的藏头诗。如果事先没有剧透，聪明的你能看出这是机器写的诗吗？

北风吹落日月明， 大江南北望乡人。 光随风起雁飞去， 华阳城外春风起。 作者：吴宇清 中国科学技术大学	北风吹雨雪， 大气入空林。 光景空山色， 华山夜月明。 作者：倪卓林 北京大学	北辰虽一醉， 大笑未还家。 光殿虽无事， 华阴不易销。 作者：陈思钰 北京大学

图 4.27 机器作诗

在充分理解时间序列数据及时间序列相关性的重要性后，接下来探讨如何对时间序列数据做统计学分析。这里以狗熊会微信公众号的日度粉丝数据为大家做一个展示。狗熊会公众号于 2013 年 11 月 11 日上线，粉丝数从 0 开始，慢慢积累，截至 2021 年 12 月 31 日，粉丝总数已经达到 175232。遗憾的是，较早时间的粉丝数存在记录不准确的问题，因此无法使用，只能选择 2017 年 1 月 1 日至 2021 年 12 月 31 日的日度粉丝总数数据来做演示。该数据是对同一个个体（狗熊会公众号）沿时间轴形成的多次重复的日度观测，因此这是一个典型的时间序列数据，如图 4.28 的左图所示，从中可以看到一个逐步上升的趋势。这一方面说明狗熊会的粉丝数量稳步增长，另一方面也说明该时间序列不是平稳的。一个平稳的时间序列在数学上有着严格而不平凡的定义。直观而不严格地讲，平稳就是要求这个时间序列没有大起大落。狗熊会公众号的粉丝数据存在大起大落的情况，因此并不平稳。时间序列数据的平稳性对于后续分析意义重大，因为不平稳的时间序列意味着数据分布在不同时间点是不稳定的，这让后续的统计学分析非常具有挑战性。请注意，这绝不意味着不平稳的时间序列数据不能分析，事实上不平稳时间序列的统计学分析是一个重要的研究前沿问题，有很多学者关注。但是本书作为入门级图书，还是先从最重要也最基础的平稳数据开始。狗熊会的粉丝数据并不平稳，怎么办呢？有办法，那就是考虑狗熊会粉丝数的日度粉丝数变化量。为了减少数据的波动性，对日度粉丝数变化量做了一个对数变换，结果如图 4.28 的右图所示，这就平稳了很多。对于这样一个平稳的数据计算如样本均值、样本方差这样的统计量，可能更有意义。

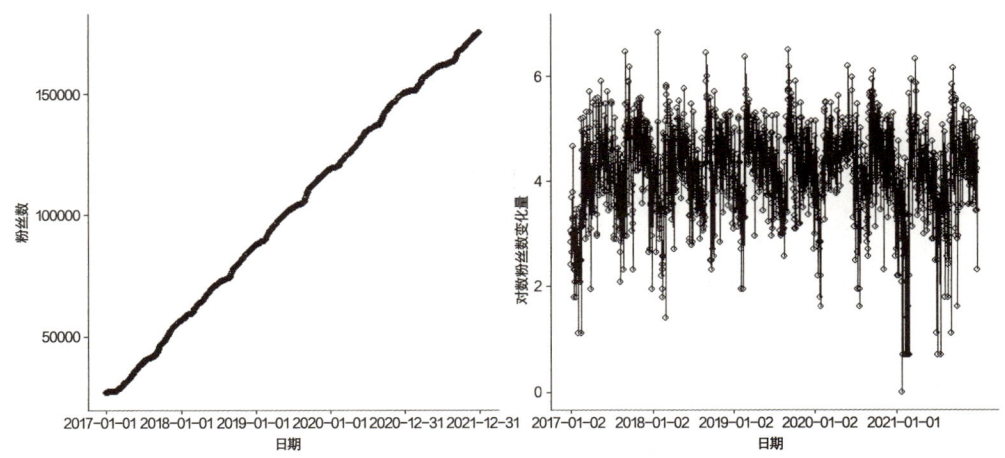

图 4.28　粉丝数和对数粉丝数变化量的时间序列图

接下来以每年的 365 天（或 366 天）为横轴，以对数粉丝数变化量为纵轴，对每一年的数据单独地作时间序列图，如图 4.29 所示。从图中你可能会发现一个现象：对数粉丝数变化量似乎是有周期性的。具体而言，每一年内对数粉丝数变化量的趋势很相似，都是 1 月至 3 月在波动中逐渐上升，3 月达到最高，随后在持续波动中慢慢下降，然后在 8 月底、9 月初又上升至顶峰，之后有所下降并持续波动。这个规律是非常好理解的。因为狗熊会公众号的粉丝主体是在校大学生，尤其是统计学相关专业的大学生。每年的 3 月及 8 月底、9 月初是全国各大高校的开学季，在这个时间段，很多老师和同学会把狗熊会公众号推荐给更多的新同学。因此，每年的这两个时间段粉丝增长量相对最多，完全符合预期。

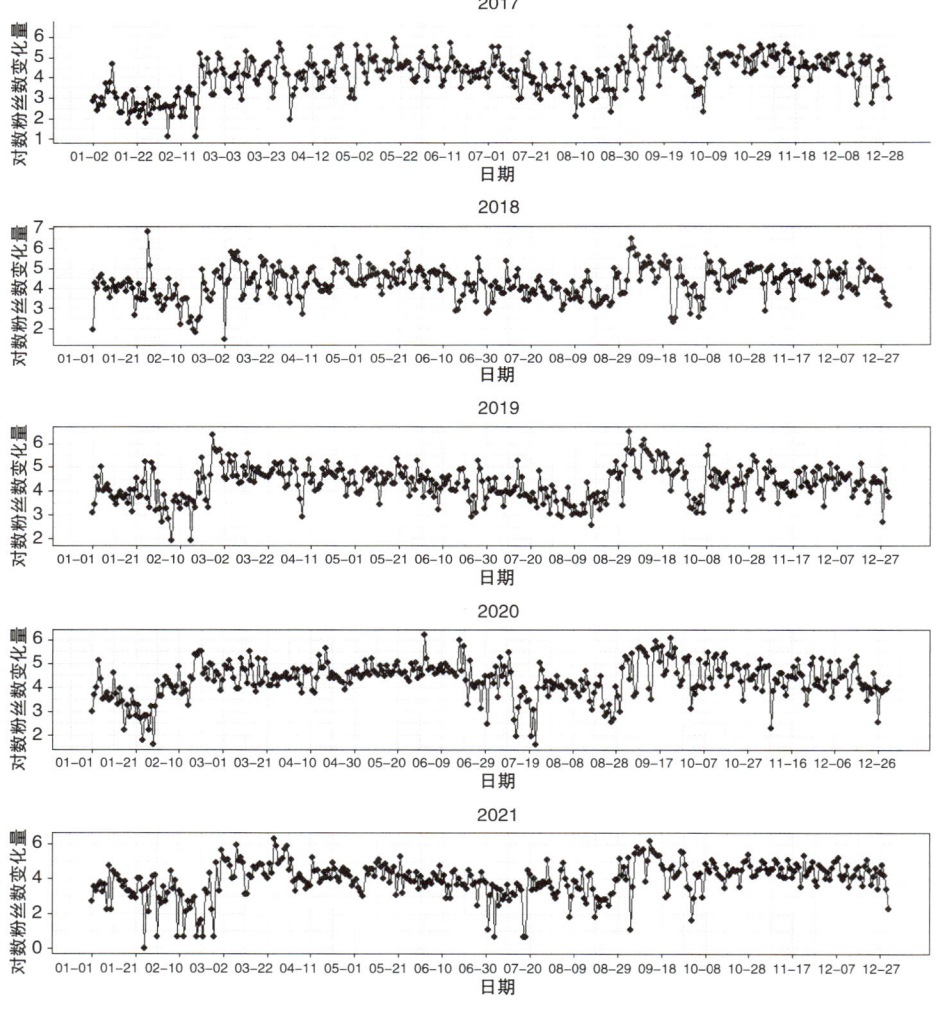

图 4.29　对数粉丝数变化量的年度变化规律

用 y_t 表示在第 t 日采集的对数粉丝数变化量，那么上面的分析说明了 y_t（当期数据）

与 y_{t-365}（去年同期数据）有着非常相似的规律。这给时间序列 $\{y_t\}$ 带来了很强的年度季节效应。因为有此效应的存在，每年开学季（2—3月，8—9月）观测到的 y_t 数据与其他时间点上观测到的数据非常不同，这说明它们服从不同的概率分布。很遗憾，这并不是一个特别好的消息。因为面对不同分布（尤其是均值不同）的随机变量，贸然计算各种统计量（如样本均值）的理论意义与实际意义似乎非常模糊。因此很希望对该数据做进一步变换，以降低甚至消除该季节性特征。请问该怎么办？这里可能有很多种办法，一个特别简单而且值得尝试的办法就是做差分，而且是 365 期的差分，也就是用 y_t 减去 y_{t-365}。具体而言，就是定义 $\Delta_t = y_t - y_{t-365}$。对差分后得到的结果 Δ_t 分年份再次作时间序列图，如图 4.30 所示，可以发现数据的年度季节效应似乎已经得到了极大的改善。例如，每年开学季数据取值较高的现象已经基本消失，因此数据似乎更加接近白噪声。所谓白噪声，就是没有时间序列相关性的数据。

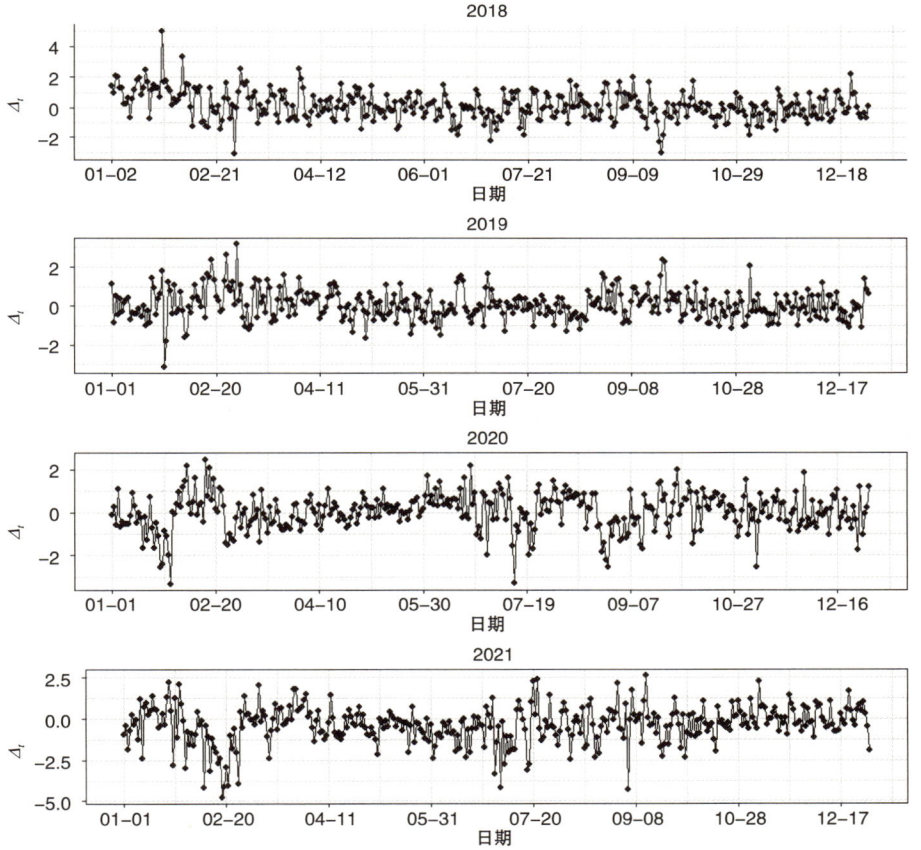

图 4.30　做 365 期差分后对数粉丝数变化量的年度变化规律

进行 365 期差分得到 Δ_t 后,年度季节效应已得到了一定改善。接下来考虑如何进一步量化时间序列相关性。什么是时间序列相关性?就是当期的 Δ_t 和上一期的 Δ_{t-1}、上上期的 Δ_{t-2},甚至上上上期的 Δ_{t-3} 都有可能具有相关性。为此,可以分别计算一下 Δ_t 和它们之间的相关系数,这个系数在统计学上被定义为自相关系数(Autocorrelation Coefficient)。这其实就是普通的相关系数,但是基于时间序列数据计算而得。这些时间序列数据 Δ_t 又都来自同一个体(狗熊会公众号),因此称该相关系数为自相关系数。给定一个滞后期 k,那么 k 阶的自相关系数就可以看作是一个关于 k 的函数,被称为自相关函数(Autocorrelation Coefficient Function,ACF),具体定义如下:

$$\mathrm{ACF}(k) = \frac{\sum_{t=k+1}^{n}\left(\Delta_t - \bar{\Delta}\right)\left(\Delta_{t-k} - \bar{\Delta}\right)}{\sum_{t=1}^{n}\left(\Delta_t - \bar{\Delta}\right)^2}$$

其中,$\bar{\Delta} = \sum_{t=1}^{n} \Delta_t / n$ 是关于 Δ_t 的样本均值,n 表示总观测时长。然后对 Δ_t 这个时间序列分别计算不同阶数的 ACF 值,作图如图 4.31 所示。虚线的含义是,若 ACF 值落在虚线外,则说明 ACF 值显著不为 0。可以看到有大量的 ACF 取值较大且为正,并落在虚线以外,这说明时间序列数据 $\{\Delta_t\}$ 中仍然存在强烈而复杂的时间序列相关性。值得注意的是,其中 ACF(1) 取值最大,也就是说 Δ_t 和 Δ_{t-1} 之间的相关性最为强烈。这提示也许可以考虑用 Δ_{t-1} 作为一个 X 变量而用 Δ_t 作为 Y 变量,从而形成一个线性回归模型:$\Delta_t = \beta_0 + \beta_1 \Delta_{t-1} + \varepsilon_t$。从操作层面上讲,这就是一个以 Δ_t 为 Y 变量,而以 Δ_{t-1} 为 X 变量的线性回归模型。因为这里的 X 变量与 Y 变量都来自狗熊会公众号这同一个个体,所以这是一个自己与自己回归的模型,称其为自回归模型(Auto-Regression Model,AR Model)。如果这个模型充分表达了数据中的时间序列特征,那么残差项 ε_t 应该为一个白噪声过程。这是不是事实呢?这还需要检验。

对于该模型,可以与前面的线性回归模型一样,通过最小二乘法获得关于 $\beta = (\beta_0, \beta_1)'$ 的参数估计,记为 $\hat{\beta} = (\hat{\beta}_0, \hat{\beta}_1)'$,然后形成对 ε_t 的估计为 $\hat{\varepsilon}_t = \Delta_t - \hat{\beta}_0 - \hat{\beta}_1 \Delta_{t-1}$。接下来对 $\{\hat{\varepsilon}_t\}$ 序列再计算 ACF 值,如图 4.32 所示。首先看到的是落在虚线外的 ACF 值与图 4.31 相比少了很多。这说明,对 Δ_t 做的自回归模型确实非常成功地捕捉到很大一部分关于 Δ_t 的时间序列相关性,因此分离出来的残差 $\hat{\varepsilon}_t$ 的时间序列相关性得到很大的降低,所以向着白噪声的方向又前进了一大步。但是,仔细观察图 4.32 可以从中发现,$\hat{\varepsilon}_t$ 的 ACF 图并不完美,其中 ACF(7) 为正而且取值较大,这说明仍有 7 阶的自相关性没有被模型提取出来。7天正好是一周，这启示人们思考：是否还存在着周度的季节效应？当天是星期几是否也会对Δ_t有影响？

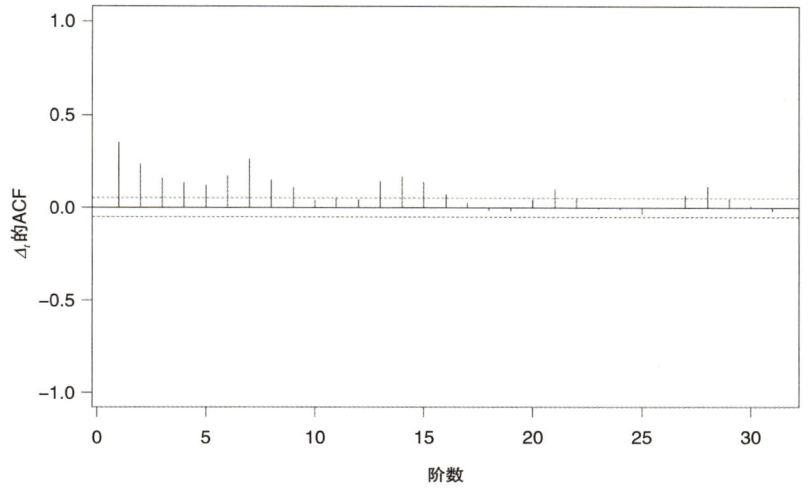

图 4.31　Δ_t 的 ACF 图

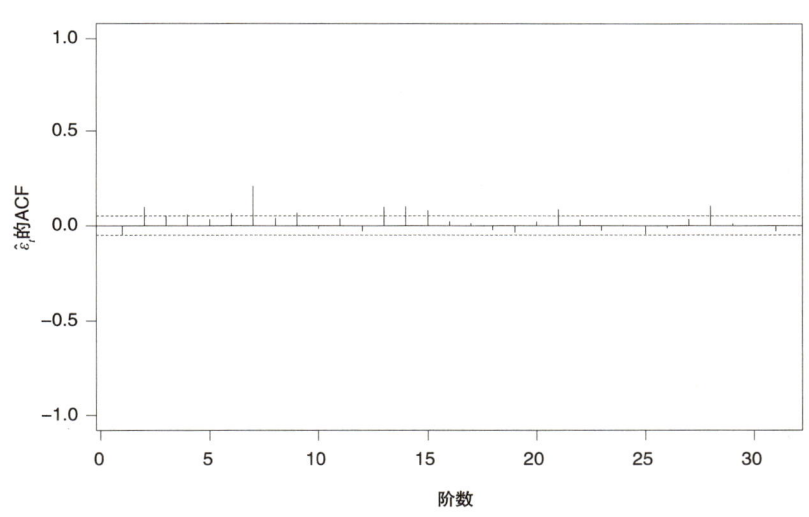

图 4.32　第一个模型中 $\hat{\varepsilon}_t$ 的 ACF 值

为此可以以每周七天中的星期几为横轴，对Δ_t的数据分组做分组箱线图，如图4.33所示。可以发现星期几对于Δ_t的确有明显的影响。在每个星期内，Δ_t在星期一是一个较高的起点，因为这是每周的开始。然后逐渐下降，在星期五或星期六达到最低点。因为这是周末，教学活动相对较少。之后又开始上升，在星期日再次上升到一个比较高的值。

这个规律也并不意外。因为狗熊会公众号的受众大部分是高校的老师或同学，因此他们的行为规律与教学安排基本规律保持一致，而教学安排受星期影响很大。

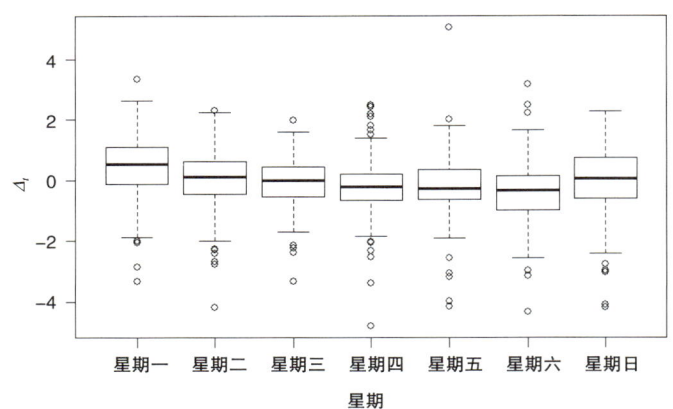

图 4.33　Δ_t在每周七天的分组箱线图

既然星期几对于Δ_t有明显影响，那么如何控制星期几效应呢？一个可能的办法是对Δ_t再做一个7阶差分得到$\Delta_t^* = \Delta_t - \Delta_{t-7}$，然后再对$\Delta_t^*$做进一步的模型尝试。但遗憾的是这次尝试并没有成功，星期几效应并未得到有效控制。试错的过程就不在此展示了，需要一提的是，真实的数据分析就是这样一个多次试错的过程，从不完美，但总能改进。接下来转向另一个方法，那就是考虑将星期几也作为X变量加入模型中。具体而言，可以将星期几处理成6个哑变量：Week_{1t}、Week_{2t}、Week_{3t}、Week_{4t}、Week_{5t}、Week_{6t}，分别代表是不是星期一、星期二、星期三、星期四、星期五和星期六。将6个哑变量加入模型中，得到新的模型为$\Delta_t = \beta_0 + \beta_1\Delta_{t-1} + \beta_2\text{Week}_{1t} + \beta_3\text{Week}_{2t} + \beta_4\text{Week}_{3t} + \beta_5\text{Week}_{4t} + \beta_6\text{Week}_{5t} + \beta_7\text{Week}_{6t} + \varepsilon_t$。对于该模型仍然可以用最小二乘法估计，得到关于$\beta = (\beta_0, \beta_1, \cdots, \beta_7)'$的参数估计，记为$\hat{\beta} = (\hat{\beta}_0, \hat{\beta}_1, \cdots, \hat{\beta}_7)'$。计算残差$\hat{\varepsilon}_t = \Delta_t - \hat{\beta}_0 - \hat{\beta}_1\Delta_{t-1} - \hat{\beta}_2\text{Week}_{1t} - \cdots - \hat{\beta}_7\text{Week}_{6t}$，再次绘制$\hat{\varepsilon}_t$的ACF，如图4.34所示。可见，虽然ACF(7)仍然在虚线外，但取值变小了很多，这说明此时分离出来的残差ε_t已经接近白噪声了。整体而言，图4.34的ACF图并不完美，但已经足够令人满意，这也许已经是一个实际中可以接受的模型了。

接下来将该模型的参数估计结果呈现在表4.11中。首先可以看到的是判决系数R^2为18.51%，这意味着Y的不确定性中有18.51%可以被X变量解释，这里的X变量只有两个，一个是上期观测Δ_{t-1}，另一个是星期（Week）。接下来对回归系数进行解读，Δ_{t-1}的回归系数估计为0.361，p值小于0.001，这说明确实存在着显著的滞后一期效应，而且是正相关的效应。

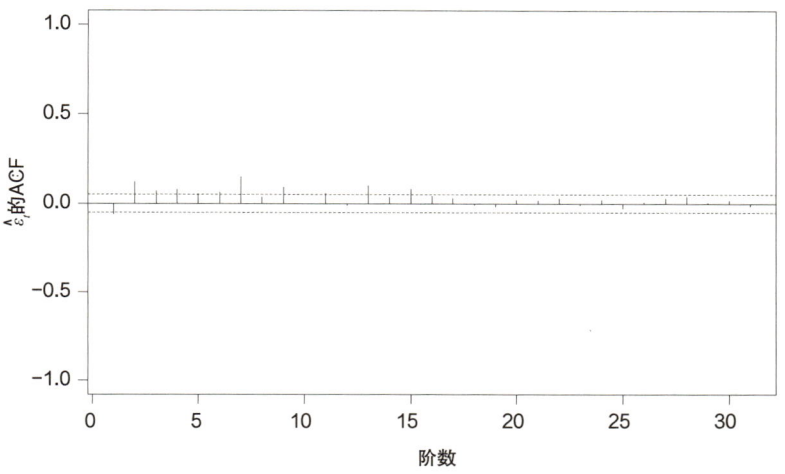

图 4.34　第二个模型中 $\hat{\varepsilon}_t$ 的 ACF 值

在其他因素不变时，上一期的差分对数粉丝数变化量 Δ_{t-1} 每增加 1 单位，当期的差分对数粉丝数变化量 Δ_t 就平均增加 0.361 单位。然后看 Week_{1t}、Week_{2t}、Week_{3t}、Week_{4t}、Week_{5t}、Week_{6t} 的系数估计结果。六个哑变量的 p 值都小于 0.05，这说明六个哑变量都在 0.05 的显著性水平下与 Δ_t 相关，因此确实存在着显著的周度季节效应。只有 Week_{1t} 的系数估计为正，而其他都为负。这说明在其他因素相同的情况下，以星期日为基准，星期一的 Δ_t 比星期日高，而星期二至星期六的 Δ_t 都比星期日低。

表 4.11　模型参数估计结果

变量名	系数估计	标准误差	Z统计量	p值
截距项	0.117	0.062	1.887	0.059
Δ_{t-1}	0.361	0.024	15.042	<0.001
Week_{1t}	0.356	0.087	4.092	<0.001
Week_{2t}	−0.252	0.089	−2.831	0.002
Week_{3t}	−0.169	0.087	−1.943	0.026
Week_{4t}	−0.308	0.087	−3.540	<0.001
Week_{5t}	−0.219	0.087	−2.517	0.006
Week_{6t}	−0.432	0.087	−4.966	<0.001

在给定所有参数估计的情况下，就可以根据当前数据对下一日的对数粉丝数变化量进行预测，详细过程如下。假设给定历史数据 $\{y_t:1\leqslant t\leqslant T\}$，希望预测 y_{T+1}。如前文所述，为了消除年度季节效应，构造了 $\Delta_t = y_t - y_{t-365}$，其中 $366\leqslant t\leqslant T$（这里隐含的要求是

$T \geq 366$)。然后根据表 4.11 中的参数估计结果对 Δ_{T+1} 做估计，如下所示：

$$\Delta_{T+1} = 0.117 + 0.361\Delta_T + 0.356\text{Week}_{1(T+1)} - 0.252\text{Week}_{2(T+1)} - 0.169\text{Week}_{3(T+1)}$$
$$- 0.308\text{Week}_{4(T+1)} - 0.219\text{Week}_{5(T+1)} - 0.432\text{Week}_{6(T+1)} \quad (4.5)$$

然后再求得关于 y_{T+1} 的预测值 $\hat{y}_{T+1} = y_{T-364} + \Delta_{T+1}$。接下来做一个具体展示。目前有 2017 年 1 月 1 日（1 时刻）至 2021 年 12 月 31 日（T 时刻）的数据，希望预测 2022 年 1 月 1 日（$T+1$ 时刻）的对数粉丝数变化量。为此计算了 Δ_T 的值，即 $\Delta_T = y_T$（2021 年 12 月 31 日）$- y_{T-365}$（2020 年 12 月 31 日）$= -1.902$。同时，2022 年 1 月 1 日是星期六，因此 $\text{Week}_{6(T+1)} = 1$，而其余 $\text{Week}_{i(T+1)} = 0$。代入式（4.5）得到 $\Delta_{T+1} = 0.117 + 0.361 \times (-1.902) - 0.432 = -1.002$，再得到 $\hat{y}_{T+1}$（2022 年 1 月 1 日）$= y_{T-364}$（2021 年 1 月 1 日）$+ \Delta_{T+1} = 2.708 - 1.002 = 1.706$。真实的 $y_{T+1} = 2.708$，预测误差为 $|\hat{y}_{T+1} - y_{T+1}| = 1.002$，说明误差并不小。聪明的你能帮忙想想如何改进吗？

总结一下，本节用狗熊会粉丝日度增长数据为大家展示了一个典型的时间序列数据预测分析的基本思路，并介绍了 ACF 这个重要的工具及各种常见的处理季节效应的方法。显然这样的介绍只能是入门级别的，本节无法覆盖更多更深入的时间序列模型，也无法更深入地讨论一些非常重要的理论概念（如平稳性）。但希望能为你开一扇窗，让你看到时间序列这个有趣的世界。

① 请在实际生活中找到一个你感兴趣的时间序列数据，以时间为 X 轴绘制折线图。请问该时间序列平稳吗？如果不平稳，你可以尝试对该时间序列数据进行差分处理。请问差分后的时间序列平稳吗？

② 观察第 1 题中绘制的时间序列折线图，请问它表现出了明显的周期性吗？如果有，那么做多少期差分可以较好地消去时间序列中的季节效应？你能否结合案例背景，尝试解释这一周期性的可能来源？

③ 请对第 1 题的时间序列数据绘制其 ACF 图，并对 ACF 图进行解读。请问：最大的自相关系数出现在第几阶？据此你可以建立怎样的自回归模型？

4.5 0-1回归模型

之前的章节系统地讲述了线性回归模型,线性回归模型解决的是连续型因变量的建模和预测问题。然而在实际生活中,也经常会碰到 0-1 型因变量的情况。所谓 0-1 型因变量就是只有两个可能性的离散型因变量,常常(并不是所有情形)可以被规范成一个是否的问题。比如,该邮件是否为垃圾邮件?某互联网广告是否会被点击?信贷业务中用户借贷后是否会按时归还?等等。此时,研究问题的因变量 Y 是一个 0-1 型变量。面对 0-1 型因变量,为什么不能用之前讲的线性回归模型来拟合呢?回顾最简单的一元线性回归模型 $Y = \beta_0 + \beta_1 X + \varepsilon$。如果将该模型用在 0-1 型因变量上,那么此时等号的左边是一个取值为 0 或者 1 的值,但是等号的右边是一个连续型数值(因为 ε 的存在),所以左边和右边永远不可能完全相等。因此,线性回归模型不能直接对 0-1 型因变量建模。那应该怎么办呢?这就需要用到回归五式的第二式:0-1 回归模型。为了更好地介绍 0-1 回归模型,下面以一个实际案例为例,详细讲解 0-1 回归模型的各个方面。

案例介绍

本节采用一个关于汽车保险的案例。为什么采用这样一个案例?因为随着人民生活水平的不断提高,汽车已经逐渐成为家庭标配。国家统计局数据表明,2020 年全国平均每百户居民拥有 37.1 辆家用汽车。从总量上看,图 4.35 展示了我国民用汽车保有量从 2008 年到 2021 年的变化情况。从中可以看出,自 2008 年以来我国民用汽车保有量持续增加,2021 年已经达到了 2.9 亿辆,是 2008 年的 6 倍左右。

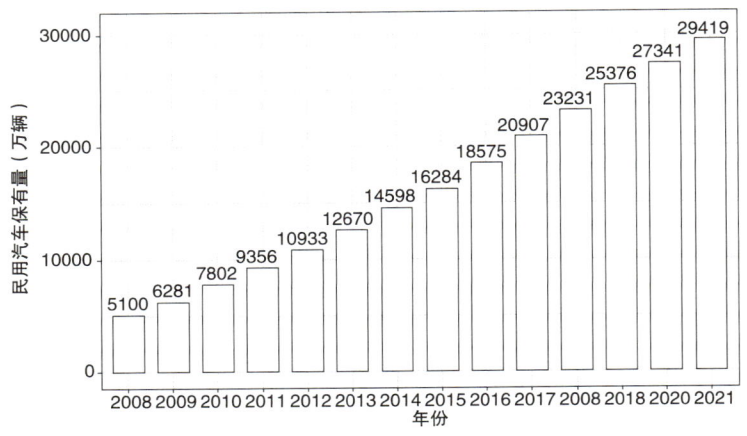

图 4.35　2008 年至 2021 年民用汽车保有量[①]

庞大的汽车保有总量促进了车险行业的蓬勃发展。据银保监会统计，2019 年与 2020 年全国机动车辆保险的原保费收入分别达到 8188 亿元和 8245 亿元，分别占同年保险行业原保费总收入的 19.2% 和 18.2%。在车辆保险行业不断发展、规模不断扩大的过程中，车险计费的方式也在改变。我国车险定价在很长一段时间内执行的都是统一费率标准，而 2002 年 8 月中国保险监督管理委员会（简称保监会）发布了《关于改革机动车辆保险条款费率管理制度的通知》，自此保监会不再制定统一的车险条款费率。即便如此，在今天我国车险费率的灵活性也是较低的。随着车联网等技术的逐步普及，各类移动数据采集设备可以提供更详尽的司机驾驶行为数据，如车辆的里程表度数、速度和时间信息、急转弯和急刹次数等。通过对这些数据与是否出险的结果进行建模，就可以估计车主的事故风险，这为更加精准的个性化车险定价提供了可能。所谓个性化车险就是对不同车主提供非常有差异化的车险保费，其核心在于让驾驶行为良好的车主享受更优惠的车险费用。这类车险模式对驾驶行为习惯良好的车主而言能够减少开销，帮助其养成良好的驾驶习惯，于保险公司而言也能够降低赔付率，提升客户体验。

无论是传统车险还是更为精准的个性化车险，保险公司最关心的核心指标都是该险种的理赔情况，因为理赔情况直接影响到该险种能否给公司带来收入，以及为了实现该收入而承受的风险。理赔情况又可以量化为几个核心指标，如出险率、出险件数、理赔总金额等。在本案例中聚焦的指标是出险率，其理论值是车主出险的概率。出险率反映到车主个体层面就变成了"是否出险"，这就是本案例中的因变量 Y。显然"是否出险"

---

① 数据来源：国家统计局。

第 4 章　回归分析

的结果只可能有两种状态:"出险"或"未出险",因此这是一个 0-1 型数据,以这类 0-1 型数据为因变量 Y 建立回归模型的过程就叫作 0-1 回归。如果能够通过建立回归模型,分析哪些因素 X 对"是否出险"具有显著的影响,就可能帮助保险公司识别不同风险的驾驶人,从而建立更加个性化的车险产品。那么哪些因素会影响是否出险呢?可能的影响因素包括车型、车辆配置、车主年龄和性别,以及驾驶行为等。为了建立 0-1 回归模型,探究显著影响车险出险的因素,本案例收集了来自某保险公司的车险数据,共 4233 条记录。该数据共包含 10 个变量。其中,因变量为车主在某年度是否出险,其他相关影响因素均为自变量,可分为汽车因素和驾驶人因素两类。具体变量情况如表 4.12 所示。

表 4.12　变量说明表

变量类型		变量名	详细说明	取值范围	备注
因变量		是否出险	定性变量（2水平）	1代表出险；0代表未出险	出险占比 27.64%
自变量	驾驶人因素	驾驶人年龄	单位：岁	21～66	只取整数
		驾驶人驾龄	单位：年	0～20	只取整数
		驾驶人性别	定性变量（2水平）	男/女	男性占比 90.40%
		驾驶人婚姻状况	定性变量（2水平）	已婚/未婚	已婚占比95.12%
	汽车因素	汽车车龄	单位：年	1～10	只取整数,建模时离散化
		发动机引擎大小	单位：升	1～3	建模时离散化
		所有者性质	定性变量（3水平）	公司/政府/私人	私人车占比 71.68%
		固定车位	定性变量（2水平）	有/无固定车位	有车位占比 83.13%
		防盗装置	定性变量（2水平）	有/无防盗装置	无防盗装置占比 81.14%

描述分析

在正式分析之前,可以先进行一些描述性分析,从而对之后建模中需要使用的因变量和自变量有一些直观的认识。另外,描述性分析也可以帮助初步探究自变量与因变量的关系,至于这些关系是否显著,还需要通过建立回归模型进一步确定。通过简单的计算可知,因变量"是否出险"中出险的样本比例达到 27.64%。下面首先关注驾驶人因素与是否出险的关系,图4.36中分别展示了驾驶人年龄、驾龄与是否出险的分组箱线图。图4.36的左图中显示,出险与未出险的驾驶人年龄箱线图十分接近,事实上出险和未出险的驾驶人年龄中位数均为38岁,这表明年龄可能不是显著影响是否出险的因素。图4.36的右图中显示,未出险驾驶人的驾龄箱线图略高于出险驾驶人,事实上未出险驾驶人和出险驾驶人的驾龄中位数分别为5年和4年,这表明驾龄高的驾驶人出险的比例更低,这与经验常识相符。

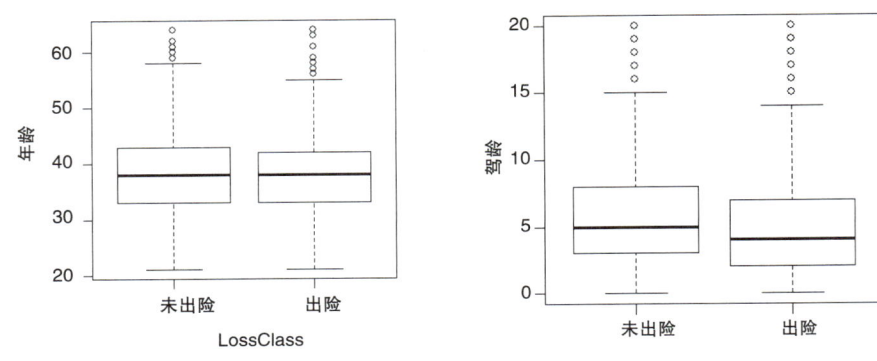

图4.36 驾驶人年龄分组箱线图(左图)与驾驶人驾龄分组箱线图(右图)

图4.37采用棘状图的形式展示了驾驶人性别及婚姻状况与是否出险的关系。和一般的柱状图相比,棘状图不仅可以展示离散型数据各水平取值的比例,还可以通过柱形宽度直观反映对应样本的数量。例如,图4.37的左图中男性对应的柱形宽度远宽于女性的柱形宽度,这说明男性样本远多于女性样本,事实上样本数据中男性驾驶人占据90.4%的比例。另外,图4.37的左图还表明相对于男性驾驶人26.9%的出险比例,女性驾驶人出险比例更高,达到34.4%。这意味着相对于男性驾驶人,女性驾驶人可能更容易出险。除此之外,图4.37的右图中表明,样本数据中已婚驾驶人占据大多数,达到95.1%。而已婚驾驶人的出险比例(27.4%)略低于未婚驾驶人(32.4%),这意味着相对于已婚驾驶人,未婚驾驶人可能有着更高的出险可能性。

除了考虑驾驶人的各项特征与是否出险的关系,也可以考虑汽车因素对是否出险的影响。图4.38的左图展示了车龄与是否出险的棘状图,其中车龄1年定义为"新车",车龄在1年以上定义为"旧车"。新车和旧车对应的样本量近似相等,然而新车的出险比例达到32.8%,明显大于旧车的出险比例(22.7%)。这意味着相对于旧车,新车出险的风险可能更高。图4.38的右图展示了车辆引擎大小与是否出险的棘状图,其中引擎大小1.6升以上定义为"中高级车",1.0~1.6升定义为"普通级车"。中高级车对应的样本量略多于普通级车,而普通级车的出险比例达到 33.3%,明显大于中高级车的出险比例(24.0%)。这意味着相对于中高级车,普通级车出险的风险可能更大。

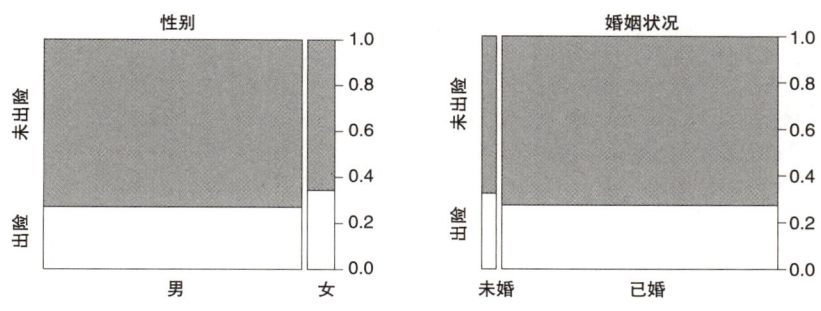

图 4.37 驾驶人性别棘状图与驾驶人婚姻状况棘状图

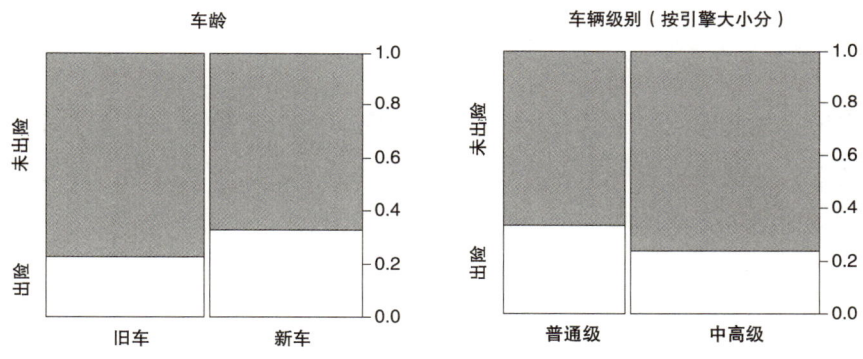

图 4.38 车龄棘状图与车辆级别(引擎大小)棘状图

图 4.39 的左图展示了有无固定停车位与是否出险的棘状图。从中可以看到,样本数据中有固定车位的车辆达到 83.1%,远高于无固定车位的车辆(16.9%)。从出险比例上看,有固定车位的车辆出险比例(28.3%)略高于无固定车位的出险比例(24.6%)。直觉上有固定车位的车辆应该更加安全,发生事故并申请理赔的可能性更低。上述结论恰恰和直觉相反,这既有可能反映了有固定车位与高出险比例之间存在某些内在的关联,也可能反映了仅仅是由于数据量较小而产生的偏差。二者之间是否存在显著关联,还需要借助后续的建模结果才能进行判断。图 4.39 的右图展示了不同所有者性质与是否出险的棘状图,其中私人所有车辆占据了大多数(71.7%)。从出险比例上看,私人所有车辆的出险比例最高,达到 31.1%,明显超过公司所有车辆(20.2%)和政府所有车辆的出险比例(15.4%)。这表明,相对于公司和政府所有车辆,私人所有车辆出险的比例可能更大。

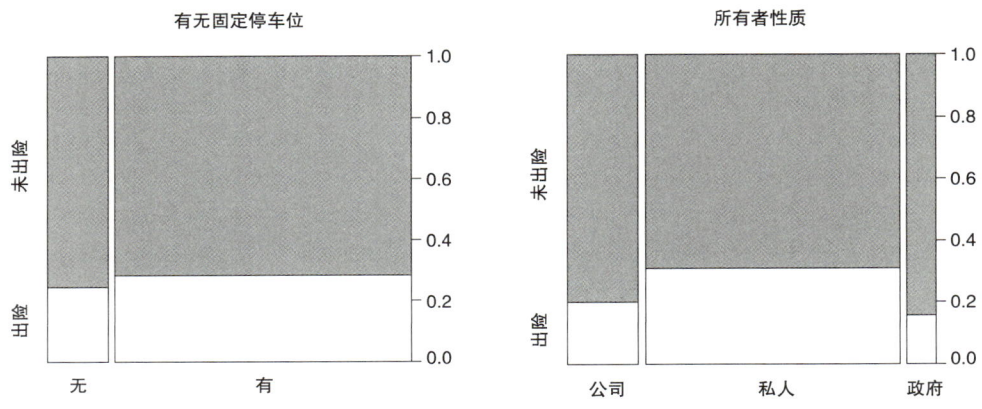

图 4.39　有无固定停车位棘状图与所有者性质棘状图

模型描述

接下来考虑如何建立一个适合 0-1 型因变量的回归分析模型。为方便讨论，先考虑一个简单情形，那就是只有一个 X 变量。此时，如果 Y 是连续型数据，那么最简单的一元线性回归模型 $Y = \beta_0 + \beta_1 X + \varepsilon$ 也许就可以满足建模要求。但是，如果 Y 是 0-1 型数据，那么模型就不成立了，因为在数学上等号的两边是矛盾的。那应该怎么办呢？

回到本车险案例。车辆是否出险（$Y=0$ 或者 $Y=1$）实在是一个非常随机的现象。虽然都知道疲劳驾驶很容易发生事故，但是疲劳驾驶仍然无事故发生的案例其实是大多数。这其中的矛盾出在哪里呢？

从纯粹的统计学技术上讲，是否疲劳（假如）不是车祸的直接原因。疲劳这个 X，其实影响的是车主神志不清的程度，将其假设为 Z，而 Z 才对出险直接负责。通过前面的介绍，希望你能学习理解这样一个理论框架：从 X 出发，到 Z，然后到 Y。类似的情况不仅仅会发生在车险领域，也会发生在其他领域。比如经济学家解释消费者的购买行为时会认为，一个物品（比如手机）的各种功能 X，影响了消费者可感知的效用 Z 于是产生了购买行为 Y。又如，一个人的生活习惯 X，影响了他的健康状况 Z，最后决定了某个疾病的发生 Y。在生活中，

这类的案例还有很多。在这个过程中有一个特点，那就是这个 Z 不是一个具体的变量值，而常常是看不见摸不着的。例如，你能测量一个人的驾驶能力吗？驾校的各种考试虽然是在测量，但是那仅仅是某一种测量，而且是不完美的测量。为什么？因为完美的测量根本不存在。又如，你能测量一个手机之于消费者的效用吗？营销学者为此发明了联合分析等各种有趣的工具，就是在一定程度上测量这个目标，这对营销推广非常有用，但是显然不可能完美。再如，你能测量一个人的综合身体状况吗？为此，人们每年都要体检，这对预防疾病非常有用，但是显然不可能完美。所以，Z 有一个很大的特点：看不见摸不着。这是 Z 的第一个特点。

这个神奇的变量 Z 还有一个很大的特点，那就是：它似乎是连续的。比如，很多驾驶经验丰富的司机往往有一个清晰的感觉，什么时候清醒程度最好（早上吃饱喝足的时候），什么时候清醒程度不好（中午吃饱喝足的时候），还有些时候清醒程度不好不坏。一个司机似乎能感受到，某个时候的驾驶状态比另一个时刻似乎好一点点，或者差不多。为什么？因为驾驶状态这个 Z 变量本质上是连续的。手机对于消费者的效用也同样如此，一款处理器、屏幕、内存、容量等配置都很高的手机对消费来说，效用一定是很高的，因为这样高配置的设备能很好地满足消费者的通话、影音、摄影和游戏等需求。相比之下，一款配置很低的老人机对于消费者来说效用一定是很低的，因为它可能只能用于通话。两款配置接近的设备对于消费者来说效用的区别有多大？内存大、容量小的手机效用更高，还是容量大、内存小的手机效用更高？这是很难说清楚的。原因就在于：手机对于消费者的效用这个 Z 变量本质上是连续的。同样的道理也适用于一个人的健康状况，如果一个人经常进行体检筛查，各项体检指标均正常，生活习惯也良好，那么这个人的健康状况一定是高的，这是很容易判断的。同样地，一个体检筛查发现罹患癌症的人的健康状况一定是低的。但一个患有胃炎而体重正常的人和一个肥胖而胃部健康的人相比，谁的健康状况更高？有的人可能觉得胃病危害更大，前者健康状况更低；有的人可能觉得体重影响的身体机能更广泛，后者健康状况更低。总之，二者健康状况孰高孰低，以及高多少低多少是说不清楚的。为什么？因为健康状况这个 Z 变量本质上也是连续的。

既然 Z 变量本质上是连续的，那么 X 对它的影响是否可以通过一个简单的线性回归来描述呢？例如：$Z = \beta_0 + \beta_1 X + \varepsilon$。接着，在给定 Z 的前提下，Y 的取值就很简单了。还是以车辆出险为例，对于一个给定的司机，如果其神志不清的程度变量 Z 足够高，那么他就必定出险（$Y=1$）；相反，如果神志不清的程度变量 Z 足够低，那么他就必定不出险（$Y=0$）。类似地，对于一个消费者，如果某款手机对他的效用变量 Z 足够高，那么他就必定购买（$Y=1$）；相反，如果该款手机对他的效用变量 Z 足够低，那么他就必定不购买（$Y=0$）。在健康状况的案例中，如果某人的健康状况 Z 足够高，那么他就必定不会患某疾病（$Y=1$）；相反，如果他的健康状况 Z 足够低，那么他就会患该疾病（$Y=0$）。因此，数学上 Z 和 Y 的关系可以用下面这个确定性的规则描述：

$$Y = \begin{cases} 1, Z > c \\ 0, Z \leq c \end{cases}$$

其中，c 为常数，代表划分 $Y=1$ 和 $Y=0$ 两种状态的阈值，这也是一个未知参数。再次回到车险案例，请注意，车主神志不清的程度 Z 和 X 之间的关系是一个简单的一元线性回归模型：$Z = \beta_0 + \beta_1 X + \varepsilon$。根据这一线性模型和上面的阈值模型，可以判断车主的出险概率为：

$$P(Y=1) = P(Z > c) = P(\beta_0 + \beta_1 X + \varepsilon > c)$$
$$= P(-\varepsilon < \beta_0 - c + \beta_1 X)$$
$$= F_{-\varepsilon}(\beta_0 - c + \beta_1 X)$$

其中，$F_{-\varepsilon}(t) = P(-\varepsilon < t)$ 是 $-\varepsilon$ 的分布函数。为了使得数学上的形式简洁优美，重新定义 $\beta_0 - c$ 为一个新的 β_0，那么上面的模型就变成 $P(Y=1) = F_{-\varepsilon}(\beta_0 + \beta_1 X)$。你看，这是不是已经有一点点像回归模型了？为什么？因为有清晰的回归系数了，有截距项和斜率，而且是非常可解读的。假设 β_1 是正数，那么自变量 X 的取值越大，因变量 Y 等于 1 的概率就越大。因此，只要能对 $-\varepsilon$ 的分布函数做出一个合理的假设，那么 0-1 回归模型的构建就算大功告成了。请问：应该如何假设？

第一个最自然的假设是：假设 $-\varepsilon$ 服从正态分布。为什么？其实这似乎没有太多的道理，仅仅是因为这是统计学中最常用的一个分布。如果假设 $-\varepsilon$ 为均值为 μ、方差为 σ^2 的正态分布，那么对应的响应概率（$Y=1$ 的概率）为

$$P(Y=1) = P(-\varepsilon < \beta_0 - c + \beta_1 X)$$
$$= P\left(\frac{-\varepsilon - \mu}{\sigma} < \frac{\beta_0 - c - \mu + \beta_1 X}{\sigma}\right)$$
$$= \Phi\left(\frac{\beta_0 - c - \mu + \beta_1 X}{\sigma}\right)$$

$$= \Phi\left(\frac{\beta_0 - c - \mu}{\sigma} + \frac{\beta_1}{\sigma}X\right)$$

其中，$\Phi(t)$ 表示标准正态分布的分布函数。在上述式子中由于 μ 和 σ 均为常数，因此同样可以重新定义 $(\beta_0 - c - \mu)/\sigma$ 为一个新的 β_0，定义 β_1/σ 为一个新的 β_1。那么上面的模型就变成了 $P(Y=1) = \Phi(\beta_0 + \beta_1 X)$。这表明，从任何不同参数的正态分布出发，都可以经过一系列参数变化，将模型调整至右侧为标准正态分布函数的形式。因此，只要能够接受 $-\varepsilon$ 服从正态分布的假设，那么具体是哪一个正态分布就不重要了。

但是，面对同样的数据，如果不同的研究者采用不同的正态分布设计，就可能产生不同的参数估计结果，这对实际工作而言，确实令人烦心。为了避免这些不必要的烦恼，整个学术界约定俗成地使用标准正态分布。也就是假设 $-\varepsilon$ 服从一个均值为 0、方差为 1 的正态分布。此时，就产生了经典的 probit 回归模型，其严格形式如下：

$$P(Y=1) = \Phi(\beta_0 + \beta_1 X)$$

这样一个 probit 模型的产生非常自然，甚至有一点点优美，因为它与经典的线性回归有着自然而优美的联系。但是，这并不是实际中用得最多的 0-1 回归分析模型（虽然仍然非常常用）。为什么？主要原因是，这个正态分布函数 Φ 是一个没有显式解的积分。你也许会说这不难，是的，对于计算机如此普及的今天，这样的一元积分的确不难。但是，在计算机还非常不普及的时代，计算这样的积分是一件非常痛苦的事情。因此，人们非常渴望能有一种稍微简单一点、有显式解的分布函数，去替代标准正态分布的 Φ 函数。这个替代函数就是逻辑分布函数：

$$F(t) = 1/(1 + e^{-t})$$

如果假设 $-\varepsilon$ 的分布函数是上面的逻辑分布函数，那么对应的回归分析模型就会从 probit 模型变为 logit 模型：

$$P(Y=1) = \frac{\exp(\beta_0 + \beta_1 X)}{1 + \exp(\beta_0 + \beta_1 X)}$$

这就是实际工作中最常用的逻辑回归模型了。对于一个真实数据而言，究竟是哪一个模型更好？这通常依赖于数据情况，没有简单一致的答案。大量经验表明，大多数情况下，差别不大。所有与 Y 变量强正相关的 X 变量，在任何合理设计的模型中都会正相关；所有与 Y 变量强负相关的 X 变量，在任何合理设计的模型中都会负相关。在实际工作中，

确实存在某些 X 变量，可能偶尔在两个模型中的表现不一致，这往往是因为这些 X 变量与 Y 变量的相关性没有足够强。因此，也许比较稳妥的一种说法是，这两个模型都是非常有用的处理 0-1 型因变量的模型，而且都被各个重要的统计学软件所实现，都值得好好学习和掌握。

参数估计与统计推断

接下来探讨一下如何对逻辑回归模型中的回归系数进行参数估计。这里只讨论逻辑回归，因为 probit 回归的估计方法完全相似。另外，逻辑回归在实际中用得更多一些，尤其是在深度学习模型中，逻辑回归常常是深度学习模型的最后一层（Output Layer）。具体而言，如何估计回归系数 β_0 和 β_1 呢？假设能够直接观测到 Z，那么只要做一个 X 关于 Z 的最小二乘法估计就可以了。但是，这里的挑战之处就在于 Z 是看不见摸不着的。如果 Z 能被直接研究，也就没有必要研究 Y 了。因此，在 Z 缺失的前提下，在只有 X 和 Y 的帮助下，要把 β_0 和 β_1 估计出来，怎么办？

显然，由于因变量为 0-1 型变量，因此不能再借助最小二乘法估计。此时，需要求助于极大似然估计方法，该方法在第 2.2 节已经做过详细讨论，这里将该方法应用于逻辑回归的参数估计。和前面的过程类似，这里也考虑最简单的一元逻辑回归的情况，对于多元情形，可以类似推导。假设 Y_i 为第 i 个因变量的取值，而 X_i 为第 i 个自变量的取值。根据极大似然估计的理论，接下来需要推导 $Y_1, Y_2, \cdots, Y_n$ 的联合概率密度函数，即似然函数。由于在一元逻辑回归中，$P(Y=1) = \exp(\beta_0 + \beta_1 X) / \{1 + \exp(\beta_0 + \beta_1 X)\}$。于是有以下似然函数：

$$\mathcal{L}(\beta_0, \beta_1) = P(Y_1, Y_2, \cdots, Y_n; \beta_0, \beta_1)$$

$$= \prod_{i=1}^{n} \left\{ \frac{\exp(\beta_0 + \beta_1 X_i)}{1 + \exp(\beta_0 + \beta_1 X_i)} \right\}^{Y_i} \times \left\{ \frac{1}{1 + \exp(\beta_0 + \beta_1 X_i)} \right\}^{1-Y_i}$$

相应地，在实际计算中常用的对数似然函数可以表示如下：

$$\ln \mathcal{L}(\beta_0, \beta_1) = \sum_{i=1}^{n} Y_i \times \log\left\{ \frac{\exp(\beta_0 + \beta_1 X_i)}{1 + \exp(\beta_0 + \beta_1 X_i)} \right\} + \sum_{i=1}^{n} (1 - Y_i) \times \log\left\{ \frac{1}{1 + \exp(\beta_0 + \beta_1 X_i)} \right\}$$

按照极大似然估计法的步骤，接下来需要求解使得对数似然函数达到最大时的参数 β_0 和

β_1。但遗憾的是，由于该对数似然函数形式比较复杂，在实际计算中通常需要借助各类最优化方法进行求解，此处并不能给出参数 β_0 和 β_1 的极大似然估计的显式表达式。

在进行参数 β_0 和 β_1 的估计之后，虽然得到了自变量和因变量之间的关系，但仍然有一个问题没有解决：这一关系是否显著？如果参数 β_1 等于 0，则意味着因变量 Y 与自变量无关。因此该问题可以直接转化为判断：参数 β_1 是否显著不等于 0？这对应着一个双边假设检验问题 $H0: \beta_1 = 0$ v.s. $H1: \beta_1 \neq 0$。设 β_1 的极大似然估计量为 $\hat{\beta}_1$，根据中心极限定理，在样本量足够大时，$\hat{\beta}_1$ 将服从正态分布，即

$$\frac{(\hat{\beta}_1 - \beta_1)}{\text{SE}(\hat{\beta}_1)} \sim N(0,1)$$

其中，$\text{SE}(\hat{\beta}_1) = \sqrt{\text{var}(\hat{\beta}_1)}$，是 $\hat{\beta}_1$ 的标准差。因为 $\hat{\beta}_1$ 是关于 β_1 的一个测量，而 $\text{SE}(\hat{\beta}_1)$ 是关于该测量的测量误差，因此也称其为标准误差。然后可以构造假设检验统计量 $Z = \hat{\beta}_1 / \widehat{\text{SE}}(\hat{\beta}_1)$，其中 $\widehat{\text{SE}}(\hat{\beta}_1)$ 是关于 $\text{SE}(\hat{\beta}_1)$ 的一个相合估计。当 $|Z| = |\hat{\beta}_1| / \widehat{\text{SE}}(\hat{\beta}_1) \leq z_{1-\alpha/2}$ 时，接受原假设 $H0: \beta_1 = 0$。反之，当 $|Z| = |\hat{\beta}_1| / \widehat{\text{SE}}(\hat{\beta}_1) > z_{1-\alpha/2}$ 时，接受对立假设 $H1: \beta_1 \neq 0$。上述的参数检验方法也叫作 Z 检验，在一般的统计软件中都能对逻辑回归模型的参数进行 Z 检验，并获取对应的检验统计量计算值和检验结果。或者也可以计算 p 值为 $p = 2 \times \text{p}(N(0,1) > |Z|)$。相应地，如果 p 值小于预设的显著性水平 α，那么就可以拒绝原假设。

以上探讨的是只有一个 X 变量的逻辑回归，而关于汽车保险的案例则涉及多个 X 变量。具体而言，X_1 表示是否为中高级车，其中，$X_1 = 1$ 表示是中高级车（引擎大小在 1.6 升以上），而 $X_1 = 0$ 表示是普通级车（引擎大小为 1.0～1.6 升）。X_2 表示是否为新车，其中，$X_2 = 1$ 表示是新车（车龄为 1 年），而 $X_2 = 0$ 表示是旧车（车龄在 1 年以上）。X_3 表示是否有防盗装置，其中，$X_3 = 1$ 表示有防盗装置，而 $X_3 = 0$ 表示无防盗装置。X_4 表示是否有固定车位，其中，$X_4 = 1$ 表示有固定车位，而 $X_4 = 0$ 表示无固定车位。X_5 表示所有者性质，它有三个水平，所以需要将其编码为两个哑变量。定义 $X_{51} = 1$ 表示私人所有，$X_{51} = 0$ 表示其他；$X_{52} = 1$ 表示政府所有，$X_{52} = 0$ 表示其他；因此 $X_{51} = 0$ 且 $X_{52} = 0$ 即表示公司所有。X_6 表示驾驶人年龄，取值范围为 21～66 的整数。X_7 表示驾驶人驾龄，取值范围为 0～20 的整数。X_8 表示驾驶人性别，其中，$X_8 = 1$ 表示驾驶人性别为女，而 $X_8 = 0$ 表示驾驶人性别为男。X_9 表示驾驶人婚姻状况，其中 $X_9 = 1$ 表示驾驶人已婚，而 $X_9 = 0$ 表示驾驶人未婚。面对这 9 个 X 变量，应该如何将它们统一到同一个逻辑回归框

架之下呢？答案很简单，请看下列公式：

$$P(Y=1) = \frac{\exp(\beta_0 + \beta_1 X_1 + \beta_2 X_2 + \beta_3 X_3 + \cdots + \beta_9 X_9)}{1 + \exp(\beta_0 + \beta_1 X_1 + \beta_2 X_2 + \beta_3 X_3 + \cdots + \beta_9 X_9)}$$

这就是更一般化的逻辑回归。对于任意 $x \in (0,1)$，定义一个 logit 变换为 $\mathrm{logit}(x) = \log\{x/(1-x)\}$。那么上面的逻辑回归模型也可以等价表示为 $\mathrm{logit}\{P(Y=1)\} = \beta_0 + \beta_1 X_1 + \cdots + \beta_9 X_9$，所以逻辑回归也叫作 logit 回归。对于这类更一般的逻辑回归模型，也可以用极大似然估计的方法求得回归系数 β_i 的估计值，并对回归系数的显著性进行假设检验。结果如表 4.13 所示。

表 4.13　逻辑回归模型结果

变量编号	变量	回归系数	标准误差	Z统计量	p值
X_0	截距项	−0.9459	0.2937	−3.2202	0.0013
X_1	是否为中高级车	−0.3249	0.0858	−3.7886	0.0002
X_2	是否为新车	0.3178	0.0877	3.6242	0.0003
X_3	是否有防盗装置	−0.0238	0.1079	−0.2207	0.8253
X_4	是否有固定车位	0.1211	0.1159	1.0447	0.2962
X_{51}	是否为私人所有	0.3617	0.1193	3.0305	0.0024
X_{52}	是否为政府所有	−0.2490	0.2066	−1.2054	0.2280
X_6	驾驶人年龄	−0.0041	0.0062	−0.6586	0.5102
X_7	驾驶人驾龄	−0.0209	0.0108	−1.9371	0.0527
X_8	是否为女司机	0.1639	0.1357	1.2078	0.2271
X_9	是否已婚	−0.0890	0.1982	−0.4489	0.6535

从表 4.13 中可以看出，在 10% 的显著性水平下，显著影响是否出险的因素有汽车级别（是否为中高级车）、是否为新车、所有者性质（是否为私人所有）、驾驶人驾龄。具体而言，可以先以驾驶人驾龄为例来进行解读。表 4.13 表明驾驶人驾龄因素的回归系数 β_7 的极大似然估计为 $\hat{\beta}_7 = -0.0209$，同时有 $\widehat{\mathrm{SE}}(\hat{\beta}_7) = 0.0108$。因此 Z 统计量为 $\hat{\beta}_7 / \widehat{\mathrm{SE}}(\hat{\beta}_7) = -0.0209/0.0108 \approx -1.9371$，对应的 p 值为 0.0527，这表明回归系数 β_7 在 10% 的显著性水平下显著。这说明，在给定其他因素不变的前提下，驾驶人的驾龄越高，出险的可能性越低，那么具体而言低多少呢？可以回顾一下逻辑回归模型：$\mathrm{logit}\{P(Y=1)\} = \beta_0 + \beta_1 X_1 + \cdots + \beta_9 X_9$。每增加一个单位的驾龄，等式右侧降低大约 0.021 个单位，这意味着相应地出险可能性也将下降 0.021 个单位，这里的单位是 $\mathrm{logit}\{P(Y=1)\}$，将其称为对数优势比率（Log-odds Ratio），可以看到，它其实就是对出险概率 $P(Y=1)$

进行 logit 变化。但这个对数优势比率不太直观，也不好解读。

可以用同样的方法再解读一下是否为中高级车这一变量（X_1），请注意自变量 X_1 也是一个 0-1 型变量，其中 $X_1=1$ 表示是中高级车，而 $X_1=0$ 表示是普通级车。对应回归系数 β_1 的极大似然估计为 $\hat{\beta}_1 = -0.3249$，同时有 $\widehat{\text{SE}}(\hat{\beta}_1) = 0.0858$。因此 Z 统计量为 $\hat{\beta}_1/\widehat{\text{SE}}(\hat{\beta}_1) = -0.3249/0.0858 \approx -3.7886$，对应的 p 值为 0.0002，表明回归系数 β_1 在 10% 的显著性水平下比较显著。这说明 X_1 变量的"增加"会导致出险概率变小。但 X_1 变量是一个 0-1 型变量，因此它只有一种"增加"的可能性，那就是从普通级车（$X_1=0$）变为中高级车（$X_1=1$），此时出险可能性会减少约 0.325 个单位。换一种说法，这说明在控制其他 X 变量不变的情况下，中高级车（$X_1=1$）与普通级车（$X_1=0$）相比，出险的概率更低。接着还可以尝试解读一下是否为女司机这一变量（X_8），这也是一个 0-1 型变量，其中，$X_8=0$ 表示男司机，而 $X_8=1$ 表示女司机。对应回归系数 β_8 的极大似然估计为 $\hat{\beta}_8 = 0.1639$，同时有 $\widehat{\text{SE}}(\hat{\beta}_8) = 0.1357$。因此，Z 统计量为 $\hat{\beta}_8/\widehat{\text{SE}}(\hat{\beta}_8) = 0.1639/0.1357 \approx 1.2078$，对应的 p 值为 0.2271，表明回归系数 β_8 在 10% 的显著性水平下并不显著。这说明，在数据不提供任何强有力的证据时，难以证明不同性别的司机在驾驶安全方面有显著差异。总而言之，表 4.13 的结果表明，一个容易导致车辆出险的司机应该具有如下特征：驾龄较低、驾驶车辆级别为普通级车、驾驶车辆为新车、驾驶车辆为私人所有。相反，一个不容易导致车辆出险的优质司机应具有的特征是：驾龄较高、驾驶车辆级别为中高级车、驾驶车辆为旧车、驾驶车辆不为私人所有。

以上就是对逻辑回归模型的简要介绍。关于逻辑回归模型的理论，还有着更加丰富的内容可以深入学习，有兴趣的读者可以参考回归分析相关的专著，本书不再做深入讨论。请注意，逻辑回归虽然不是严格的线性回归，但是同线性回归有着非常相似的构造，因此理论上称其为一种广义线性回归模型（Generalized Linear Model）。下一节将呈现更加有趣的非线性分类方法，为大家进一步学习机器学习方法提供一个小小的起点。

① 请列举一个可以使用 0-1 回归模型分析的案例，简要描述该案例的背景及建立 0-1 回归模型的意义。请对该案例收集一些数据，并通过描述性分析探索解释性变量 X 和因变量 Y 的关系，你能从中得到怎样的初步结论？

② 对第 1 题收集的数据建立 logit 回归模型，并对该回归模型的参数估计和假设检验结果进行解读。请问：各个回归系数是否显著？回归系数的估计值各为多少？如何解读这些回归系数的具体含义？结合 logit 回归模型的结果，你可以得到哪些有价值的结论？

③ 基于第 2 题中 logit 回归模型的参数估计结果，请你代入一系列新的解释性变量 X 的取值，尝试预测此时的因变量 Y。这一结果和因变量 Y 的真实值相同吗？你如何评价这一模型的预测效果？如何进一步提高精度？应该向哪个方向尝试努力？

决策树模型

上一节介绍了一种重要的适用于 0-1 型因变量的回归分析模型——逻辑回归模型。从理论上讲,逻辑回归是广义线性回归模型的一个特例。从名字上就可以感受到,这个模型的本质就是某种线性模型。线性模型有很多优良的性质,例如,非常简单,而且参数个数少,因此能够支持相对比较小的样本估计。同时,因为模型结构简单,所以参数估计结果也很好解读。这些都是线性模型的优点,但在统计模型的构建过程中,有优点也就一定伴随着缺点。各种线性模型(包括广义线性模型)的主要缺点是什么呢?答:不灵活。因为这是一个线性模型,因此它的函数形式单一,难以描述更加灵活的函数形态(如非单调的相关关系)。现实生活中遇到的问题可能非常复杂,当面对复杂问题的时候,其实仍然会优先考虑相对简单的线性模型。为什么?因为样本量常常不够大。随着计算机技术的进步,人们能够采集到越来越多的样本,这就为建立更加复杂的非线性模型提供了可能,而各种各样的非线性模型便成就了机器学习(或者统计学习)这个特定的领域。

本节的目标是为读者进入机器学习领域提供一个小小的起点,为此这里只关注一类最典型的机器学习问题——二分类问题。为什么关注这类问题?因为这类问题太典型了,在实际工作中太常见了。本质上,前一节关于逻辑回归所探讨的所有案例场景,都是二分类问题。对于二分类问题,探讨两种典型的机器学习方法——决策树(或者分类树)及神经网络。为什么要关注这两类方法?关注决策树是因为这是机器学习方法中非常少有的(甚至仅有的)一类非常好解读的方法,其他大量的机器学习方法更像是一个黑盒子,作为用户只知道最后的预测结果,但是很难理解该结果是怎样形成的;关注神经网络是因为它是人工智能领域深度学习的模型基础。这是一类非常难以解读的机器学习方法，但是非常重要。因此，如果能够很好地理解并掌握这两类方法的核心思想，那么未来接触机器学习理论可能会更加容易一些。

本节先从决策树开始讲解。要想理解决策树（或分类树）的理念，首先需要回答两个问题：第一，什么是决策或分类？第二，什么是树？所谓决策就是指一个二分类问题，即判断 0-1 型因变量 Y 的取值是 0 还是 1。例如，医生在诊断过程中需要判断：该患者是否患病？这就是一个典型的决策问题。银行在处理客户的贷款申请时也需要判断：该客户是否会违约？这也是一个典型的分类问题。那么什么是树呢？树其实是人们在生活中非常熟悉的一种决策规则，请看如下案例。

案例1：疾病诊断。

疾病一直是人类健康的重大天敌。以糖尿病为例，这是一类以高血糖为主要特征的代谢性疾病，在我国具有较高的发病率。据国际糖尿病联合会估计，我国糖尿病患病人数在 2011 年达到了 9000 万左右，而在 2021 年则增加到了 1.4 亿左右，但其中约 51.7% 的患者尚未被确诊。因此，通过定期体检识别疾病风险，早发现、早诊断、早治疗十分重要。在检查的过程中，医生需要做出一个决策：该患者是否患病？这一决策应该如何做出呢？首先患者需要进行各种各样的检查。以糖尿病检查为例，患者往往需要进行葡萄糖耐受力测试，需要检测身高体重，需要提供家庭病史。这些都是在给医生提供决策依据。医生通过医学院的学习和多年的行医经验也有一套决策规则。图 4.40 中展示了在 Ⅱ 型糖尿病的诊断中使用的一种决策规则。由图可知，当经过一段时间的葡萄糖耐受力测试，患者的血糖仍然较低，那么可以判断该患者未患糖尿病。如果测试后血糖维持在高水平，那么则需要进一步检查患者的身体质量指数（BMI）。如果 BMI 数值表明患者处于肥胖或者严重肥胖状态，那么可以判断该患者患有 Ⅱ 型糖尿病。类似地，对于任何一个检查结果充分的患者都可以通过这套规则将其划分为患病和未患病两种状态，即做出相应的决策或分类。图 4.40 中的这套决策规则就叫作决策树。请注意，本书作为一本入门级别的统计学图书，对图 4.40 的引用仅仅是为了教学演示，至于该决策规则在临床上的实际效果如何并不知晓，也没有什么相关的研究经验，因此特别提请读者注意。

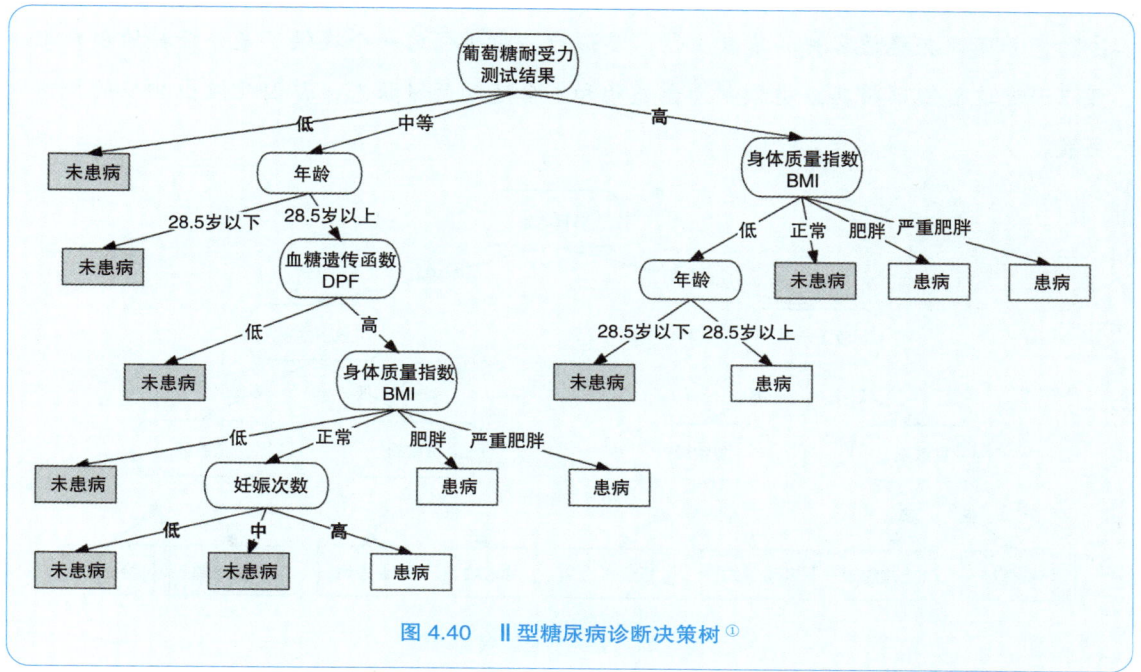

图 4.40　Ⅱ型糖尿病诊断决策树[1]

案例 2：银行借贷。

在银行的借贷过程中，不可避免地会出现借款人无法偿还本金和利息的可能性。根据中国人民银行制定的《贷款分类指导原则》，商业银行应按照借贷人的实际还款能力将贷款分为五类：正常、关注、次级、可疑、损失。其中后三类均为借贷人不能偿还债务的情况，这三类贷款也叫作不良贷款。如果不良贷款率较高，就可能影响银行的放贷能力，甚至导致银行破产。2006 年中国银行业监督管理委员会发布《商业银行风险监管核心指标（试行）》规定，商业银行不良贷款率不应超过 5%。事实上，据银保监会统计，截至 2021 年第四季度末，我国商业银行不良贷款余额为 2.8 万亿元，总不良贷款率达到 1.73%。在银行放贷的过程中，对于客户的借贷申请，银行需要做出一个分类预测：该用户是否会违约？这一预测应该如何做出呢？首先用户需要提交各类资料，可能包括收入证明、银行流水记录等。这些都是在给银行提供预测依据，而银行相应地也有一套分类预测规则。图 4.41 中展示了一种可能的分类预测规则，即分类树。由图可知，当该客户的借贷历史优良且收入水平高时，银行的预测结果可能是该客户不会违约，并因此通过该客户的贷款申请。当该客户的借贷历史优良，但收入水平低并且贷款额较高时，银行的预测结果可能是该客户会

---

[1] Al Jarullah, A. A. Decision Tree Discovery for the Diagnosis of Type II Diabetes. 2011 International Conference on Innovations in Information Technology, 2011: 303–307.

违约,并因此拒绝该客户的贷款申请。类似地,对于任何一个提供了充分资料的用户都可以通过这套规则将其分类预测为会违约和不会违约两种状态,并因此做出相应的授信决策。

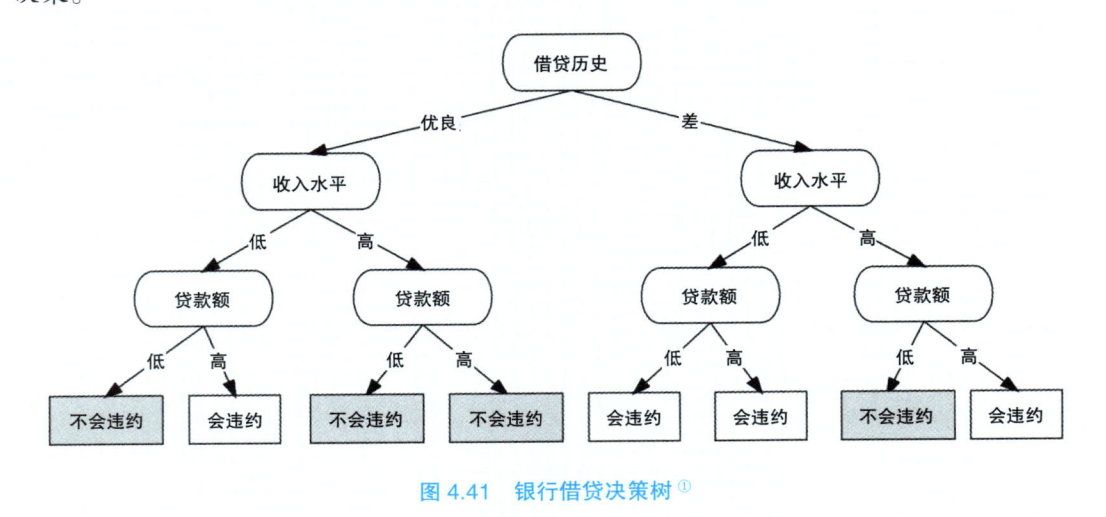

图 4.41　银行借贷决策树[①]

案例 3：故障检测。

故障检测是现代电气系统的重要一环,也是设备长久健康运行的保证。以光伏发电为例,这是一种将光能直接转变为电能的清洁能源技术。鉴于光伏发电的清洁可持续性,2021 年国家能源局发布的《2021 年能源工作指导意见》中提出：风电和光伏发电量的占比提升还将进一步加速。事实上,据国家能源局统计,截至 2021 年底,我国光伏发电装机容量已经达到 3.06 亿千瓦,连续 7 年位居全球第一。同年的光伏发电量已占全年总发电量的 4.0%。光伏发电系统中同样少不了故障检测,特别是关键的光伏并网发电系统。如果该系统出现严重故障,则会影响生产力,增加维护成本。因此进行早期的系统故障检测十分重要。在故障检测的过程中,检测人员或者检测软件需要最终做出一个分类预测：该系统是否发生故障?这一预测应该如何做出呢?检测人员可能需要收集系统中有关的运行数据,如介质温度、整体倾斜辐照度及电路电压等。这些都是在给检测人员提供预测依据,而检测人员相应地也有一套分类预测规则。图 4.42 中展示了一种光伏系统故障检测分类树中的一部分。由图可知,当电路电阻小于等于 0.87Ω、整体倾斜辐

---

① Sathish kumar, L. and Pandimurugan, V. and Usha, D. and Nageswara Guptha, M. and Hema, M.S. Random Forest Tree Classification Algorithm for Predicating Loan. Materials Today: Proceedings, 2022, 57: 2216–2222.

照度小于等于 600.24 W/m², 且介质温度大于 32.97℃时, 检测人员预测该系统有故障。其余情况下该系统均为无故障。类似地, 对于任何一个能够进行充分测量的光伏系统都可以通过这套规则将其分类为有故障和无故障两种状态, 并因此辅助检测人员做出相应的运维保养或预防性维护的决策。

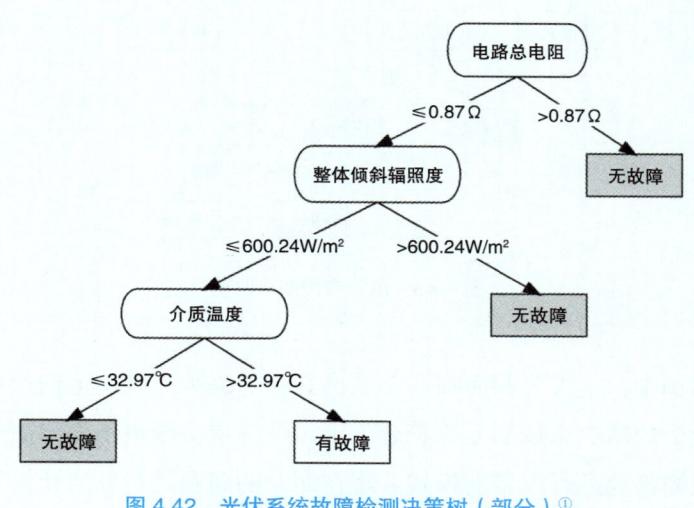

图 4.42　光伏系统故障检测决策树（部分）[1]

案例 4：网络购物。

网购已经成为我国居民零售消费的重要渠道之一。国家统计局数据显示, 2021 年实物商品的网上零售额已经占社会消费品零售总额的 24.5%。从总量上看, 2021 年全国网上零售总额也达到了 13.1 万亿元。在庞大的销售总额的背景下, 网购已经成为一种现代生活方式。在网购过程中, 消费者需要做出一个决策：是否购买该商品？这一决策应该如何做出呢？不同的人有不同的经验, 在决策过程中也会遵循不一样的规则。人们通常都会先充分地了解该商品的特点, 如商品价格、历史价格、商品属性、历史评价、折扣力度等。这些都是在给自己提供决策依据, 基于这些决策依据, 图 4.43 展示了某消费者的决策规则。由图可知, 当商品为刚需且价格低时, 该消费者的决策为购买该商品。当商品不是刚需, 虽然消费者很喜爱, 但是折扣力度小时, 该消费者的决策为不购买该商品。类似地, 对于任何一个相关信息能够被充分获取的商品, 消费者都可以通过这套规则将其划分为购买和不购买两种状态, 并做出相应的消费决策。

---

[1] Benkercha, R. and Moulahoum, S. Fault Detection and Diagnosis based on C4. 5 Decision Tree Algorithm for Grid Connected PV System. Solar Energy, 2018 (173) : 610–634.

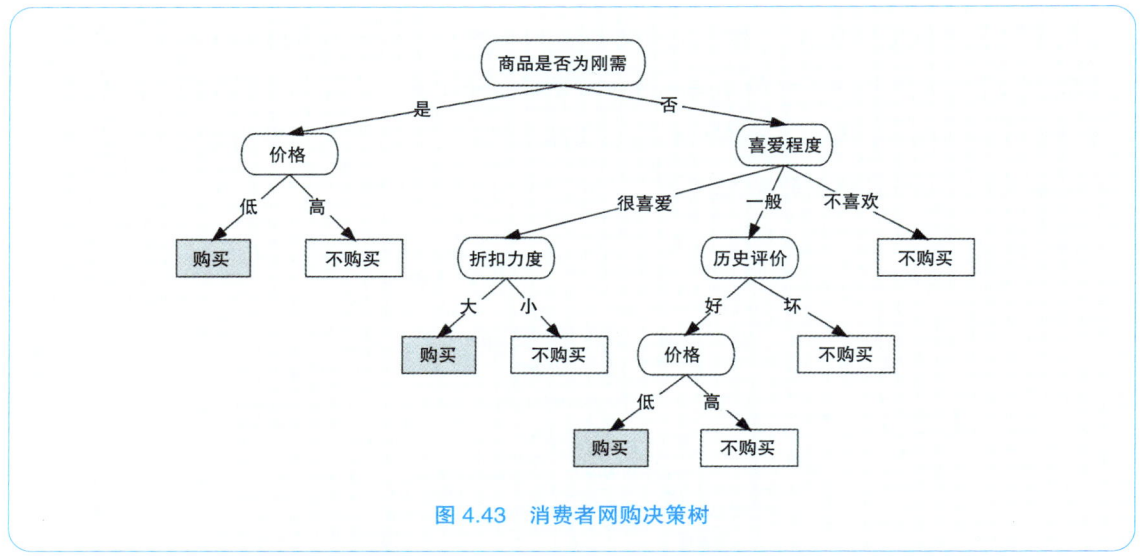

图 4.43　消费者网购决策树

在以上的案例中，主人公都面临一个二选其一的决策问题。他们都可以通过收集决策依据，再一个个判断决策依据是否符合要求，最终层次渐进地做出决策。决策树模拟的正是这种层次渐进地进行决策的模式。现在面对的问题是：如何让机器可以基于数据学习出这样一棵决策树出来？观察上面各个案例中的决策树形态，不难发现这棵"虚拟的树"和真实的树一样：都是从一个点开始长起，然后再发芽抽条并长出枝叶。因此决策树形成的第一步也就是确定一个初始点，即根节点。例如，在案例 1 的 Ⅱ 型糖尿病诊断决策树中，根节点就是葡萄糖耐受力测试结果。那么，为什么根节点偏偏是这个呢？根节点可以是身体质量指数吗？答：原则上可以，但不是最好的。经过基于实际数据的严格测算，人们发现以葡萄糖耐受力测试结果作为根节点最好。好在哪里？好就好在以葡萄糖耐受力测试结果作为根节点划分后，节点的纯度提升得最多。什么是纯度？直观上看，纯度越高表明该节点内的样本更加趋同，因此类别更少。例如，如果某个节点内全都是糖尿病患者，那么该节点的纯度肯定高于一半糖尿病患者一半健康人的情况。

但"纯度"毕竟是一个抽象的概念，需要通过一些指标来进行刻画。常用的度量样本集合纯度的指标并不唯一，这里主要介绍信息熵（Information Entropy）。假设当前样本集合 D 中共有 K 类不同取值，第 k 类样本所占的比例为 p_k，那么 D 的信息熵定义为：

$$\text{Ent}(D) = -\sum_{k=1}^{K} p_k \log(p_k) \tag{4.6}$$

信息熵 $\text{Ent}(D)$ 越小，意味着样本集合 D 的纯度越高。有兴趣的读者可以验证一下，当

$p_k = 1/K$ 时，$\text{Ent}(D)$ 达到最大值，即 $\log(K)$，此时样本集的纯度最低，因为各类的样本均匀分布。当存在一个 k，使得 $p_k = 1$ 且对任何 $k' \neq k$ 都有 $p'_k = 0$ 时，$\text{Ent}(D)$ 达到最小值 0，此时样本纯度最高，因为只存在一类样本。请注意，这里定义 $0\log(0) = 0$。在信息熵定义的帮助下，已经能够评估经过根节点划分前和划分后节点的纯度。但是，经过根节点划分后，决策树产生了两个节点，它们各自能够计算出一个信息熵结果，分别为 $\text{Ent}(D_1)$ 和 $\text{Ent}(D_2)$。请问，如何将两个信息熵合并，从而计算以特征 X 划分时的节点的总信息熵呢？一种简单的做法是将划分后各节点的信息熵按照该节点样本量占比做加权平均，即

$$\text{Ent}(D, X) = \sum_{m=1}^{M} \frac{|D_m|}{|D|} \text{Ent}(D_m) \tag{4.7}$$

其中，X 表示用于划分节点的特征；M 表示分支节点的总数；D_m 表示第 m 个分支节点的样本集合，因此有 $\bigcup_{m=1}^{M} D_m = D$。此外，用 $|D_m|$ 表示相应的样本量。

为了帮助大家建立更加直观的印象，以消费者的网购决策树（图 4.43）为例，虚构一组数据，见表 4.14。这里只考虑三个 X 指标，分别是性别（男或女）、收入（高或低）及年龄（≤30 岁或 >30 岁）。接下来探讨一下：第一个根节点应如何选取？为此需要考虑三个不同的 X 选择，并分别计算该根节点下的样本集合纯度。首先考虑如果以性别 X_1 作为根节点，那么如图 4.44 所示，样本数据将根据性别的两个水平（男或女）划分至两个节点：节点 1 中的样本集合全为男性，节点 2 中的样本集合全为女性。节点 1 中共包含 9 个样本，其中 5 个样本的决策为购买，4 个样本的决策为不购买，代入式（4.6）计算可得节点 1 的信息熵 $\text{Ent}(D_1) = -(4/9)\log(4/9) - (5/9)\log(5/9) \approx 0.687$。类似地，节点 2 的信息熵 $\text{Ent}(D_2) = -(6/11)\log(6/11) - (5/11)\log(5/11) \approx 0.689$。因此利用式（4.7）可以计算出用性别 X_1 划分下的节点总信息熵 $\text{Ent}(D, X_1) = (9/20)\text{Ent}(D_1) + (11/20)\text{Ent}(D_2) \approx 0.688$。和上述过程类似，以收入 X_2 作为根节点计算出的节点总信息熵 $\text{Ent}(D, X_2) = (11/20)\text{Ent}(D_1) + (9/20)\text{Ent}(D_2)$，其中 $\text{Ent}(D_1) = -(3/11)\log(3/11) - (8/11)\log(8/11) \approx 0.586$，$\text{Ent}(D_2) = -(3/9)\log(3/9) - (6/9)\log(6/9) \approx 0.637$，因此 $\text{Ent}(D, X_2) \approx 0.609$。以年龄 X_3 作为根节点计算出的节点总信息熵为 $\text{Ent}(D, X_3) = (14/20)\{-(5/14)\log(5/14) - (9/14)\log(9/14)\} + (6/20)\{-(4/6)\log(4/6) - (2/6)\log(2/6)\} \approx 0.647$。这一结果说明以收入 X_2 作为根节点的总信息熵最小，划分后的样本纯度更高，因此应将收入 X_2 作为根节点。

表 4.14　消费者网购决策数据

客户编号	性别	收入	年龄（岁）	购买决策
1	男	高	≤30	购买
2	男	低	30	不购买
3	男	高	>30	不购买
4	男	高	≤30	购买
5	男	低	≤30	购买
6	男	高	>30	不购买
7	男	低	30	不购买
8	男	低	≤30	购买
9	男	低	≤30	购买
10	女	高	≤30	购买
11	女	高	>30	不购买
12	女	高	>30	购买
13	女	低	30	不购买
14	女	高	>30	购买
15	女	低	≤30	不购买
16	女	高	≤30	购买
17	女	低	≤30	不购买
18	女	高	≤30	购买
19	女	高	≤30	购买
20	女	低	>30	不购买

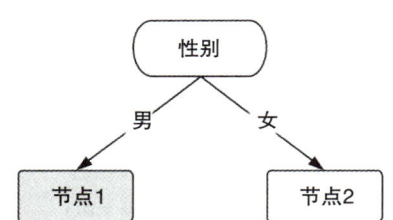

图 4.44　以性别作为根节点的样本集合划分

在根节点确定之后，还需要继续让决策树"向下生长"，即向节点 1 和节点 2 中加入新的特征来做进一步划分。首先考虑对左侧的节点（图 4.44 中的节点 1）做进一步划分，那么接下来的问题是：使用什么指标来进一步划分呢？除去已经使用过了的收入 X_2 外，选用性别 X_1 还是年龄 X_3？这同样可以通过计算划分后节点样本集的纯度来判断。然后考虑如果以性别 X_1 作为下一个分支节点，那么如图 4.45 所示，样本数据将被继续划分至两个节点：节点 3 中的样本集合全为男性，节点 4 中的样本集合全为女性。节点 3 中共包含 4 个样本，其中 2 个样本的决策为购买，2 个样本的决策为不购买，代入式（4.6）计算可得节点 3 的信息熵 $\mathrm{Ent}(D_3) = -(1/2)\log(1/2) - (1/2)\log(1/2) = 0.693$。类似地，节点 4 的信息熵 $\mathrm{Ent}(D_4) = -(1/7)\log(1/7) - (6/7)\log(6/7) \approx 0.410$。假设收入 X_2 为"高"的样本集合为 D_1，那么利用式（4.7）可以计算出用性别 X_1 划分下的节点总信息熵 $\mathrm{Ent}(D_1, X_1) = (4/11)\mathrm{Ent}(D_3) + (7/11)\mathrm{Ent}(D_4) \approx 0.513$。和上述过程类似，以年龄 X_3 作为左侧分支节点计算出的节点总信息熵为 $\mathrm{Ent}(D_1, X_3) \approx 0.306$。这一结果说明年龄 X_3 作为左侧分支节点的总信息熵最小，划分后的样本纯度更高，因此应将年龄作为左侧分支节点。

到这一步为止，决策树的生成其实面临两个选择。选择一：以左侧的年龄的分支节点继续向下生长，直到没有新的特征可用于划分，接着再回到根节点，再考虑确定右侧第二层的分支节点。选择二：先确定右侧第二层的分支节点，将第二层分支节点确定后，再让决策树向下生长，进入第三层。这其实分别对应着决策树的深

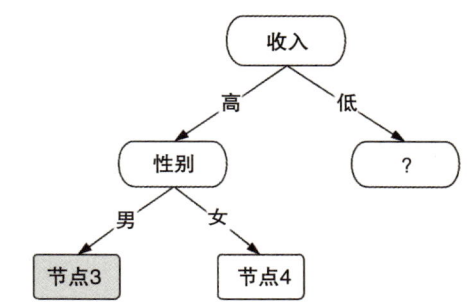

图 4.45　以性别作为左侧分支节点的样本集合划分

度优先算法和广度优先算法。但请注意：这两种算法对决策树的生成结果无影响，仅仅是计算顺序的选择。假设这里选择使用广度优先算法，即先确定右侧第二层的分支节点（图 4.45 中的问号节点）。这里同样面临两个选择：选用性别 X_1 还是年龄 X_3 作为分支节点？首先考虑以性别 X_1 作为右侧分支节点，那么如图 4.46 所示，样本数据将被继续划分至节点 5 和节点 6：节点 5 中的样本集合全为男性，节点 6 中的样本集合全为女性。节点 5 中共包含 5 个样本，其中 3 个样本的决策为购买，2 个样本的决策为不购买，代入式（4.6）计算可得节点 5 的信息熵 $\mathrm{Ent}(D_5) = -(3/5)\log(3/5) - (2/5)\log(2/5) \approx 0.673$。类似地，节点 6 的信息熵 $\mathrm{Ent}(D_6) = -0\log 0 - \log 1 = 0$。假设收入 $X_2 = $"低"的样本集合为 D_2，那么利用式（4.7）可以计算出用性别 X_1 划分下的节点总信息熵 $\mathrm{Ent}(D_2, X_1) = (5/9)\mathrm{Ent}(D_5) + (4/9)\mathrm{Ent}(D_6) \approx 0.374$。类似地，以年龄 X_3 作为右侧分支节点计算出的节点总信息熵为 $\mathrm{Ent}(D_2, X_3) \approx 0.588$。这一结果说明性别 X_1 作为右侧分支节点的总信息熵最小，划分后的样本纯度更高，因此应将性别作为右侧分支节点。

接下来，由于数据集中包含三个指标 X，因此理论上可以对第二层决策树进行进一步划分。首先考虑第三层左侧第一个分支节点（图 4.46 中的节点 3），在该节点中所有样

本的决策均为购买，这意味着无法进行进一步划分了，该节点不再向下生长。类比到树的生长，枝条的末端是树叶，因此该节点被称为叶节点。

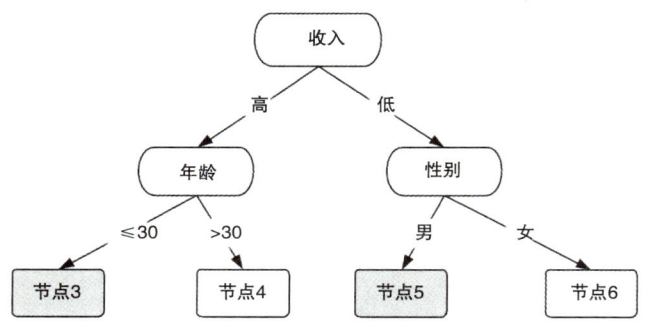

图 4.46　以性别作为右侧分支节点的样本集合划分

再考虑一下第三层左侧第二个分支节点（图 4.46 中的节点 4），此处未使用的指标仅剩下性别 X_1，因此该分支节点只能为性别。在该分支节点中，共包含 2 个男性样本，其决策均为不购买，因此该分支节点下的男性节点变为叶节点。该分支节点（图 4.46 中的节点 4）共包含 3 个女性样本，其中 2 个样本的决策为购买，1 个样本的决策为不购买。按照少数服从多数的原则，该分支节点下的女性节点的决策为购买。决策树第三层的剩余节点也可以通过上述过程进行确定，最终生成的决策树展示如图 4.47 所示。从图中可得，如果用户的收入水平高，年龄在 30 岁以下，那么可以预测该用户将会购买产品。如果用户收入水平高，且为年龄大于 30 岁的男性，那么可以预测该用户将不会购买产品。

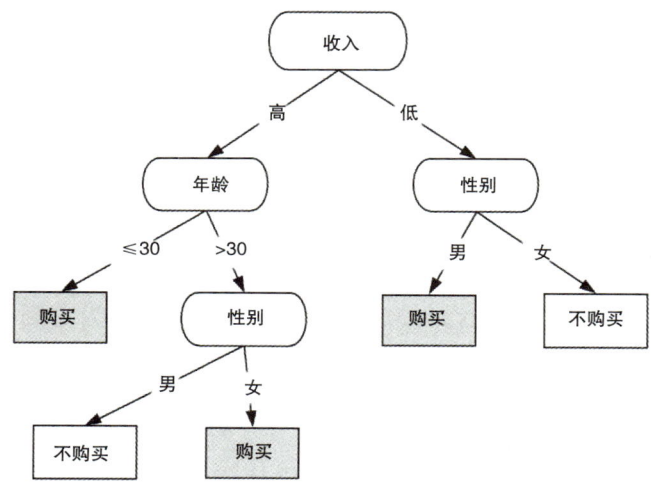

图 4.47　最终的消费者网购决策树

最后总结一下，决策树（或分类树）是一种非常重要的机器学习方法，而且难能可贵的是有着非常好的可解释性。关于决策树有着很多更深的研究成果，例如，对于一个大数据集会有很多 X 指标，那么理论上可以生长出一棵很大的树，是不是每一个枝叶都是重要的？或者有没有很多枝叶的长成是完全的概率随机现象？为此很多学者又提出了各种决策树的剪枝方法。另外，如果数据足够大，足够复杂，是不是一棵树就足够了？为什么不种很多棵树呢？每一棵树给一个预测结果，然后将这些结果综合到一起，会不会有更好的预测精度？这就是重要的随机森林方法。关于决策树更多的讨论可以参考相关专著。下一节将集中精力讨论神经网络模型。

① 你在生活或工作中是否也常用树的方式进行决策？请给出一个具体案例。你能否和本节给出的案例一样，将你的决策过程用树的形式表示出来？在这棵决策树中各个节点是基于什么原则确定的？

② 对于第 1 题中的案例，请收集一些真实数据，请问该数据包含几个 X 指标？这些 X 指标的数据类型分别是什么？请参照本节介绍的决策树生成过程，基于该数据生成一棵决策树，并展示每个节点的确定过程。最后请对该决策树进行解读。

③ 决策树和 0-1 回归都可以对 0-1 型因变量进行分类或预测。请基于第 2 题中收集的真实数据建立 0-1 回归模型，并代入几个 X 指标的取值，尝试对因变量 Y 进行预测。请问第 2 题中建立的决策树模型的预测结果和 0-1 回归模型的预测结果相同吗？如何评价这两个不同模型的预测效果？

4.7 神经网络模型

本节的目标是对另一种非常重要的机器学习模型进行介绍,而该模型是一种非常典型的黑盒子类型的模型,具有难以解读的特点,它就是神经网络模型。这类模型极其重要,因为它是深度学习的模型基础。深度学习是目前人工智能领域最受关注的算法,因此极其重要,值得了解和学习。为了帮助大家理解此类方法在实际中的应用,首先与大家分享几个经典成功案例。为了直观理解,这些案例以图像应用为主。当然,这绝不意味着神经网络模型的应用仅局限于图像数据。事实上,神经网络模型在几乎所有的非结构化数据分析中都有极其成功的应用,如声音、语言等。本节案例以图像为主,仅仅是因为其更加简单直观而已,希望通过展示各种有趣的图像识别应用问题是如何被规范成一个关于 X 与 Y 问题的,来帮助大家快速建立一个理论框架。

案例1:手写数字识别。

手写识别是指将手写字符转换为机器可读的格式的过程。在数字化时代的背景下,很多传统纸质文件都一步步走向电子化,而在这一过程中手写识别起着至关重要的作用。例如,企业内部的报账流程就可以通过手写识别加快速度。据百度报道,中国移动设计院就曾对内部报账系统进行包含手写识别在内的智能化改造,使得原本20分钟的人工填报流程被缩短至60多秒。手写识别中最基础的类型就是手写数字识别。以银行手写支票识别为例,在电子支付日益普及之前,支票曾经是一种重要的支付方式。据美联储统计,2000年支票曾是美国最主要的非现金支付方式,总支付金额达到400亿~500亿美元。在银行进行支票兑现的过程中,银行工作人员需要识别支票上的手写数字,并将其输入

银行系统中。传统的人工识别方式费时费力,因此人们提出使用神经网络来识别手写数字。为此发展了一些用于训练神经网络的数据集,如 MNIST 数据集。这是一个手写阿拉伯数字数据集,可以从多种渠道公开获取。该数据集最早由图灵奖获得者 LeCun 等给出,是一个重要的学习资源。该数据集对应的是一个十分类问题,即将一张 28×28 像素的黑白图片分类为数字 0~9。其中部分数据如图 4.48 所示。对于该案例而言,28×28 像素的手写数字图像就构成了 X,而该图像上的数字到底是几,就构成了 $Y \in \{0,1,\cdots,9\}$。因此这个问题的本质就是一个十分类的回归分析或机器学习问题。其独特之处在于输入的 X 是一个高度非结构化的数据,对此传统的线性或广义线性模型处理能力有限,而基于神经网络的深度学习模型却大放异彩。

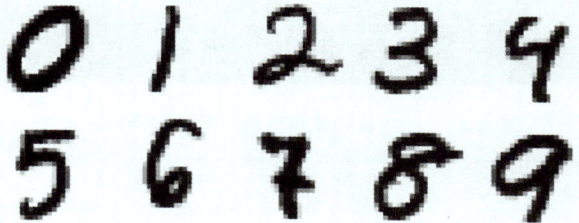

图 4.48　MNIST 数据集节选

案例 2:车牌识别。

就像每位公民都有身份证,汽车的"身份证"就是车牌。汽车的年检信息、违规记录和车主信息等都与车牌牢牢绑定在一起。正因此,《中华人民共和国道路交通安全法》规定上路行驶的机动车都需要悬挂机动车号牌。在各行各业智能化自动化的趋势下,车牌自动识别系统正在不断发展。车牌自动识别系统有多种应用场景。例如,在执法领域,车牌自动识别系统可以用于在视频监控中锁定目标车辆,进而帮助追回被盗车辆、识别通缉犯等。根据美国警察行政人员研究论坛的报告,2012 年大约 71% 的美国警察部门正使用某种形式的车牌自动识别系统。此外,车牌自动识别系统还可用于高速公路收费等场景。在车牌自动识别系统中算法需要做的正是在各种各样的场景、角度、天气下精准地识别出车牌号,而神经网络是解决该问题的一种常用方法。为此人们发展了一些用于训练神经网络的数据集,如 CCPD 数据集。这是一个国内停车场车牌数据集,可以从 GitHub 网站公开获取。该数据集由中国科学技术大学团队在 2018 年提供,包含了近 30 万张图片,其中部分数据如图 4.49 所示。这就构成了本案例的 X 数据,而本案例的 Y 就是具体车牌号。这显然是一个非常复杂的问题，因为图片中车牌的具体位置和拍摄角度也是未知且各不相同的。面对这么复杂的问题，传统的线性或广义线性模型难以应对，而只能借助基于神经网络的深度学习模型。有报道表明基于该数据集训练神经网络，车牌识别的准确率可以达到98.5%。

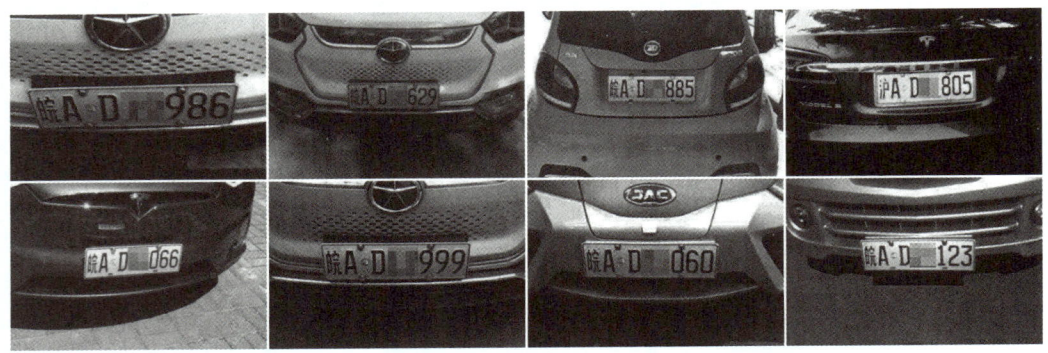

图 4.49 CCPD 数据集节选（图片已经过裁剪）

案例3：自动驾驶目标检测。

人是交通事故中最不确定的因素。根据中国汽车技术研究中心等机构编制的《自动驾驶汽车交通安全白皮书》，在2011年至2021年的5664起乘用车参与的事故案例中，驾驶员人为因素占比约为81.5%。这意味着，如果能够尽可能降低驾驶中人类驾驶员失误的可能性，那么将极大降低事故发生率。自动驾驶的最终目标正是完全取代人类驾驶员，从而尽可能减小事故发生率。正是由于发展自动驾驶技术的利好所在，我国交通运输部和科技部发布的《"十四五"交通领域科技创新规划》中提出，到2025年实现自动驾驶技术在部分场景得到示范应用。受到政策端的促进，我国自动驾驶技术正在蓬勃发展。据艾媒咨询统计，2021年中国无人驾驶汽车行业投融资金额达到782.4亿元，并且从2019年到2020年该行业投融资规模增长了219.4%。从技术层面上看，要想让汽车能够自主行驶，就需要汽车能够识别并理解路面中的各种元素，并根据不同的道路情况选择不同的行动。这些元素可能包括路标、红绿灯、其他车辆、行人、人行道和地面划线等。让计算机检测和识别这些元素的过程就叫作目标检测，而神经网络是在自动驾驶中进行目标检测的一种常用方法。为此人们发展了一些用于训练神经网络的数据集，如CODA数据集。这是一个道路目标检测的极端情况数据集，可以从GitHub网站公开获取。

该数据集由华为实验室等机构在 2022 年提供，其中包含了 1500 个真实世界的驾驶场景，涉及的极端情况包括车辆、行人、骑行者、动物、交通设施、障碍物和杂项，其中部分数据如图 4.50 所示。这些在不同驾驶场景采集的图像数据就构成了本案例的 X，而本案例的 Y 就是各场景中值得关注的极端情况，如车辆、行人和交通设施等。这显然是一个非常复杂的问题，因为在不同路况、天气、角度和遮挡物的情况下，车辆、行人和交通设施都可能呈现不同的面貌。面对这样复杂的问题，传统的线性或广义线性模型难以应对，而只能借助基于神经网络的深度学习模型。

图 4.50　CODA 数据集节选

案例 4：肺结节识别。

在信息化时代，人的一举一动都会产生数据。例如，在医院体检的过程中，胸部 CT 照片、血液检查结果等都是丰富的数据。事实上，市场研究机构曾经发布，到 2020 年全球医疗数据量已达到 40 万亿吉字节，这一数字是 2010 年的 30 倍。在医疗数据大量增长、信息技术急速发展的背景下，医疗服务的全流程正走向信息化和智能化。例如，在智慧医院中医学影像信息存储系统、临床决策系统和各类智能医疗装备也在不断发展。2021 年工信部联合国家卫生健康委员会、国家发展改革委等部门和单位印发了《"十四五"医疗装备产业发展规划》，该文件强调要加速信息技术融入医疗装备产业。在医疗智能化发展的过程中，计算机辅助诊断是非常重要的一环。计算机辅助诊断是指通过医学图像处理技术辅助医生发现病灶，从而提高诊断效率和准确度。从产品应用角度来看，在 2022 年 3 月 26 日，国家药监局就公布了国内首批肺炎 CT 影像 AI 辅助诊断的软件产品注册证。在计算机辅助诊断的具体技术层面中,神经网络是一类常用且十分有效的模型。为此人们发展了一些用于训练神经网络的数据集,如 LIDC-IDRI 数据集。这是一个肺部结节 CT 扫描数据集,由美国国家癌症研究所等机构在 2021 年提供。其中共包含 1018 份 CT 扫描结果,而每份 CT 扫描结果包含 200~400 张灰度图片,部分数据如图 4.51 所示。这些 CT 扫描图片就构成了本案例的 X 数据,而本案例的 Y 就是该病人肺部是否有结节,以及各结节位置。这显然是一个非常复杂的问题,因为结节的大小和位置各异,即使是专业医生也有可能出现误判和遗漏。面对这样复杂的问题,传统的线性或广义线性模型难以应对,而只能借助基于神经网络的深度学习模型。

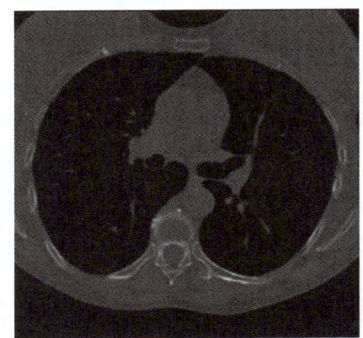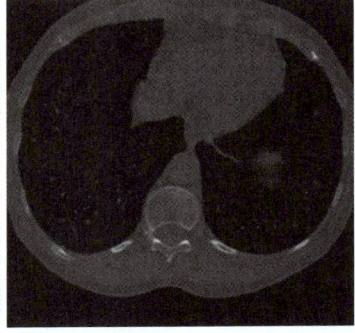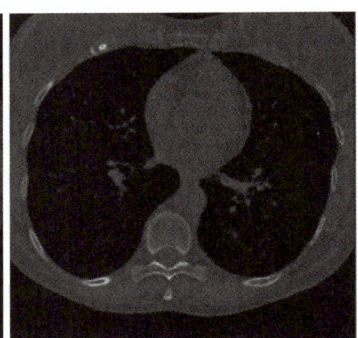

图 4.51　LIDC-IDRI 数据集节选

在充分了解案例应用的前提下,下面进一步学习什么是神经网络模型。为什么神经网络模型会有如此巨大的建模能力呢?遗憾的是,学术界仍然无法给出一个令人信服的答案,但这并不妨碍大家进行入门学习。为此,本节尝试从最简单的情形出发,然后逐步过渡到更一般化的深度学习模型。这里首先考察一个最简单的单变量逻辑回归模型。具体而言,不妨设 X 是一个一维的解释性变量,而 $Y \in \{0,1\}$ 是一个 0-1 型因变量。一个标准的逻辑回归模型会假设:

$$P(Y=1) = \frac{\exp(\beta_0 + \beta_1 X)}{1 + \exp(\beta_0 + \beta_1 X)} \tag{4.8}$$

那么接下来可以用神经网络的语言将该模型重新表述一遍,这里用一个小小的圆圈圈住 X,形成一个小小的节点,并称其为一个神经元。这个神经元出现在图 4.52 中的最左边,代表着这个模型的第一层,也叫作输入层。

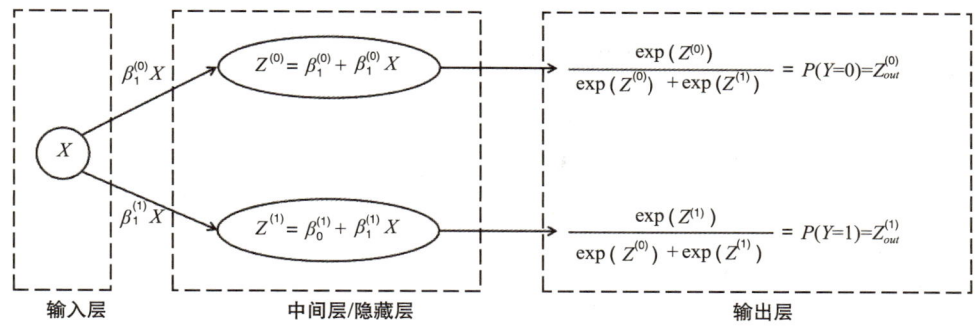

图 4.52　以神经网络结构表示的单变量逻辑回归模型

请注意，所谓的神经元其实就是一个随机变量，而神经元仅仅是对它的一个直观的图像化表达。以输入层的神经元 X 为例，如何才能建立它与最后结果 Y 之间的相关关系呢？根据 4.5 节介绍的逻辑回归模型的建立过程，可以得到启示：该问题的核心是建立 X 与 $P(Y=1)$ 及 $P(Y=0)$ 之间的函数关系。为此对 X 做必要的数学计算是不可或缺的。具体而言，需要对 X 做两个最常见的线性变化，一个是把 X 变换为 $Z^{(0)} = \beta_0^{(0)} + \beta_1^{(0)} X$，并希望建立其与 $P(Y=0)$ 之间的函数关系。另一个是把 X 变换为 $Z^{(1)} = \beta_0^{(1)} + \beta_1^{(1)} X$，并希望建立其与 $P(Y=1)$ 之间的函数关系。以 $Z^{(0)}$ 的计算过程为例，它包含两个计算步骤，第一个是 $\beta_1^{(0)} X$，而第二个是对 $\beta_1^{(0)} X$ 再加上 $\beta_0^{(0)}$，为此再定义一个神经元用于表达 $Z^{(0)}$。由于 $Z^{(0)}$ 是完全从 X 计算而得，因此从 X 做一个箭头指向 $Z^{(0)}$。该箭头就表达了对 X 做 $\beta_1^{(0)} X$ 的计算过程，而另一个关于增加 $\beta_0^{(0)}$ 的计算也包含于神经元 $Z^{(0)}$ 内部。因此，关于 $Z^{(0)} = \beta_0^{(0)} + \beta_1^{(0)} X$ 的计算就通过两个神经元 X 与 Z，以及连接它们的有向箭头给表达了出来，也可以用相同的构造方法生成 $Z^{(1)}$。因此产生的神经元 $Z^{(0)}$ 与 $Z^{(1)}$ 就构成了该神经网络模型的中间层，也被称为隐藏层。

到此为止，所涉及的变换都是关于 X 的线性变换，这显然无法满足对 $P(Y=1)$ 或 $P(Y=0)$ 的建模要求。哪怕是最简单的逻辑回归模型，比如式（4.8），概率 $P(Y=1)$ 或 $P(Y=0)$ 也是关于 X 的线性变换（$Z = \beta_0 + \beta_1 X$）的非线性变换，即 $\exp(Z)/\{1+\exp(Z)\}$，其中，$Z = \beta_0 + \beta_1 X$。请注意这里的关键词"线性变换的非线性变换"，这是神经网络模型的最核心技术手段。人们就是通过对该技术手段的反复使用，建立了丰富多样的深度学习模型。这里仍然先考虑最简单的逻辑回归模型。为此假设 $P(Y=1)$ 的大小与 $\exp\left(\beta_0^{(1)} + \beta_1^{(1)} X\right)$ 呈正比例关系，而 $P(Y=0)$ 的大小与 $\exp\left(\beta_0^{(0)} + \beta_1^{(0)} X\right)$ 呈正比例关系。那么就有：

$$P(Y=1) = \frac{\exp(\beta_0^{(1)} + \beta_1^{(1)} X)}{\exp\left(\beta_0^{(1)} + \beta_1^{(1)} X\right) + \exp\left(\beta_0^{(0)} + \beta_1^{(0)} X\right)}$$

$$= \frac{\exp\left(\beta_0^{(1)} - \beta_0^{(0)} + \beta_1^{(1)} X - \beta_1^{(0)} X\right)}{1 + \exp\left(\beta_0^{(1)} - \beta_0^{(0)} + \beta_1^{(1)} X - \beta_1^{(0)} X\right)} \quad (4.9)$$

上式说明了几个问题：第一，对于一个二分类（及多分类）的逻辑回归模型，需要一个神奇的非线性变换 $P(Y=k) = \exp(Z_k) / \sum_{k'} \exp(Z_{k'})$，该变换被称为 Softmax 变换，而因此产生的两个神经元 $Z_{out}^{(0)}$ 和 $Z_{out}^{(1)}$ 构成了该神经网络模型的输出层；第二，对于一个单变量的二分类逻辑回归模型，其实只需要两个参数（$\beta_0 = \beta_0^{(1)} - \beta_0^{(0)}$ 和 $\beta_1 = \beta_1^{(1)} - \beta_1^{(0)}$）就可以了，但是当用神经网络模型去表达的时候，却消耗了四个参数（$\beta_0^{(0)}, \beta_0^{(1)}, \beta_1^{(0)}, \beta_1^{(1)}$），这显然不是一个好消息。通过式（4.9）的推导很容易发现，其实这四个参数是不可识别的，真正可以识别的是它们的某种差异，而该差异正是逻辑回归模型的两个参数。因此，为了用神经网络模型方法表达一个逻辑回归模型（及其他所有的分类问题），其实是需要付出代价的，那就是模型过参数化。所谓过参数化就是指该模型其实只需要两个参数，但是却使用了四个参数，因此相应的参数不可识别。另外，对于过参数化模型而言，在实际计算中如果从不同的初值出发，所获得的参数估计可能非常不同，这就让神经网络的参数估计结果难以解读。不过，这似乎并不太影响预测精度。付出不可识别性代价获得的优点是，模型的图像化表达方式非常自然优美，这也让后续的参数估计的算法设计相对简单。如果像逻辑回归一样只使用两个参数，就必须回答一个问题：使用哪一类 Y（$Y=0$ 或 $Y=1$）来作为参照基准？

至此，本节已经将一个简单的逻辑回归模型表达成了一个神经网络模型。在这个过程中涉及 4 个未知参数（$B = \left\{\beta_0^{(0)}, \beta_0^{(1)}, \beta_1^{(0)}, \beta_1^{(1)}\right\}$），请问应该如何估计？为了回答这个问题，可以先回顾一下，标准的逻辑回归是如何做参数估计的？答：极大似然估计。那么在神经网络模型的参数估计中也有理由尝试极大似然估计方法。具体而言，假设有 N 个样本 $\{(X_i, Y_i) : 1 \leq i \leq N\}$，那么相应的负的对数似然函数为：

$$\mathcal{L}(B) = -\sum_{i=1}^{N} Y_i \times \log\left\{\frac{\exp(\beta_0^{(1)} + \beta_1^{(1)} X)}{\exp\left(\beta_0^{(1)} + \beta_1^{(1)} X\right) + \exp\left(\beta_0^{(0)} + \beta_1^{(0)} X\right)}\right\}$$

$$- \sum_{i=1}^{N} (1 - Y_i) \times \log\left\{\frac{\exp(\beta_0^{(0)} + \beta_1^{(0)} X)}{\exp\left(\beta_0^{(1)} + \beta_1^{(1)} X\right) + \exp\left(\beta_0^{(0)} + \beta_1^{(0)} X\right)}\right\}$$

这就是一个基于对数似然函数的损失函数。在机器学习领域，人们称其为 Categorical Cross Entropy。使用该损失函数获得的最佳估计量为 $\hat{B}=\mathrm{argmin}\mathcal{L}(B)$，如前所述，由于参数 B 是不可识别的，因此 $\hat{B}$ 的计算非常依赖初始值。不同的初始值会产生不同的 $\hat{B}$ 估计，但是获得的 $P(Y=k)$ 估计却基本相同，否则损失函数 $\mathcal{L}(B)$ 就会差异巨大。因此，在实际应用中，人们似乎不太关注对 $\hat{B}$ 的解读，因为 $\hat{B}$ 不是一个稳定的估计量，所以人们的所有注意力都放在了预测精度上。这点与前面讲到的统计学回归分析很不一样。

到此为止，本节仅仅将一个标准的逻辑回归模型用神经网络表达了出来。如前所述，逻辑回归是统计学中广义线性模型的特例，因此本质上是一个线性模型。人们对神经网络模型的热爱显然不是为了表达一个线性模型。如果这就是目标，那么逻辑回归已经做得很好了。人们对神经网络模型的热爱是因为它能表达更加丰富的非线性关系。为此要对模型（图 4.52）做出必要的改变，请问从哪里开始改变？输入层可以吗？答：不太方便，因为这一层的结构是由输入的 X 数据决定的。那么输出层可以吗？答：也不太容易，因为这一层的结构是由输出的 Y 数据决定的。能改变的就是中间层，那么请问如何改变？

第一种修改方法就是多增加一个中间层，也叫作隐藏层，如图 4.53 所示。第一个中间层通过对 X 的线性变换产生了 $Z_1^{(k)}$，而第二个中间层通过对 $Z_1=\left(Z_1^{(k)}\right)$ 的线性变换产生 $Z_2=\left(Z_2^{(k)}\right)$，然后再把中间层的神经元连接到输出层。

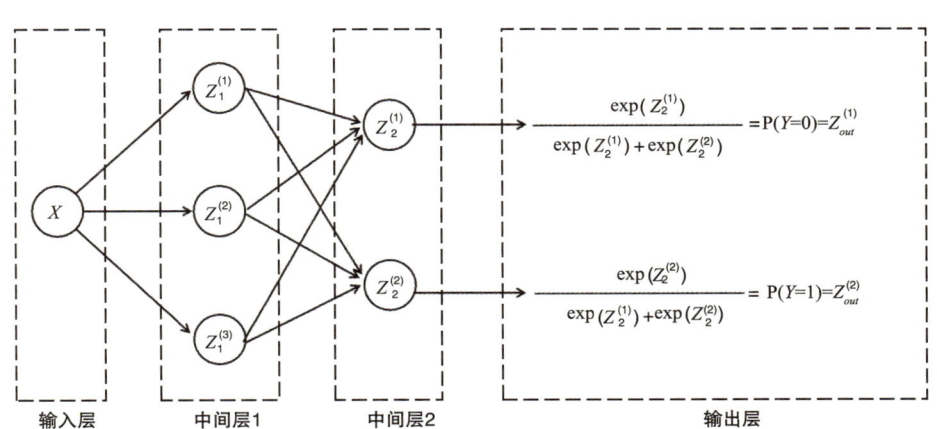

图 4.53 增加中间层的神经网络结构

请问这样有帮助吗？其实这样做毫无意义。因为 Z_1 是对 X 的线性变换，Z_2 是对 Z_1 的线性变换，那么 Z_2 本质上就是对 X 的线性变换，因为线性变换的线性变换仍然是线性变换，无论前面增加多少层中间层，也都不会增加模型的表达能力。最终模型本质上仍

然是一个关于 X 的线性模型，请问应该如何修正这个问题？

此时需要第二个修改，那就是非线性变换。也就是说，在定义 $Z_1^{(k)}$ 的时候，最好不要用简单的线性变换 $Z_1^{(k)} = \beta_0^{(k)} + \beta_1^{(k)} X$。相反，要用 $Z_1^{(k)} = \sigma\left(\beta_0^{(k)} + \beta_1^{(k)} X\right)$，其中 $\sigma(t)$ 是一个关于 t 的非线性变换，也被称为激活函数，前面提到的 Softmax 就是一种激活函数。只不过 Softmax 更多地用于输出层，而少用于隐藏层。换句话说，$Z_1^{(k)}$ 其实就是对 X 的线性变换的非线性变换。这样即使 $Z_2^{(k)}$ 仍然是 $Z_1^{(k)}$ 的线性变换，最终输出层的概率 $P(Y=k)$ 是 X 的某种非线性变换。当然，从 $Z_1^{(k)}$ 到 $Z_2^{(k)}$ 也可以考虑非线性变换。在各种非线性变换的帮助下，最终模型能提供的非线性变换一定比简单线性变换灵活许多，并且随着中间层神经元个数的增加，该模型的灵活性也在增加。从理论上人们可以严格证明，只要选择一个合适的激活函数 σ，并让神经元个数 m 足够大，那么该神经网络模型可以以任意精度近似任意形态的 $P(Y=k|X)$ 函数。

一个简单而典型的神经网络模型就被定义出来了，它有几个关键元素：第一，输入层；第二，中间层（也叫隐藏层）；第三，输出层；第四，非线性变换 σ。那么请问应该采用什么样的非线性变换函数或者激活函数呢？从理论上讲，有一大类激活函数都可用，非常丰富，但是最为广泛使用的是一个非常特殊的激活函数 $\text{ReLu}(x) = x\text{I}(x>0) = \sigma(x)$。其中，$\text{I}(x>0)$ 表示示性函数，即当 x 大于 0 时，$\text{I}(x>0)$ 等于 1；而当 x 不大于 0 时，$\text{I}(x>0)$ 等于 0。在接下来的内容中都假设 $\sigma(x)$ 就是 ReLu 变换。图 4.54 的左图中展示了 $\text{ReLu}(x)$ 函数的形态，可见这是一个特别简单的分段线性函数。当 $x<0$ 时，它是常数 $\sigma(x)=0$；而当 $x \geq 0$ 时，它是线性函数 $\sigma(x)=x$。作为一个整体，它是非线性函数。该函数在 0 点是不可导的，但是除此之外，这就是一个非常简单的函数形态，因此计算上很好处理。

令人惊讶的是，看似如此简单的函数却可以组合出或精确逼近各种形态的函数。为了说明这一问题，尝试构造一个特别简单的基于 ReLu 变换的神经网络模型，如图 4.55 所示，其中 $Z_1^{(k)} = \sigma\left(\beta_{k0}^{(1)} + \beta_{k1}^{(1)} X\right)$，而 $Z_{out} = \sum_k \omega_k Z_1^{(k)}$。那么 Z_{out} 本质上就是 X 的一个分段线性函数。如果以 X 作为横轴，而以 Z_{out} 作为纵轴，那么 Z_{out} 会呈现怎样的函数形态呢？假设中间层神经元数量为 9，即 $m=9$。图 4.54 的中图和右图分别绘制了使用该神经网络逼近函数 x^2 和 $\sin(x)$ 的结果。其中虚线是被逼近的某光滑函数，而实线是图 4.55 中的神经网络模型的逼近情况，可以看到逼近效果良好。

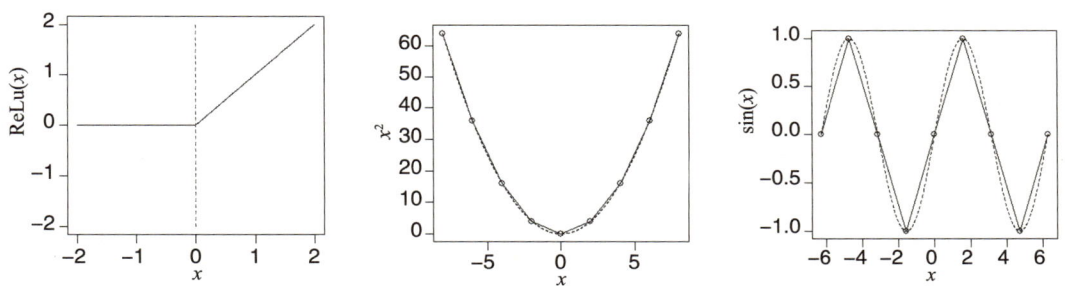

图 4.54　ReLu 函数（左）、使用神经网络逼近 x^2（中）和使用神经网络逼近 $\sin(x)$（右）

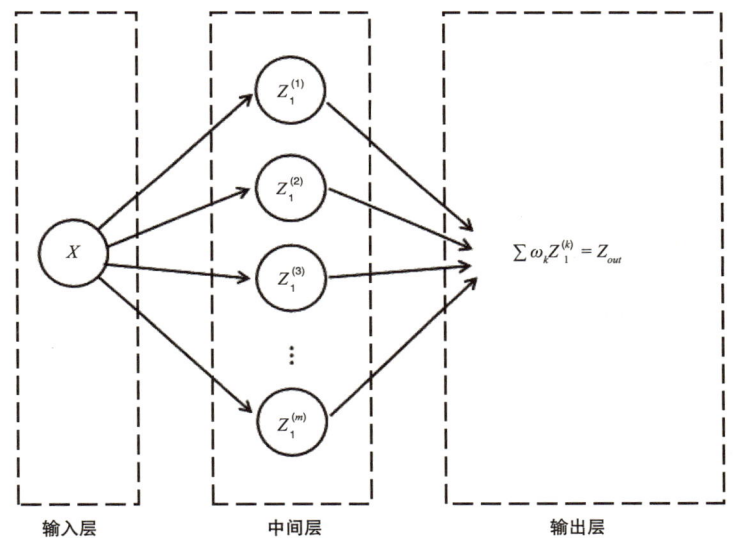

图 4.55　基于 ReLu 变换的一种神经网络结构

下面对前面构建的神经网络模型再做三点改进，就可以构建一个典型的神经网络模型，那么做哪三点改进呢？第一，一个典型的输入层不可能只有一个 X，以图像数据为例，哪怕最简单的 128×128 像素的彩色图片，也会产生 $128\times128=16384$ 个像素点输入。每一个像素点就是一个 X 神经元，因此输入层需要改进。第二，图 4.53 中的神经网络结构仅包含两个中间层，而所谓的深度学习模型就是指有很多中间层。例如，经典的残差网络 ResNet-50 模型就有 50 个中间层。因此，一个典型的深度学习神经网络模型应如图 4.56 所示。第三，在不同位置合理使用更多的非线性变换，除了 Softmax 与 ReLu 以外，还有卷积（某种局部线性变化）、极大池化（Max Pooling）、Sigmoid 变换等。这就有可能产生一个实际可用的神经网络模型。

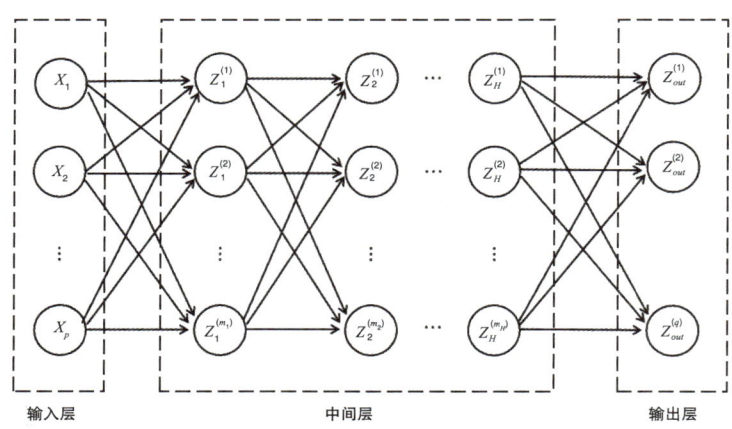

图 4.56 一个典型的深度学习神经网络结构

接下来我们总结一下深度神经网络模型的优缺点。优点是模型形态极其灵活，因此在大样本的支持下，能对复杂数据，尤其是非结构化数据（如图像、文本、语言）产生传统方法无法比拟的预测精度。但是深度神经网络模型缺点也很多，其中一个缺点是计算量往往十分庞大。因为深度神经网络模型形态灵活，所以需要大量的参数。以经典的 AlexNet 模型为例，总共需要对约 6100 万个参数进行估计，因此需要海量的样本支持。海量样本与海量参数一起产生了海量的计算量，一般的 CPU 无法承受，因此在计算中常常使用 GPU 来提升计算速度。深度神经网络模型的另一个缺点在于，当计算完成后，整个模型就是一个黑盒子，虽然大量的学者正在努力改善参数的可解释性，但目前仍然难以解读。

作为本节的结束，再向大家展示一个简单的案例。该案例使用的数据集来自于本节开头案例 1 中的 MNIST 数据集。该数据集对应的是一个十分类问题，该问题的输入是一个 28×28 的像素矩阵 X（图 4.57 中的左图），对其可视化后是一张黑白图片（图 4.56 中的右图）。如果没有右图，你能看出这是一个数字"3"吗？

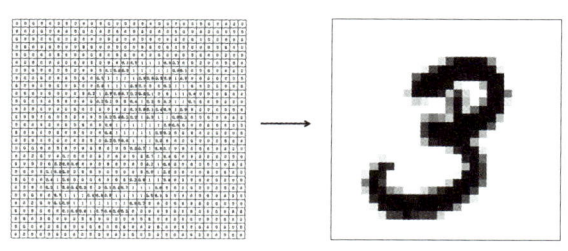

图 4.57 MNIST 数据集图片示例

该问题的目标就是对 $Y \in \{0,1,\cdots,9\}$ 做自动分类，即将手写字迹图片分类为 0～9 的阿拉伯数字。如果做一个十分类逻辑回归，那么最终测试集预测精度可以达到90%以上，其实这样的精度也不错。但是如果建立一个经典的 LeNet-5 神经网络模型（见图 4.58），那么测试集预测精度可以提升到 99.05%。要达到这样的预测精度，该模型总共消耗了 60850 个参数。对于该模型的详细介绍超出了本书的范畴，有兴趣的读者可以学习深度学习领域的相关专著。

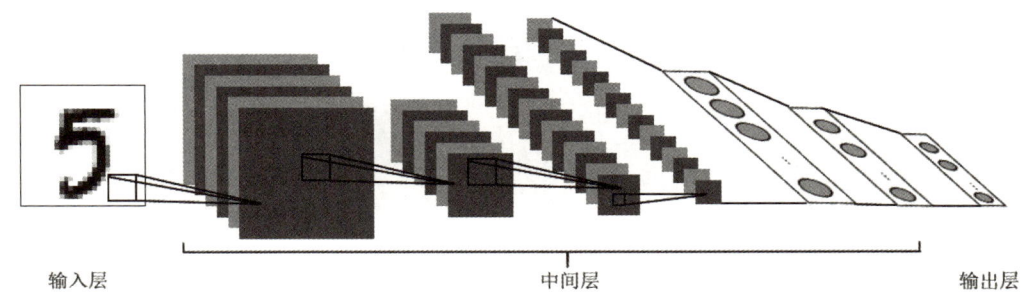

图 4.58 LeNet-5 神经网络结构

最后总结一下，本书从不确定性出发，学习了用于描述各种不确定性的概率函数，其中涉及未知参数。对于这些未知参数如何估计呢？为此学习了一套简要完整的参数估计理论。基于获得的参数估计，如何在面对不确定性的情况下做出决策？这需要假设检验的理论。面对各种不确定性现象，如何理解其中可被把握的规律呢？这需要回归分析。从线性回归出发，到深度学习结束，这是一个超级快的过程，也许你不能在短时间内领悟所有的道理，但希望你能了解一个基本的框架，从而看到这个有趣的不确定性世界。希望给你开一扇门，能够在不确定性的世界里给你向前的勇气和决心。

① 请列举一个神经网络的应用案例并简要描述该案例的背景。在该案例中神经网络模型能带来怎样的价值？该案例中的 X 和 Y 分别是什么？你能否找到一个有关该案例的经典数据集？为了分析该案例，有哪些经典的神经网络模型？请你选择一个经典模型，简要描述其结构，比如其中包含了多少层中间层，需要消耗多少参数等。

② 假设有一个神经网络模型：输入层和输出层各由一个神经元组成，中间层由两层神经元组成，其中每层包含3个神经元。请你模仿图4.55绘制该神经网络模型的结构图。假设输入层数据为 X，各层之间的权重可以选择符号进行合理表示，请你写出输出层神经元的函数表达式。

③ ReLu是神经网络中一种常用的激活函数。除此之外，还有哪些常用的激活函数？请你查阅相关资料后回答。请你写出这些激活函数的表达式并绘制出它们的函数图，最后尝试总结这些激活函数的共同特点。